Couverture inférieure manquante

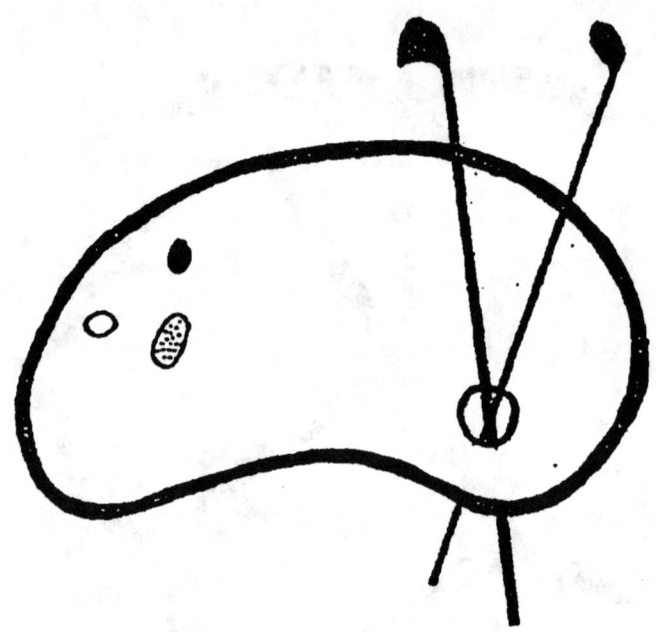

DEBUT D'UNE SERIE DE DOCUMENTS
EN COULEUR

Concerne la Couverture

J. BARBEY D'AUREVILLY

ŒUVRES DE CHARLES BUET

Etudes littéraires.

PAUL FÉVAL. *Souvenirs d'un ami*	3 50
HISTOIRE DE LA COMTESSE DE SAVOIE, réimpression du livre de la comtesse de Fontaines, avec préface, notes et appendices, splendide ouvrage pour les bibliophiles.	20 »
Médaillons et Camées, portraits	3 50

Théâtre.

LE PRÊTRE, drame en cinq actes et huit tableaux, représenté sur le théâtre de la Porte-Saint-Martin, à Paris ; avec préface de J. Barbey d'Aurevilly, 1 vol. illustré de huit compositions du peintre Georges Sauvage, 1 vol. . . . . 4 »

Romans.

AUBANON CINQ LIARDS	1 vol.
MADAME LA CONNÉTABLE	1 vol.
LES SAVOYARDES	1 vol.
LES COUPS D'ÉPÉE DE M. DE PUPLINGE	1 vol.
LA PETITE PRINCESSE	1 vol.
LE CRIME DE MALTAVERNE	1 vol.
L'HONNEUR DU NOM	1 vol.
HAUTELUCE ET BLANCHELAINE	1 vol.
PHILIPPE-MONSIEUR	1 vol.
LE MARÉCHAL DE MONTMAYEUR	1 vol.
HISTOIRES COSMOPOLITES	1 vol.
CONTES A L'EAU DE ROSE, avec une préface de *Paul Féval*	1 vol.
HISTOIRES A DORMIR DEBOUT	1 vol.
LES CHEVALIERS DE LA CROIX-BLANCHE	1 vol.
SCÈNES DE LA VIE CLÉRICALE	1 vol.

CHARLES BUET

J. BARBEY D'AUREVILLY

IMPRESSIONS ET SOUVENIRS

PARIS
NOUVELLE LIBRAIRIE PARISIENNE
ALBERT SAVINE, ÉDITEUR
12, Rue des Pyramides, 12
—
1891
Tous droits réservés

AU

COMTE ROSELLY DE LORGUES

———

Cher et vénéré Comte,

Vous avez été l'ami des dernières heures de celui à qui ce livre est consacré, l'ami des premières heures de celui qui a puisé dans une profonde et respectueuse affection. le courage, — peut-être présomptueux, — de l'écrire. Vous avez été l'ami et l'hôte de notre grand d'Aurevilly, qui aimait en vous le cœur autant que l'esprit : ce cœur de gentilhomme toujours ouvert aux sentiments de foi, de généreuse ardeur, de dévouement, de sacrifice, de patriotisme ; cet esprit toujours occupé des hautes spéculations de l'intelligence, adonné aux études les plus sérieuses, d'un libéralisme pondéré, d'une admirable rectitude. Ce cœur et cet esprit inspirèrent à Pie IX, de sainte et glorieuse mémoire, la tendresse dont il vous donna tant de preuves. Ce cœur et cet esprit ont entraîné à votre suite les mille *évêques du monde catholique, — ce majestueux concile! — qui, saluant en vous l'historien définitif de Christophe Colomb, le défenseur victorieux de sa mémoire, vous ont élu par leur suffrage le Postulateur de sa Cause de béatification.*

C'est par votre livre sur Christophe Colomb, — une des pages mémorables qu'aura produite l'histoire en notre siècle de revision historique, — que Barbey d'Aurevilly est venu à vous. Il connaissait déjà vos graves travaux antérieurs sur les questions importantes de la Commune, de l'école, de la rénovation sociale par la Religion. Mais votre magnifique étude du grand navigateur vous signala à son attention comme presque un prophète, et il le fut, lui, prophète, en disant que votre œuvre capitale était la base de cette prodigieuse réparation que, sous vos auspices, l'Église va accorder au calomnié de toutes les sectes.

Dès qu'il vous eût connu, Barbey d'Aurevilly vous aima. Il retrouvait en vous un contemporain de ses jeunes années, nourri des traditions qu'il avait apprises, lui aussi, dès l'enfance, et soumis à des croyances qui le faisaient votre frère, pour cette vie et pour l'éternité.

Il vous dédia l'un de ses livres, parce qu'il savait votre âme digne de comprendre et de juger ce qu'il y mettait d'intentions pures, de sincérité, de largeur de vues. Vous le lisiez avec un plaisir exquis, et vous le défendiez avec toute l'autorité de votre parole contre ceux qui en parlaient légèrement, ne l'ayant point lu, ou l'ayant mal compris.

Il eut même l'honneur de partager avec vous la gloire de certaines basses persécutions et de certaines haines, qu'il a pardonnées à son dernier jour, comme vous-même les avez déjà pardonnées, dans la noble et puissante sérénité d'une vieillesse que Dieu prolonge, pour vous récompenser par la jouissance de votre œuvre.

Quant à moi, je ne veux point énumérer ici tout ce que je dois de gratitude à votre paternelle bonté. Mais je puis dire que vous m'avez traité comme un ami préféré, que j'ai reçu vos leçons, et que j'ai tâché de profiter de vos exemples. A la même table, bien souvent, nous nous sommes trouvés réunis, Barbey d'Aurevilly, vous et moi, avec d'autres convives couronnés de cheveux blancs : mais, le plus jeune, ce n'était pas le dernier né parmi nous, et tous les cœurs qui battaient autour de vous, à l'unisson, avaient le même âge. Lorsque les verres se choquaient, selon l'ancienne coutume normande et savoyarde, c'étaient bien des amis, unis dans la même foi, les mêmes sentiments, la même affection, qui se saluaient ad multos annos !...

En mémoire du grand écrivain qui fut un si grand cœur, en souvenir des heures heureuses que je vous dois, je vous prie, cher et vénéré Comte, d'agréer la dédicace de mon livre, où tant de noms qui nous sont bien aimés se trouvent réunis.

Cet hommage n'est, de ma part, qu'un témoignage modeste de mon filial attachement. De votre part, l'accepter, c'est acquérir de nouveaux droits à la gratitude et à la respectueuse affection de votre ami

Charles Buet.

Villa Floret, ce 29 janvier 1891.

AVANT-PROPOS

Le livre que nous offrons aujourd'hui au public aurait pu paraître dix-huit mois plus tôt. L'auteur ne l'a pas voulu. Peut-être se réservait-il de produire son ouvrage après d'autres dont la publication était annoncée. Peut-être voulut-il simplement attendre que le silence fût fait sur la tombe qui venait de se fermer.

Tel qu'il paraît aujourd'hui, ce livre ne satisfera pas *toutes* les curiosités. A dessein, l'auteur a négligé divers épisodes de l'existence de celui dont il a écrit la vie ; à dessein, il n'a pas prononcé certains noms que l'on s'étonnera de n'y point trouver. Il ne juge même pas à propos de dire pourquoi il s'est tu sur ces épisodes, pourquoi il a omis ces noms. Ce n'est pas qu'il veuille mettre la lumière sous le boisseau. Dans la vie comme dans l'œuvre de Jules Barbey d'Aurevilly il n'y a rien à cacher. Mais il s'est souvenu de l'esprit miséricordieux du Maître.

On ne trouvera, dans ce livre, que des pages bienveillantes. Même en rapportant les opinions du critique, du poète, du romancier, l'auteur n'a point entendu les faire siennes. Il a jugé avec autant d'impartialité qu'il se pouvait et n'a cherché nulle occasion de faire pièce à telle ou telle personnalité littéraire.

Son but unique a été de rendre justice à un homme que la gloire vint chercher trop tard, et qui ne fut pas toujours bien compris de ceux même qui l'approchaient. La tâche assurément pouvait être au-dessus de ses forces : il s'y est essayé de bonne foi, et la seule récompense qu'il ambitionne est d'avoir, au moins en quelque façon, réussi.

Des amis lui sont venu en aide, en lui fournissant les renseignements, les documents qu'il ne possédait pas. Il les remercie tous également sans les nommer. Ils se reconnaîtront assez, et seront fiers, ce semble-t-il, d'avoir participé à une œuvre qui est un hommage sincère à une mémoire profondément respectée.

BARBEY D'AUREVILLY

I

ANNÉES DE JEUNESSE

Saint-Sauveur-le-Vicomte est une petite ville normande, placée dans un site charmant. Lorsqu'on y arrive de Valognes, à l'endroit où la route, décrivant une courbe gracieuse et laissant à sa gauche Rauville-la-Place s'engage dans une avenue de cytises et d'acacias, on descend lentement et on traverse un pont jeté sur un ruisseau échappé de la Douve dont il va rejoindre le lit, après avoir donné la vie à un moulin caché dans un fouillis d'arbres verts, comme un nid dans l'aubépine.

Au-dessous de la rampe ombragée d'arbres superbes l'œil embrasse un paysage admirable. En bas, coule indolente et limpide la Douve dont le petit port forme le premier plan du tableau. Saint-Sauveur s'échelonne un peu plus loin. A droite s'élève, comme un guerrier des temps héroïques, l'antique château d'Harcourt dont le donjon crénelé semble veiller comme autrefois sur la bourgade assise à ses pieds. Rien de beau comme ces vieux murs troués par la mitraille et revêtus d'un épais manteau de lierre dont la teinte sombre augmente encore la sévérité.

A gauche, dans un massif d'arbres verts, on aperçoit le clocher de l'ancienne abbaye des Bénédictins.

Au delà se déroule un vaste panorama semé de collines, de bouquets d'arbres vigoureux, de magnifiques prairies où la Douve serpente en répandant la fraîcheur et la vie. L'œil plonge dans ces perspectives sans fin que le soleil revêt de couleurs chatoyantes : c'est l'Italie avec ses plaines si vantées et son ciel si doux.

De l'autre côté, sur la droite, le décor change tout à coup. L'aspect en est grandiose et sévère. La Douve coule resserrée entre deux collines dont les roches dégarnies de toute verdure accusent le travail de l'homme. C'est sur un de ces contreforts naturels, situé à droite de la rivière, qu'est adossé le vieux château.

En face, sur l'autre colline, à l'endroit même où fut tiré le dernier coup de canon qui termina la guerre de Cent ans, s'élève la chapelle de Notre-Dame de la Délivrance d'où l'œil embrasse le pays tout entier. C'est Besneville, avec ses vieux moulins, pittoresquement afourché sur le sommet d'une éminence ; c'est Taillepied dont le blanc clocher perché comme une aire d'aigle sur la pointe d'un rocher se détache d'un rideau de sapins. C'est Doville et sa vieille église. Aux pieds du voyageur s'étale Saint-Sauveur-le-Vicomte, caché comme dans un nid à l'abri de ces collines et de ces montagnes.

Saint-Sauveur-le-Vicomte joua un rôle important pendant la guerre de Cent ans. Prise et perdue alternativement par les Anglais et les Français, cette petite ville était par sa position au milieu de la presqu'île normande une des principales clefs de la province, et ce ne fut qu'après la chute de cette place, en 1450, que les Anglais abandonnèrent la Normandie qui redevint française. Chandos avait fait du château fort une citadelle redoutable démantelée quelques siècles plus tard par Richelieu, qui fit décapiter le donjon et les tours. Elle occupe encore un vaste quadrilatère élevé dans l'angle formé par deux ruisseaux, affluents de la Douve. A chaque coin s'élève une haute tour, privée de ses créneaux. L'une d'elles sert de prison. Le donjon carré de Chandos, ouvrage grandiose, soutenu par d'immenses contreforts, domine tristement, avec les difformités qui le déshonorent, ces vastes ruines. Les anciens remparts, avec leur chemin de ronde, qui reliaient les tours au donjon, chaussés de terres rapportées pour protéger leurs fondements furent convertis en hôpital par Louis XIV sur la demande d'un Jésuite. Et c'est dans cette maison que voulut mourir il y a peu d'années, par humilité, l'abbé Léon d'Aurevilly, frère du grand écrivain.

Au midi de la ligne de murailles qui rattache le donjon et la prison est une cour triangulaire par laquelle on accédait à la forteresse. Les énormes gonds des portes bardées de fer, sont restés enfoncés dans les murs. Tous les vieux ferrements sur lesquels la rouille n'ose pas mordre, qui servaient à lever ou à baisser les herses et les ponts-levis, sont restés là, débris inarrachables, depuis le xve siècle, mais défigurés par les outrages du temps et des hommes.

La grande porte d'entrée de la forteresse, flanquée de deux tours encastrées dans les murs cyclopéens, s'ouvre sur la ville dont la partie antérieure et moderne s'élève sur les anciens fossés, sur les douves comblées et sur de vastes souterrains changés en caves.

C'est à l'ombre de ces ruines amoncelées, rappelant tant de souvenirs et d'exploits, au milieu de ces souvenirs des luttes géantes du moyen âge, que Barbey d'Aurevilly trouva son berceau.

« La maison où Barbey d'Aurevilly vint au monde se trouve à une centaine de mètres au-dessus de l'église, à droite, en montant la longue voie paisible qui va vers le sud. C'est un charmant hôtel du xviiie siècle, très complet, avec de superbes jardins enclos de grands murs, qui révèle tout d'abord chez ceux qui le bâtirent et l'occupèrent un état social important, une véritable fortune.

« Chose poignante et qui peint l'homme intime ! Animé par un sentiment spécial, où l'orgueil et la pose n'avaient certes aucune part, Barbey d'Aurevilly, dans les derniers temps de sa vie, venait parfois passer un bout de semaine à Saint-Sauveur, où il ne possédait plus rien que des souvenirs. Parents, amis, tout était mort. Il ne descendait pas à l'hôtel. Il s'installait chez un menuisier qui lui louait à la journée une chambre proprette juste en face de l'habitation paternelle, tombée en des mains étrangères. Accoudé à la fenêtre de cette chambre d'emprunt, ses regards errant sur la maison qui fut celle des siens, n'apparaît-il pas plus touchant que Ravenswood à qui restait du moins le fidèle Caleb et la tour de Wolfgraf planant sur la mer du Nord[1]. »

Les pays, les familles qui, dans l'histoire, ont fait acte de vertu, de généreuse abnégation, de grandeur et de magnanimes sacrifices, portent comme récompense future, au dedans d'eux, d'impérissables et silencieux germes de félicités, de fortune ou de gloire. Cet épanouissement est une loi providentielle. Et nous voyons cette loi s'accomplir. Pendant les siècles d'héroïsme, où la France se formait dans les luttes sanglantes, Saint-Sauveur fut toujours patriotique, religieux et valeureux. La sainteté s'y montra au XVIIe siècle dans la personne d'une femme, Catherine de Longpré. La valeur guerrière y a laissé partout son empreinte. Il n'y manquait plus que la gloire littéraire. Elle y est maintenant.

Pourtant, comme tous les hommes de génie, Barbey d'Aurevilly a dû subir la sentence *Nemo Propheta* inscrite aux Livres Saints. Sa gloire si lumineuse à Paris, dans les régions les plus élevées de l'intelligence, est à peine connue de ses compatriotes. Et pourtant ses pas sont encore fraîchement marqués sur cette terre d'oubli. Sans compter le ravissant petit manoir des Tuileries, à deux pas du bourg, appartenant autrefois à sa famille et où s'éteignit en 1835, le fameux abbé de Percy, ancien chapelain de Madame Lætitia, mère de Napoléon Ier, il existe encore

---

[1] M. Aristide Frémine, dans le journal *la Justice*.

dans les deux plus belles rues de Saint-Sauveur, deux superbes hôtels du XVIIIe siècle. Dans l'un, à la façade d'aspect granitique, — un vrai symbole! — naquit l'illustre écrivain. L'autre appartenait à son oncle, à l'entrée de la rue des Lyces, et borde un des côtés de la place du Fruitier.

Ce n'est pas du dedans, c'est du dehors qu'il faut décrire à grands traits Saint-Sauveur-le-Vicomte. De quelque côté qu'on y aborde, ses hautes tours enlierrées, avec leur grand air antique, dominent tout.

Du temps des fières et nobles rivalités de ville à ville, Valognes regardait Saint-Sauveur comme son Versailles et son plus aristocratique faubourg.

On arrive de l'une à l'autre cité après un parcours de quatre lieues. La route est bordée de fermes, de châteaux et d'églises. La merveilleuse flèche de Colomby, œuvre hardie du plus pur XIIIe siècle a été décrite par d'Aurevilly. La poésie a éternisé une seconde fois la poésie de l'artiste qui a lancé cette téméraire aiguille de pierre dans les airs! Au bout du plateau des Hauts-Vents, légèrement courbé, en son milieu, comme l'évasement d'une corbeille de verdure, le sol semble se dérober tout à coup comme un effondrement. L'abord de ce territoire qui tombe si soudainement forme le mont de la place, piédestal de la chapelle de la Délivrande et surplombe, en balcon, toutes ces ondulations dévalant jusqu'aux bords de la rivière.

De là, par-dessus l'opulente vallée de la Douve, on admire Saint-Sauveur qui ressemble à une vaste arène romaine, dont les gradins en cercle s'étagent jusqu'à la cime bleue des collines de Normandie. C'est un spectacle oriental que cette forêt de coupoles, de pointes d'arbres et de pinacles de vieilles tours, dont les éclairs font un sinistre albâtre, dans les nuits d'orage.

Des coteaux de Rauville, on ne découvre au delà des prairies que les dômes et les arêtes de l'abbatiale de la basilique, et de longues files de maisons conventuelles. Les pommiers, les hautes avenues de chênes vieux comme les clochers, les platanes et les ormes séculaires, enveloppent, de toutes parts, ce vénérable monastère bénédictin d'une robe d'un beau vert d'émeraude que teinte d'un peu d'austérité le sévère climat neustrien. De toute la basilique qui a l'ampleur d'une cathédrale et unit au roman du onzième les trois phases de l'ogive, il n'y a que le chevet ogival, avec ses clochetons pointus qui reçoive dans ses splendides verrières à deux étages, chaque matin, les premiers feux de l'aurore.

A cent pas de là, s'élève l'église paroissiale, fière de ses tombeaux historiques et d'une inappréciable statue de l'*Ecce Homo*, dont l'auteur est inconnu.

Ce paysage avec ces églises et le vaste château de Chandos composent un tableau à enivrer d'enthousiasme artistique le plus imaginatif des paysagistes! Rien que copier cela, en peintre réaliste, serait faire un chef-d'œuvre ; les siècles et la nature, ces deux grands artistes, ont jeté en silence, aux flancs décrépits de ces illustres ruines, un indicible prestige d'idéal, de rêveuse lividité de glorieux tombeau! Il y a là des pleurs résignés et des désolations tranquilles, pleines de voix douloureuses, dans ce lugubre veuvage des choses! L'âme profonde, sympathique et sonore, a des oreilles, des yeux, d'irritables sensibilités, sous la brise de ces souvenirs, et le *sunt lacrymæ rerum* de Virgile s'est envolé sur tant de régions où l'infortune passe! Le poète écrivait d'avance des notes de tristesse, dont les siècles, ces impitoyables, aiment à semer leur route, et ils ont jeté jusqu'à nous aussi, sur cette terre martiale, une poignée de cette cendre funèbre dont leurs mains sont pleines!

Pour entrer dans la ville, on traverse trois ponts riches de légendes. La Douve chargée de ses barques blanches, descend avec elles à la mer, d'un cours profond et calme à travers les prairies, et baigne la jolie petite ville que d'Aurevilly trouvait aimable *comme un village d'Écosse*.

Adossé à son ancienne et giboyeuse forêt, aujourd'hui en partie abattue et morcelée en oasis de bois de hautes futaies, ceintures et parcs de châteaux modernes, Saint-Sauveur s'étale sur les pentes orientales, comme s'il y rêvait mystérieusement à une résurrection. Car ce pays a de la gloire oubliée. Les caveaux de son église abritent des souvenirs et des restes renommés; comme le vieux château du Quesnoy, couvert d'humiliations, à quelques milliers de pas dans la campagne, garde à son ombre l'étang noirâtre et désert, où périt, comme Œdipe à Colone, Jean Gourgue Sombreval, l'un des plus dramatiques héros de Barbey d'Aurevilly.

Le Quesnoy, dans sa tristesse et ses délabrements, est le temple des Eumémides de Saint-Sauveur, au seuil duquel aurait pu venir s'asseoir l'illustre écrivain, victime des révolutions et des rapacités humaines, et qui, à sa naissance, trouva vide de tous ses biens et de son patrimoine, la maison de ses pères. Mais quand il serait venu s'y asseoir, ce vieux monarque de la plume et du génie, pour y éteindre la vie de son nom, aurait-il pu se glorifier de recevoir sur la poussière des noblesses mortes la visite d'un Thésée sympathique, roi comme lui, et assez ému de ses malheurs pour verser des larmes royales sur ses royales infortunes?

Ce fut donc à Saint-Sauveur-le-Vicomte que Jules-Amédée Barbey d'Aurevilly naquit le jour de Toussaint 1ᵉʳ novembre 1808, en pleine épopée napoléonienne[1]. Son père, Théophile Barbey, fils d'une demoiselle de

---

[1] **Extrait des registres de catholicité de l'église de Saint-Sauveur-le-Vicomte, année 1808.** — Du mercredi 2 novembre 1808, Julle-Amédez Barbey, né d'hier du légitime mariage de Monsieur André-Marie-Théophile Barbey et de dame Ernestine-Eulalie-Théose Ango, son épouse, a été baptisé par M. Dubost, vicaire de ce lieu, et nommé par Monsieur Henri Lefevre de Montréselle, ancien capitaine d'infanterie, assisté de Madame Louise Lablairie Lucas, veuve de Monsieur Barbey, grand-mère de l'enfant, soussignez.

  Lablairie Lucas Barbey Dubost, vic.
   Veuve Barbey Lefevre de Montressel.

Pour copie conforme :

    Ch. Lefoulon, chapelain des religieuses de la Miséricorde, Abbaye de Saint-Sauveur-le-Vicomte.

Ce 20 *août* 1888.

la Blairie, avait épousé Ernestine Ango, fille du grand bailli du Cotentin, et descendante de cet Ango de Dieppe qui déclarait la guerre au roi de Portugal, sous François Ier, venait avec sa flotte bloquer Lisbonne, et traitait directement par ambassadeur avec sa Majesté Très Fidèle.

Le bisaïeul maternel de M. d'Aurevilly, M. Ango, de bonne noblesse de robe, occupait une charge à la cour de Louis XV. Son fils, assurent les chroniques (et plus encore la prodigieuse ressemblance de son petit-fils avec la race des Bourbons), fut un des nombreux enfants de l'amour du roi Bien-Aimé. Quoi qu'il en soit de cette filiation quasi royale, qui n'est peut-être qu'une légende, et sur laquelle il déplaisait à M. d'Aurevilly qu'on insistât, le jeune Ango fut tenu sur fonts baptismaux par le roi et la belle duchesse de Châteauroux. A dix-neuf ans, il était nommé grand bailli à robe rouge. Il épousa Mlle de Marigny et en eut trois enfants : un fils qui fit les guerres de l'Empire, fut fait prisonnier à la déroute de Moscou, fut interné sur les pontons anglais et vint mourir dans sa ville natale; une fille, mariée à M. du Méril ; une autre fille, qui fut la mère de Jules Barbey d'Aurevilly, femme d'un esprit supérieur et dont le mari, était un parfait gentilhomme [1].

---

[1] Les autres frères de Jules Barbey d'Aurevilly étaient :
Léon-Louis-Frédéric, né en 1809, mort en 1876.
Édouard-Théophile, né en 1811, mort officier supérieur dans l'armée du second Empire.
Ernest-Louis Barbey du Mottel, né en 1812, mort en 1868.
Voici l'extrait mortuaire, que nous a communiqué l'abbé

On remarquera sans doute que les actes civils que nous citons en note gardent le silence sur la qualification nobiliaire. Cependant les Barbey sont nobles, et on ne les connaît dans tout le pays que sous le nom de d'Aurevilly[1].

Aureville ou Aurevilly, dont les Barbey furent seigneurs et dont ils portaient le nom, est un village de

Lefoulon : « Extrait des registres de catholicité de la paroisse de Saint-Sauveur-le-Vicomte, pour l'année 1868 :

« Le dix-sept mars mil huit cent soixante-huit le corps de M. Marie-André-Théophile Barbey, né à Saint-Sauveur, le quatre juin mil sept cent quatre-vingt-cinq et y domicilié, fils de M. Vincent-Félix-Marie Barbey, ancien écuyer, sieur Dumostel, et de feue dame Louise-Françoise-Jacqueline-Marie Lucas décédée, veuf de Ernestine Angot, décédé le quinze du présent mois à neuf heures du soir, muni des sacrements de l'Eglise, a été inhumé dans le cimetière de cette paroisse par M. Moulin, curé de Besneville, en présence de M. Avice, chanoine honoraire, curé de Saint-Sauveur et d'un nombreux clergé dont les signatures suivent : Avice, curé de Saint-Sauveur. J. Coste, prêtre Eudiste, sup. du collège de Valognes. V. Lonet, vic. à Saint-Sauveur. P. Moulin, curé de Besneville. Mariette, curé de Rauville. Le Renard, chapelain de l'abbaye. J. Pautret, vic. à Saint-Sauveur. Jh. Dauphin, prêtre Eudiste. »

[1] Voici le règlement de leurs armoiries d'après Louis-Pierre d'Hozier :

« Nous, comme juge d'armes de noblesse de la France, avons réglé pour armoiries au sieur Vincent Barbey, écuyer un écu d'azur à deux bars adossés d'argent, et au chef de gueules, chargé de trois besans d'or ; cet écu timbré d'un casque de profil orné de ses lambrequins d'or, d'azur, d'argent et de gueules, et, afin que le présent brevet de règlement puisse servir au dit sieur Vincent Barbey, et à ses enfants, mâles et femelles, nés et à naître en légitime mariage, tant qu'ils vivront noblement et ne feront acte dérogeant à la noblesse nous l'avons signé et nous y avons fait mettre l'empreinte du sceau de nos armes, à Paris, le vendredi vingt-cinquième jour du mois d'octobre de l'an mil sept cent soixante-cinq. »

« Signé : D'HOZIER. »

vingt à trente feux, à moins d'une lieue de Saint-Sauveur, sur l'ancienne route royale de Briquebec. Il est très ancien, bâti en maisons riantes, élégantes, riches ; quelques-unes sont entourées de murs percés de belles portes cochères, ombragées d'arbres touffus.

Les deux versants d'Aureville qui ressemblent à de hauts remparts au sommet desquels s'épanouit le village, portent le regard de l'observateur bien loin à l'ouest sur la vallée tortueuse de la haute Douve et sur les frontières de la Hogue, l'ancien repaire des Normands de Neustrie.

C'est autour de ce village que s'étendait le domaine important, appelé dans les actes de famille *terre d'Aureville*, qui a donné, au XVIIIe siècle, aux Barbey leur « nom de noblesse ». Il leur fut apporté par les femmes. C'est dans cette terre ombreuse, pleine de grands ormes, que Léon et Jules d'Aurevilly se plaisaient tout jeunes, et qu'ils venaient apprendre à l'école de la belle nature neustrienne, à la peindre mieux que jamais n'ont fait les plus fameux paysagistes.

L'enfance de Jules Barbey d'Aurevilly fut sans doute celle de tous les jeunes gentilshommes de son pays et de son temps. Peut-être s'en est-il souvenu lorsqu'il décrivit celle de Néel de Néhou, le petit chevalier d'*Un prêtre marié*. Il fut élevé par un père et une mère qui gardaient avec un soin religieux tous les souvenirs de l'ancien régime ; il reçut d'eux ces manières chevaleresques, cette haute et sereine politesse qui laisse chacun à sa place, avec l'horreur des vulgaires promiscuités et des camaraderies familières, cette aisance dans les allures que seuls, nos pères connaissaient, accoutumés aux exercices physiques, sachant monter à cheval, tirer l'épée, comme les preux des anciens âges.

Il commença d'abord ses études à Saint-Sauveur, avec M. Groult, un jeune professeur qui tenait le collège de l'abbé de Boisval, devenu depuis lors curé de la paroisse. Excellent élève, il put, lorsqu'il arriva au collège Stanislas, à Paris, obtenir de brillants succès, et faire ainsi honneur à son maître. Charmé de son esprit brillant et profond, de ses façons qui se ressentaient de son origine et des traditions de la cour où ses ancêtres avaient vécu, l'abbé de Percy, chanoine de Saint-Denis, qui fut aumônier de Madame Mère et qui habitait un ancien manoir des d'Aurevilly, prit en affection le petit Jules. Et celui-ci le lui rendit, car il donnait ce nom de Percy, plus tard, à l'une de ses héroïnes du *Chevalier des Touches*. Ces Percy, originaires d'Angleterre, étaient cousins des ducs de Northumberland, et, qui sait? de ce Piercy Shafton, euphuiste distingué, dont Walter Scott a tracé, dans le *Monastère*, une si amusante caricature.

Jules passait une grande partie de ses vacances à Valognes, chez le maire de cette ville, le docteur du Méril, son oncle. Il y voyait beaucoup la noblesse, qui vivait retirée et boudeuse, au lendemain des désastres de l'Empire, au commencement des vains efforts de la Restauration, gouvernement de passage qui n'avait su, comme on l'a dit trop souvent depuis, *ni apprendre ni oublier*. Et quoiqu'il ne fut encore qu'un enfant, ses facultés d'observation étaient déjà si grandes que rien ne lui échappait. Ses livres ont gardé la trace de ses souvenirs, et il a flagellé plus d'une personne de cette société de petite ville. Car il n'oubliait rien et sa mémoire était prodigieuse ; les moindres détails des choses de son enfance lui furent toujours présents.

Revenu du collège Stanislas, Jules d'Aurevilly fit son droit à Caen, avec de tels succès que le président de la cour royale voulait le prendre et le garder avec lui. Mais sa vocation pour la littérature l'appelait à Paris. Comment y vivrait-il, pourtant, dans cette grande ville, où il devait arriver sans fortune et sans emploi ? M. Barbey, son père, avait engagé la plus grosse partie de ses avoirs pour envoyer de l'argent à la duchesse de Berry, au moment de l'étrange expédition en Vendée de 1832. D'autre part, les idées prétendues libérales du jeune homme exaspéraient le rigoureux royaliste, qui ne voulait rien faire pour son fils. Heureusement, le grand-oncle de celui-ci, le chevalier de Montressel, lui avait laissé en mourant une rente de douze cents livres, et ce fut avec ce modeste viatique que Jules Barbey d'Aurevilly put obéir à sa vocation, et tenter la fortune.

.·.

Comme l'a dit M. Paul Bourget, dans sa préface des *Memoranda*, M. d'Aurevilly, au rebours de la plupart de ses contemporains, et des plus illustres, n'a pas dévoilé dans des « Mémoires » ou des « Confidences » le roman de ses bonheurs ou de ses mélancolies, et un mystère demeure sur toute sa jeunesse [1], sur la période surtout de cette jeunesse dont il ne reste aucune trace littéraire ». On sait pourtant qu'il connut Brummell dès son adolescence, ainsi que, plus tard, il connut le comte d'Orsay, et que la vision de ces deux hommes, se juxtaposant à son éducation première et à ses propres instincts, lui inspira ce *goût passionné de l'aristocratie*, qui fit de lui le dédaigneux et hautain solitaire de la rue Rousselet. Il apprit à s'isoler de la foule, à n'obéir qu'à ses goûts personnels, à inventer pour son usage des luxes qui ne fussent le luxe de personne.

Il ne possédait point la richesse, qui rend tout facile, et ne pouvait réaliser tous ses rêves. Mais le rêve lui tenait lieu de réalité, et M. Emile Zola put se donner l'impertinence de dire que M. d'Aurevilly voyait dans la glace de son armoire, la mer — cette mer normande où ses yeux s'étaient naguère si souvent reposés sur les lames aux larges volutes et sur les gouffres aux tourbillons d'écume.

Il fut donc, probablement, dès ses jeunes années, ce farouche d'indépendance que l'on compare si volontiers à lord Byron, et qui « aura vécu dans notre dix-neuvième siècle à l'état de révolte permanente et de protestation continue. Seulement Byron retranchait ses dégoûts derrière sa pairie et ses quatre mille livres sterling de revenu, et M. d'Aurevilly a dû conquérir son indépendance avec sa plume et son encrier. Il n'a

---

[1] Cependant le *Memorandum* (1836) dont il corrigeait les épreuves peu de jours avant sa mort, celui de 1838, et la Correspondance satisferont toutes les curiosités.

pourtant pas accordé une concession de plus à la société que le châtelain de Newstead-Abbey ; c'est une destinée moins romanesque peut-être, mais, pour qui comprend tout le sens du mot, aussi poétique, sinon davantage ».

C'est assurément dans ce milieu provincial de la Normandie paresseuse de Saint-Sauveur et de Valognes, de la Normandie studieuse de Caen ; c'est dans les souvenirs et les traditions de cette terre antique, dans le reflet demeuré en lui des paysages paisibles et mélancoliques de « cette belle pluvieuse qui a de belles larmes froides sur de belles joues fraîches », que M. d'Aurevilly puisa les idées premières de *l'Ensorcelée* et du *Chevalier des Touches*. La chouannerie venait à peine de finir, les anciens soldats de l'Empire, licenciés, tuaient leurs loisirs forcés en imaginant des conspirations poétiques ; la jeune noblesse, alors comme aujourd'hui, songeait plus à ses plaisirs qu'à ses devoirs, la religion refleurissait sur les décombres du culte de la liberté, et Chateaubriand, dans le *Génie du Christianisme*, en attifait les splendeurs pures des broderies de son style.

Dès lors germaient dans l'esprit du jeune étudiant de Caen les descriptions pleines de magnificence des livres qu'il devait gester longtemps, et n'écrire enfin qu'après avoir évoqué, avec ce don de la double vue qu'il possèdait certainement, ces visions lointaines embellies par l'effacement, et voilées de la brume veloutée que le temps et l'espace jettent sur toutes choses.

Oui, cet étudiant de Caen, si jeune, si peu prédisposé aux luttes littéraires, notait déjà ses impressions ;

déjà son rêve se doublait d'observation ; déjà il se révélait poète, c'est-à-dire créateur, et poète qui séjournait dans un monde de visions magnifiques, en conservant la suprême intégrité de sa pensée, pour citer une fois encore M. Paul Bourget.

Ce livre des *Memoranda*, publié par l'auteur à l'aurore de sa vieillesse, est saturé de mélancolie, et la mélancolie, mal ordinaire, inévitable, de toute créature d'exception, est chez M. d'Aurevilly « une très particulière combinaison du mépris et de l'enthousiasme ». C'est qu'en effet « M. Barbey d'Aurevilly est un superbe sans ambition et sans timidité qui, d'un geste bienveillant de sa cravache armoriée, écarte de lui bourgeois et princes, parce que les uns et les autres manquent désormais de cette distinction dont il ne saurait se passer et que les plus naïfs mendiants du bon Dieu montrent encore quelquefois dans leurs guenilles : ceux-là, il les aime *jusqu'à l'enthousiasme* ; il les a non pas racontés, mais chantés dans ses livres, et c'est par eux qu'il se venge des haillons littéraires et politiques de tous les mendiants *roublards* de l'infâme société où il est forcé de vivre [1]. »

On ne sait rien, ou fort peu de choses, sur le premier séjour à Caen des deux frères d'Aurevilly, car Léon faisait son droit avec Jules. Tous deux fréquentaient les salons royalistes ; ils avaient pour amis tous les jeunes gens de la noblesse et de la haute bourgeoisie. Ce fut là qu'ils ébauchèrent cette amitié si profonde qui, durant de longues années, enchaîna

---

[1] LÉON BLOY. *Propos d'un entrepreneur de démolitions.*

l'existence de M. d'Aurevilly à celle de Trébutien ; qui leur fit, en commun, créer de toutes pièces la gloire de Maurice et d'Eugénie de Guérin. Cette amitié si noble, si pure, si pleine de sacrifices, il semble que Balzac, avec son intuition de toutes choses, l'ait devinée, lorsqu'il décrit celle de David Séchard et de Lucien de Rubempré...

C'est de Caen, la ville monastique, l'antique cité du moyen âge et des anciens ducs, que partirent donc un jour les deux frères, abandonnant l'ami que la capitale effrayait, et qui voulait jouir paisiblement de ses travaux, dans une calme et silencieuse retraite.

C'est à Trébutien que Jules d'Aurevilly écrivait en 1834, cette lettre dont nous n'avons pu retrouver qu'un fragment :

« ... Je me dépense ici, âme, voix et vie, dans d'inénarrables causeries : c'est un charme infini. Mon frère me lit son beau poème et je me laisse entraîner à cette dérive de poésie, qui, à toute les indicibles mélancolies composant sa divine essence, joint de plus pour moi celle des jours écoulés. Ah ! mon ami, que n'êtes-vous entre nous deux ? Nous parlons, ou pour mieux dire nous rabâchons de vous. Hier, je disais à Léon ce que vous aviez de poétique dans votre nature, cette âme *échoïque* et que j'ai appelée mon clavier, cette répercussion de toute humeur, cet *accord parfait* de toute harmonie, et le sujet m'inspirant, je disais bien, presque'aussi bien que que vous et plus juste, chez Mme Tastu. Je ne voulais que presser du genou le flanc plein d'haleine, solliciter la lyre d'un doigt curieux, jeter l'émeraude comme le roi grec, dans la mer de poésie silencieuse. L'émeraude m'a été rapportée ce matin, et encore plus heureux que celui qui retrouve la sienne dans le ventre du brochet, la mienne m'est revenue tout ornée et entourée de mille cristallisations. Pour parler sans figure, mon ami, Léon a fait une ode en votre honneur et gloire, une ode intitulée « Trébutien, » comme celle de Sainte-Beuve intitulée « Racine ». Vous n'en saurez que l'épigraphe, me réservant de vous lire et de vous remettre le tout :

> Le lac de Noémi qu'aucun souffle ne ride
> A moins de transparence et de limpidité... »

« Par une de ces ineffables délicatesses que les gens qui ne sont pas comme nous traiteraient de niaiserie, et qui à vous, j'en suis sûr, fera monter les larmes dans les yeux, Léon est allé écrire cette ode chez votre mère, et il a mis au bas : *Écrit rue Neuve-des-Carmélites, chez madame Trébutien.*

« Ce détail m'a semblé on ne saurait plus touchant.

« Je ne sais si c'est la contagion ou quelque corde oubliée qui se retend en moi, mon ami ; mais moi aussi j'ai eu des quarts d'heure de poésie depuis que je vous ai vu. Je vous apporterai trois pièces de vers qui ont eu l'applaudissement de mon frère : l'une est adressée à une jeune fille de quatorze ans, une autre n'est que des stances sur la vie, écrites dans un rhythme que j'ai inventé (vous savez combien je suis sévère sur le rhythme) et dans un moment où la vie me noyait dans de poignantes amertumes ; et enfin une troisième que je crois antique de pureté, d'altitude et de simplicité fière : une réponse au mot d'une femme : *Oh ! pourquoi voyager*, dont mon frère a fait une exquise élégie. Je vous montrerai les deux morceaux... »

A son retour de Normandie, après la Commune, — car pendant la guerre M. d'Aurevilly resta à Paris, subit le siège et le bombardement, et fit vaillamment son devoir de gentilhomme et de soldat, — il revint dans son logis de la rue Rousselet, faubourg Saint-Germain. Un coin de province, isolé, tranquille, avec de vieilles maisons à larges fenêtres.

C'est là que la marquise de la Sablière vint habiter quand, ayant renoncé au monde, elle voua ses derniers jours au service des malades.

Les petits marchands tiennent cercle sur le seuil des boutiques ; les portiers flânent sur les trottoirs ; des grappes d'enfants s'égrènent sur le pavé. Leurs joyeux éclats de rire se mêlent aux piaillements des moineaux qui peuplent le jardin voisin des frères Saint-Jean-de-Dieu, — les « sergents de Dieu », disent les bonnes femmes du populaire.

Le romancier habitait donc tout près de son ami Coppée, avec lequel il dînait tous les dimanches, et qu'il aimait d'une tendre affection, encore qu'ils ne marchassent pas dans les mêmes sentiers du pays littéraire.

Une maison modeste. La cour, spacieuse, est ornée de plantes grimpantes qui enguirlandent les fenêtres cintrées ; un puits y rappelle les époques reculées où Paris n'avait pas d'aqueducs. L'escalier aux marches de bois et de briques, est bien éclairé. Au premier, un corridor tortueux, une manière d'antichambre, nu, vide, et dont les murs sont blanchis à la chaux. Pour entrer chez le maître, il fallait connaître le secret. Il y avait un geste à faire, un tiroir à ouvrir, un *Sésame, ouvre-toi !* à prononcer.

Il occupait une seule chambre, une chambre garnie, logis d'étudiant ou d'officier de cavalerie : pour déménager on emporte sa valise. M. d'Aurevilly ne se plaisait que dans ce campement. La tapisserie à fond rose qui couvrait les murailles, les rideaux pompadour, brochés de fleurettes aux couleurs vives, lui donnaient l'illusion d'un coquet boudoir du siècle passé, un peu terni, un peu suranné, mais si calme, avec ces nuances éteintes et gaies.

Peu d'ornements. Une miniature de Barbey d'Aurevilly, à dix-huit ans. Une figure d'adolescent rêveur, un Byron brun. C'est au-dessous d'une eau-forte, gravée d'après ce portrait, offerte à son ami Michel Ménard, qu'il avait écrit ces vers :

> Ce portrait n'est pas un chef-d'œuvre,
> Mais cependant ne croyez pas qu'il ment.
> C'étaient bien là mes yeux innocents de couleuvre,
> Avant que je fusse un serpent !

Un autre portrait, au crayon, le montrait jeune homme, vêtu en *lion* du boulevard de Gand. On évoque volontiers, sous ce costume, l'élégante image d'Alfred de Musset, des héros de Balzac. Rubempré devait s'habiller ainsi pour faire sa cour à la très noble et très maigre Clotilde de Grandlieu !

Une miniature de sa mère, fort belle avec son chapeau Paméla, de paille jaune à rubans bleus et sa robe de velours noir, aux manches à gigot, selon les modes de 1825 à 1840.

A part ces quelques médaillons, deux belles gravures ; un portrait de *Démonette* par le peintre Ostrowski, un chevalier du Giorgione, une photographie de la *Gioconda*. Aucune autre décoration ne relevait la simplicité du papier rose à fleurettes blanches.

Démonette est une chatte, ne vous déplaise, qui partageait avec un gros matou nommé Kroumir les bonnes grâces de l'hôte de céans : un amour de chatte, d'un noir fauve, avec de grands yeux couleur de topaze brûlée, très coquette sur ses coussins roses, et très fière de voir son image timbrée du blason de son maître : *d'azur à deux barbeaux accolés d'argent, au chef de gueules chargé de trois quintefeuilles d'or.*

Les mêmes armes étaient sculptées sur le fauteuil de M. d'Aurevilly, une grande chaire en vieux chêne comme la table sans tapis où il travaillait, et qu'un pittoresque fouillis encombrait d'écritoires pleines d'encres de couleur, de papiers, de sébilles débordant de sable doré, de plumes d'oie tordues et déchiquetées, de livres et de journaux.

Sur la cheminée, un verre d'eau en cristal irisé, une tête de mort sculptée dans un bloc de marbre blanc et lamée d'or, la maquette en cire d'un saint Michel, une pendule « à sujet », un bougeoir fait d'une baïonnette tordue et nickelée. Autour du cadre de la glace, des photographies. Plusieurs de Mlle Marthe Brandès, une de Mlle Roselia Rousseil ; quelques dessins lestement enlevés à la plume et coloriés à la gouache d'un fils de Roger de Beauvoir dont c'est la carte de visite familière.

Enfin une armoire à glace, un guéridon poussé dans un coin avec des tas de livres sur son marbre gris, un minuscule bureau chargé de boîtes de papier à lettres, marqué à la devise : *Never More*... Et voilà tout !

Ce qui surprenait, dans ce logis d'écrivain, c'était l'absence de bibliothèque. Les livres qu'on y voyait n'étaient que des instruments de travail, ou les récents envois d'auteurs naïfs qui s'imaginent que le critique s'amuse à lire tout ce qu'il reçoit. Quelques ouvrages de chevet, comme on dit : les œuvres de Byron, en anglais, souvent relues, et fatiguées; Walter-Scott, Balzac, La Fontaine. En cherchant bien, on eût trouvé peut-être quelque roman de l'hôte lui-même : un exemplaire des *Diaboliques*, relié en noir, avec une grande croix rouge sur le plat, la tranche noire zébrée de croisettes rouges, et précédé d'une préface calligraphiée et enluminée par Léon Bloy avec un admirable talent d'imagier du moyen âge. M. d'Aurevilly aimait les splendides reliures et faisait volontiers présent de ses livres à quelques femmes dont la société lui plaisait, mais il voulait que l'enveloppe fût digne du récit qu'elle renferme.

C'est pourquoi il faisait relier tel de ses romans en moire couleur mauve, avec un encadrement découpé à la mauresque, en maroquin blanc, gaufré d'or. Tel autre était mi-partie vert et rose, à dentelles aux petits fers. Tel autre d'un bleu céleste, ou couvert d'une peluche orange, à coins et à fermoirs d'acier découpé.

En revanche, s'il n'y avait pas de livres dans cette chambre qui sera désormais *historique* au moins pour les véritables lettrés, il y avait des cannes, et qui se vendront un jour à cent mille exemplaires, comme celles de M. de Voltaire et de M. de Balzac.

Voici d'abord le « pouvoir exécutif » : un gourdin d'*incroyable*, énorme, noueux, tordu, peint en vert malachite, avec une pomme taillée dans un bloc de cette belle pierre, enchâssée dans une couronne comtale d'argent, qui ainsi qu'un stick, en jonc des Indes, à boule d'agate et à glands rouges et un autre stick à pomme de lapis-lazuli, à glands bleu et argent, ont été donnés par le maître à trois de ses intimes qui les gardent comme un précieux souvenir.

Puis, voici celle qu'il appelait « ma femme » : une forte cravache, à manche en corne de cerf, retenu par une bague d'argent, armoriée de son écusson. Quand il se promenait, cette houssine à la main, vêtu de son pantalon blanc à bande de satin, de son « raglan » doublé de soie blanche, à torsades et à brandebourgs de soie, avec une de ses cravates lamées d'or, garnies de points d'Angleterre ou de guipures, il ressemblait à l'un de ces héroïques magyars de la patrie hongroise qui, à la Diète, acclamaient *le roi* Marie-Thérèse.

On a beaucoup parlé du costume de M. d'Aurevilly, ce qui ne lui plaisait guère. Il voulait qu'on ne s'occupât en lui que de l'écrivain. En quoi, disait-il, ses habitudes et ses fantaisies pouvaient-elles intéresser la foule ?

Paul Féval s'habillait chez lui d'une blouse et d'un pantalon en tartan écossais ; on célèbre la robe de moine de M. Édouard Pailleron, la simarre écarlate de M. Jean Richepin ; on glosa naguère sur le froc de Balzac et la chemise débraillée d'Alexandre Dumas — père.

M. Barbey d'Aurevilly portait la tunique, ou plutôt le tabart, ou mieux la dalmatique des chevaliers, en laine rouge, bordée de galons multicolores, blancs, noirs, verts, bleus et jaunes, qui dessinent une croix sur la poitrine. Par-dessus il endossait une ample *gellabieh* (la robe des Arabes), en étoffe blanche. Il se coiffait de la *clémentine* en drap rouge ou noir, soutachée d'or, le bonnet papal, celui-là même que portaient les cardinaux du xve siècle et que Léon X a dans son portrait, peint par Raphaël. Ainsi vêtu, il rappelait Dante dont il avait le port majestueux et altier. Sa beauté mâle et vigoureuse, ses traits accentués, son nez en bec d'aigle, allaient bien à ces vêtements pittoresques.

Quand il sortait, il revêtait une redingote moulant son buste, avec des revers larges et des basques juponnant sur le pantalon collant, à bande de soie, toujours noir ou blanc, ou l'habit à revers de velours, ouvert sur le gilet broché, blanc et argent, ou noir à liseré orange ou bleu. Ainsi paré, ce n'était point un *élégant* anglomane, plus semblable à un *quaker* qu'à un gentilhomme, mais un grand seigneur que paraît sa fantaisie, et qui faisait valoir, par la grâce de ses manières, l'aisance de ses allures, le charme de son sourire et la justesse de son geste, un costume combiné avec un goût aussi bizarre qu'artistique.

Rien n'était plus désagréable à M. d'Aurevilly que les portraits fantaisistes qu'on faisait de sa personne. Protée qui aimait à changer de formes, il apparaissait toujours herculéen et beau comme ce géant, mais avec des physionomies si diverses qu'il eût fallu, tour à tour, pour le peindre, Zurbaran et Vanloo, Largillière et Goya, ou mieux encore les admirables primitifs de l'école florentine, dont les figures conservent la grandeur farouche des héros du quinzième siècle.

C'est, en effet, un jouteur et un lutteur. C'est un soldat de la plume, ayant flamberge au vent et feutre sur l'oreille. Il fut une des intelligences les plus complètes et les plus complexes de cette époque où il eut tant de rivaux. Il aurait pu, au temps jadis, être un *condottière* comme Carmagnola, un politique comme César Borgia, un rêveur à la Machiavel, être Manfred ou Lara... Il se contenta d'être un solitaire, écrivant des histoires pour lui-même et pour ses amis, faisant bon marché de l'argent et de la gloire, et, prodige éperdu, semant à tous les vents assez de génie pour laisser croire qu'il en avait le mépris.

Quant au logis monacal de la rue Rousselet, c'est là, a dit Paul Bourget, dans un pastel effacé (comme tous les pastels), c'est là que sont venus tour à tour, attirés par le prestigieux feu d'artifice de mots de ce diable d'homme, Charles Baudelaire, qui l'appelait le « mauvais sujet » dans ses jours d'amitié, et le « vieux mauvais sujet » dans ses jours de mauvaise humeur; Théophile Silvestre, qui le surnommait « le laird », et lui amenait un jeune avocat du nom de Gambetta; Amédée Pommier et Hector de Saint-Maur, César Daly et le comte de Gobineau, François Coppée et Paul de Saint-Victor, Maurice Bouchor et Boussés de Fourcaud; combien d'autres encore ! »

Les autres étaient le comte Roselly de Lorgues, Paul Bourget, Gaétano Braga, Valadon, Zacharie Astruc, Émile Lévy, Maurice Rollinat, le docteur Robin, le docteur Seeligmann, Léon Bloy, Georges Landry, Léo Trézenik, le docteur Bernard,

Ostrowski, M. Kleine, Octave et Joseph Uzanne, Huysmans et l'auteur de ce livre.

.·.

« La ville que j'habite en ces contrées de l'Ouest, — veuve de tout ce qui la fit si brillante dans ma prime jeunesse, — mais vide et triste maintenant comme un sarcophage abandonné, je l'ai, depuis bien longtemps appelée « la ville de mes spectres » pour justifier un amour incompréhensible au regard de mes amis qui me reprochent de l'habiter et qui s'en étonnent... C'est eux, en effet, les spectres de mon passé évanoui, qui m'attachent si étrangement à elle. Sans *ses* revenants, je n'y reviendrais pas !.....

« Que de fois de rares passants m'ont rencontré faisant ma mélancolique randonnée dans les rues mortes de cette ville morte qui a la beauté blême des sépulcres, et m'ont cru seul quand je ne l'étais pas !... »

Cette ville dont parle avec tant de tristesse et d'amertume l'auteur d'*Une Page d'histoire*, est Valognes, qu'il aimait, en effet, à revoir chaque année, pendant l'automne. « La pluie, m'écrivait-il, est le fard de ma presqu'île. » Mais il cessa d'affectionner le séjour de cette « Herculanum du Nord, où il ne vivait que parmi des tombeaux, et ne rencontrait plus que des ombres ».

Cette petite ville, grise, basse, déserte, silencieuse, fouettée de pluie et de vent, sentant le cidre et la marée, a tout l'air de garder au coin de chaque mur, à la porte de chaque vieil hôtel, un de ces secrets domestiques et sociaux que Balzac a su deviner. Ce petit chef-lieu d'arrondissement était jadis chef-lieu de bailliage, vicomté, sénéchaussée, officialité ; et cent soixante-seize paroisses étaient du ressort de son élection.

M. d'Aurevilly habitait à Valognes un appartement de quatre vastes chambres, dans l'ancien et superbe hôtel de Granval-Coligny. Il couchait dans le lit de son père. Sur la cheminée monumentale, il avait placé un magnifique buste de sa grand'tante, une des femmes les plus belles et les plus remarquées de la cour de Louis XV, qui lui a inspiré quelques-unes de ses plus belles strophes : *Le Buste jaune*, et des lampes en cuivre du travail le plus précieux, ayant appartenu, dit-on, à Charles-Quint.

Chaque fois qu'il retournait à Saint-Sauveur-le-Vicomte, M. d'Aurevilly allait en pèlerinage à Notre-Dame de la Délivrande, vieux sanctuaire bâti après la croisade d'où saint Louis de France revint mort, et qui s'élève sur une des plus charmantes collines du Cotentin. Il appelait ses « Champs-Elysées » la vaste lande qui environne la Délivrande. Il voyait dans cet édifice abritant une statue de la Vierge, la foi agissante de ses pères, dont l'ombre splendide le suivait partout. Sa jeunesse y avait pris des images ineffaçables, aux temps où il y venait prier chaque année.

Il préférait ce beau site à tous ceux qu'il avait peints et disait un jour au chapelain de la Délivrande [1] que Dieu, en dessinant ce paysage, avait pris des traits de beauté physique, des reliefs, des accidents, des contours, des ondulations, des formes et des profils à

[1] Mgr Anger, chorévêque d'Antioche, à qui nous devons ces notes sur le sanctuaire ainsi que sur Saint-Sauveur.

tous les panaromas de la péninsule Cotentine, depuis le mont Saint-Michel jusqu'à la pointe d'Anderville.

.*.

Ce fut en 1843 que Barbey d'Aurevilly publia son premier roman l'*Amour impossible*, qui ne fit pas grand tapage. Deux ans plus tard, il donnait le fameux livre qui est comme la préface de sa vie, comme la synthèse de son talent et de son caractère, *Du Dandysme et de Georges Brummell*, et le volume était à peine paru qu'Alfred de Vigny lui écrivait une lettre curieuse, que nous avons citée dans une autre étude[1].

Brummell ne tirait sa célébrité que de son élégance, et son biographe devait tirer la sienne de la force de sa raison. Sa place est néanmoins dans l'histoire des mœurs anglaises, dans celle des traditions sociales.

« Lorsque son livre parut, l'auteur du *Dandysme et de Georges Brummell*, dit M. d'Aurevilly, n'était pas un dandy, mais il était à cette époque de la jeunesse qui faisait dire à lord Byron, avec sa mélancolique ironie : « *Quand j'étais un beau aux cheveux bouclés...* », et, à ce moment-là, la gloire elle-même ne pèserait pas une de ces boucles ! »

Et peut-être pour excuser ses propres exagérations d'élégance, l'historien de Brummell ajoutait ces réflexions si typiques et si impertinentes de vérité :

« Si le Dandysme avait existé de son temps, Pascal, qui fut un Dandy comme on peut l'être en France, aurait donc pu en écrire l'histoire avant d'entrer à Port-

---

[1] *Médaillons et Camées.*

Royal : Pascal, l'homme au carrosse à six chevaux ! Et Rancé, un autre tigre d'austérité, avant de s'enfoncer dans les jungles de sa Trappe, nous aurait peut-être traduit le capitaine Jesse [1] au lieu de nous traduire Anacréon ; car Rancé fut un Dandy aussi, — un dandy prêtre, ce qui est plus fort qu'un dandy mathématicien, et voyez l'influence du dandysme ! Dom Gervaise, un religieux *grave*, qui a écrit la vie de Rancé, nous a laissé une description charmante de ses délicieux costumes, comme s'il avait voulu nous donner le mérite d'une tentation à laquelle on résiste, en nous donnant l'envie atroce de les porter ! »

Il n'est donc point étonnant qu'à propos de ce livre, Paul de Saint-Victor ait pu dire de M. d'Aurevilly qu'il avait, dans la littérature, une place à part, dont l'isolement est une hauteur.

« Le talent chez lui est si grand et si éclatant qu'il attire ceux-là même qu'éloigneraient ses idées entières et altières. Le polémiste effraye souvent, l'artiste étonne et charme toujours. Au plus fort des coups qu'elle porte, l'épée maniée par cette main vaillante fait admirer les ciselures de sa poignée, et la splendeur de sa lame. Son style violent et exquis, superbement raffiné, énergique et délicat à outrance, est d'une couleur qu'il est impossible de confondre avec aucune autre. L'empreinte qu'il laisse sur l'imagination ressemble à la morsure de l'eauforte. Dans un pêle-mêle de mille phrases, on reconnaîtrait une des siennes, à son allure et à son accent, à sa façon d'agiter l'image et de porter la pensée.

« Ce talent de si grand vol et de si large envergure, le petit livre *Du Dandysme* le recélait déjà tout entier. Il était tassé, quintessencié, concentré dans cet opuscule taillé à facettes, comme le génie des *Mille et une nuits* dans sa buire de bronze.

[1] L'avant-dernier historien de Brummell.

**
*

Les portraits de M. d'Aurevilly furent nombreux. Celui de M. Émile Lévy, offert par le peintre au modèle, qui fit sensation au Salon de 1877, et qui figure au premier rang dans la galerie de M. Charles Hayem, le montre dans sa pose habituelle, debout, les cheveux envolés en touffes soyeuses autour de son large front ; la bouche ayant un sourire ironique sous ses longues moustaches noires parsemées de fines parcelles de poudre d'or. Une cravate garnie de dentelles s'épanouit en un large nœud sur les revers de satin de sa redingote, et ses manchettes de blanche batiste se rabattent sur les manches. L'attitude, le port de la tête, tout est fort beau dans ce portrait.

Un autre, que fit de lui le jeune peintre Léon Ostrowski, pour une revue illustrée, le représente chez lui devant sa cheminée, dans une pose familière. Puis celui de M. de Liphart dans la *Vie moderne*, celui de l'aquafortiste Rajon pour l'édition de ses œuvres chez Lemerre. Enfin le petit médaillon qu'il montrait avec émotion et qui lui rappelait tant de souvenirs, où il est représenté à dix-huit ans, coiffé à la mode de 1825, et le torse enveloppé du grand manteau romantique, il le donnait volontiers à ses amis, avec des épigraphes curieuses. Sur le mien, il ne mit, tout au travers, qu'un gigantesque paraphe enveloppant son nom d'un zigzag de foudre.

II

NOTES ET SOUVENIRS

Quand on vit dans la retraite, on aime à relire ces livres faits de chroniques, jadis éparses dans les journaux, et dont l'auteur tire une seconde mouture en les réunissant en volume. Ils rappellent, à ceux qui l'ont connue, cette existence intellectuelle du Paris moderne, faite d'imprévu, de travail sans trêve, de plaisirs sans frein, où les jouissances de l'esprit ont le pas sur toutes les autres.

Que de fois n'a-t-on pas dit : « On *cause* à Paris, partout ailleurs on *parle*. » Cet art de la causerie a pourtant baissé en ce siècle qui est celui de l'action, et les grands travailleurs, souvent, sont des silencieux. Beaucoup d'écrivains sont verbeux et prolixes dans leurs discours, mais combien peu savent causer dans le vrai sens du mot, avec l'expression juste, la répartie prompte, la réflexion rapide, les aperçus toujours nouveaux, la verve et l'humour sans cesse en éveil, avec finesse et sans préciosité, avec cette nuance de raillerie qui n'est jamais acerbe, et suivant toujours la causerie dans les sujets les plus variés, en partant, par exemple, des pyramides égyptiennes pour aboutir à l'éternel féminin, en passant par mille extravagances apparentes, où se mêlent les théologies, les sciences, la philosophie, les arts, les voyages, les frivolités de la mode, les anecdotes, les médisances, les citations classiques, et tant de noms !

Barbey d'Aurevilly fut un de ces causeurs brillants à la fois et profonds, sachant dire les moindres choses avec une sérénité d'Olympien, d'une mémoire prodigieuse qui lui faisait citer les auteurs les plus oubliés et lui fournissait toujours à propos, le mot topique, effroyablement juste. Sa phrase et sa prose n'avaient jamais rien de vulgaire : l'une ou l'autre était à la fois violente et parée, aristocratique et militaire.

« Il ne s'est pas fait cette prose, il a seulement noté la parole intérieure qu'il se prononce à lui-même dans la solitude de sa chambre de travail, et la parole improvisée qu'il jette au hasard des confidences de conversation. J'ai bien souvent remarqué, au cours de mes entretiens avec lui, — un des plus vifs plaisirs d'intelligence que j'ai goûtés, — cette surprenante identité de sa phrase écrite et de sa phrase causée. Il me contait des anecdotes de Valognes ou de Paris avec cette même puissance d'évocation verbale et la même surcharge de couleurs qui s'observe dans ses romans. Il s'en allait tout entier dans ses mots. Ils devenaient lui, et lui devenait eux. Je comprenais plus clairement alors ce que la littérature a été pour cet homme dépaysé et quel *alibi* sa mélancolie a demandé à son imagination. De là dérive, entre autres conséquences, cette force de dédain de l'opinion qui lui a permis de ne jamais abdiquer devant le goût du public[1]. »

[1] PAUL BOURGET. *Préface des Mémoranda.*

On ferait un volume des mots de Barbey d'Aurevilly. Un des plus beaux est celui qu'il dit, chez moi, un soir qu'on devisait au coin du feu, d'un androgyne presque fameux, déjà célèbre par ses démêlés avec la police correctionnelle : « Ne me parlez pas de cette femme, s'écria tout à coup M. d'Aurevilly : *elle déshonore l'impudeur !* »

Je me souviens d'un souper que nous fîmes, Barbey d'Aurevilly, Vallès, Bourget et moi, après la première représentation d'un antique mélodrame, l'*Incendiaire* ou l'*Archevêque et le Curé*, qu'on avait monté au théâtre de l'Ambigu pour répondre à ma pièce, *le Prêtre*, jouée récemment au théâtre de la Porte-Saint-Martin. Vallès appelait à grands cris le garçon — l'éphèbe du torchon, disait l'auteur de *Cruelle Enigme*, — et demandait des verres de pétrole, en guise de punch. Il nous conta, avec des gestes fous, avec un regard qui voyait en dedans, la mort de l'archevêque Darboy, assassiné par la Commune. Et sa voix altérée, ses yeux humides, certains frissons qui lui couraient à fleur de peau nous mettaient fort mal à l'aise. On changea de conversation, mais l'ex-condamné à mort revenait obstinément à son idée fixe. Puis il divagua, parla de revendications sociales, de meurtres nécessaires, et finit par ces mots : « Il nous faudrait quatre-vingt mille têtes de bourgeois ! » M. d'Aurevilly, très calme, balançant son verre entre le pouce et l'index, répartit froidement, de sa voix sonore : « Moi, monsieur, celle de Sarcey me suffirait ! »

On connaît ce mot galant dit, je crois, chez la baronne de Poilly. La marquise de G..., une des beautés célèbres du second Empire, s'était assise par mégarde sur le chapeau du maître, ce fameux chapeau à larges bords doublés de velours noir, et l'avait complètement écrasé :

— « Oh ! le pauvre chapeau, murmura-t-elle en s'excusant.

— Plaignons-le tous, madame, s'écria-t-il avec un geste d'une irrésistible bouffonnerie, il n'a pas senti son bonheur ! »

Un jour qu'on parlait devant lui de ces politiciens qui veulent tout réformer, qui parlent à tout propos des vingt années de corruption impériale, il laissa tomber ces paroles dédaigneuses :

— « Ils entrent dans les écuries d'Augias... mais c'est pour *en* remettre. »

N'est-ce pas lui aussi, qui disait mélancoliquement à la vieille Mme de *** qui lui offrait, solitaire, une tasse de thé au coin de la cheminée et proposait une causerie à deux d'excursions dans le passé :

— « De longues histoires, au coin du feu, ce sont les bals de la vieillesse ! »

On conte aussi qu'une grande dame s'était mise en tête de le convertir, et avait obtenu de lui une entrevue chez le libraire Lemerre. Au jour dit, elle arriva, et lui décocha à brûle-pourpoint cette question :

— « Monsieur, êtes-vous catholique ?

— N'avez-vous donc rien lu de moi, madame ?

— Si. J'ai tout lu, au contraire. Mais alors pourquoi choisissez-vous des sujets qui semblent par leur nature... ou du moins je veux dire des histoires qui pourraient avoir l'air... Excusez-moi, je vous en supplie, mais je m'étais dit que certainement vous devez être catholique. Pourquoi donc?... »

La figure de M. d'Aurevilly s'éclaira d'un sourire de condescendance. Il avait compris les étonnements et les angoisses de la dame, et daigna lui donner l'explication qu'elle souhaitait.

— « Madame, je suis catholique, vous l'avez dit, et si je traite de préférence des sujets qui vous étonnent, c'est de propos délibéré : *le catholicisme donne plus de saveur au péché.* »

La dame très pieuse, d'abord interloquée, essaya de sourire et feignit de prendre cette réponse pour un brillant paradoxe, et c'était, en effet, un de ces paradoxes qu'il aimait à soutenir.

Mais lui, sans se soucier des fibres qu'il déchirait avec une sereine cruauté, ne s'aperçut même pas de l'affliction où il jetait son admiratrice, et continuant avec feu :

— « Oui, dit-il, je suis un passionné, en état de lutte incessante contre la faiblesse de ma nature, et, s'il faut tout vous dire, j'aime le danger, j'ai comme une folie de bravoure. Alors, l'idée de l'enfer m'attire; je le défie, je le nargue, et c'est peut-être ce qui vous aura scandalisée dans mon catholicisme. »

Barbey d'Aurevilly était un fanatique de l'action.

Il y a quelques années, il se trouvait à Sèvres, chez un écrivain, avec le poète André Lemoyne et quelques autres. On dîna bien et longuement; la soirée, toute pétillante de paradoxale causerie, passa sans qu'on sentît couler le temps, et tout à coup quatre heures du matin sonnent. On s'étonne, on rit, on veut se séparer, mais le maître et la maîtresse de la maison retiennent leurs hôtes; on soupe des restes du diner, jusqu'à ce que les lueurs du jour *éclairent* la situation.

— « Décidément, il faut s'en aller, dit André Lemoyne, mais comment?

— Comment? Mais à pied, parbleu, répond le *laird de Ravenswood*.

— A pied!... vous n'y songez pas?

— J'y songe si bien que je pars et que je vous emmène. »

Et il partit, en effet, allègre et dispos, se redressant de toute sa hauteur, et il parcourut sans le moindre effort apparent le chemin, assez long, qui mène de Sèvres à Paris, tandis qu'André Lemoyne, dont la taille avait un peu l'air de sortir de la poche de son compagnon, trouvait, malgré le poids bien moins lourd de ses années à lui, la route longue, fatigante, et le suivait en répétant entre ses dents: « Quel diable d'homme!... mais quel diable d'homme [1] ! »

Sa liaison avec Baudelaire demanderait, pour être bien contée, un Tallemant romantique. Elle commença par un article sur les *Fleurs du mal*, dans lequel le critique, fortement touché par le poète, avait parlé avec complaisance du talent et aussi des vices moraux de Baudelaire.

Celui-ci, agréablement caressé, car il aimait à passer pour très corrompu, se rendit chez son critique, et

---

[1] M. Noël Bazan dans le *Semeur*.

prit, en mystificateur qu'il était, un air d'homme offensé. Et avec ses façons douces et catégoriques :

— « Voyez, monsieur, dit-il, dans quelle situation délicate vous vous êtes mis à mon égard. Vous m'avez donné le droit de vous demander raison, et si, en effet, je vous envoyais des témoins, votre foi catholique vous empêchant de vous battre en duel, vous seriez fort embarrassé.

— Monsieur, répondit Barbey d'Aurevilly, j'ai toujours, malheureusement, mis mes passions au-dessus de mes principes. Je suis à vos ordres ! »

On fera quelque jour le recueil des mots de M. d'Aurevilly, comme on a fait celui des mots de Chamfort, de Rivarol, du prince de Talleyrand. Il y mettait parfois un certain comique de haut goût, d'un effet irrésistible, souligné par l'œil et l'accent. Toujours imprévu, toujours inattendu, il avait une réserve inépuisable d'anecdotes, connaissant toute l'histoire de l'esprit en France, ayant tout lu, citant avec un aplomb merveilleux des tirades entières de tragédies dont le titre seul a survécu, des vers de Théophile de Viau, les farces macaroniques de Gautier-Garguille et de Galimafré. Où qu'il fût, il tenait son auditoire sous le charme, et nul n'osait détourner les chiens.

Oui, l'on peut vraiment dire avec M. Paul Bourget que « depuis Rivarol et le prince de Ligne personne n'a causé comme M. d'Aurevilly ; car il n'a pas seulement le *mot*, comme tant d'autres, il a le style *dans le mot*, et la métaphore et la poésie. Mais c'est que toutes les facultés de ce rare talent se font équilibre et se tiennent d'une étroite manière ».

Ce n'est certainement pas lui qui aurait défini la périphrase : « Le cycle circonlocutoire d'une sonorité oratoire, comportant un atome d'idéalité perdu dans une profondeur verbale ».

On lui prête bien des mots qu'il n'a pas dits, bien des aventures qui n'ont pas eu lieu. Donnons-lui la parole à lui-même sur celle de la première représentation de la *Lucrèce Borgia* de Victor Hugo, en 1869, au théâtre de la Porte-Saint-Martin, dont le récit fantaisiste, souvent répété par les journaux, le mécontentait tout particulièrement :

« Je n'ai pas fait la sortie contre la *Lucrèce Borgia* de Hugo et je n'ai parlé de *mameloucks* que dans ma critique des *Misérables*, » écrivait-il à Mlle R*** il y a quelques années. « C'est toujours la même chose, — le mensonge qui s'attache à moi, même bienveillant! ... Ai-je besoin de vous dire *cela*, à vous? Mais voilà comme on déplace tout! Qui donc me *désentortillera* de ce manteau de mensonges à travers lequel on me voit *toujours?*

Si je n'étais pas maintenant l'endurci de la vie, le *Bronzino* du mépris, qui aimerait mieux l'obscurité que tout, si j'étais sensible au succès qui m'eût ravi plus tôt, comme cela me gâterait mon succès, — *qui est le premier!* N'en parlons plus!... C'est déjà trop. »

Il était alors dans tout l'étonnement que lui causa le succès de l'*Histoire sans nom*.

Lorsque *Lucrèce* fut reprise en 1881, le critique put enfin dire son mot, et il le dit avec la férocité d'un convaincu, avec la violence d'un croyant que la gloire exubérante d'Hugo ne faisait point trembler ni broncher. Son feuilleton du *Triboulet* mettait en pièces le méchant mélodrame du poète, fait de calomnies historiques, d'insanités, et justifiait terriblement la grande parole de Byron : « La colère du jeune homme est comme une flamme de paille ; mais celle du vieillard ressemble au fer rougi par le feu. »

.·.

De Victor Hugo à une comédienne la transition est brusque, alors qu'il ne s'agit pas de Rachel ou de Mlle Mars. Il faut néanmoins rappeler une historiette qui semble détachée des mémoires secrets du galant XVIIIe siècle. La comédienne, Duverger, était plus célèbre par ses diamants que par son talent. Le critique l'avait comparée à Antigone, par allusion à certain tableau que Tibère possédait à Caprée. L'article, paru dans *la Veilleuse*, fit grand tapage. La comédienne, furieuse, jura de se venger publiquement. Un soir, à l'Opéra-Comique, à la première représentation du *Premier jour de bonheur*, M. d'Aurevilly et un de ses amis, raconte M. Octave Mirbeau, occupaient des places au premier rang de l'orchestre. En se retournant, l'ami aperçut dans une baignoire d'avant-scène Mlle Duverger menaçante, toute rouge de colère, et, près d'elle, le prince Anatole Demidoff, qui, la tête roulant sur le plastron de sa chemise, dormait et ronflait. Pour gagner les couloirs de l'orchestre, il fallait passer devant cette loge.

— « Duverger est là, dit l'ami à Barbey d'Aurevilly. Elle a l'air furieux, vous ferez sagement de ne pas sortir, car elle est femme à faire un scandale.

— Un scandale ! vraiment ? répondit Barbey. Il ferait beau voir, monsieur ! »

L'acte fini, malgré les prières de son compagnon, Barbey voulut sortir. En approchant de la baignoire, il ralentit le pas, posa sa main à plat sur le rebord de velours rouge de la loge, tandis que de la droite, il jouait avec son stick, indifférent et calme.

« — Cr... ! » cria la comédienne.

Et, saisissant son éventail, elle le brisa d'un coup sec, sur la main de Barbey. Les spectateurs s'étaient arrêtés et contemplaient la scène.

« — Cr... ! » répéta-t-elle d'une voix plus forte.

Barbey ne se retourna pas, ne fit pas un geste, ne daigna pas regarder son *insulteuse*. Mais, réveillant le prince qui continuait de dormir, en le touchant légèrement à l'épaule du bout de sa canne :

« — Mon prince, dit-il, renvoyez donc cette dame au lavoir ! »

Puis lentement, il passa, laissant l'actrice interdite et honteuse.

*
* *

La collection des *Dédicaces* inscrites par Barbey d'Aurevilly sur ceux de ses volumes qu'il offrait à ses amis serait véritablement intéressante et curieuse, et ferait un de ces petits volumes dont raffolent les bibliophiles. Il faut bien que j'en note quelques-unes, dont beaucoup me touchent de fort près. C'est une page amusante à intercaler dans ces notes.

Sur le volume des *Memoranda*, envoyé à l'abbé Ch. Lefoulon, aumônier de l'abbaye de Saint-Sauveur-le-Vicomte, il écrivait :

« *A un ami inconnu qui ne m'a pas foulé aux pieds, et pour qui j'espère, grâce à Dieu, rester à la hauteur de sa poitrine.* »

Et, sur le même livre, à Mme Ch. B... :

Ame de femme comme moi, à âme de femme comme elle ! »

Sur la *Vieille Maîtresse* : « *A M..... son très sympathique en vieilles maîtresses.* »

Sur le *Prêtre marié* (édition Lemerre) : « *A Madame..... ma griffe brutale, à la sienne, très fine* » ; (édition Palmé) : « *A mon ami Ch. B..., ce livre, écrit à la louange et pour la gloire de Notre-Seigneur Jésus-Christ, et condamné et proscrit des boutiques catholiques par Monseigneur l'Archevêque de Paris.* »

Sur l'*Amour impossible* et la *Bague d'Annibal*, réunis dans le même volume : « *A mon ami...... deux chiennes de femmes comme je ne vous en souhaite pas !* » Enfin sur un de ses livres, offerts à M. Emile Michelet : « *Excepté nos livres, peut-être, rien n'est plus beau que ce qui va mourir.* »

Sur *Ce qui ne meurt pas*, à Madame la comtesse de Molènes : *Ce livre désespéré par un homme furieux de l'être.*

Sur l'admirable récit, le *Chevalier des Touches* :

A Madame la Comtesse de Molènes, ce livre que son mari aurait signé.

Sur les *Vieilles Actrices :* A Monsieur de Ronchaud,
Dont l'amitié m'arrive trop tard, comme tous mes bonheurs.

Vous, vous êtes le miel, moi, je suis la ciguë.

A Mademoiselle Marie E. (1881) :

Vous savez que je n'écris jamais à ceux qui s'en vont. C'est leur punition... Mais quel droit ai-je de les punir ?

Du droit du regret qu'ils me donnent en s'en allant.

Tous les sentiments intenses sont des tyrans, des injustes, des bourreaux, mais c'est comme cela! On n'aime qu'à ce prix.

Sur l'*Histoire sans nom* : à Mlle R... — *Celle-là qui m'a fait comprendre qu'on ne puisse oublier jamais!*

Sur *Une vieille Maîtresse*, mis sur l'exemplaire rouge et vert de Mlle Marthe Brandès :

Le *rouge*, c'est l'amour, — le *vert*, c'est l'espérance,
Que sous ces deux couleurs ce livre dit tout bas...
Mais l'amour et l'espoir seraient... de la démence...
 Et vous même n'y croiriez pas !

A. M. Théodore Ritter, sur les *Sensations d'Art* :
L'art senti à celui qui le réalise !

Cette mélancolique dédicace des dernières années sur *Ce qui ne meurt pas :* A Monsieur Léon Ostrowski, *Le peintre futur, venu* TROP TARD, *d'un visage qui s'en va !*

Le tout jeune peintre n'a survécu que bien peu de temps à celui qui lui avait fait l'honneur d'une telle promesse.

A Léo Trézenik, sur les *Vieilles Actrices* :
Fumée d'un cigare qui a brûlé...

A Mme C. P... (qui lui avait donné *Démonette*) :

Madame,

Pour les quatre griffes que je vous dois, toutes ces griffes !

Sur un exemplaire du *Chevalier des Touches :*

Ils étaient gais et furent des héros !
Entre deux coups de feu, mettant l'éclat de rire ;
Nous n'avons plus de *bleus* à tuer, mais des sots
A camper dans la poêle à frire !
Le Sagittaire.

On a beaucoup parlé des encres de couleur de M. d'Aurevilly ; on a souvent décrit ses manuscrits, enrichis de dessins barbares, de majuscules enluminées, de rubriques, avec des mots soulignés en jaune, et d'autres peints en vert, et d'autres encore rehaussés d'or ou d'argent, comme les manuscrits du xve siècle.

La vérité est qu'il avait une prédilection pour l'encre écarlate, et qu'il s'amusait à hérisser de flèches et de dessins plus ou moins étranges ses lettres et ses manuscrits. J'ai vu des pages entières à l'encre noire, avec des mots en rouge, des lignes en vert, des barres dorées ou argentées.

L'écriture est large, ferme, carrée, très nette, un peu écrasée, fort lisible : c'est celle de Mazarin, celle des grands seigneurs du dix-septième siècle. Les mots se suivent régulièrement. Cette écriture trahit le sens esthétique, la volonté, la raison, la certitude, un parfait équilibre des facultés. Les majuscules sont hardies, calligraphiées, telles que les font les artistes, ceux qui ont le goût du beau et le sentiment de leur propre puissance.

M. d'Aurevilly écrivait sur du papier anglais, timbré de cette devise, dans une banderole verte ou violette : *Never more* ; il cachetait l'enveloppe d'un sceau en cire rouge, portant soit l'écu de ses armes soit ces deux mots : *Trop tard*.

Au surplus, il écrivait peu, sinon de courts petits billets, pressés où toujours se révèle son esprit sans cesse en éveil. C'est d'une plume alerte qu'il donne de ses nouvelles à ses amis.

« Abbé ! j'y suis ! écrit-il au chorévêque d'Antioche, Mgr Anger ; mais aujourd'hui je ne peux que vous répondre ce mot-là, tant je suis impatient et frémissant d'apprendre la chose heureuse qui vous concerne ! Donc, écrivez-la-moi.

« Vous êtes un railleur, l'abbé, avec votre enveloppe vide, envoyée pour épargner *mes moments précieux ;* cette petite leçon est pleine de gaîté et voilà pourquoi je ne vous la renvoie pas ! Qu'elle reste sur ma table à écrire pour me faire souvenir des amis que j'ai le bonheur d'inquiéter ! »

Au même, il écrit, en mai 1878 :

« Mon très cher abbé, la vie, ce char à quatre roues qui m'emporte, ne me permet pas d'écrire.

« Mais pourtant, je vous dois *ceci*, à vous qui aimez mon âme encore plus que mon esprit.

« *Dimanche*, j'ai eu le bonheur de communier. Je suis rentré dans le *chemin droit*. J'ai senti vos prières sur mon âme. Que Dieu vous rende le bien que vous m'avez fait ! Je suis *sûr* qu'au regard de Dieu, vous m'avez fait du bien. »

Lorsque l'abbé Anger est nommé chanoine de Carthage, M. d'Aurevilly lui offre sa croix pectorale :

« Oui, mon cher abbé, c'est moi qui vous donnerai cette croix qui vous rappellera que vous avez un ami, à qui vous devez vos prières..... Je ne vous écris que ces quelques mots. J'ai des amis malades autour de moi, et des préoccupations assez noires pour que le bonheur qui vous atteint soit au moins un coup de soleil ! »

Autre lettre [1], bien curieuse dans sa naïveté :

« Paris, 8 mars 1888.

« Mon cher abbé,

« Avez-vous eu quelquefois la grippe ? Vous savez alors que l'un des phénomènes de cette aimable maladie, c'est qu'on se croit guéri chaque jour et qu'on ne l'est jamais ; voilà *six semaines* (lisez bien : *six semaines*) que je suis la proie de cette infernale chose que les médecins imbéciles ne veulent pas qu'on appelle une maladie ! Depuis *six* semaines, je suis chambré et forcé de rester au coin de mon feu, secoué par une toux à déraciner des chênes. C'est là ce qui m'a empêché de vous écrire. Le temps, qui n'est pas plus beau ici que là où vous êtes, retarde, me disent-ils, une guérison qui me rendrait à la puissance du travail. J'ai cependant travaillé ! J'ai achevé les corrections et les raccords de mon prochain volume, qui va paraître le *quinze* du présent mois et qui vous sera immédiatement envoyé, ainsi qu'à notre bien cher ami, l'abbé Lefoulon.

« Voilà le plus intéressant de ma lettre, mon cher abbé, je suis trop bête pour vous en écrire davantage. Si vous avez eu quelquefois la grippe, vous savez où elle vous met le courage et l'esprit, mais comme elle n'arrête pas

[1] Au même

les battements du cœur, je me suis souvenu de votre fête annuelle, et je mets ici un billet de cent francs pour les messes que je vous demande pour l'âme de mon frère Léon et pour la mienne, hélas ! qui ne vaut pas la sienne. »

Un jour qu'il arrive à Valognes, il écrit ce joli billet :

« Abbé de mon cœur et de mon esprit,
« Me voici à Valognes ! mais pas pour longtemps ! Je vais repartir dans *huit* jours ! Ecoutez-moi bien.
« J'irai à Saint-Sauveur *lundi* prochain et j'y dînerai chez mon amie, Mlle Bouillet (dites-le-lui) et je repartirai le *mardi* matin, mais avec vous, abbé, qui reviendrez dîner chez moi, à Valognes.
« Au moins nous nous serons vus et nous aurons pu échanger quelques menus propos.
« C'est cette tyrannie du théâtre qui m'empêche, cette année, de rester plus longtemps à Valognes.
« Je suis un esclave, comme dit Alfiéri, mais un esclave frémissant. »

Pendant ce séjour à Valognes, il écrivait à l'abbé Lefoulon, après lui avoir envoyé les *Memoranda* :

« Je vous ai envoyé un volume sur lequel j'ai pris la liberté d'écrire : *A un ami inconnu !* Eh bien, je voudrais que cet ami inconnu me fût connu, et pour cela il y a un moyen bien simple : c'est de venir me demander à dîner *jeudi prochain* avec un autre ami (bien connu celui-là), l'abbé Anger.
« J'ai la confiance, Monsieur, que vous accepterez une invitation faite de cœur à un homme qui a goûté mes idées et qui, si j'avais besoin d'être consolé à cet égard, me consolerait de leur impopularité. »

Ce ne sont ici, en fait de correspondance, que les paillettes de cet esprit si brillant à la fois et si solide.

Nous aurons occasion de publier, dans ce livre, d'autres lettres d'un ton bien différent, mais ces menus billets ne sont-ils pas aussi des documents où se révèle le caractère complexe de l'homme ?

Quelques réponses à des invitations, cueillies dans un tiroir plein d'autographes : elles sont écrites, pour la plupart, à l'encre rouge ou noire sur de gigantesques cartes de visite, portant au *recto* la signature et le paraphe énormes du maître, imprimées en violet ou en vert.

« Je déjeunerai demain *sans peur* chez vous et je suis sûr que ce sera un déjeuner *sans* reproche.

« Je n'aime pas le madère, mais je vous aime, et en deux bouteilles, — vous et votre femme !

« Donc, pas d'huîtres — et pas de filles ! Tant pis ! mais pourtant on peut déjeuner sans cela...

« Je vous rendrai un dîner, sans filles, pour votre déjeuner, sans filles ! »

A la veille de la première du *Prêtre*, il écrivait à l'auteur :

« Mon cher Buet,

« On prépare votre gloire à la Porte-Saint-Martin, — ces imbéciles de journaux disent que c'est pour samedi, et si cela est, donnez-moi *une baignoire*, soit en compagnie de Mme B***, soit en compagnie de Mlle Noémi, qui voudront assister sans doute, à « votre triomphe ».

« Ainsi soit-il !

« Je me déteste aux orchestres et n'ai de goût que pour les pénombres de l'obscurité.

« Votre ami, *le Prince des Ténèbres*,
« Jules Barbey d'Aurevilly. »

On me permettra bien de citer encore deux de ces lettres, qui révèlent quelques petits dessous de la vie littéraire[1] et peuvent faire connaître un peu certain milieu où l'auteur d'*Un Prêtre marié* se mut, à certain moment de sa vie :

« Valognes, 10 novembre 1877.

« *Hôtel de Grandval-Coligny.*

« Oui, Monsieur, votre article[2] *me plaît* pour tout ce qui me concerne personnellement. Vous avez été très aimable pour moi, et j'espère que vous le serez davantage encore pour mon livre, quand vous l'aurez lu (intégralement) *d'un bout à l'autre;* car ce que vous me reprochez de n'y avoir pas mis, *y est.*

« Je n'ai pas fait de Mlle de Guérin un bas-bleu. J'ai même dit que le talent qu'elle a tenait, surtout, à ce qu'elle n'était pas un bas-bleu; qu'elle n'avait ni la vanité, ni l'éducation, ni les autres monstruosités de la bande des femmes de lettres.

« Mais ce qui vous a trompé, c'est mon titre. Vous avez cru qu'il n'y avait dans mon livre que de la *cravache*.

« Il y a aussi de la *caresse.*

« Mon livre n'est pas seulement de la critique. C'est une thèse dont chaque chapitre fait la preuve. La thèse, la voici. C'est que *plus* il y a de talent dans une femme, quand *par rareté il y en a*, moins il y a de bas-bleuisme ; et quand il y a bas-bleuisme, il y a tache dans le talent, — et cela toujours !

« Voilà pourquoi, Monsieur, j'ai voulu que la sœur Emerich (relisez le chapitre; je l'ai assez expliqué) fermât

---

[1] La première est adressée à M. Charles Buet, et la seconde à M. Léon Bloy.

[2] Un article sur les *Bas-bleus,* publié dans *Paris-Journal,* et signé Vindex.

le volume, comme l'exemple le plus accablant à l'appui de la vérité de ma thèse. La sœur Emerich *écrase* tout, parce qu'elle n'a pas même *velléité* de littérature, perdue qu'elle est dans l'extase et *y rencontrant du génie.*

« Vous voyez, Monsieur, que vous avez plaidé contre moi, et que pourtant nous sommes d'accord !

« Quant à Mme de Gasparin, avant de croire ce que j'en dis, lisez seulement ses *Horizons célestes* qui sont un livre *céleste.* C'est là une âme qui échappe au protestantisme et qu'il faudrait lui arracher. Elle ! *une momière de Genève !* Ah ! Monsieur, vous lui avez fait le dernier des outrages : vous l'avez prise pour son mari !

« J'ai tenu, Monsieur, à vous dire ceci sur un livre dont peut-être vous parlerez encore. Dans tous les cas, je vous suis reconnaissant de ce que vous en avez parlé le premier. »

***

« *Hôtel de Grandval-Coligny.*

« Mon cher monsieur Bloy, — merci d'abord de vos corrections, et prière d'aller au *Constitutionnel* me prendre pour me les envoyer trois numéros de mon article. Vous les demanderez à mon ami, M. Azambre, qui vous les donnera ou qui me les enverra lui-même. M. Nicolardot, qui croyait que je paraissais *le lundi (ut mos est)*, m'a envoyé trois numéros du *lundi*, ce qui ne fait nullement mon affaire, puisque c'est le *mardi* que j'ai paru... exceptionnellement. Mais pourquoi l'exception? Je ne le sais pas.

« Cela dit, parlons de vous.

« Je suis enchanté que Veuillot, stylé par Saint-Bonnet, vous arrache aux horreurs du tabellionage. J'ai, avec votre lettre, reçu une autre lettre dudit Saint-Bonnet, qui m'annonce avec joie qu'il croit vous avoir mis à flot. *Es muy bien ;* cette lettre que je vous montrerai, à mon retour à Paris (les premiers jours de janvier), m'engage à vous donner des conseils de *sagesse intellectuelle* dans vos travaux futurs à l'*Univers*; mais je suis peu propre à donner de pareils conseils. Moi, je suis un intense! Cependant Saint-Bonnet a raison. Il ne le dit pas comme moi; je ne le dis pas comme lui, mais il faut plaire aux imbéciles de l'*Univers*, et Veuillot excepté, bien entendu, il y en a là un fier bataillon.

« Or, les imbéciles sont toujours envieux; ils peuvent circonvenir Veuillot, et vous démolir.

« Et les imbéciles sont comme les bêtes à cornes (ils en ont si souvent!). Les couleurs éclatantes les rendent fous et féroces. Défiez-vous donc, dans vos *premiers* articles, de l'éclat de votre style et même de *l'éclat de vos opinions*.

« Rappelez-vous qu'à moi (mémé à moi!) Veuillot, qui craignait *mon trop de race*, parlait de me mettre un *joli petit mors d'acier fin*. Je n'en ai pas voulu, mais il l'a peut-être gardé pour vous.

« Quant à Coligny, c'est un homme, mais c'est une vertu *à la protestante*, c'est-à-dire une vertu dont la colonne vertébrale est l'orgueil. Bien loin de la grandir, cela la diminue. L'orgueil se casse en se dressant... Jugez-moi la grandeur morale de Coligny *du point de vue de l'humilité chrétienne*, car il n'a qu'une grandeur morale; en politique, il voit faux, comme tous les protestants.

« Pourquoi ne m'avoir pas envoyé le bouquin? Je l'aurais humé et je vous aurais dit ce que j'en pense. C'est probablement de quelque crétin de catholique pusillanisme (*sic*), — un baise-cul du XIXe siècle, qui, par parenthèse, a un bien triste cul!

« Lisez sur Coligny ce qu'en dit Dargaud dans son *Histoire de la liberté religieuse*. Seulement gardez-vous à carreau! Dargaud est un libre-penseur et il est dupe de l'orgueil de la vertu... Il n'y a que des catholiques qui se connaissent en vertu, et, je vous le répète, la pierre de touche de la vertu, c'est l'humilité.

« Pour moi, qui n'écris plus de lettres, c'est beaucoup que ceci, et je vous souhaite le bonsoir.

P.-S. — « Bien des choses à M. Landry.

« Que le *cannier* attende mon arrivée pour faire sa béquille à Mme de Maistre. Je ne la veux point en houx. Le cannier a fait confusion. C'est moi qui lui rapporterai *pour moi*, un houx, — coupé dans les bois de Brik, — d'où ROBERT BRUCE est sorti, — et qu'il me *ferrera en acier.* »

Voici une lettre délicieuse à une de ses vieilles amies d'enfance :

« Paris, 8 mai 1878.

« Ma très chère amie,

« Vous devez avoir (je crois) aujourd'hui même de mes nouvelles par mon exquis abbé Anger. Mais je suis en retard avec vous et je veux vous en donner moi-même. Je vais fort bien, corps et *âme*. Dimanche (ceci est pour l'âme), le *mauvais* que je *fus* a communié aux *Pères de l'Assomption* ; et par conséquent me voilà rentré dans la voie *droite*, ayant renoncé à tous les *tortillons* du vice. Comme je sais que cela vous fera plaisir, je vous le dis, et je vous prie de le dire aussi à Mme B... (l'*Egérie* de mon enfance et de ma jeunesse), parce que je sais l'intérêt qu'elle a toujours pris à ma diablesse d'âme et combien parfois cette diablesse, avec ses plaisanteries malséantes et ses propos risqués, l'a parfois contristée.

« L'abbé Anger, ma chère amie, a répondu pour moi à votre dernière lettre. Oui, vous pouvez utiliser en draps et en linge (mais seulement de toilette) le peu d'argent que vous avez pour moi. Votre conseil était bon, et je le suis. Mademoiselle, je les suivrai tous ! Je vous reconnais, en matière de ménage, une haute prudence, tandis que moi je n'ai qu'une haute imprudence. Conseillez donc toujours, allez ! A propos de ménage, je vous remercie (c'est bien tard, mais enfin !!) de vos jambons. Ils étaient délicieux de tout point, le *Coppéen*, comme le *Bouglonien*. Ils ont eu le plus grand succès et nous le recommencerons : la prochaine fois, j'en prendrai QUATRE.

« Je vais faire, à ce qu'il paraît, le *Salon* à la *Revue de France*, ce qui reculerait d'un ou deux mois mon départ pour Valognes. Je vais l'écrire à M. Desylles, pour qu'il ne croie point (ce qui serait faux) que Paris me fait oublier Saint-Sauveur et lui dans Saint-Sauveur. Vous savez que j'ai la prétention d'avoir l'âme faite comme la caverne du lion ; *tout n'y entre pas, mais une fois entré, rien n'en sort.*

« Adieu. En voilà bien long pour ma nonchalance épistolaire ! Parlez de moi avec l'abbé Anger que m'a légué l'abbé d'Aurevilly pour le remplacer sur la terre. Je l'ai pris derrière son cercueil et je l'ai mis *là d'où rien ne sort*.

« Rappelez-moi au souvenir de Mlle L..., quand elle vous parlera de moi, cette pauvre demoiselle, appelée *iniquement* par moi *Iniquité* ! Vous voyez, je conviens de la mienne, c'est un reste de confession que je fais.

« Je vous embrasse jusqu'à ce que je vous taquine.

« La taquinerie, c'est une des coquetteries de l'amitié.

« Votre ami donc, en preuve de cela. »

Dans les plus courantes de ses lettres, il témoigne, par ses jugements concis sur les hommes et les œuvres, d'une vue pénétrante, d'un entendement supérieur et d'un esprit unique dans l'expression de l'idée. J'ouvre une épître familière adressée à Georges Landry et j'y trouve cette jolie satire de Charles Nodier :

« Je n'ai dit à Bloy qu'un mot en passant sur Charles Nodier. J'ai peur que ce mot soit insuffisant. Nodier est insuffisant lui-même. C'est un esprit fait de nuances fines et pâles. Il est sur le point d'être poète et il ne l'est pas ; il est sur le point d'être un grand romancier, et il ne

l'est pas ; un grand historien, et il ne l'est pas (voir ses
Mémoires) ; un grand linguiste, et il ne l'est pas. Il est
enfin sur le point d'être tout, et il n'est que Charles
Nodier, une jolie imagination qui passe, comme tout
passe, quand ce n'est pas le beau absolu ! Nodier projeta
les feux de l'aurore de ce jour étincelant, dont nous
sommes le triste lendemain et qui a été le Romantisme.

« Il avait de l'arc-en-ciel dans l'esprit, comme Janin y
avait de la couleur de rose, mais l'arc-en-ciel ne danse
que sur les nuages et s'y évanouit. Je crois, pour ma part,
que le succès qu'il eut tient précisément à cet arc-en-ciel
dans lequel il n'y a que des nuances et qu'il avait dans
l'esprit.

« Cela flattait et berçait tous les yeux et cela ne les
offensait pas ! L'éclatante couleur est une insolente qui
manque de respect aux yeux chassieux de la médiocrité
qui est tout le monde, et voilà pourquoi Delacroix a mis
si longtemps à faire son trou, qui est enfin devenu l'orbe
de la gloire, et qui ira toujours en s'élargissant, pendant
que celui de Nodier, qui paraissait immense, s'est fermé
comme une piqûre de rosier de Bengale qu'il était et, au
bout d'un certain temps, on n'en retrouvera plus même
la trace ! Il périt déjà dans les cabinets de lecture, on a
peine à l'y trouver, et il n'est pas lu. Il y sent le moisi,
le *mucre*, comme ils disent en Normandie. Superbe
expression ! Nodier n'est un homme de génie (car il a
passé pour cela) que pour les mêmes raisons qui feraient
que, pour d'ignorantes jeunes filles, l'hermaphrodite
serait un homme. Et comme l'hermaphrodite qui voudrait prouver qu'il en est un, il se donne une peine du
diable, mais il reste ce qu'il est : ni mâle ni femelle. Dans
son *Roi de Bohême* et ses *Châteaux*, il a osé outrer Sterne,
mais du Sterne outré, c'est du Sterne raté. Trop de zèle,
dit Talleyrand, d'efforts, je dis, moi ; l'effort, le trop
de zèle de l'esprit. Il paraît qu'il était aimable, qu'il avait
les grâces de la causerie et un salon — une ruche, où les
abeilles du temps bourdonnèrent. Cela explique son
genre de popularité dans l'en haut, laquelle n'est pas du

tout celle d'Alexandre Dumas, populaire lui aussi (mais à tous les niveaux — et malheureusement dans l'en bas), qui est un amour de la même époque. »

Encore d'autres lettres curieuses qu'on nous permettra de citer pêle-mêle.

« Mardi, 24 août 1880.

« ..... L'homme dont vous me parlez [1] a mis la poudre et le fer dans ce cerveau, qui a été souvent appelé *un cerveau brûlé*, par les sages, — et qui brûle toujours pour tout ce qui lui plaît et ce qu'il aime !

« Ce fut mon initiateur aux choses littéraires. Il m'aimait et peut-être parce que sur le fond des choses, j'étais très *différent de lui*.

« C'était une tête dont personne, excepté moi, n'a mesuré la circonférence. J'ai fait des articles sur ses livres, — aussi ignorés *les uns que les autres*. Et je ne m'en plains pas ! J'aime l'obscurité comme les imbéciles aiment la gloire !

« Certes ! oui, — vous me verrez avant ce départ qui m'attriste, comme tous les départs, et qui m'attriste d'autant plus que *cette année*, je vous connais... »

La suivante est adressée à M. Francisque Sarcey, qui avait fait une conférence très éloquente sur le maître :

« Paris, 26 janvier 1877.

« Mon cher monsieur Sarcey,

« Le rôdeur que j'étais, il y a encore quelques jours, a appris, en rentrant dans Paris, que vous aviez fait une

[1] Édelestand du Méril.

conférence sur ses livres et que cette conférence avait un caractère de sympathie littéraire, qui, venant de vous est un honneur.

« Cher monsieur Sarcey, — cela m'a rappelé votre article sur *les Diaboliques*, qui ne fut point publié, grâce à M. About, mais dont vous m'envoyâtes l'*épreuve*, dans ce temps de persécution bête.

« J'ai gardé le souvenir de cela et je ne le perdrai jamais.

« Je vous suis donc obligé et reconnaissant deux fois, et je voudrais l'être quarante, tant je vous estime ! Vous êtes l'indépendance même, avec l'amour des lettres, ce rare amour que personne n'a plus, excepté des originaux comme vous et moi...

« Que vous aimiez donc ce que je fais, rien ne m'est plus doux ; car séparé de vous par l'abîme des opinions religieuses et politiques, je suis bien sûr que ce que vous aimez en moi, c'est ce que j'aime en vous, — l'esprit qui est au-dessus de tout.

« Je n'ai plus le plaisir de vous rencontrer dans ces théâtres où j'ai la faiblesse de regretter de n'avoir plus rien à faire, mais je vous serre la main dans cette lettre comme je vous l'y serrais, dans ce temps-là.

« Votre ami intellectuel et votre dévoué de cœur. »

A M. Henri Quet, directeur de la Revue Générale.

« 1ᵉʳ avril 1887.

« Mon cher monsieur Quet,

« Vous avez été assez bon pour me demander un fragment du livre de critique que je vais publier, mais vous n'aviez pas compté sur votre correcteur, ni moi non plus.

« Or, les œuvres de M. Zola submergent tous les cerveaux de ce temps, même ceux des correcteurs d'imprimerie. Où j'écris *Trublet*, le joujou de Voltaire, ils écrivent *Trublot*, le joujou des servantes, dans un des romans de M. Zola. Le monde fanatisé par le génie de

M. Zola, est capable de s'y tromper... Voulez-vous donc bien, mon cher Monsieur, *corriger* votre *correcteur* ? et me sauver de la triste destinée d'être pris pour un admirateur de M. Zola, à qui l'admiration a fait perdre la tête et qui ne sait plus ce qu'il dit.

« Sympathiquement à vous. »

A l'éditeur Jouaust.

« Le 9 janvier 1883.

« Monsieur,

« Excusez-moi si j'ai tardé à vous répondre.

« Il m'est impossible de me charger de votre préface pour *Faublas*. La préface de vos publications, puisque vous les faites, doit être un éloge, et je me sens incapable de faire celui de *Faublas* et de son auteur.

« Un jour, nous serons plus heureux[1] et nous nous rencontrerons peut-être dans l'estime d'un même livre. En attendant, recevez, Monsieur, l'assurance de ma considération très distinguée. »

A *Madame Albert Robin.*

« Paris, jeudi, 1885.

« Très chère Madame,

« Je suis ici encore. J'ai tant de peine à me déraciner !

« J'ai oublié sur la table de votre mari le peigne à moustaches que j'appelle « *ma blonde* ». Voulez-vous me le renvoyer ? C'est une superstition. Il m'a été donné par une magicienne, comme un talisman, et je ne peux pas m'en passer.

« Je crois que je ne partirai que *samedi soir*. Mettez-

---

[1] En effet, deux ans après, M. d'Aurevilly fit la préface des *Œuvres complètes de Paul de Molènes.*

moi aux pieds de *Sa Majesté* la comtesse, dont je suis l'esclave rêveur...

« Votre... je ne sais plus qui, à travers tant d'affection et de respect. »

« P. S. — J'ai une peine du diable à m'en aller, et pourtant j'aurai un plaisir du diable à vous revoir. »

Quelques fragments de sa correspondance avec Mlle Louise R...

« 16 septembre 1880.

« Oui, vous étiez avant moi à Valognes ! Vous avez été la *première* personne qui m'ait parlé, dans *cette* ville, où je ne parle plus guère à personne, si ce n'est à des revenants, — visibles pour moi seul, — qui y marchent perpétuellement à mes côtés. Je voudrais avoir autant d'âme que vous dans la manière de dire pour vous exprimer combien votre lettre à laquelle je ne m'attendais pas m'a fait de plaisir !

« C'est même le seul plaisir que j'aie eu depuis mon arrivée. Vous m'avez donné mon unique sensation de vie... Les départs sont tristes, les arrivées encore plus, quand surtout il n'y a personne pour vous recevoir... Or, je suis l'isolé. Je ne trouve plus chez moi que des portraits pour tous vivants. J'ai pu reprendre, en pensant à vous et à cette bonne lettre que je tenais dans ma main, mes longues enfilées dans mes grands appartements solitaires. Cela m'a fait du bien d'avoir quelque chose de vous... Je sortais du soleil, beau jusqu'à mon départ, à Paris, et j'entrai sous la nuée, éternelle en Normandie, dans ce pays fatal aux âmes profondes, car il augmente leur tristesse. Cette nuée n'a pas cessé de nous envoyer des pluies furieuses, en les accompagnant de ces vents d'ouest qui ont gémi sur mon berceau.

« *Oh ! que le son du cor est triste au fond des bois*, a dit de Vigny. Il n'avait pas entendu cette flûte douloureuse du vent de l'ouest, en Normandie, qui semble l'âme des trépassés sur les toits !

« Moi, je l'entends toutes les nuits. Aussi suis-je d'une humeur massacrante. Je ne me sens vraiment pas digne aujourd'hui de vous écrire. Je voudrais vous envoyer de l'azur, et je n'en ai ni *dans* le cœur ni *sur* la tête. Je n'ai que le regret, mais très senti, de n'être pas avec vous dans la chambre de Mlle C., ou encore dans la chambre de Mme Ackermann, ce brave homme de génie ! Vous les verrez probablement samedi et dimanche, toutes les deux. Parlez-leur de moi, je vous prie, ainsi qu'à madame votre mère. Parlez-leur de moi, — mais vous, pensez à moi, et quand vous aurez une minute, donnez-la-moi pour nos dimanches perdus ! »

« Le 16 octobre 1882.

« Banville m'a vengé (sans me nommer), avec beaucoup de goût et de délicatesse (dans le *Gil Blas* de samedi ou de dimanche, je crois) des polissons qui parlent de ma culotte, en haine jalouse de ma littérature. Et s'ils en parlaient spirituellement ! mais ils n'ont pas plus d'esprit que des garçons tailleurs qui ne savent pas même leur métier ! — Laissons là tout cet horrible *égotisme* d'auteur. J'aime mieux vous dire mon veuvage de vos Vendredis... »

« 12 novembre 1882.

« J'ai toujours le projet de partir lundi matin. J'ai passé tout le temps de mon voyage sous une pluie et un vent qui ont leur beauté, mais la beauté la plus triste, même pour moi, canard sauvage de l'ouest ! l'enfant des ciels et des rivières glauques ! J'en ai assez de l'ivresse amère du passé, dans ce chien de pays trop aimé, et je m'en retournerai avec bonheur vers vous, quoique j'aie, malgré tout, de la peine à arracher ces racines que je jette partout et qui poussent en quelques jours avec une fureur incompréhensible. Quand je quitte un pays, il semble

que j'en emporte la terre avec moi, tant j'ai peine à m'en
détacher ! — Voilà pourquoi je ne voyage pas ; à chaque
départ, je serais déchiré... »

P.-S. — Il y a, en ce moment, un petit bout de rayon
jaune sur la tenture jaune de cet appartement, que
je pourrais appeler le *palais du Souci*, et dont je suis
le Lara. Depuis que je suis ici, c'est la première fois que
je vois quelque chose qui ressemble à *du soleil.* »

« 13 octobre 1885.

« ...Promené dans le jardin, dont j'ai cueilli la *dernière*
rose, chiffonnée et crispée par ces premiers souffles d'hiver,
devant lesquels elle se rétracte. Le bassin du bout de la
grande allée est tari, *verdâtre* et rempli de feuilles sèches,
comme le tombeau de *Roméo et Juliette*, à Vérone, qui
rendait lord Byron si triste. Ma foi, je ne suis pas plus
gai que lui ! »

« 18 novembre.

« Puisque je vous parle de Justine, pensez à lui choisir
un chapelet. Elle a l'extrême bonheur de ne pas savoir
lire, et toute sa prière est le chapelet, la sublime répétition
du chapelet. Je lui en ai promis un. Elle le dira
pour nous deux. Elle en a déjà *usé un* à mon service —
celui que je lui avais donné il y a plusieurs années. Continuons
toujours le passé, en lui en donnant un autre. Ne
prenez pas de chapelet bête, car il y a des chapelets bêtes,
comme il y un catéchisme bête. Prenez un chapelet simple
et digne de la simplicité forte des âmes qui le disent,
mais que pour moi, qui le donne, ce soit un cadeau. »

« 27 juin 1881. Lundi, 8 heures du matin.

« Étonnez-vous ! — une lettre ! un bout de papier
griffonné par moi !

« Il y a à la quatrième colonne de mon feuilleton au *Triboulet* (ligne 23) une faute énorme qui m'a fait bondir de colère, ce matin !

« Au lieu du mot *sphère* qui devrait y être, les chiens ont mis *suaire*.

« Jugez de l'effet !

« Connaissez-vous pour un violent le supplice de la colère vaine ? Tenez ! j'en écris de travers !...

« Ce n'est pas la colère qui est le supplice, c'est le sentiment qu'ELLE EST VAINE.

« Il ne faut pas se fâcher contre les choses, disait Turgot, cela ne leur fait rien du tout. Turgot est un sot. C'est justement pour cela que je me fâche. Si cela leur faisait quelque chose, je ne me fâcherais pas. Je m'en vengerais *sans me fâcher*.

« Vous envoyez à quelques personnes, je crois, mes articles. Corrigez de votre main, je vous supplie, la monstrueuse bêtise de mon article de ce matin.

« Vous savez que je dis toujours que je dois mourir d'une faute d'impression.

« Puisque je ne suis pas mort de celle-là, je n'en mourrai donc pas !

« A demain. »

« 1887.

« Mademoiselle,

« Je n'ai rien à envoyer à M. Dervez. Je me soucie peu de la gloire des biographies. La mienne est dans l'*obscurité* de ma vie. Qu'on devine l'homme à travers les œuvres, si on peut. J'ai toujours vécu dans le centre des calomnies et des inexactitudes biographiques de toute sorte, et j'y reste avec le bonheur d'être *très* déguisé au bal masqué. C'est le bonheur du masque, qu'on n'ôte à souper qu'avec les gens qu'on aime.

« Voilà !

« Quant aux *Essais* sur moi, ils sont rares. Je ne me souviens que du livre d'Alcide Dussolier, — un *Alcide* d'amitié.

Une jolie invitation à un peintre célèbre :

« Noël, 1881.

« Mon cher monsieur Valadon,

« Je donne, moi, un réveillon chez Mmes E., *ce soir*. Ce sera peut-être gai. Dans tous les cas, ce sera très cordial. J'ai compté sur vous. Vous serez assez aimable pour y venir, n'est-ce pas ?

« Nous serons là tous, *intimes*. Je vous ai promis à Mlle R.

« C'est *décisif*, ce nom.

« Si je ne vais pas vous inviter chez vous, c'est que j'ai au pied la chaîne d'un article.

« En hâte. »

On veut bien nous communiquer encore quelques lettres détachées de la correspondance de Barbey d'Aurevilly avec son ami, M. de Saint-Maur.

« Lundi, 17 juin 1861.

« Monsieur,

« Que devez-vous penser de moi ?... Pensez-en tout ce qui vous plaira, excepté que j'aie pu être insensible à la grâce et à la distinction de votre envoi. Le nom que vous avez invoqué, d'ailleurs, le nom de ma chère Flavie de Glatigny, faisait de vous un correspondant *à part*, *quand* vous ne l'auriez pas été par le ton charmant de votre lettre. Si donc je ne vous ai pas répondu plus tôt (et c'est une honte, je l'éprouve bien) la faute en est à une vie qui ressemble, pour la façon dont elle se précipite, à une chute par une fenêtre, quand on n'est pas encore arrivé à sa destination. On est un peu pressé, — comme vous le supposez, — pour écrire des lettres, dans cette situation agréable. Et puis, je voulais vous lire avant de vous écrire, — vous dire mon sentiment sur votre traduction, avant de le dire au public, — et toujours, par suite de cette *vie de torrent* que je mène, je n'ai pas ouvert votre volume !

Il est là sur ma table, qui me fusille de sa couverture et me fait mille reproches muets, — les muets sont les plus éloquents ! Ah ! Monsieur, je me calme avec cette idée : Vous êtes bien spirituel pour être formaliste. Mais si vous n'êtes pas plus indulgent pour moi que moi-même, vraiment je serai trop malheureux !

« Et pour diminuer mon anxiété, Monsieur, dites-moi *encore un mot* et que *dans ce mot*, il y ait l'indication des heures où l'on peut, sans vous déranger, vous trouver chez vous d'ordinaire, et j'irai vous demander de vive voix mon pardon, au lieu de vous le demander par écrit. Quoi ! vous êtes le parent de ma chère Flavie, de ma *moitié de mère* et je n'irais pas vous serrer la main ! Je suis en tout, Monsieur, pour la *présence réelle* dans les sentiments comme dans les sacrements... Il faut mettre le *plus de visage* qu'on peut dans ses relations, surtout quand on croit que ces relations ont chance de devenir plus tard des amitiés.

« Agréez donc, en attendant ma personne, l'expression de mes sentiments les plus repentants et les plus distingués. »

« Vendredi 21.

« Monsieur,

« Vous toucherez toujours où vous voudrez viser et moi je serai toujours heureux d'être atteint. Beaucoup d'ennuis et d'affaires, même à mon journal, dont la rédaction en chef est changée, me tiennent asservi le reste de cette semaine, mais j'irai certainement vous voir l'autre, — et par exemple, mardi dans l'après-midi, je crois être libre. Ce jour-là donc, avec ou sans dîner, j'irai m'asseoir chez vous. Je vous y verrai entre Mme de Saint-Maur et Mademoiselle votre fille. Ce sera le poète entre deux poésies ! Ah ! vous avez femme et enfant, ces *racines verticales* et *horizontales qui attachent à la terre !* Vous êtes bien heureux !

« Je me donnerai à *cœur joie* de votre bonheur. Je ne connais rien d'impatientant comme le bonheur des imbéciles, mais le bonheur des gens d'esprit et des gens d'esprit qui vous plaisent !... On le regarde et il est une manière de le partager.

« Si cette lettre semble une réponse tardive à votre invitation cordiale, pensez que votre lettre m'a été remise ce matin. A minuit, hier, j'étais encore à la campagne.

« Croyez, Monsieur, à tous les sentiments qui sont déjà en moi. Il ne faut qu'un mot pour que la vie des sentiments soit faite et je crois que vous l'avez dit. »

« Mardi soir, 21 juin 1865.

« Mon cher Saint-Maur,

« Le solitaire de la rue Rousselet, le sombre Giaour qui s'est tant ennuyé dans son capuchon, depuis que vous êtes parti, ira dîner chez vous, jeudi prochain.

« Si l'escarpolette qui vous balance de Livry à Puteaux et de Puteaux à Livry ne peut pas s'arrêter ce jour-là, pour me donner cette *pause de bonheur*, mandez-le moi et je *repiquerai* dans ma tristesse.

« Diable m'emporte, si j'ai ri depuis que vous êtes là-bas ! Vous représentez toute la joie présente de mon esprit et de mon cœur. Quand je soulève mon verre chez vous, il me semble que je soulève cette montagne qu'on a sur le cœur et qu'on appelle, je crois, la vie. »

« Valognes (hôtel Grandval-Coligny), 2 décembre 1876.

« Mon cher Saint-Maur,

« J'ai reçu votre lettre dans laquelle votre amitié cherche à me consoler de la perte que j'ai faite. Vous me donnez les plus mâles, les plus religieuses et les SEULES raisons de consolation qu'il y ait. Mais *l'arrachement par la mort*, vous l'avez connu, vous en avez saigné et vous savez l'impossibilité de la consolation humaine. Je ne crois point que l'homme qui n'oublie pas (et pour ma part, malheureusement, je n'ai jamais rien oublié), puisse se consoler d'un malheur irréparable, comme la mort.

Par Dieu! on vit; on met par-dessus ce qu'on souffre du rire et quelquefois des folies, mais c'est tout! mais le quatrième dessous!...

« Mon cher Saint-Maur, il faut reprendre la vie du travail, rentrer dans le flot, se remettre à nager contre les courants, voilà le destin! Je quitte ma solitude et ce pays dans deux jours, et je vais vous revoir à Paris. Vous serez ma première visite comme vous êtes *maintenant* le premier de mes amis. (Hein? Saint-Maur, combien avons-nous déjà d'années d'intimité sur la tête?...) Ah! si le temps nous ôte, il nous apporte aussi. Vous êtes venu tard dans ma vie et vous y voilà enraciné!

« La mort de Léon m'a coupé comme avec un couteau au moins la moitié du cœur; je vous aimerai avec le reste.

« Remerciez Mlle Mathilde de Cisterne de sa lettre. J'irai la voir, en sortant de chez vous. »

« Paris, 31 janvier 1878.

« Mon cher Saint-Maur,

« Croyez-vous aux spectres?

« Moi, j'y crois! Ce sont des amis qui reviennent vers ceux qui les oublient, — avec l'obstination des êtres immortels.

« Je suis de ces spectres-là, et je vous reviens, mon cher Saint-Maur... Je voudrais vous voir. Quand puis-je dîner chez vous et rafistoler le présent au passé; — la mort, à ce qui fut autrefois la vie?...

« Je suis à Paris *depuis un mois* et je n'ai vu personne encore. La solitude, cette maîtresse noire, qui vous étouffe, à force de vous embrasser, me devient odieuse et je veux rompre avec elle. Mais le pourrais-je jamais?.. C'est ma *Vieille Maîtresse*, et le monde comme il est, ajoute à sa puissance. N'importe! Je voudrais vous remettre ces *Bas-bleus* dont le succès ridicule ne vient que du cri des femmes qui ont crié parce que j'ai marché sur leurs prétentions, comme on marche sur des cors...

« Votre spectre d'ami, qui revient vers vous. »

4.

« Hé, Saint-Maur !

« Demain, vendredi, peut-on dîner chez vous ?

« Ce n'est pas mardi

« C'est vendredi, Mme de Saint-Maur me reprochera d'avoir fait changer son jour, de tout bouleverser dans sa maison, de n'avoir pas deux idées qui se suivent. Inconséquence ! Contradiction ! Caprice ! Elle dira que j'ai *des mœurs à l'escarpolette*, comme la princesse des Ursins.

« *It is true !* Elle aura cent fois raison... mais, Saint-Maur, j'ai envie de dîner chez vous demain !

« C'est une *envie*... de cœur *gros. Bien entendu* que c'est à la *condition* que vous y dîniez — que vous ne *cendrillionniez* pas... Autrement lâchez-moi le mot français : Allez-vous faire...

« Et je vous promets, Saint-Maur, que j'irai ! »

« Paris, 6 juin 1880.

« Mademoiselle Suzanne,

« Vous êtes charmante d'avoir glissé votre petite main dans la manche de votre grand'mère, pour m'écrire et me parler d'elle. Vous m'avez fait plaisir et peine aussi, puisque vous étiez partie. Dans la vie, c'est comme cela. Il y a toujours du noir dans le rose...

« J'avais mis dans un repli de mon cœur d'aller vous voir encore une fois, avant votre envolée, et cela va y rester jusqu'à votre retour, puisque je ne vous verrai qu'alors. Je n'irai point là-bas où vous êtes. La dévorante vie que je mène certainement ne me le permettra pas.

« Je le regrette, mais je regrette tant de choses dans lesquelles vous êtes encore, vous la petite-fille et la fille de deux êtres délicieux et bien-aimés de moi, — et qui aurez, *toute ma vie,* l'auréole de ces deux souvenirs autour de ce front que j'embrasse en pensant à eux !

« L'ami de ceux qui ne sont plus et de vous qui commencez d'être.

« Mon respect à la *femme de Saint-Maur.* Je ne connais rien de plus respectueux et de plus tendre que ce mot-là.

Voici encore deux lettres adressées à la comtesse de Molènes, veuve du brillant écrivain militaire que M. d'Aurevilly avait en particulière estime, et écrivain mondain, elle-même, sous le nom d'Ange Bénigne[1].

« A Valognes (hôtel Grandval-Coligny), 21 novembre 1884.

« Madame,

« J'ai reçu l'épreuve de Jouaust et l'ai immédiatement corrigée.

« Je l'ai envoyée à Mlle R. — la *dame au chignon d'or* que vous avez entrevue. Elle corrige mieux que moi, et elle repassera mes corrections.

« Je l'ai chargée de remettre *elle-même* l'épreuve à Jouaust.

« J'ai vu, sans regret, que vous avez fait la petite suppression du passage sur *les Femmes du monde*, et vous avez eu raison d'effacer ce passage, *puisque cela vous a fait plaisir.* C'est la grande raison pour moi. Il m'est si agréable de vous être agréable ! Entrelacer mon souvenir dans le souvenir de votre mari est une bonne fortune de ma destinée !

« Je suis impatient de vous revoir, Madame, selon l'usage de tous ceux qui vous ont quittée, ne fût-ce que pour quelques jours, mais mon impatience heureusement ne sera pas de longue durée. J'arriverai à Paris dans les dix premiers jours du mois prochain. Si vous aviez une raison quelconque pour m'écrire, écrivez-moi à Valognes, qui est mon quartier général ; car je rôde beaucoup dans la contrée. Je bats les chemins, comme ils disent ici. Je

---

[1] Nous empruntons ces deux lettres, dont l'une marque l'estime que le critique avait pour Paul de Molènes, ce brillant écrivain militaire, et l'autre son étonnement à sa première entrevue avec Mme Sarah Bernhardt, à un article publié par Ange Bénigne, dans la *Revue de Paris et Saint-Pétersbourg.*

n'ai plus un soupçon de cette hideuse grippe de Paris, et le ciel est aussi doux, malgré l'hiver, qu'un ciel d'automne. Aussi : *Je viens, je vais, je brave Neptune!* comme dit la chanson. Et Neptune est bien le mot, car j'étais avant-hier sur le rivage de Barfleur, et le vent de la mer qui y soufflait, coupait comme une hache d'abordage.

« Agréez, Madame, l'expression de ma respectueuse amitié. »

« Paris. Mardi.

« Madame,

« Très charmante soirée que celle d'hier. — charmante et *profonde dans le charme.* Je vous la dois, et je veux vous en remercier encore une fois ce matin. Je ne connaissais pas *la Sarah. Elle est née d'hier pour moi.* Je ne l'avais vue qu'à travers l'admiration déshonorante des sots et du journalisme, qui en est le roi. Je l'ai vue hier telle qu'elle est, et l'artiste qui me plaît et que j'admire a tué la femme qui ne me plaisait pas.

« Et l'artiste est si puissante, qu'à présent je les aime toutes les deux !

« Ah ! maintenant, Madame, vous pouvez me prier à venir chez vous avec elle. Vous m'avez trouvé maussade ; je ne le serai plus. Vous me trouverez aimable, parce que je n'ai pour elle que des amabilités plein l'esprit et le cœur. Les amabilités d'un homme qui adore le beau où il est, et qui l'admire à travers celle qui l'exprime.

« Je ne veux pas vous écrire un feuilleton, quoique j'en pense cinquante sur elle. Dites-lui seulement que, pendant deux heures, elle m'a rendu heureux, avec tant de raisons pour ne pas l'être !

« Vous lui direz cela mieux que moi, et cela lui fera plus de plaisir que si je le lui disais moi-même. »

Vers la fin de sa vie, M. d'Aurevilly voulut publier quelques-unes des pensées inscrites dans le gros volume, relié en rouge, et à fermoir, qu'il appelait son *Crachoir*, et où se trouveront, certes, bien des détails inattendus et curieux.

Voici quelques unes de ces pensées, choisies parmi les plus typiques :

« L'Orient et la Grèce me rappellent le mot si coloré et si mélancolique de Richter : « Le bleu est la couleur du deuil en Orient. Voilà pourquoi le ciel de la Grèce est si beau. »

« Les hommes donnent leur mesure par leurs admirations, et c'est par leurs jugements qu'on peut les juger. »

« Quand on a des opinions courantes, je les laisse courir. »

« Que de gens qui n'arrivent pas *à l'heure* dans la vie !... On est étranglé entre deux portes, dont l'une s'appelle : *trop tôt !* et l'autre : *trop tard !* »

« Les romans d'autrefois (d'il y a quarante-cinq ans) *élevaient* la vie, et ceux d'à présent la *descendent*, — et on appelle cela être *plus près de la vérité*.

« C'est possible. »

« Quel délicieux livre à écrire : les bêtises des plus grands esprits ! »

« S'il y a dans le sublime de l'homme les trois quarts de folie, il y a dans sa sagesse les trois quarts de mépris. »

« Ce qui manque actuellement au catholicisme, c'est un Voltaire et un Franklin catholiques, les deux extrémités de l'esprit bourgeois. »

« Penser à un succès dans la joie qu'il cause à un ami, c'est boire son nectar dans une coupe d'or. »

« En matière de forme littéraire, c'est ce qu'on verse dans le vase qui fait la beauté de l'amphore : autrement, on n'a plus qu'une cruche. »

« Il faut opposer les livres aux livres, comme les poisons aux poisons ; sans cela, les gens comme nous écriraient-ils ? »

« A mesure que les peuples montent en civilisation, les gouvernements descendent en police. »

« Preuve de petitesse naturelle, aimer les petites gens. »

« Quand les hommes supérieurs se trompent, ils sont supérieurs en cela comme en tout le reste. Ils voient plus faux que les petits ou les médiocres esprits. »

M. d'Aurevilly publia, sous le nom de *Old Noll*, dans le *Nain Jaune*, les *Quarante Médaillons de l'Académie française*, qui furent ensuite mis en volume et firent longtemps les délices de la gent littéraire, et de l'Académie elle-même, sans doute, car l'homme se laisse volontiers crever un œil pourvu qu'on crève les deux à son voisin !

Quelques jolies esquisses burinées à l'eau-forte, de ces illustres, maintenant oubliés :

M. Cousin. — Marionnette effrénée.

M. Sainte-Beuve, dont la conversation est le contraire de ses livres, flatte dans ses livres M. Cousin, qu'il abîme dans sa conversation. M. Sainte-Beuve attend la mort de M. Cousin pour aller, selon son usage, lever la jambe contre son tombeau et faire ainsi la seule oraison funèbre qui convienne à cet homme.

M. Saint-Marc Girardin. — Il fait son cours le chapeau sur la tête. Est-ce que, par hasard, il se croirait grand d'Espagne en littérature ?

M. de Rémusat. — En France, maintenant, quand un esprit est sur le point de ne pas être, on dit qu'il est fin.

M. Dupin. — La petite vérole est la seule ressemblance qu'il ait avec Mirabeau.

M. Thiers. — A fait son *Histoire de la Révolution* et une révolution qui n'aura jamais d'histoire. Niché sur les faits colossaux de ce temps, le petit homme a paru aussi grand que les faits aux bourgeois qui ne sont pas forts en perspective.

M. Ampère. — Il n'a qu'un moyen d'être Tacite, c'est de se taire.

M. Viennet. — A fait un poème de douze mille vers ; il faudrait vingt-quatre mille hommes pour l'avaler.

M. Empis. — On voit jouer une pièce qui est de tout le monde ; eh bien ! elle est de M. Empis.

M. E. Augier. — Un peu plus de gaieté en aurait fait un vaudevilliste.

M. Lebrun. — Comme Ponsard il a fait sa *Lucrèce*, seulement, il l'a intitulée : *Marie Stuart*.

M. Patin. — On lit ses œuvres par le dos.

M. Ernest Legouvé :

    Tombe aux pieds de ce sexe...

a dit son père. Le fils a obéi : il y est tombé.

Des quarante académiciens « pourtraicturés » dans les médaillons d'Old Noll, il n'en reste plus aujourd'hui que trois : MM. le duc de Broglie, Octave Feuillet, et Legouvé. Les autres sont morts, et plusieurs fauteuils ont déjà été occupés, depuis lors, par plusieurs titulaires, Et quand même ils seraient vivants, les immortels n'ont point la rancune si tenace. Ceux que le satirique flagellait si plaisamment n'ont pas tous survécu, et leur gloire est descendue au cercueil avec eux.

Mais qu'eut pensé Old Noll des académiciens d'aujourd'hui ?

Pourquoi donc M. Barbey d'Aurevilly ne songea-t-il point à l'Académie Française ?

« Ce romancier et ce poète si riche par l'imagination, dit M. Robert de Bonnières, ce critique qui remua tout le siècle littéraire avec une ardeur enfantine mais courageuse, cet homme de talent dont tout le monde connaît les redingotes à jupe, les cravates de dentelle et les chapeaux bordés de velours, est, dans l'intimité, le plus courtois, le plus gracieux et le plus serviable des hommes ; il a grand ton et sa pauvreté volontaire le rapproche, dans l'ordre moral, de ces vieux prêtres pleins de génie et d'austérité, qu'il sait si bien nous peindre. Seulement, comme il est poète, il garde avec cela le divin enfantillage des poètes. Et pourquoi donc l'Académie ne songerait-elle pas à M. Barbey d'Aurevilly ? »

Y pensa-t-on pour lui ? Peut-être, car un journal annonça un beau matin qu'il se présentait comme candidat, et s'attira la verte réplique suivante :

« L'*Intransigeant* s'est trompé ; je ne pose point ma candidature à l'Académie et je ne la poserai jamais.

« Les groupes littéraires ne me tentent pas et je n'ai jamais ambitionné d'en faire partie. Ce n'est là ni de l'orgueil, ni de la modestie. Je ne suis ni *au-dessus*, ni *au-dessous*. Je suis *à côté*.

« Merci de m'avoir averti de ce qu'on disait de moi et merci de vouloir bien y répondre. »

Et le lendemain de cette lettre, il disait à un reporter venu pour satisfaire la manie d'*interview* qui caractérise les directeurs de feuilles publiques en général. M. Arthur Meyer en particulier :

« Je ne suis pas candidat à l'Académie française ; dites-le bien haut, criez-le même aussi fort que vous le pourrez ; je n'en veux être, et n'en serai jamais. L'Académie française est une institution surannée qui a fait son temps, et je ne vois rien de plus grotesque que de vouloir perpétuer, *Jules Ferry regnante*, une institution du cardinal de Richelieu.

« D'ailleurs, j'ai toujours été ennemi des groupes littéraires, c'est ce que j'ai écrit ce matin à un journal qui me demandait par lettre quelles étaient mes intentions. Je suis *moi*, je veux rester *moi* ; je ne me considère ni au-dessus, ni au-dessous de l'Académie ; je me trouve son égal, et cela me suffit.

« Je veux être indépendant comme je l'ai été toute ma vie, et pouvoir quand je veux et pour écrire ce qu'il me plait, me mettre à mon *piano*. »

Et il montrait sa table surchargée de livres et de papiers.

. .
. .

« Faire des enfants et oublier qu'on les a faits, c'est mon histoire ! Hélas ! C'est ma seule façon de ressembler à La Fontaine », écrivait M. d'Aurevilly à propos d'un de ses livres oubliés. Car il prétendait n'écrire que pour quelques intelligences d'élite, et n'appliquait pas assez volontiers la loi édictée par Chateaubriand : « Il est des temps où l'on ne doit dépenser le mépris qu'avec économie, à cause du grand nombre de nécessiteux. » Mais cette sorte de pyrrhonisme fut à la mode dans un cénacle d'artistes rares et raffinés, aux-

quels certainement les hauteurs dédaigneuses de
M. d'Aurevilly donnaient le ton.

« Il n'y a pas sur le globe terraqué, — disait avec une
exagération pleine de profondeur ce délicieux insensé
de Villiers de l'Isle-Adam, — il n'y a pas plus d'un cent
d'individus par siècle (et encore !) capables de lire quoi
que ce soit, voire des étiquettes de pots à moutarde ! »
« Eh bien, soit ! ajoutait M. Léon Bloy[1], M. Barbey
d'Aurevilly dit bonsoir à la gloire et nargue le succès, et
c'est comme cela qu'il résout la question pour son propre
compte. Si sa vie entière d'artiste désintéressé de tout,
excepté du beau, ne suffit pas et qu'il lui faille descendre
de sa tour pour crosser dans la plaine le troupeau récal-
citrant des thuriféraires, tout est dit et il décide gaiement
qu'il n'en descendra pas. « *J'écris pour trente-six amis inconnus* », a-t-il dit souvent. »

Ce ne sont pourtant pas les jugements de ces trente-
six amis qui le pourraient enthousiasmer d'admiration
pour lui-même. Les uns pèchent par exagération, et
les autres par timidité, dans l'expression admira-
tive de leurs sentiments pour lui. Tels qu'ils sont,
il les faut accepter et citer, puisque ce livre doit être
une mosaïque, et qu'il vaudra surtout par les documents.

M. Jules Lemaître, cet universitaire gourmé à qui
l'École Normale coalisée a fait une si haute position
dans la critique contemporaine, — si haute qu'elle le
dépasse ! — a, dans un article fort incohérent, jugé
M. d'Aurevilly un écrivain fastueux, dénué de simplicité, campé romantiquement dans une attitude de

---

[1] *Propos d'un entrepreneur de démolitions.*

mousquetaire, dupe des mensonges de son imagination.

« M. Barbey d'Aurévilly m'étonne, dit-il... Et puis..., il m'étonne encore. On me cite de lui des mots d'un esprit surprenant, d'un tour héroïque, qui joignent l'éclat de l'image à l'imprévu de l'idée. On me dit qu'il parle toujours comme cela, et qu'il traverse la vie dans des habits spéciaux, redressé, embaumé, pétrifié dans une attitude d'éternelle chevalerie, de dandysme ininterrompu et d'obstinée jeunesse. C'est un maître écrivain, éloquent, abondant, magnifique, précieux, à panaches, à fusées, extraordinairement dénué de simplicité... Avec cela, il m'est plus étranger qu'Homère ou Valmiki. Il m'inspire l'admiration la plus respectueuse, mais la plus embarrassée, la plus effarée, la plus stupéfaite. »

D'ailleurs il estime que sa critique est féroce, étroite, et ne contient ni une parcelle de charité, ni une parcelle de justice.

M. Oscar de Vallée disait plus justement de l'auteur des *Juges jugés* : « C'est certainement, et par-dessus tout, un esprit tout grand ouvert, d'un courage naturel, d'un savoir où l'intuition ajoute à l'étude, d'une loyauté visible et d'une force peu commune. »

Dans les *Idées de Pierre Quiroul*, M. Louis Davyl, qui avait parfois la dent dure, a tracé du maître une curieuse silhouette :

« Apre, mordant, incisif, c'est M. d'Aurévilly qui, publiant une série de portraits de comédiens, débute ainsi : « Décidément de toutes les actrices de Paris, M. Laferrière est la plus vieille ! »

« Et puis ! quel causeur ! La première fois que je le vis, ce fut sous les galeries de l'Odéon. Il était tout vêtu de velours noir et l'originalité de sa mise était encore plus *vigoureusement* accentuée qu'aujourd'hui. Mais j'avais lu ses livres et pour être présenté à celui qui avait écrit le *Combat des Blattiers*, j'aurais sacrifié les cinq francs que je n'avais pas.

« Il allait au café, rue Corneille, et se plaçait sur une banquette près de la dame de comptoir, une grosse rousse, dont les seins énormes semblaient la demi-lune d'une avancée. Là, protégé contre les vents coulis par ce colosse et entouré d'une jeunesse avide d'écouter, ce charmeur discutait, racontait et peut-être mentait tous les soirs jusqu'à minuit, disant toujours du neuf et de l'original.

« Blotti dans un coin, je ne perdais pas un de ses paradoxes, mais, je l'avoue, une chose me préoccupait extrêmement. Toujours, en parlant, il portait sa main à la hauteur de son œil; ce geste était si fréquent, voire même si continuel que je n'eus pas de cesse avant de savoir ce que toujours il regardait ainsi dans le creux de sa main. Etait-ce une manie, un tic? Non, je l'ai su depuis; ce qui ne le quittait jamais et ce qu'il contemplait sans cesse, c'était une petite brosse à moustache dans laquelle se trouvait incrustée une glace grande comme une pièce de cent sous. Il se mirait.

« Il y a une quinzaine d'années, plusieurs amis dînaient tous les samedis chez Théophile Silvestre, logé sur le quai Voltaire, Silvestre, ce critique d'art dont on a trouvé une lettre dans les papiers des Tuileries. L'écrivain, dans cette lettre à l'empereur, insistait pour un secours; les quatre pages sont une merveille d'esprit et de belle humeur. Il demandait mille francs, on l'avait déshonoré pour cent mille. Au reste, il en est mort, un matin qu'il déjeunait chez Gambetta.

« Donc, on dînait chez lui, et d'Aurevilly qu'on appelait alors le *Capitaine*, était toujours du festin. Entre autres convives, venait parfois Raymond Brucker, un ancien athée qui s'était converti; mais ce bavard n'avait pas changé. Un jour qu'à table ils se trouvaient l'un près de l'autre d'Aurevilly pria son voisin de vouloir bien le recommander à un directeur de conscience. Brucker lui indiqua le R. P. Milleriot. « — Un jésuite, n'est-ce pas? demande le capitaine, car vous comprenez bien, mon cher, que je ne saurais m'adresser ailleurs. » Il avait l'air de dire : « J'y perdrais ! » Puis, poursuivant : « Vous savez, mon ami, dans le péché, il y a comme ailleurs des nuances, des demi-teintes et des atténuations, aussi désirerais-je rencontrer un esprit subtil, une intelligence délicate qui comprît à l'instant même les causes... » Tout à coup du bout de la table partit une petite voix, claire, futée, ironique et qui disait : « Pardon, mon cher d'Aurevilly, mais auriez-vous aussi par hasard la prétention d'avoir des remords distingués ?... »

« Cette voix, c'était celle de Charles Baudelaire. »

Qu'on me permette encore de détacher d'une *Revue* qui eut son heure de célébrité [1] une page écrite par un tout jeune homme, de vingt ans à peine, M. Léon Riotor :

« Le passage de Barbey d'Aurevilly dans les sphères littéraires a été silencieux, presque inaperçu. C'est un météore qu'on s'est contenté d'observer de loin, presque imperceptible pour le commun des mortels, trop surélevé de la phalange de combat pour qu'il soit possible de le prendre pour un combattant. Ses œuvres possèdent, à coup sûr, plus que mille autres, ce cachet d'égoïsme personnel qui le met en dehors de toute période littéraire. C'est un écueil isolé dans le grand océan romantique, comme le rocher l'Homme dans la Manche, et à cause de cela même, il resta longtemps inconnu. Aujourd'hui, pour celui qui a sondé ses mystérieuses beautés, il est impossible de ne pas y revenir, et de ne pas se prosterner devant son masque si hautain.

[1] *La Minerve* (1884).

« Malgré cet attrait irrésistible, la statue de ce maître frappeur est trop haut placée pour que le peuple puisse jamais l'acclamer. A de pareils génies il faut d'égales intelligences. Et, en plus de cela, Barbey d'Aurevilly ne sera jamais aimé du peuple, parce qu'il paraît l'ignorer, et l'ignore en effet.

« La ligne de démarcation de ses œuvres de roman à ses œuvres de critique n'est pas si grande qu'on le croirait : il y a beaucoup de roman dans sa critique, comme il y a beaucoup de critique dans ses romans. C'est une critique sardonique pleine de dédain, qui renferme peu d'analyse et encore moins de jugement : chez ce catholique sceptique le suprême parti pris règne sans partage, ses convictions sont établies indéracinablement sur toutes les discussions latentes de notre éternelle discussion sociale, et vouloir chercher en lui un biais à droite ou à gauche serait peine perdue. Il va son droit chemin sans prendre garde à ses avoisinants, sans regarder derrière lui, il veut frapper, il frappe. Mais sa critique n'est rien dans son œuvre si grandiose et si forte, où les claquements d'une imagination qui n'est égalée en intensité que par elle-même, vont se répercutant de page en page, au milieu des chocs d'enclume et des roulements de lanières du procédé littéraire le plus implacable, le plus froid et le plus prodigieux qu'il nous soit possible de contempler et d'approfondir ! »

III

L'ABBÉ LÉON D'AUREVILLY[1]

Si l'auteur de l'*Ensorcelée*, du *Prêtre marié*, des *Diaboliques* ; si le critique des *Œuvres et des hommes*, et le poète de *Poussière*, est arrivé à la célébrité au déclin de sa vie, n'ayant point reçu les ardents rayons du soleil d'été, non plus que les suaves et légers reflets du soleil de printemps, mais seulement les tristes et languides et jaunes clartés des soleils d'automne, il a néanmoins conquis la célébrité, c'est-à-dire vaincu la chimère, et son nom désormais immortel scintillera dans les fastes littéraires de ce temps, avec ceux des plus hauts et des plus hautains, parmi les immortels. Il n'a voulu rien être que lui, et c'est assez.

L'aîné obtint donc sans efforts, il ne la cherchait

---

[1] Une grande partie des matériaux qui composent ce chapitre sont empruntés à un ouvrage en voie de publication sous ce titre : *Un poète-apôtre*, ou *Vie du R. P. Léon Barbey d'Aurevilly, avec un choix de ses œuvres poétiques*, par le R. P. Dauphin, de la congrégation des Eudistes. L'auteur a bien voulu nous communiquer l'esquisse et les principaux documents de son livre ; à notre regret, il ne nous permet pas de publier la lettre de Barbey d'Aurevilly qui servira de préface à celui-ci.

point, cette notoriété qui est l'antichambre de la gloire, car la gloire veut être toujours posthume. Mais le cadet est mort, tout à fait ignoré de la foule, et son frère, qui l'aimait tant, ne l'a désigné à ses contemporains que par cette préface de son livre les *Philosophes et les Historiens religieux*, dans laquelle il lui disait : « Tu as le grand honneur d'être prêtre, et le grand avantage de ne pas écrire. Tu agis sur les âmes de plus haut que nous, vulgaires écrivains... Voilà pourquoi je te dédie ce livre sur les philosophes et les philosophies de ce temps. Je te le dédie à toi, théologien que les choses qu'il contient regardent et qui as mieux que du génie pour en connaître, puisque tu as *grâce d'état* pour en juger. »

Léon-Louis-Frédéric Barbey d'Aurevilly, plus jeune d'une année que son frère, naquit à Saint-Sauveur-le-Vicomte, le 28 septembre 1809. Il fit ses premières études dans la maison paternelle, les acheva la dernière année au collège Stanislas de Paris, et rentra à la maison paternelle pendant que son frère, allait à Caen, en 1828, pour y suivre les cours de la Faculté de droit.

Mais Léon quitta souvent Saint-Sauveur pour se rendre à Caen où l'attirait son frère et où il trouvait, plus qu'à la campagne, le moyen de satisfaire son goût pour les études littéraires.

Il s'y lia de bonne heure avec Trébutien, alors modeste bibliophile, avec Alphonse Le Flaguais, et plusieurs autres jeunes gens d'élite, parmi lesquels son talent pour la poésie, son amabilité, son entrain lui gardaient la première place. Dès 1830, ardent légitimiste, il se lançait dans la lutte avec une ardeur que nous ne comprenons plus, nous qui n'avons point vu la révolution de Juillet ni souffert de ses conséquences. Les agitations politiques au milieu desquelles la France se débat depuis vingt ans, et les événements qui, pendant ces terribles années, se sont succédés coup pour coup, ont émoussé tous les enthousiasmes. Les histoires d'hier ne sont plus celles d'aujourd'hui, et les opinions intransigeantes ne sont point acceptées par notre jeunesse positive et pratique. Léon d'Aurevilly, étudiant frondeur, plein de cette belle humeur du Normand qui se souvient des annales de ses ducs, chansonnait avec une verve impitoyable Louis-Philippe, la cour, les ministres, la charte, la politique du juste milieu. Et les journaux royalistes de Caen, l'*Ami de la vérité*, le *Pilote*, publiaient ces chansons caustiques où personne n'était épargné, et dont l'une rappelait l'immortel *Tartufe*.

Ce n'était pas bien méchant, mais la polémique n'avait point encore enfanté Louis Veuillot ni Henri Rochefort. En 1832, Léon d'Aurevilly fonda, avec M. Berruyer et quelques autres amis, le *Momus Normand*, journal satirique en vers, dont l'un des premiers numéros contenait, à propos de l'infâme trahison du juif Deutz et de l'incarcération de madame la duchesse de Berry, un sixain qui se terminait par ce vers :

« Tout est perdu, fors l'honneur. »

Le juge d'instruction, Marcelin Hubert, mandait Léon d'Aurevilly à sa barre, pour répondre d'une protestation contre l'emprisonnement de la mère du roi, qu'il avait fait signer à quatre-vingt quatorze habitants de Saint-Sauveur-le-Vicomte, et l'accusé avouait que trois enfants avaient signé ce document, ajoutant qu'ils étaient « fort en état de comprendre la raison de leur signature, car ils sont de l'âge de Henri V ». Mais les gouvernements n'aiment point les satires, si spirituelles qu'elles puissent être, et si méritées qu'elles soient. Le *Momus Normand* gênait les préfets du Calvados, dont s'esbaudissaient les châteaux, et que le peuple ne respectait que par crainte du gendarme. Les esprits s'échauffaient, le pamphlet perdait toute mesure, et un beau jour Léon d'Aurevilly fut traduit en cours d'assises pour une ode à la duchesse de Berry. Bien défendu, il fut acquitté, — comme il convient, puisqu'il était de l'opposition, — et le lendemain la jeunesse des écoles lui offrait un splendide banquet. Néanmoins le *Momus Normand* ne fit pas vie qui dure ; son dix-huitième et dernier numéro parut en juillet 1833, et ce n'est peut-être que dans la bibliothèque ducale de Chantilly qu'on en trouverait la collection complète, aussi introuvable que le premier recueil de vers du jeune étudiant, *Amour et Haine*[1], chansons politiques dans le goût du

---

[1] Extrait du catalogue mensuel, numéro 56, de Bernoux et Cumin, à Lyon :

« 2019. Léon d'Aurevilly. — *Amour et Haine*, poésies politiques et autres. Caen, au bureau du *Momus Normand*, s. d., in. 8° broché, couverture imprimée, bel exemplaire : 8 francs.

« Romantique peu commun. Publié vers 1834, quelques-unes des pièces contenues dans ce recueil firent poursuivre le livre devant la cour d'assises. » Pour dire vrai, il eut fallu écrire l'*auteur* à la place *du livre*. La préface de ce volume, qui paplus pur romantisme, avec de fort belles pièces, au milieu d'un fatras d'*actualités*.

La politique a ses enchantements et ses déboires, plus encore que la littérature. Léon d'Aurevilly s'était fait peut-être l'illusion que les partis et les princes connaissent la gratitude. Il fut bien vite détrompé, et s'aperçut à ses dépens que, lorsqu'un instrument devient inutile, on le dédaigne, si on ne le brise pas. Abandonné à lui-même dans le procès qu'il eut à soutenir, il se dégoûta promptement de la politique militante. Il se tourna vers Dieu, et Dieu lui apparut si grand et si beau *qu'il resta du côté de Dieu*, comme il le disait plus tard au chanoine Do, de Bayeux. Parmi ses amis, se trouvait un jeune officier, M. Léopold de Saint-Auban, dont la vie sérieuse et la solide vertu faisaient contraste avec les habitudes mondaines des jeunes gens ; et comme Léon d'Aurevilly lui demandait d'où lui venait de résister ainsi aux séductions du monde, M. de Saint-Auban ouvrit, dans sa chambre, la porte d'un cabinet, au fond duquel se dressait un grand crucifix attaché à la muraille, et lui dit : « Voilà Celui pour qui je fais peu de cas du reste. » Cette parole alla jusqu'au fond du cœur de Léon. Sans doute, il n'avait jamais été l'esclave d'aucun vice grossier. Sa simplicité et sa candeur ne lui auraient jamais permis de faire un mensonge. Il déplorait une éclipse de sa foi, sa dissipation mondaine, cette indifférence des choses religieuses qui atteint

---

rut en réalité au commencement de 1833, contient la relation du procès de Léon d'Aurevilly en cours d'assises, antérieur à sa publication.

les jeunes gens jetés dans le tourbillon du monde. Et
le bonheur d'avoir rencontré un ami comme Léopold
de Saint-Auban, il l'attribua à la dévotion toute spéciale qu'il avait conservée pour Notre-Dame de la Délivrande, le célèbre sanctuaire normand. C'est à elle
qu'il faisait remonter le bienfait de sa conversion, car
il se convertit avec fougue, avec emportement. Il voulait alors faire un pèlerinage à cette chapelle, s'y
rendre à pieds, et pieds nus. « Je voulais ainsi,
disait-il plus tard au chanoine Do, rompre une bonne
fois avec le monde, et m'armer contre tout respect
humain. »

Léon d'Aurevilly qui ne connaissait pas encore sa
voie, passa une année entière à Saint-Sauveur-le-Vicomte, toujours occupé de ses compositions et rêve-
ries poétiques. Très affectionné de ses parents, et
sollicité de se fixer auprès d'eux, il avait consenti à
demander la main d'une jeune personne d'une haute
distinction, riche et pieuse. Le mariage allait se
conclure, quand le jeune homme crut remarquer dans
sa fiancée quelque répugnance à épouser un dé-
sœuvré. Cette circonstance le détermina à entreprendre l'étude du droit afin de se faire recevoir avocat, et dans ce but, il rentra à Caen en octobre 1834,
au moment où son frère venait de quitter cette ville.

C'est là que sa vie devait tout à coup changer, et
qu'il devait entendre l'ordre mystérieux et mystique :
Ascende superius. Après dix-huit mois d'incertitude
et de luttes, le jeune étudiant résolut de briser tous
les liens qui l'attachaient au monde pour embrasser
l'état ecclésiastique.

Lorsqu'il fit part de cette détermination à Trébutien, celui-ci, tout ému de ce qu'il appelait une perte immense, lui demanda la permission de faire imprimer une collection de sonnets qu'il en avait reçus, et de les distribuer comme souvenir à ses nombreux amis. Bien qu'il lui répugnât d'occuper encore le monde de sa personne, Léon ne voulut point contrister par un refus l'ami de son cœur, et les *Sonnets* parurent au commencement de 1836, en un petit volume in-18 de 72 pages.

Ce fut en octobre 1836 que Léon d'Aurevilly entra au séminaire de Coutances ; il était alors âgé de vingt-huit ans.

.·.

On sait quelle est la vie du séminaire : beaucoup de devoirs accumulés, de nombreuses pratiques de piété coupant le travail, une existence monotone, silencieuse, qui ne puise de joies que dans les satisfactions de l'âme et la paix de la conscience, une discipline combinée pour exalter jusqu'à l'héroïsme la volonté humaine vis-à-vis de soi, pour la rompre jusqu'à la passivité vis-à-vis des autres. Cette vie, pour être digne du sacerdoce, il faut la subir trois ou quatre années.

L'abbé d'Aurevilly reçut la plénitude des ordres sacrés, en 1839, et fut employé, au sortir du séminaire, aux missions diocésaines. Il fut dès lors un véritable apôtre, ardent et zélé. A cette époque, il improvisait toutes ses conférences ; il se traçait son plan, l'étudiait dans la méditation au pied de son crucifix ; puis, tout plein de son sujet, brûlant de l'amour de Dieu et du désir de sauver les âmes, il se livrait à son inspiration, et presque toujours il enlevait son auditoire.

« Je viens de voir mon frère, l'abbé d'Aurevilly. Il est venu prêcher des religieuses de Saint-Paul à Montfort-l'Amaury.

> ... Vous connaissez l'armure
> D'Amaury, comte de Montfort!

« Je suis allé le voir dans ce pays perdu et charmant comme bien des choses perdues, et j'ai eu une de ces émotions qui font croire à l'immortalité de notre âme. Savez-vous qu'il y avait neuf ans que je ne l'avais vu? Que je ne l'avais pas vu depuis qu'il est prêtre? Je l'ai trouvé changé, oh! oui, mais transfiguré aussi ; c'est la perfection même des voies spirituelles. Pour le monde, il est moins bien, c'est un capucin qui s'est fait prêtre, parce que les capucins n'existaient pas dans son pays; mais pour l'humilité, la saine et forte éloquence, l'ardeur de la prière, le travail apostolique, c'est un capucin, et je ne souris point en vous écrivant cela. Pour tout ce qui pense, sinon pour tout le monde, il est donc mieux qu'il n'ait jamais été.

« Je l'ai entendu prêcher sur *le bonheur d'aller à confesse* et je puis dire que je me suis cru au XVII° siècle. Pas un mot moderne, pas un souffle des préoccupations littéraires ou politiques de ce temps-ci qui infectent nos meilleurs prédicateurs; une solidité, une tendresse, une autorité et çà et là des mouvements d'une foi si sincère qu'ils en deviennent prodigieusement éloquents ; voilà, mon ami, ce dont j'ai été le témoin. Il est le prêtre dans toute la santé de ce robuste mot. Intellectuellement, il incline au scepticisme, mais l'orthodoxie le maintient dans la juste limite sur cette pente[1]. *Dieu m'a pris Léon tout entier, et quel Dieu! Un Dieu jaloux!...* »

[1] Lettre du 14 août 1847.

Une autre lettre, datée du 22 septembre 1855 :

« J'ai écrit à l'abbé qu'on m'a dit être évangélisant au Bon-Sauveur... Il y a des siècles qu'il ne m'a écrit, et pourtant je lui ai appris dans le temps que je n'étais plus un parleur creux de catholicisme et que la table sainte abandonnée avait revu le gardeur de pourceaux. Concentré dans les joies de l'autel, il ne m'a point parlé de la sienne, et cela a manqué à ma faiblesse... Mais que voulez-vous ? C'est un prêtre et dans cette mer de la charité universelle, l'affection fraternelle tombe sans bruit, et se noie comme une larme d'étoile dans l'autre mer !

« Réponse à votre question : il ne m'a point parlé non plus de mes gouttelettes de sang, — mes poésies. Les a-t-il reçues ? C'est bien probable. Ils auront été exacts, à Avranches. Mais encore une fois les occupations du prêtre sont un manteau pour envelopper, cacher et étouffer tous les *torts*... »

Une fois qu'il eut été élevé au sacerdoce, l'abbé d'Aurevilly, de son propre aveu, avait demandé à Dieu que son amour de la poésie ne lui procurât aucune distraction dans l'accomplissement de ses devoirs quotidiens ; et pour mériter cette grâce, il avait résolu de ne pas faire un seul vers pendant un espace de dix ans. De fait, on n'a retrouvé aucune poésie de lui de 1840 à 1850. Mais cette année-là, il recommença quelques improvisations, quelques essais qu'il envoya à M. Trébutien, avec lequel il conservait toujours les relations les plus intimes. C'étaient des poésies religieuses sur la Vierge, pour laquelle il avait un culte passionné.

Or, M. Trébutien avait une charmante manie, assez rare en littérature : celle de donner de la célébrité à ses amis. Il publia donc ces poésies, en un petit vo-

lume à couverture bleue, sous le titre de *Rosa mystica*[1]
avec une aimable préface. Et non seulement il éditait
les vers de son ami, mais encore il les envoyait à une
pléiade d'amis de choix, frères et sœurs des Muses, qui
devinrent bientôt les amis du poète. Quelques années
plus tard, M. Trébutien fit paraître un autre volume
de poésies dont le thème unique était les *Hirondelles*.

« J'ai reçu, lui écrivait en octobre 1857 M. Barbey d'Aurevilly, j'ai reçu, écrite incomparablement par vous, une poésie intitulée *l'Hirondelle délivrée*. Elle est signée d'*Une âme en peine*. Mais je la crois de Léon.

« Oui, il y a progrès dans sa manière. Il y a de fines beautés dans cette pièce. Cela tient-il à la disposition actuelle de mon âme ? Il est des moments, disait Sterne, où les flageolets faux vous paraissent si doux !... Je ne crois pas, cependant, le flageolet de Léon le moindrement faux. Cette poésie est réellement touchante, d'un coloris délicieux, et d'un rhythme adorable de langueur. Dites-lui pour moi (cela le flattera davantage) le *muy bien!* que je disais il y a quelques jours aux Carmen (qui n'étaient pas des poèmes) du nord de l'Espagne. »

Toutes les pièces des *Hirondelles*, même celles signées *Trébutien* ou *les Deux Frères*, étaient de Léon, mais ces dernières, inspirées par le bibliophile au poète. Le volume eut, après dix ans, les honneurs d'une seconde édition, augmentée du *Livre des Oiseaux*.

Voici une lettre délicieuse de Jules à son frère, et qui nous est communiquée par M. l'abbé Lefoulon; elle date du lendemain de nos désastres.

---

[1] Ce titre a été pris, depuis lors, par l'excellent poète Stanislas de Guaita pour un de ses recueils, dont la préface surtout est un admirable morceau.

« Mon cher abbé, — tu m'as donné hier, en me quittant, une joie grande et aussi du chagrin.

« De la joie, car franchement je croyais que tu ne m'aimais *plus comme autrefois*, et à tes pleurs, en me quittant, j'ai vu que tu m'aimais encore.

« Du chagrin, parce que je te quittais, baigné de larmes, et que je n'avais pas le temps de te dire combien ces larmes-là m'allaient loin dans le cœur !

« J'aurais bien pu descendre de cabriolet et passer la soirée avec toi, mais il aurait fallu recommencer de partir le lendemain. Seulement j'ai pensé à toi toute la soirée et voici ce que je veux te dire, mais de vive voix : c'est que, si le ciel favorise mes projets, nous passerons nos derniers jours ensemble, comme les premiers jours, sous le même toit, et ce sera le mien.

« Je m'en rebâtirai un, puisque je n'en ai plus, ou bien je mourrai à la peine ; et nous donnerons au monde le spectacle rare d'un vieux pacha et d'un vieux abbé accouplés ! Voilà ce que je te dis ce matin avec la plume, mais ce que je veux te dire de *vive voix* demain.

« Je ne puis pas te dire quels abimes de tendresse j'ai dans le cœur pour toi ; malgré la légèreté de l'esprit, il faut croire un peu à mon âme, sous les turqueries

« De ton

« YULE PACHA. »

Les missionnaires diocésains résidaient dans un vieux manoir, situé à Villiers, près Saint-James, sur les confins de la Bretagne. L'abbé d'Aurevilly aimait cette retraite, d'où il prenait souvent sa course vers le pays d'Armor pour lequel il professait un culte de poète et de royaliste. Mais lorsque l'évêque de Coutances eut appelé les religieux de la congrégation des Eudistes, à Villiers, pour remplacer ses missionnaires diocésains, dont la plupart furent nommés curés, l'abbé d'Aurevilly, qui ne se sentait pas de goût pour le ministère paroissial, se retira dans sa famille, à Saint-Sauveur-le-Vicomte, et durant les dix-huit mois qu'il y passa, il occupa ses loisirs à composer un livre sur *l'Utilité des Missions*, qui n'a jamais été imprimé.

L'abbé d'Aurevilly demanda son admission chez les Eudistes. Il avait alors quarante-huit ans, et se soumit néanmoins, comme un simple novice, à toutes les exigences d'une règle assez sévère. Son humilité édifiait tout le monde. Toujours bon, charitable, prévenant, extrêmement aimable pour ses confrères, il continua ses prédications avec un grand succès.

La vie religieuse du père d'Aurevilly fournirait les éléments d'une bien curieuse étude, et si nous disions ici tout ce que nous en savons, nous étonnerions à coup sûr notre lecteur. Un bénédictin de Solesmes, dom Guépin, savant illustre, écrivait peu de temps après sa mort : « Le père d'Aurevilly a été pour moi l'ange du Seigneur qui m'a montré la voie ; et son nom reste mêlé aux plus doux souvenirs de ma vie, à ces jours heureux du printemps spirituel, dans lesquels un amour inconnu jusque-là vous fait battre le cœur et vous transporte jusqu'à l'entrée du ciel. » On lui attribuait même le don des miracles, et ses confrères disaient de lui qu'il était non seulement un saint, mais un saint aimable, car son bonheur était de faire plaisir.

A partir de 1865, la santé du Père d'Aurevilly commença à décliner, mais pour autant il ne ralentit point ses travaux apostoliques. A l'époque de la guerre, il fut tellement frappé des malheurs de la France que la maladie s'aggrava. Il priait continuellement pour la patrie, il disait sans fin son chapelet, qu'il appelait sa *mitrailleuse de poche*.

Le supérieur des Eudistes, faisant en mai 1871 la visite du couvent où se trouvait Léon d'Aurevilly, inscrivit cette note sur le registre :

« Père Barbey d'Aurevilly : un saint, simplicité, humilité profonde ; prêt à tout. — Souffre beaucoup, physiquement et moralement, avec joie pour Jésus-Christ; ne fait plus que prier... »

C'est alors que le Père Léon d'Aurevilly sentant sa fin approcher voulut aller finir ses jours où sa vie mortelle avait commencé, et demanda qu'on le mît à l'hospice de Saint-Sauveur-le-Vicomte. Malgré la règle son vœu fut exaucé; on ne voulait point contrister sa fin. C'est probablement à cette époque que son frère Jules lui adressait ce magnifique poème en prose, si peu connu, qui a pour titre :

LES QUARANTE HEURES

« De tous les jours que l'année, cette joueuse au cerceau, chasse devant elle, le jour d'aujourd'hui est le plus singulier, peut-être. Il nous faisait rire autrefois. Nous ne rions plus ; je rêve et toi tu pries... Seulement ta prière est plus longue que les autres jours, et moi, ma rêverie plus amère.

> C'est le jour des masques pour moi,
> Pour toi, le jour des Quarante Heures !

« Jour double et mi-parti comme l'habit d'un bouffon qui rirait avec le cœur gros et les yeux en larmes. — Vêtu comme Scaramouche — ici, d'un jaune éclatant et joyeux, —, là, d'un noir funèbre. Païen et chrétien à la fois. Jour d'éternelle dissipation et d'adoration perpétuelle.

   C'est le jour des masques pour moi,
  Pour toi, le jour des Quarante Heures !

« Jour des masques ! Il est bien nommé, quoi qu'on eût pu appeler ainsi tous les autres jours de l'année. Mais ses masques à lui, sont plus gais, — et personne ne nie ce jour-là qu'il en ait un sur la figure...

« Le soleil lui-même a le sien et se cache sous le *loup* d'un nuage. L'as-tu remarqué ?... Il fait presque toujours, ce jour-là, un équivoque beau temps où grise, comme un domino gris, tombe autour de nous la lumière ! Seul, dans l'Eglise où les cierges allumés font le soleil qui manque aux rues, Dieu se fait voir, à visage nu, sous le voile de son tabernacle.

   C'est le jour des masques pour moi,
  Pour toi, le jour des Quarante Heures !

« Oh ! mon ami, mon cher Léon, ce jour sinistre dans sa gaité pour moi, est rempli pour toi de joies saintes ! Pour toi, il fait flamber plus fort l'encens de ton cœur embrasé. Pour moi, dans le mien, il ne remue, du bout de son doigt ennuyé, que des cendres à présent éteintes. O prêtre heureux ! ô prêtre heureux ! quand dans ta stalle à Saint-Sauveur, sous ces vitraux qui tamisent pour moi tant de pensées, avec la lumière, tu chantes ton Seigneur Dieu, aux longues après-midi des vêpres, tu n'as jamais fermé une fois le Missel orné de rubans, et baissé le front sur ta poitrine couverte du surplis tranquille, pour rêver aux jours de ta jeunesse, — et à moi, ce jour, comme un bourreau masqué, apporte la tête de la mienne !

   C'est le jour des masques pour moi.
  Pour toi, le jour des Quarante Heures. »

Installé à Saint-Sauveur-le-Vicomte dès 1871, le Père d'Aurevilly recevait souvent la visite de ses confrères du voisinage et pendant quelque temps encore il put entretenir avec eux un commerce de lettres où se peignait sa belle âme épurée par la souffrance. Tout le temps qu'il eut l'usage de ses facultés, il vécut dans un état de prières et d'union continuelle avec Dieu. Il fit encore à cette époque quelques pièces de vers, qui toutes sont des prières brûlantes. Il souffrait beaucoup, et, souffrance plus pénible que les autres, il sentait ses facultés intellectuelles s'éteindre peu à peu. Il voulut que ce dernier martyre de sa vie ne fût pas sans mérite; c'est pourquoi, en l'année 1872, il promit à Dieu de ne plus faire de vers, et il lui offrit le sacrifice de son intelligence pour le salut de la France.

Durant les deux dernières années de sa vie, il était à peu près tombé en enfance. Il reconnaissait à peine ses amis. Un jour, pourtant, il serra affectueusement la main d'un missionnaire Eudiste, en s'écriant avec un sourire triste : « Et dire, mon cher, que je n'ai plus d'esprit ! » Les sœurs de Saint-Paul de Chartres, qui desservaient l'hospice, entr'autres la vénérable sœur Berthe, furent pour lui d'un dévouement sans bornes jusqu'à son dernier soupir.

Le Père Léon d'Aurevilly mourut le 14 novembre 1876. Il avait soixante-sept ans. Sa tombe, isolée dans les fossés du vieux château, est ornée d'une croix en fer sur un socle de pierre, où sont inscrits son nom, son âge, et la date de son dernier jour [1].

[1] Extrait des registres de catholicité de la paroisse de Saint-Sauveur pour l'année 1876 :
« Le dix-sept novembre mil huit cent soixante-seize, le corps de M. Barbey d'Aurevilly, prêtre missionnaire, fils de feu Barbey

Il laissait une quantité considérable de manuscrits et surtout de poésies de tout genre, poèmes religieux, légendes, sonnets, chansons, qui sont restées inédites, et que nous sommes heureux de savoir en cours de publication, car un grand nombre méritent vraiment d'être conservées.

« Jules Barbey d'Aurevilly avait pour ce frère junior, dit M. Octave Uzanne[1], une affectueuse amitié mêlée de vénération. Il se plaisait à parler de son mysticisme et à héroïfier son abnégation religieuse à peindre sa charité chrétienne en faisant flamboyer son admiration sur le nimbe dont il ornait la tête de son frère appuyée sur la croix. Il le montrait pauvre, vêtu de vieilles soutanes verdâtres, confessant là-bas en Normandie dans son église sans toit, recevant sans bouger les ondées du ciel et la brise glacée en son confessionnal.

« Lorsqu'il mourut, M. d'Aurevilly écrivit à un de ses amis de Saint-Sauveur-le-Vicomte, en novembre 1876, une lettre pleine de sentiment attristé, où toute son âme et son caractère d'écrivain se révèlent, et dont voici un fragment :

« Je n'ai point douté de vous et de votre pensée en ce triste moment ; je suis sûr que vous avez été avec moi. Il y avait en ma compagnie des amis invisibles autour de

Théophile et de feue Angot Ernestine-Eulalie, né et domicilié à Saint-Sauveur-le-Vicomte, décédé en cette paroisse le quatorze du présent mois, à l'âge de soixante-sept ans, muni des sacrements de l'Eglise, a été inhumé dans le cimetière de l'hospice par nous curé doyen, soussigné.

« ALBERT CLERET, curé doyen. »

[1] Article de la revue *Le Livre*.

cette fosse ouverte où je l'ai déposé : je les sentais dans l'air... autour de moi, cortège que je voyais seul et qui me semblait plus doux que l'autre, car je n'avai., excepté les pauvres qui l'ont aimé, les Pères de sa Compagnie et M. Bottin-Desylles, le cousin qui a épousé en secondes noces Mme d'Aurevilly, née de Crux, ma tante, — je n'avais que des indifférents.

... Je l'ai enterré dans le cimetière des pauvres, comme s'il avait été Franciscain... — et il était digne de l'être, — et il s'est trouvé que ce cimetière est sublime ! On y peut enterrer également des héros, des saints, des pauvres et des poètes. Il y est, entre une croix et le mur du château-fort de Saint-Sauveur, bâti par Néel de Néhou, et qui a vu Du Guesclin. Sa tombe est au fond d'un fossé de guerre, dans lequel on plante des pommiers qui seront en fleurs au printemps prochain, comme lui, il est en fleur immortelle dans le jardin céleste de là-haut. »

Concevrait-on autrement, — et quelles ressemblances existent entre eux ! — le frère de celui qui donna un si merveilleux éclat aux lettres catholiques ?

IV

LETTRES A G.-S. TRÉBUTIEN

« Dis-moi qui tu hantes, je te dirai qui tu es. »
Ainsi que tous les proverbes, celui-ci a quelquefois raison, et souvent tort. Il n'en est pas moins vrai que les hommes valent par le milieu où ils se trouvent, et que les artistes, en particulier, cherchent à se rapprocher les uns des autres, dès qu'ils ont communauté d'impressions et d'opinions. Je ne définirai pas l'amitié « l'opportunisme du sentiment », avec le chevalier de Crollalanza, et ne répéterai pas davantage, après je ne sais quel humoriste bourru : « Les amis, c'est comme les fiacres, quand il pleut, on n'en trouve jamais. » J'adapterais plus volontiers à l'amitié ce qu'on a dit de l'amour : « C'est le dévouement de l'autre », sentence à rapprocher de la vérité formulée en ces termes par Alexandre Dumas fils : « Le devoir, c'est ce qu'on exige des autres. »

Barbey d'Aurevilly trouva certainement beaucoup d'amis, même quand il pleuvait. Il fut le dévoué, et il fut l'*autre*, et il suivait divers courants dans ses liaisons, durant les années de sa longue existence. Dans sa jeunesse, il eut son frère Léon, Alphonse

Le Flaguais, plusieurs jeunes gentilshommes normands de son rang et de son âge, mais surtout Maurice de Guérin, puis Trébutien, à qui il dédiait la *Bague d'Annibal.*

Guillaume-Stanislas Trébutien, né avec le siècle, avait huit ans de plus que son grand ami. Il appartenait à une famille des plus honorables, mais pauvre ; il était d'une santé précaire, infirme, devait travailler pour vivre, et travaillait cependant avec ardeur pour s'instruire, étant fort porté vers l'étude des langues orientales. Grâce à ses relations avec M. Champollion-Figeac et avec M. Guizot, et surtout à celles de Barbey d'Aurevilly avec le maire de Caen d'alors, M. Bertrand, il avait obtenu un emploi secondaire et modeste, mais selon ses goûts, à la bibliothèque de Caen, après avoir publié successivement les contes extraits du *Thouthi-Nameh,* traduits du persan, trois volumes de contes inédits des *Mille et une Nuits,* plusieurs fragments de poésie orientale dans la *Revue du Calvados,* et participé dans une large mesure à l'édition faite par sir Spencer Smith des recherches du chevalier Joseph de Hammer sur le culte de Mithra.

Il se liait alors avec nombre d'hommes illustres, membres de la société Asiatique, MM. Sylvestre de Sacy, Chézy, de Rosenzweig, le baron de Hammer-Purgstall. Mais il dut renoncer à ces études si attrayantes. Il donna un moment, vers 1830, dans les idées saint-simoniennes, qui avaient captivé son imagination, mais il revint sans tarder à la littérature classique, et surtout à celle du moyen âge, que rénovait, à ce moment, le mouvement romantique. Il publia dès lors plusieurs textes de poèmes populaires, qui lui valurent d'être appelé par Sainte-Beuve « un des vaillants défricheurs de notre moyen âge ». Il éditait ses trouvailles en plaquettes magnifiques, reproduisant jusqu'à la minutie les textes des anciens manuscrits, et destinées à faire l'admiration des bibliophiles. Mais il ne songeait ni à les éclairer de commentaires, ni à les enrichir de ces notes qui interprètent les textes et les mettent en valeur par une judicieuse critique, réserve extraordinaire que son ami d'Aurevilly essayait de combattre, lorsqu'il lui écrivait :

« Écrivain, mais vous l'êtes jusqu'à la pointe des cheveux ; seulement, vous avez une Dalila cruelle qui vous les coupe ; c'est la Défiance de vous-même, cette pâle sœur du désespoir. Elle avait pris aussi notre Guérin dans ses bras mous et inertes, et elle avait diminué sa puissance ; c'est moi qui l'ai fait redevenir Samson. Je voudrais bien vous produire dans les facultés ce que j'avais enfin produit dans les sciences. Je voudrais bien vous allumer assez pour que vous vous missiez à écrire cette charmante chose de titre, dont vous m'avez donné une envie folle en m'en parlant. »

Une femme de lettres, qui demeure une figure curieuse et assez énigmatique, Marie Jenna, a caractérisé Trébutien par un portrait qui doit être fort ressemblant : « Nul plus que lui, dit-elle, n'éprouvait le besoin de faire partager son admiration. Quand il rencontrait quelque trésor intellectuel, quelque diamant de la pensée, il eût voulu l'enchâsser dans l'or et l'élever à tous les regards. De là tant de copies faites d'une main ferme et magistrale, qui semblait écrire pour les siècles ; de là encore tant de publications intimes, qu'il soignait avec un amour d'artiste, ne trouvant jamais l'écrin assez beau pour les pierres qu'il y voulait renfermer. »

Ainsi transcrivait-il pendant des années et des années, avec un soin religieux, sur du papier choisi, les lettres que lui écrivait Barbey d'Aurevilly, ces *Dominicales* à l'encre rouge, journal hebdomadaire d'impressions intimes et de libres jugements, écrit, avouons-le, en vue de la postérité. On nous saura gré d'en transcrire ici une partie en ne retranchant du texte de l'auteur que ce qui se peut rapporter à des intimités désormais ensevelies dans la paix et le silence de la tombe.

« Villa Beauséjour, 4 septembre 1844.

« *Es Muy bien!* Votre lettre est parfaite. Elle n'a eu aucun besoin de s'appuyer sur ma parole. La chevalerie l'a fait écrire : la chevalerie a tenu la plume. On l'a accueillie comme on devait. Vous *faites* à merveille, simplement, noblement. Tout y est jusqu'à la nuance de mélancolie, l'adieu au bonheur qui plaît aux femmes et les fait rêver, tout jusqu'à la cire bleue, jusqu'au cachet plein de mystères, car rien de ces détails n'est indifférent à ces étranges imaginations.

« Enfin, mon ami, votre lettre est bien de vous, du Trébutien dont je me suis fait le Van Dyck moral. Vous avez signé votre succès, le plus beau succès, un succès de désir et de regret. On désirait vous connaître, on regrette que vous ne soyez pas venu. Si vous étiez venu, ô coquette qui se cache, vous m'éviteriez de vous faire une description de Beauséjour que je ne vous ferai pas, car la littérature moderne m'a donné l'horreur des descriptions. Seulement quelques mots par égard pour une curiosité si aimable et les voici.

« Beauséjour est un immense jardin anglais planté de plusieurs pavillons à l'italienne qu'on loue pour la saison aux sybarites de Paris qui veulent sucer du bout des lèvres la friandise d'une campagne. Ce ne sont que festons, ce ne sont qu'astragales, persiennes entr'ouvertes, massifs mystérieux, allées tournantes, voitures roulant sur le sable emportant des femmes qui vont au bois, dans leurs gondoles découvertes, et sous l'abri satiné des ombrelles, cris d'enfants au jardin, grandes jeunes filles, à la taille en fuseau, perchées sur des vases où elles sèment des fleurs, robes qui ne fuient pas trop au détour des bosquets, non ! rien de sauvage, ma foi ! Du mouvement, de la vie se perdant dans la placidité des parcs ; dans les chemins dorés de soleil, plus de commérages parisiens que de sifflements de vipères, peu de solitude ; on sort et dans les plus hautes herbes on voit des femmes couchées en rond. Ce sont des Décamérons à n'en plus finir : partout la jeunesse, l'abondance, belles nourrices, — à faire comprendre les propos inconvenants de Sganarelle, — donnant le sein à leurs enfançons blancs et roses, et cela en plein jour, en pleine vue, tant pis ou tant mieux si l'on passe, mais leur sein n'en a pas bougé. Jugez maintenant si Beauséjour mérite de s'appeler Beauséjour. Ce n'est point la ville, ce n'est point la campagne, c'est un *méli-mélo* des deux. *Notre* grille d'entrée s'ouvre dans le bois de Boulogne. Les arbres du bois jettent leur teinte verte dans ce salon où je ne vous ai pas à prendre le café avec moi. A une portée de pistolet, en face de *nos* fenêtres, le Ranelagh et ses *polkeuses*, toutes les corruptions de Paris faisant belle croupe deux fois la semaine sur les gazons illuminés, et plus loin, à l'opposite, un *Retiro* silencieux, le hameau de Boulainvilliers, coquille toute tapissée de mousse, petit vallon, grand comme une main d'enfant gantée d'une mitaine verte. Des *Lionnes* habillées par *Victorine* y sont assises à la porte cintrée des chalets. Si tout cela pouvait vous séduire, je serais bien payé de la peine de vous profiler ce paysage civilisé où le bon air empesté des villes donne un goût assez agréable à ces puretés des champs que nous ne sommes pas dignes de respirer avec nos poumons corrompus.

« Mais revenons. Vous êtes incomparable, mon cher Trébutien, quand vous m'exprimez avec tant de chaleur le désir de *paterniser* encore mon *Brummell*. Eh bien, oui! oui! oui! J'aurai lundi ou mardi une réponse de M. B... et une *date*. Comme vous le dites, on attendrait pour publier la petite brochure l'insertion au journal, mais puisqu'ils sont si lents, ils peuvent commencer d'imprimer. Merci donc, merci encore et toujours! Je vous enverrai quelques notes et quelques idées à faufiler par-ci par-là.

« C'est tout, je crois, pour aujourd'hui. Je vous écris avec la rapidité de la foudre. J'aurais voulu causer avec vous plus longtemps, mais voyez! j'ai répondu en sortant de lire votre lettre (c'est le défi de l'exactitude) et je n'ai pas la possibilité de m'y oublier, comme je le voudrais. On m'attend (ah! que n'êtes-vous ici!), le temps est superbe, la voiture est là, les chevaux piaffent. On va se promener. Adieu, pensez à moi comme je vais penser à vous en passant comme la flèche sous les saules qui bordent la Seine, aux bords frais de cette rivière que j'aimerais bien plus encore si vous les parcouriez avec moi. Je vous tends ma main gantée et je me sauve.

« Votre immuable ami.

« Ah! — N'oubliez pas la *Hamilton Beauty*. Ecrivez. Je ne compte pas votre lettre d'aujourd'hui. Ce n'est que l'enveloppe de celle de la baronne. Ils m'appellent, il est quatre heures et le temps est d'or.

« *Voilà pourquoi je veux partir!* »

« 7 novembre, Paris, jeudi (1844).

« Mon cher Trébutien, je suis heureux de savoir que vous n'êtes pas malade. J'ai reçu deux lettres de vous, la dernière qui a calmé mes inquiétudes, et une autre datée du 2. Il en est donc *une* encore qui voyage, mais qui probablement me reviendra.

« Parlons, dès l'entrée, du *Brummell*. Je vous adore pour vos scrupules et vous en veux pour le mal que vous dites de vous. Je n'aime point qu'on maltraite mes meilleurs amis, monsieur. D'ailleurs quel crime de stupidité y a-t-il à ne pas se rappeler un mot de lord Byron? Je suis peut-être le seul en France qui sache, à une virgule près, ce qu'a écrit cet homme. J'ai la prétention de connaître Byron jusque dans les lignes les plus négligemment tracées, les moins littéraires, comme je connais sa personne morale dans les moindres replis.

« C'est donc une citation que : *tout le temps qu'on est amants*, etc., etc., et vous avez raison, il faut des guillemets.

« J'ai cherché une belle phrase de Guérin et je n'ai rien trouvé de ce grand panthéiste qui soit applicable à une individualité aussi *finie* que celle de *Monsieur Brummell*. Je ne désespère pas encore de citer notre ami, mais je ne l'espère plus autant. *It is difficult*. Ce ne sont pas les belles phrases qui m'ont manqué. Le jour que j'ai feuilleté les manuscrits que je possède, j'ai passé ma journée entre les bonheurs donnés par le plus étrange talent et la douleur de cœur des souvenirs d'une vie perdue. Moi si vieux que mon âme semble avoir été faite le même jour que la création, j'ai été fou de sensations vives. Ce que j'ai éprouvé ne peut être dit; mais quand il s'agira de publier Guérin, j'irai vous trouver à Caën et vous me soutiendrez dans ce travail qui me réfléchit le passé comme dans un miroir concentrique et me le renvoie dévorant.

« Adieu, mon ami, mon ami des jours passés, cette chaîne qu'on brise, mais qu'on traîne toujours et que nous, nous avons rescellée (*sic*) au plus solide de nos cœurs. Si vous m'aimez, répondez-moi. Vos lettres me donneront une joie grave et forte comme notre éternelle amitié. A vous, à vous, et bien à vous. Une petite chose qui vous appartient. »

« Jeudy.

« ... Seulement ne dites qu'aux plus intimes et aux plus sûrs mon projet sur l'*Hamilton Beauty*. Je ne veux pas qu'on m'écrème ce sujet-là comme on m'a écrémé le *Brummell* dont j'avais trop parlé ici. Quand on met une idée dans la conversation à Paris, soyez bien certain qu'on vous la vole comme une chaine qui brille sur votre gilet, le soir. Nous n'avons pas encore d'*escarpeurs* littéraires, mais dans les salons, on *fait* l'idée comme on *fait* le foulard devant les marchands d'estampes. Dépendante en quelque sorte de mon histoire de Pitt, mon histoire de lady Hamilton aura son côté politique. J'y donnerai place à bien des choses. Je tâcherai de m'y montrer très varié et de ne pas y juger que la femme, — la femme étrange et puissante surtout pour nous autres, imaginations aventureuses qui chevauchent l'hyppogriffe et que l'étrange attire presque aussi fort que la beauté. »

« Cité d'Antin, 22 février 1845.

« Il y a diablement longtemps que nous ne nous sommes écrit, mon cher Trébutien. D'où vient cela ? Répondez pour vous, voici ce que je réponds pour moi. J'ai été très occupé, comme vous le verrez plus bas, et j'attendais à avoir du neuf qui fit tressaillir vos maternelles entrailles sur le fils de nos œuvres, le *Brummell*. Le *damned dog* est en bon chemin, mais son chemin, comme de son vivant, est trop sur les tapis et pas assez dans la rue. La faute en est aux journalistes dont on ne peut jamais dire trop de mal, — avec leur effroyable paresse et leurs promesses de miel doré. Croyez-vous que je n'ai eu encore qu'un article dans l'*Écho Français*, où du moins je suis appelé des noms que j'aime (et les femmes aussi) : *Pervers et charmant ?...* Ailleurs, partout, rien que les plus belles paroles d'honneur d'*articles* ; *niente di piu* ! et cependant j'ai les premières plumes de France à mon service. Leurs billets couvrent ma table, et je n'ai que trop d'autographes. La lettre moulée me plairait davantage pour le moment. Je suis très mauvaise compagnie. J'ai la plus belle popularité de salon et je voudrais un succès grossier de cabinet de lecture. Les blondes les plus impertinentes du faubourg Saint-Germain m'appellent « Brummell II » et me détestent comme un concurrent ; les invitations à dîner me pleuvent ; mais ce n'est pas assez pour qui aime la gloire. La gloire se fait par les portiers.

« Ce silence des journalistes, et de plus une *rentrée de fonds* (pardon de cet affreux mot) qui n'a point eu lieu et sur laquelle je comptais, m'ont empêché de prendre les annonces nécessaires au succès de vente chez notre normand de Ledoyen. Par parenthèse, je crois que vous feriez bien de lui écrire pour le stimuler. Le drôle m'avait bien exposé et je crois qu'il m'a retiré de son étalage. Dès que j'aurai l'argent qui m'est dû, je prendrai les annonces, mais jusque-là qu'il fasse convenablement les choses, ou il ne mérite pas que nous ayons des relations avec lui.

« Je serais bien allé moi-même le chapitrer d'importance, mais, outre qu'il est mieux que ce soit vous, je ne sors guère que le soir ; toute la journée se passe étendu sur des coussins devant un feu du démon, travaillant jusqu'au moment où les nerfs de ma tête deviennent des tirebouchons anglais et où j'avale du laudanum pour pouvoir dormir.

« Et qu'est ce travail, direz-vous ? Est-ce ma *Lady Hamilton* que vous préparez ?...

« Non, ce n'est pas *Lady Hamilton* ; ce n'est pas *Lady Germaine* que je corrige de nouveau ; ce n'est pas le *Traité de la Princesse* que je finis ; non, non, non, cent fois non !

« Il s'agit d'une bien autre lady, vraiment. (Ecoutez ! Ecoutez !)

« Je vais vous dire un secret ; il faut que vous soyez discret comme la gueule du lion de Saint-Marc, qui n'est pas la gueule de Mme de Saint-Marc[1] d'ici, qui est une *lionne* fort indiscrète et fort bavarde.

« Que ce secret vous tombe dans l'oreille et qu'il ne vous sorte par la bouche qu'en faveur (tout au plus) du poète aimable qui m'aime et que j'aime et qui se taira aussi par amitié pour moi : M. Le Flaguais.

« C'est la conspiration des poudres. Il s'agit de faire sauter, *dès le début*, la réputation de George Sand. (Ecoutez ! Ecoutez ! *Hear ! Hear !*)

« Vous allez voir bientôt paraître dans le *Constitutionnel* un roman par feuilletons, signé tout au long du nom charmant, euphonique, harmonieux, idéal et *vrai, du vrai nom* de celle qui posa dans *l'Amour impossible*, sous le nom de *Bérangère de Gesvres*.

« Ce nom, vous le savez...

« Ce roman qu'elle signe (*Hear ! Écoutez*) est. . . .
. . . . de Moi ! . . . .
. . . .

« Ah ! Ah ! vous seriez-vous douté de cela, Monsieur le baron de *Trébioutine* ? Ne trouvez-vous pas cela inattendu, original et de bon goût ?... Prendre des jupons pour écrire, comme George Sand prit un pantalon à braguette, se moquer assez du public pour lui faire avaler, comme venant de la plume toute neuve, toute virginale, d'une femme du monde, un roman fièrement pensé et énergiquement écrit ; être et se savoir assez riche pour jeter son esprit non par la fenêtre, mais dans la fenêtre de ce fameux boudoir *jonquille* qui est maintenant un boudoir *violet*, se permettre un cadeau pareil à *même soi*, n'est-ce pas souverainement mystifiant pour le public et pour soi-même extraordinairement distingué ? Cela n'a-t-il pas toutes les qualités de haut goût qui recommandent une magnificence et une hardiesse ?

« Parlez maintenant, seigneur, votre serviteur vous écoute.

[1] La comtesse Dash.

« J'écris ce roman avec une grande verve. Ce tient, je crois à des circonstances particulières. Il me sera payé fort cher et d'autant plus cher que le *Lépreux de la Cité de Paris* qui est à la tête du *Constitutionnel*, le scrofuleux Véron, dupe de la ruse, tient à avoir le nom de la marquise au bas de son journal d'épicier, afin de le relever par l'aristocratie d'un nom pareil.

« Tout le monde sait à Paris que la marquise, — héroïne de *l'Amour impossible*, — est une femme d'un esprit rare, fin, meurtrier d'amabilité et de charme, mais personne ne sait qu'elle puisse écrire autre chose que ses billets du matin. On la jalouse parce qu'elle est belle, — belle encore comme une torche qui se renverse et qui n'en flambe que mieux. On la jalouse parce qu'elle est spirituelle sur place et qu'elle sait délicieusement causer, — mais on n'a jamais songé qu'on pourrait lui envier un talent littéraire. Ses amis, les littérateurs mâles, ses amies, les littérateurs femelles de quarante ans, étaient tranquilles de ce côté-là. Jugez quel coup de canon, quelle explosion de jalousies et d'étonnements va faire soudainement éclater un roman auquel personne ne peut s'attendre et qui doit révéler une vigueur de touche, toujours rare chez une femme, mais incompréhensible dans celle-ci !

« J'avoue que c'est pour moi un de ces profonds plaisirs d'ironie solitaire qui exaltent le sentiment de la puissance et qui sont des plaisanteries de Dieu.

« Je suis à peu près à moitié de ma besogne. L'idée du livre est heureuse. Comme bien d'autres, je la porte depuis longtemps dans mon esprit. Elle retentit à tant de situations très communes que je la crois destinée à être aussi populaire qu'*Adolphe*, mais je lui donne des formes dramatiques, amples et variées que n'a pas la sèche monographie de ce fat sceptique qui s'appelle Benjamin Constant.

« Voilà, mon ami, ce que je brasse sur mes coussins de canapé et ce qui m'a surtout empêché de vous écrire tout ce temps. Il n'y a qu'un seul cas où l'arrangement si piquant fait avec la marquise n'aurait pas lieu [1] — ce qui d'ailleurs me contrarierait beaucoup — c'est le cas où elle manquerait de hardiesse et où elle verrait mon visage passant à travers le masque, ma main brisant la sienne en écrivant pour elle, ma personnalité rayonnant à travers les lettres de son nom. Lorsque je lui lis quelque chose : « Ah ! — fait-elle souvent, toute épouvantée, — on ne croira jamais que c'est moi qui ai écrit cela. On reconnaîtra votre *terrible* et *indéguisable* vous ! » Si elle n'ose pas prendre sur sa tête la responsabilité de ma plume (une chose si légère, après tout, elle qui en porte si fièrement des quantités !), je ne gâterai ni n'énerverai ce que je fais, je le lui ai dit, et je le publierai sous mon nom. Comme elle voit Véron, elle lui fera prendre et payer convenablement le roman en question, mais j'aimerais mieux la réussite de notre première combinaison. Voilà diablement des *on*. Me les pardonne-t-on ?

« Encore une fois, *motus* sur tout ceci. Vous et le poète, tels sont les seuls (et deux *autres* amis près de moi) qui doivent connaître le dessous des cartes dans la singulière partie que nous allons engager. Le roman que j'écris

---

[1] Quelques semaines plus tard, M. d'Aurevilly écrivait à Trébutien :

« 23 avril 1845. J'ai travaillé aussi malgré mes mondanités. La première partie de la *Vieille Maîtresse* est achevée. Je vais me mettre incontinent à la seconde et je pense bien que le tout sera brassé et *publiable* fin de mai. La marquise est si effrayée que je ne crois plus que le projet tienne. Elle dit qu'on croira que son enfant est quelque enfant supposé, et franchement je trouve maintenant qu'elle a raison. Nulle femme en France ne pourrait écrire cela. C'est d'une largeur de touche toute masculine et d'une variété que n'ont pas d'ordinaire les femmes qui presque toujours, — même quand elles ont le plus grand talent, — n'ont qu'un sentiment au nom duquel elles écrivent. Enfin vous verrez ; c'est encore la gloire de la fantaisie que ce nouveau livre, mais c'est le règne du souvenir, de l'habitude, de la *laideur mystérieuse et puissante*. Il y a des pages qui m'ont apaisé, comme le sang qui coule d'une veine ouverte apaise de certaines douleurs. »

avec la belle main de la marquise a pour titre : *Une vieille Maîtresse*. Dans le projet actuel, le titre devient deux fois piquant. Les mauvaises langues y verraient bien des choses personnelles, s'il y avait des indiscrétions ; et comme presque toujours, on se tromperait.

« La baronne ne vous a point écrit, mais va vous écrire. Sa fille a été fort malade d'une rougeole confluente; excuse maternelle qui couvre tout. Nous retournerons à Passy cette année, et, pour le coup, nous sommes certains d'y trouver la princesse de Liéven. Elle a son indispensable pavillon.

« Adieu, cher ami, écrivez-moi pour compenser un si long silence et croyez-moi

« Une chose à vous. »

« Mars 1848.

« Mon très cher ami.

« J'ai reçu vos deux lettres et je ne vous écris que pour vous tirer d'inquiétude sur mon compte. Votre lettre m'est allée jusqu'au fond du cœur (la dernière). Elle m'a appris, — dois-je dire appris ? est-ce que je ne le savais pas ? — ce que j'ai le bonheur de vous être. J'aime à vous entendre me le rappeler. Impossible de rendre l'émotion que chaque mot de vous a fait naître en moi et il a fallu des événements aussi dominateurs que ceux qui nous entourent, pour m'empêcher de vous écrire *tout de suite* et de me jeter dans vos bras. Mon ami, je crois valoir un peu les sentiments que vous me donnez. Je les vaux, puisque je vous les rends.

« Je vous trace ces mots d'une plume folle de rapidité. Je n'ai ni le temps ni la volonté de vous dire mes pensées, mes observations et mes prévisions sur cette situation qui vous fait trembler. Nous causerons de cela un de ces jours. Nous voilà en face d'une société à refaire, d'un pouvoir à refaire, d'une tour de Babel à élever. Gare la confusion des langues et bien d'autres confusions.

« Du reste, sombre ou radieux, l'avenir crée des devoirs

aux hommes qui ont en eux quelque force, qui la sentent et qui croient à Dieu. Nous n'avons pas de démission à donner quand on n'a eu de *charge* que celle de ses misères personnelles. Donc, préparons-nous pour bien faire, quoi qu'il puisse advenir. Je ne suis pas un enthousiaste, mais un homme résolu à se mêler à un mouvement dont Dieu qui a toujours quelque *grand dessein d'ordre*, fera sans doute sortir quelque chose. Nous sommes au commencement d'un monde nouveau. Les siècles ne viennent que comme les hommes à la lumière, dans des douleurs et dans du sang.

« Mon ami, les êtres foudroyés restent debout. On croit qu'ils vivent. On les touche du doigt, ils disparaissent. C'est l'histoire de la monarchie constitutionnelle qui nous a paru vivre dix-huit ans. *Ma cru morta!* Les questions politiques font place aux questions sociales. Comment va-t-on les résoudre? Sommes-nous mûrs pour les résoudre? Ne sommes-nous pas condamnés à tâtonner, et les *tâtonnements* dans une société plus libre qu'organisée, ne seront-ils pas des déchirements ?

« J'ai assisté au combat, à la victoire, à tout, et je puis vous assurer que nous ne nous doutions guère où nous allions... Mais parlons de vous. Avez-vous besoin qu'on fasse quelque *démarche pour vous* ? J'ai des amis que je solliciterais pour vous plus que pour moi. Répondez-moi et avertissez-moi si votre position était menacée.

« La *Revue du Monde catholique* se porte bien et elle va devenir politique.

« Je vous embrasse avec une inexprimable amitié. »

« Paris, ce 7 novembre 54. Mardi.

10 heures viennent de sonner aux Carmes
dont l'église a une mitre de brouillards.

« Mon cher Trébutien, — mon paquet partira demain, ce paquet si longtemps annoncé, mon paquet *Messie* ! Il n'y a dans ce monde, disait Mme du Deffand, que *des trompeurs, des trompés et des trompettes.* A propos de ce diable de paquet, le mot a été vrai. J'ai été *trompeur* et *trompette.* Vous qui l'attendiez, vous avez été *trompé.* Voilà bien les trois catégories, mais je vous réponds qu'à dater de demain, il n'y en aura plus qu'une, — la trompette ! — que je fais encore aujourd'hui.

« Je le mettrai *moi-même* à la diligence de N.-D. des Victoires, il vous arrivera donc le *même jour* que cette lettre qui partira aussi *demain.* Si vous vous en référez à ma dernière épistole, je ne devais plus vous écrire avant le paquet, mais je n'ai pu résister ce soir à la diversion voluptueuse de causer un peu avec vous. Ma journée a été triste. J'ai travaillé, au coin de mon feu, sans voir âme qui vive que les moineaux de mon balcon auxquels je suis très porté à donner une âme, bien plus qu'à une foule de gens. J'ai travaillé au point de m'en faire mal dans les *trous des yeux,* dans la cavité où roule l'œil ; mais, ce soir, la *personnalité* est revenue se mêler au travail *impersonnel* pour le troubler... Pourquoi donc ne pouvons-nous mettre notre *Moi* dans notre poche et penser avec autre chose que notre Moi ?... Impossible, à ce qu'il paraît !

J'ai reçu votre lettre. Vous avez retenti comme le pistolet dont on presse la détente. Je vous remercie de cette exactitude ponctuelle. Votre lettre m'a fait du bien. Ah ! vous ne savez pas ce que vous m'êtes! J'ai mis sur ma table à côté de moi votre morceau sur *Saint-Pierre* et je vais m'en occuper *immédiatement* ; c'est-à-dire que je vous le renverrai non pas *piqué,* mais *liseré* de lumière. Comptez-y. Quant au remplissage à faire dans les deux pages blanches d'*Eugénie,* c'est moins aisé, car (aidez ma pauvre cervelle!) je ne vois nullement avec quoi nous pouvons remplir ce *hiatus* blanc. Est-ce avec du texte d'*Eugénie* ? Est-ce avec de mon texte ? Si c'est du sien, où couper ? Si c'est du mien, qu'inventer ? J'aurai une préface (et, par parenthèse, j'attends toujours pour l'*exécuter* que vous m'ayiez envoyé mes différents passages de nos lettres sur Eugénie, ainsi qu'il a été convenu que vous le feriez), mais dois-je désosser ma préface et en rejeter une désarticulation dans ce funeste blanc ?... Je ne pense pas que vous le vouliez.

« Si je comprends la difficulté qui vous arrête, je n'en suis pas bien certain, mais redressez-moi, si j'ai tort. Pourquoi ne remplirions-nous pas ce blanc qui doit *séparer* le *Memorandum* (mais est-ce cela ?) des *Lettres à M*^{me} *****, par le titre de ces dernières, avec une épigraphe ou une note, qui dise ce que c'est que ces lettres à Mme *Trois-étoiles* qui restera *trois étoiles*, et les plus imperceptibles et les plus éloignées du firmament nébuleux de l'anonyme à perpétuité! Je vous en réponds! Seulement, je ne puis croire que je comprenne, car si c'était possible, ce que je vous propose, nous n'aurions pas été arrêtés deux minutes par si mince difficulté.

« Donc expliquez-moi l'*encloueure* et ne vous moquez pas trop de ma stupidité. J'ai des préoccupations si terribles que ma tête va mal depuis quelque temps.

« Je ne vous ai pas envoyé mon article sur le livre de l'abbé Mitraud, car il n'a point paru. Mes affaires recommencent de chanceler et de dérailler au *Pays*. Nous avons vendu notre cheval borgne contre un cheval aveugle, comme on dit dans votre vallée, en changeant de directeur. Maintenant la *Juiverie* est souveraine maîtresse, et (vous allez rire) il ne m'est plus permis d'être nettement chrétien que *de quatre articles en quatre articles*. Ah ! je l'écrivais à M. de Custine hier : J'ai de sots bourreaux ! Il est chrétien comme nous, ce grand et charmant esprit, et je me plaignais à lui comme à vous d'une situation qui devient de plus en plus intolérable. Il m'a donné de très mâles et très bons conseils que je suis disposé à suivre, car il ne faut pas écouter les violences de son esprit et les démangeaisons de ses mains. Seulement je me demande si la position qu'on me fait est possible à tenir et si chaque jour on n'y ajoute pas *à dessein* (je suis avec tout ce qu'il y a de plus hypocrite et de plus lâche) des difficultés nouvelles. L'article, du reste, sur ce fou, ivre de louanges, d'abbé Mitraud, la coqueluche présente des Girardin et des Pelletan. n'est pas repoussé ; il n'est qu'ajourné ; mais, moi, grâce à cet ajournement, me voilà retardé d'un article et plus empêché encore que retardé, car quels livres puis-je examiner qui ne touchent pas, par un bout, à la vérité catholique, soit pour l'assurer, soit pour la nier, soit pour la contester Et dans quelles insignifiances littéraires dois-je me plonger pendant que nos détestables adversaires se font litière des plus beaux sujets et des plus grandes questions !

« Je vous ai dit dans ma précédente lettre ce que vous trouverez dans le paquet. J'ajoute que vous y trouverez aussi une note explicative, écrite de mon *inquiète* main, Comme les dames diligences ne donnent plus de bulletin. je ne vous l'envoie pas (le bulletin) et je ne paie pas le port du paquet pour qu'on ne le perde pas aussi bien peut-être que s'il était payé. Vous ferez de même en me le renvoyant. Vous ne le paierez pas.

« J'attends de votre amitié de m'écrire, ne fût-ce que ce mot : *Je le tiens !* Vous ne chômerez pas de copie. Je composerai pendant que vous copierez. Je vais *thyrser* beaucoup de choses autour du *Des Touches* et je vais sculpter une statue de vieille fille dans son plus magnifique idéal, au milieu de caractères d'une réalité comique qui vont encore la faire ressortir. J'ai eu toujours du goût pour les vieilles filles. Vous vous rappelez comme j'en parle déjà dans mon *Ensorcelée*, mais *Nonon Cocouan* est du limon populaire, et la lumière ne l'atteint que par les profils. La vieille fille de mon nouveau roman sera faite avec l'éther du ciel bleu et la lumière l'éclairera à plein visage et à pleine poitrine. Je veux mettre là-dedans toutes les *forces pures* de ma pensée.

« Je vous demande aussi vos impressions personnelles avant la copie... Vous croyez que j'atteindrai mes deux chimères. Vous pensez mieux de moi que moi-même. Je ne manque pas d'idéal, de geste, de fierté, mais la bonhomie, mon cher, la bonhomie dans la grandeur, voilà le difficile, voilà la fleur qui chante des Contes de Fées pour votre pauvre ami et serviteur ! Qui sait ? Je la chercherai dorénavant, mais je mourrai peut-être sans l'avoir cueillie.

« Ne découvrez ma statue à personne. J'ai la pudeur de l'inachevé... Il n'y a qu'à vous qu'on montre tout, même ses faiblesses, ami charitable jusque de mes infériorités. Ce *Des Touches* terminé, nous nous occuperons de la *Vaubadon*, avec *Dédicace à Trébutien*, notre bras *dessus-dessous* devant la Postérité. Aussi bien est-il sûr que si l'un de nous y va, nous irons tous les deux ; car je défie bien qu'on puisse nous séparer jamais sur quelque terrain que ce soit. Nous nous sommes trop entrelacés. Les lettres que vous avez de moi, ce mont auquel chaque jour vient apporter son grain de sable, tout dira un jour peut-être au monde ce que *nous nous fûmes*, ou bien c'est qu'alors Dieu ne permettra pas qu'il reste rien d'un seul de nous, pas même le bout de plume que Ravenswood avait à son bonnet et qu'on retrouva sur la grève !

« *Hasta la muerte!* »

« Vendredi, 2 février 1855.

« ..... Je suis curieux des lettres de Guérin au *doux François*. Mais sur le point de la coutume de faire de notre poëte, je puis vous renseigner de la manière la plus certaine. Il recopiait sur son cahier les fragments de ses lettres qu'affectionnait le plus sa pensée, et il n'y manquait jamais. Ce grand *mosaïste* (c'était lui qui l'était et non pas moi) avait une manière de travailler patiente, amoureuse, caressante, enivrée du détail qu'il léchait, pourléchait et *veloutait* avec une chatte de maternité voluptueuse ! Le moindre mot pour ce grand voyant renfermait des immensités d'horizons. Je l'ai vu des *semaines* et des *mois* vivre dans un mot, — dans les délices intellectuelles d'un mot, comme les Carthaginois à Capoue. Vous comprenez que pour les gens qui ne sont pas organisés comme nous, ceci doit toucher à la manie et à la folie, mais c'était ainsi. Hélas ! tout ce qui est *intense* n'est-il pas *fou* ? Le mot, du reste, le plus élastique et le plus *relatif* qu'il y ait! Guérin — passez-moi cette forme vulgaire, mais expressive — était le plus grand *siroteur* d'expression qui ait peut-être jamais existé. Il n'était jamais sans en déguster un. Il suçait les mots comme les abeilles pompent les fleurs, et, comme elles en font du miel, il en faisait des idées ! Voilà pourquoi il aimait tant et s'était tant assimilé La Fontaine, comme vous l'observez très bien, mon cher et fin observateur, à qui rien n'échappe. La Fontaine est le plus grand *expressioniste* de la langue française. Il a indépendamment de son comique ou de sa tristesse d'idées, de sentiment, de situation, un comique ou une tristesse de mots que Guérin discernait, faisait discerner, quand il en parlait, et dont il se grisait avec des jouissances infinies. J'ai assisté à ces ivresses bien souvent et il me les a communiquées. C'est inénarrable. Il disait alors de ces choses dont l'impression seule reste, parce qu'elles étaient parfaitement belles et que de la beauté parfaite, il ne reste jamais que l'impression. Ces souvenirs sont en moi comme de magnifiques rayons éteints. Quel commentaire il aurait pu faire de La Fontaine ! Parfois il le *transposait*, comme on dit en musique, à force de profondeur. Il trouvait le comique sous la tristesse, et la tristesse sous le comique, et c'était là une découverte, mais ce n'était pas une invention. Ainsi, par exemple, je lui ai entendu lire et interpréter la fable : *Un lièvre en son gîte songeait*, qui est d'une si charmante gaîté à la *surface de l'expression*, et il en faisait un poème inouï de mélancolie désolée. Ni *René*, ni *Obermann*, ni aucun de nos *humoristes* les plus sombres n'ont atteint le sentiment d'*isolation* désespérée qu'il savait donner à cette pièce. Je me rappelle que quand, un doigt levé entre ses deux yeux, plus que noirs, — car il avait deux *noirs* : le *noir* de la couleur et le *noir* de l'expression, — il disait, comme il savait le dire :

Dans un profond ennui ce lièvre se plongeait !

C'était merveilleux! et les plus grands acteurs étaient vaincus.

. . . .

. . . .

« Je crois que j'ai répondu, mon cher Trébutien, à toutes les choses de votre lettre et que cette *dialoguerie* est assez complète. *A vous le dé, Monsieur !* Interrompue hier par un thé chez X... ma lettre a été reprise et finie cet après-midi samedi (est-ce *cet* ou *cette?*) et je vais moi-même aller la porter à la poste pour que vous l'ayiez demain, à l'heure d'un autre thé, le vôtre. C'est demain dimanche et nous sommes comme Mme de Maintenon et la princesse des Ursins qui s'écrivaient le dimanche.

« Après être passé de la neige au verglas et du verglas à la pluie, cette girouette de temps n'a-t-il pas tourné au soleil?... Il (le soleil) montre en ce moment sa face d'ambre jaune dans le miroir de plomb de la calotte grise, luisante et lavée de ma chapelle des Carmes. C'est un printemps de carnaval, un hiver en masque. Il fait presque doux et voilà pourquoi je pense à mon ami le frileux, mon ami l'oranger qui ne me donne pas de ses fleurs, c'est-à-dire de ses lettres, quand il fait froid.

« Moi, je suis un correspondant des *quatre saisons*, comme il y a la rose des *quatre saisons*, et c'est une rose bête, je crois, qui ne sent pas grand'chose ; voilà pourquoi je peux m'en vanter ! Bonsoir et bonjour, mon ami. Rêvez toujours sur la *surprise*, en humant les vapeurs blondes de votre thé. Nous sommes en train de cristalliser votre rêve.

« ... Aujourd'hui je ne suis pas encore net de ma migraine. Elle s'en va comme les femmes qui vous aiment, en se retournant. Il y a presque deux jours que je n'ai mangé. C'est le jeûne des premiers chrétiens, mais le mien n'est pas volontaire. Du reste, le temps est redevenu beau. Tout éclate de rose, de blanc et de vert tendre dans la campagne et je me prépare (cette lettre écrite) à aller piquer la fourche de mon *bourdon* dans la lande. Ils appellent ici bourdon un bâton haut comme l'épaule d'un homme, ayant à l'extrémité une fourche en fer qui au besoin serait une arme terrible. C'est là un souvenir des croisades probablement. Tout homme errant, tout pauvre avec un bourdon, est un pèlerin. Et, au bout du compte, ils ont raison! Nous ne sommes que cela dans la vie! Un bourdon de châtaignier, lissé par la main d'une vieille femme de ces campagnes, qui a fait en s'appuyant dessus bien des lieues, voilà pour l'heure le bâton d'Altaï!

« Hélas! il s'est fait dans nos bâtons le même changement que dans nos sagesses. Nous sommes plus près du vrai avec ce bâton qui a bu la sueur humaine, et soutenu les pas d'une vieille femme à la fin de sa journée, qu'avec les bâtons d'ivoire qu'à vingt ans l'imagination nous mettait majestueusement à la main, dans les livres ridicules d'emphase et d'orgueil!

. . . .

« Voici enfin le *pli ministériel*. Vous trouverez sous cette enveloppe trois nouvelles grandes feuilles de la suite du *Château des Soufflets*. Je n'ai plus mon arc-en-ciel d'encres et j'en ai presque la nostalgie. L'encre d'ici est détestable, le papier honteux, de la chiffe. Mon pauvre manuscrit ne finira pas aussi brillamment qu'il a été commencé. Mais je ne puis attendre. Comme *La Chalotais*, je le finirais avec de la suie, un cure-dent, et sur le bas de ma chemise, tant je suis pressé! Vous, mon ami, dédommagez-moi de cela en pressant ce que vous appelez *votre revanche calligraphique*. Je me recommande bien à vous. D'abord, vous le savez, votre écriture, c'est de la musique pour mon œil. Ensuite je suis convaincu que la beauté, c'est-à-dire la lisibilité du manuscrit, influera énormément sur sa vente (ô influence des petites causes!) Or, songez que c'est sur la vente de mes *Soufflets* que je pourrai arranger ma vie de cet été, — aller vous voir à Caen, revenir ici vous y attendre. Doux projets, vengeurs des choses amères dont est faite la vie.

« Avec ces trois feuilles à copier vous trouverez *ici* encore la lettre à Brucker que vous cachèterez *arabiquement* après l'avoir lue et approuvée et à laquelle vous mettrez une adresse à ma manière aux trois encres, rouge, bleue et noire, à faire tomber à la renverse les portiers de cette rue inouïe *Le Regrattier*. Cette lettre nous vaudra un article : *Diderot capucin* se piquera d'honneur. Brucker, un homme de génie, a le cœur aussi jeune que s'il avait vingt-cinq ans, Il aurait l'âge de Nestor qu'il serait toujours le jeune Achille. Ce n'est pas un ami comme vous, — l'incomparable et l'unique, — mais je l'aime. Puis, je le respecte. Il s'est colleté avec la misère (sainte chose !) et elle ne l'a pas même chiffonné. C'est un gentilhomme de nature sinon de race, un de ces gentilshommes *aérolithes* qui nous tombent du ciel de temps en temps pour venger la noblesse éternelle des dégradations et des décrépitudes des familles. Je n'oublierai plus qu'après toute une vie de désordres et de *sardanapaleries*, — Brucker m'a conduit à l'autel où j'ai communié la *première* fois depuis mon enfance, et qu'il a communié avec moi. Il a été pour moi *catholiquement* ce qu'étaient les parrains à la réception des chevaliers de Saint-Louis. Il m'a donné du plat de l'épée sur l'épaule, baisé aux joues et armé catholique. Je vous dis *cela* pour que vous l'aimiez.

« J'ai reçu *ce matin* votre lettre. Vous avez bien fait de ne pas attendre ma seconde pour me répondre. Vous savez maintenant pourquoi elle a été retardée, vous l'avez sans doute reçue avec son accompagnement, la lettre à Dargaud. J'ai écrit à mon *trotteur*, Rambosson, qui est du pays des commissionnaires, car il est savoyard, d'aller rue Las Cases s'informer si le paquet a été fidèlement remis à Dargaud. Celui-là nous écrira et nous sentirons les palpitations de son cœur à travers son papier ! Vous voyez que je suis pour *Eugénie* un tuteur aussi soigneux que *Bartholo* pour *Rosine*. Vous me demandez à qui il faudra envoyer maintenant. Mon ami, vous enverrez à M. Charles Baudelaire, rue *d'Angoulême-du-Temple*, Baudelaire est le traducteur de *Poe*. Il est un écrivain de *force acquise*

et un penseur qui ne manque pas de profondeur,...
quoique... Oh! il y a bien des *quoique*! Il est dans
le faux. Il est impie. Il est enfin tout ce que j'ai été,
moi! pourquoi ne deviendrait-il pas ce que je suis
devenu ? Voilà ce qui m'attache à lui, indépendamment
de sa manière d'être avec moi. Il n'a pas notre foi,
ni nos respects, — mais il a nos haines et nos mépris. Les niaiseries philosophiques lui répugnent. Puis
c'est encore un de ceux qui, dans cet infâme temps où
tout est à la renverse, ont le cœur plus grand que leur
fortune. A donc pour toutes ces raisons, une *Eugénie* s'il
vous plaît! Un flacon de ce baume pour des blessures
empoisonnées et vieillies ! Voilà ce que dit l'ami. Voici ce
qu'ajoute *Jérémie Bentham* : Baudelaire peut nous faire
quelque chose à la *Revue des Deux Mondes*. Il y a pied.
Quand Veuillot aura donné sa note puissante, Buloz
souffrira peut-être qu'on jette le diamant bleu d'*Eugénie*
dans le..... de sa revue. Hier, j'ai écrit à Baudelaire. Je
lui ai parlé dans ce sens, j'aurai sa réponse sous peu de
jours, mais envoyez le volume, car c'est un poète que
Baudelaire, et il peut être charmé. Dans tous les cas, il
traitera le livre comme les miens qu'il orne de reliures,
de vraies flatteries en maroquin ! Enfin, il plonge comme
Léviathan dans les vases de l'abîme littéraire, et il est bon
qu'il agite ces vases en l'honneur de la perle cachée dans
sa coquille du Cayla. Vous écrirez à l'encre rouge : *Offert
à M. Charles Baudelaire, par Jules Barbey d'Aurevilly et
Trébutien. Une belle fleur blanche, à une belle fleur noire.*

« Plus tard, je vous signalerai aussi Saint-Victor, qui
a le *démon* du style dans le corps, car pour de l'âme !!...
et qui sentira *Eugénie* jusque sous la plante des pieds,
mais ceci ne presse pas. Pour bien mûrir Saint-Victor, il
faut le macérer. Je suis bien aise qu'il entende beaucoup
susurrer, autour de lui, d'*Eugénie*, avant d'avoir, lui, le
bibliophile, le volume *Merle-Blanc* dans sa poche. Puis, je
veux qu'il s'engage à en parler dans sa *Presse* où il parle
souvent de livres quand le théâtre ne donne pas. S'il ne
s'engage pas à cela : « Touchez-la, monsieur, vous n'aurez

pas ma fille. » Et j'en dis de même de Chasles et de Janin. Point d'articles ! point d'exemplaires ! Nous coucherons sur nos exemplaires et nous attendrons patiemment des admirateurs *effectifs*, pour les leur donner, comme Dieu a attendu K.

« Pendant que je vous écrivais ce courrier, j'ai reçu une lettre de Mme de Maistre qui mariait une de ses filles à Paris, pendant que la pèlerine du Cayla remontait sa montagne des Caques. Elle n'a donc pas reçu notre volume et elle ne m'en dit pas un seul mot. Adieu, mon ami, je suis bien aise d'avoir touché juste sur le D... Je craignais d'avoir déchiré quelque fibre d'amitié. Tant mieux. J'ai vu clair. Quand votre impression confirme la mienne, je suis sûr de moi et solide comme un *Atlas*. Gardez vos exemplaires comme la prunelle de vos yeux ! C'est mon éternelle recommandation, et on ne peut la trop faire à un homme aussi royalement généreux que vous. »

« Samedi, à 7 heures du matin, 14 juin 56.

« Mon ami, je vous écris sur ce que je trouve. Je n'ai pas le temps de chercher. Grâce au baptême du Prince Impérial, toutes les postes seront fermées de très bonne heure et je ne veux pas que vous *chômiez* de votre dominicale dans les circonstances présentes.

« J'avais dans la semaine revu *notre* Dargaud, et lui avais transmis toutes vos recommandations, en lui annonçant que sa favorite Mme de Moltke aurait un exemplaire non défectueux, et Mme de Gramont, un *rose*, cela l'avait ravi. Je les lui remettrai peut-être demain et nous attendrons les lettres qui viendront plus vite que celles de nos évêques. *Jean Lapin La Fontaine Gerbet* dort ou rêve et Mgr Dupuch, qui n'a pas l'excuse de ses distractions, que fait-il ?... Je me défie de tout évêque français (du dix-neuvième siècle), quand il s'agit d'un livre qui n'est pas fait par un soutanier crasseux.

« J'ai vu aussi dans la semaine Sainte-Beuve. Je suis

resté une heure et demie avec lui et je l'ai trouvé vivant, démonstratif, caressant, enthousiaste, ayant épousé notre succès et les Guérin comme nous-mêmes. Plus de Fontenelle, plus de petit égoïsme à angles cachés sous le velours de la politesse, non, mais un intérêt ardent à un succès qu'il dit certain, le succès de Maurice, que le public va mettre d'emblée (ce sont ses propres paroles) auprès d'André Chénier, dont il n'est pas le pendant toutefois. Son avis est de commencer, le plus tôt possible, la publication du frère après l'étrange et vive impression que vient de produire la sœur, Il faudrait (c'est toujours lui qui parle) être prêt pour *Février prochain*. Il garantit le triomphe, et le triomphe, « vous le partageriez, ajoute-t-il. Ce serait décisif dans une renommée que je regarde comme aussi certaine que celle de Guérin lui-même. Cette publication des Guérin nous donne quelque chose de fidèle et d'héroïque qui frappe plus que le talent lui-même et qui doit le porter très haut quand on en a ». Il a dit cela mieux que je ne le dis. Il a parlé d'un Achille et d'un Patrocle littéraires. Il a été presque éloquent. Il n'avait pas besoin de me chauffer, du reste. Puisque Achille il y a, je suis toujours tout prêt à me couvrir de mes armes. Il a ajouté qu'il voulait m'être utile pour la *vie de Guérin*, qu'il me priait de lui lire quand je l'aurais écrite : qu'il avait connu Morvonnais, lequel avait connu Wordsworth, et qu'il avait même des choses inédites *sur* et *de* Wordsworth qu'il nous donnerait pour notre *Vie*. Que lui aussi s'attèlerait au char qui porterait cette statue que nous allons élever, qu'il était au *Moniteur* et qu'il s'engageait non pour un article, mais pour deux, mais pour une étude complète sur notre grand poète, et il a continué ainsi, presque bouillonnant, lui qui n'est qu'un gracieux filet de cascade en conversation, brillant et fin ! mais jamais débordant. Il débordait !

« De tout cela, qui est excellent, il résulte deux choses. C'est que le charme de la sœur a conquis Sainte-Beuve et a rejeuni sa puissance d'enthousiasme, mais que le succès, adoré par beaucoup d'esprits, a mis son charme aussi par dessus celui d'Eugénie. Sainte-Beuve est particulièrement de ces esprits qui aiment le succès. Il n'est pas très chrétien. Il faut que sa religion triomphe, à lui. Il ne faut pas qu'elle soit persécutée. Evidemment pour moi, il était en me parlant sous le coup de ce rayonnement inouï de quelques exemplaires dans le monde de Paris, et cela *le montait* et lui frappait sur le courage la tape qui anime ! Le succès d'*Eugénie* ne s'arrête point. Il va toujours. L'édition commerciale est demandée de toutes parts. Tout le monde achèterait. Hervé me disait l'autre jour : « Si M. Trébutien veut me faire clicher le volume, *je paierai les frais* et ferai l'édition. »

« Paris, 9 juillet 1856.

« C'est le 10 *demain*. Le jour de votre rentrée à Caen, mon cher voyageur. Je viens de mettre sous leurs bandes deux journaux, l'un contenant un article sur Hoffmann (*Curious!*), l'autre un article sur un poème de l'*Enfer* d'un diable d'homme qui a du poète en lui, un nommé Pommier, et qui m'a été l'occasion de dire deux mots sur le nommé le Dante, lesquels deux mots ne sont pas mauvais.

« Tout cela, avec cette lettre, va s'en aller vers vous et vous attendre à votre seuil. On s'attarde toujours plus qu'on ne pensait dans ses voyages. Serez-vous à Caen demain ? Hier je vous aurais écrit si je n'avais été de service au journal. Je croyais en revenir assez tôt pour cela, mais j'avais compté sans les esclavages de mon chien de métier. J'ai presque froid dans le dos (d'inquiétude quand je songe que vous pourriez être arrivé sans trouver de lettre de moi ! (Votre lettre dit le *9* ou le *10*), je me rassure en me disant que La Sicotière a pour vous le charme amer de parler de *votre indigne* et que vous n'aurez pas compté avec lui. Vous vous serez oublié en l'écoutant. Les vraies sirènes, ce sont nos propres pensées, quand elles nous reviennent sur les livres des autres et toute la cire à cacheter du bonhomme Ulysse y fondrait !...

« Je n'ai rien reçu de vous. Il paraît que le silence épistolaire règne à la Trappe, comme l'autre silence, mais je ne vous accuserai pas si vous nous revenez soulagé. Malheureusement, pour recevoir à plein les influences austèrement douces de la Trappe, votre âme est encore bien près de sa douleur. Le trouble est jusque dans les nerfs. La Trappe n'est bonne que quand le mal n'est plus que dans l'intelligence, à moins pourtant qu'on ne soit frappé du coup de la grâce, car alors tout est simplifié. Avec la grâce, la vie est refaite à neuf, mais qui peut compter sur la grâce ? On doit la demander, mais ce ne serait plus la grâce, si on pouvait y compter.

« N'importe ! J'espère, *je veux espérer*, que votre voyage et cette petite cloîtrerie de trois jours vous auront fait du bien, — vous auront un peu cardé le cœur. Vous n'aurez pas absolument *pour rien* frôlé ces blanches robes silencieuses et fantômales, et la contagion du détachement, cette bonne perle, vous aura peut-être atteint au milieu de tous ces désagrafés de la vie qui en portent la ceinture aussi lâche que celle de César, mais non pas par fatuité, eux ! C'est une erreur par trop spiritualiste que de nous imaginer que le calme ne nous vient pas aussi *par dehors*. J'en demande pardon à Mme de Staël, moi, mon cher Trébutien !

« *Interrompue et reprise. Interrompue !* et par quoi, mon cher Trébutien ?... par votre lettre qu'on me monte à l'instant et qui me coupe ma phrase. Ah ! mon cher ami, que cette lettre me fait plaisir ! Je vois qu'on écrit encore à la Trappe (que j'accusais plus haut d'un double silence) et même que l'on sait y écrire. La solennité du lieu a agi sur vous. Ni Guérin ni moi ne dirions mieux, mon ami. Votre lettre est vraiment très belle. Votre âme s'y mêle à l'impression des lieux inspirants, et vous rend poète. Si le mot de Bacon est vrai, vous êtes bien assez broyé pour donner tous vos parfums. Quelle douleur, mon Dieu, que votre douleur ! J'en suis véritablement effrayé et désespéré à mon tour. Est-ce que mon affection vous serait inutile et qu'éternellement dorénavant je manquerais avec vous du mot de la consolation ?... »

« Paris, vendredi, 18 juillet 1856.

« Mon cher Trébutien, vous dites que vous partez jeudi pour le mont Saint-Michel, mais si vous ne partiez pas, qui sait ? la vie est faite d'obstacles — vous auriez besoin d'une dominicale pour dimanche et la voici, mon ami ; si vous êtes parti, elle vous attendra. Elle jaunira en vous attendant et vous aurez la triste impression d'une vieille lettre qu'on vous remet à votre arrivée, chose triste, selon moi ! Si vous ne partez point, j'aurai bien fait d'écrire et vous voyez que je m'y prends de bonne heure pour ne pas manquer leur diable de poste. Autrefois une lettre jetée dans leur infâme boite à *cinq heures* arrivait le lendemain dès l'aurore à Caen ; cet heureux temps n'est plus. Je l'ai trop éprouvé : une lettre partie à cinq heures n'arrive que dans l'après-midi du lendemain. Si ce n'était qu'étrange ! mais cela a été désolant pour vous, et pour moi... cruel.

« N'en parlons plus. Nous y penserons toujours assez. La semaine n'a pas été gaie, mon cher Trébutien. J'ai porté cette mort de Dutacq et je l'ai trouvée pesante. J'avais de l'affection pour lui et ce ne sont pas des intérêts qui l'ont pleuré en moi et qui le regrettent. Non, c'est mieux que cela. Il m'avait défendu pendant trois ans au *Pays*, seul contre tous, faisant pour moi des moulinets superbes. De plus, il était du petit nombre de nageurs sur le vaste gouffre avec qui j'aimasse à passer une heure à causer à bâtons rompus. Or, ceci est énorme pour moi : j'ai vu tant d'hommes, et je sais si bien à *point nommé* ce qu'on va me dire sur toutes choses, que la conversation qui pour moi autrefois était un buffet de trompette ne me sonne plus aucune espèce de diane maintenant. L'excitation qui fait qu'on cause bien, je ne l'ai presque plus jamais. Jolie influence de la vie. Rien ne vaut la peine de remuer. Pourquoi mettre son âme dans tant de choses ?... On sait ! On sait ! On sait ! Dutacq avait aussi pour moi l'intérêt d'un homme qui avait pratiqué à fond la littérature de son temps et qui me renseignait sur l'immoralité de cette compagnie. Je n'ai jamais beaucoup hanté les gens littéraires. J'étais trop du monde pour cela. Mais Dutacq les connaissait avec détail et il me les apprenait. Sa très saine nature n'avait été gâtée par rien, ni par le journalisme, ni par la spéculation, ni par le succès. Il avait du cœur et le cœur est une lumière. Mes rapports avec lui n'étaient donc pas un nœud d'intérêts, de bons procédés et de reconnaissance, non, c'était une *intimité*. Vous comprenez maintenant, mon ami, l'impression de cette mort soudaine. Il a été tué par sa propre force, par le sang, et aussi par une médication insensée. Je vous l'ai dit déjà. Il fallait Rocaché et son calme génie au lit de ce malade, et probablement on l'aurait sauvé. Nous l'avons enterré dimanche au Père-Lachaise, et j'ai voulu y aller à pied. Lacroix (le bibliophile Jacob) a fait un discours selon l'usage de ces polissons qui clabaudent contre les oraisons funèbres et qui veulent bien que tout le monde en fasse... excepté les prêtres. On aurait bien voulu que je disse aussi quelques mots, mais j'ai répondu *qu'il n'y avait qu'un prêtre à qui il convenait de parler sur une fosse ouverte* et l'on n'a pas insisté.

« Indépendamment de l'ami pour moi et du ricochet de cœur pour vous. — Les amis de nos amis sont nos amis. »

« Saint-Sauveur-le-Vicomte, 12 septembre 56.

« Mon cher Trébutien.

« C'est moi, enfin! voici une dominicale. Mais vous ne l'avez pas pour l'heure de votre thé. Ne m'avez-vous pas autorisé à vous écrire quand je le pourrai, n'importe l'heure? Or, mes moments passent à travers un crible ! Le *vortex* de Paris n'est que de l'eau claire, tranquille et dormante en comparaison du tourbillonnement d'ici. Relations de famille, visites à faire, à recevoir, présentations (car mon père a la coquetterie de me montrer), écart sur la côte de Carteret (nous en arrivons Léon et moi), voilà qui a dévoré, depuis que je vous ai quitté, toutes les minutes de mon temps.

« Mes parents m'ont reçu... comme vous le pensez, mon ami. Mon père, qui a une bonne vieillesse et que Léon m'a complètement ramené, est très aimable, très doux, très discret, d'une paternité vraiment touchante. Ma mère... Ah ! ma mère, elle s'anime pour moi encore et cela me touche jusqu'aux larmes, mais, mon ami, ce n'est plus même un débris d'elle-même. Ce n'est plus même son cadavre, oublié sur le bord de sa tombe, car son cadavre oublié, le cadavre de ce qu'elle fut, serait une chose imposante et belle ! et beauté, intelligence, sentiment, feu de la vie, tout est fini, tout a disparu ! Je l'avais laissée magnifique de sa double supériorité physique et morale, je n'ai plus retrouvé qu'une paralytique (elle l'est, vous savez que je suis médecin), avec le regard vide et béant, la difficulté de parler, l'horrible stupeur des paralytiques ! Oh ! cela a été bien affreux pour moi ; l'abbé m'avait prévenu, mais la surprise et le déchirement n'ont pu m'être évités. L'imagination, d'ordinaire d'un élan qui dépasse les choses, a été battue et trompée par la réalité. Le cœur n'est pas mort cependant dans ce pauvre et cher débris humain, si saint pour moi. Elle m'a reconnu. Je l'ai galvanisée et j'allume encore de temps en temps une pointe de diamant dans ces grandes prunelles ternies où il en brillait des mines toute entières, embrasées des mille feux de l'esprit et du sentiment. Mon ami, j'ai pleuré sur son sein plus amèrement que sur son tombeau. Ils ont cru (car mon père se fait illusion) que c'était de joie. Tant mieux ! mais moi, je sentais mon cœur !

« Je ne croyais pas tant aimer ma mère. Je l'admirais, mais la vie avait tant joué sur moi ! Il y avait tant d'années de tombées, muettes, entre nos deux cœurs, que je ne me croyais plus si fils ! Rien ne meurt donc en votre ami, mon cher Trébutien, les impressions que je ressens près de cette ruine qui fut une chose si superbement organisée m'apprennent des sentiments que je ne me soupçonnais plus. Ma pauvre mère ! ma pauvre mère !

« Je ne puis m'apprivoiser à l'idée de ma mère ainsi. C'est là ce qui *encrêpe* mon voyage, lequel, sans cela, serait doux, — oui, assez doux, mais triste. J'ai trouvé le pays dépouillé de bien des poésies. Les années, les révolutions, l'exécrable progrès ont déchiré les voiles dans lesquels j'avais emporté l'image de choses détruites sous ces énormes bêtises — l'inutilité et l'amélioration ! Par exemple, ils ont au vieux château de *Néel-le-Vicomte* abattu une tour, restant de la poterne. L'étang du Quesnay (le Quesnoy) est comblé ! On y coupe des saules et de l'osier, et mon aride et fière falaise de Carteret est ignoblement couverte de pommes de terre, avec des clôtures de place en place. Ils disent que c'est de *bon rapport*.

« Comme ils ne peuvent pas faire tenir la mer dans un pot de chambre ni l'empêcher de se moquer d'eux dans le rire terrible de ses vagues, au moins ils ne l'ont ni souillée ni changée, et je l'ai revue, belle, immaculée, identique à ce qu'elle était dans mon enfance ! Ç'a été une pure sensation. A mon premier regard du haut des dunes, elle était calme comme une vie apaisée et souriante, avec de longs sillons verdâtres s'entre-croisant, comme les nuances de la nacre, avec de longs sillons lilas.

« Je vous raconterai mes *errances* au bord de ses flots pendant deux jours — avec l'abbé, ou solitaire, car l'abbé n'a plus la folie des choses extérieures qui nous tient encore, vous et moi, tous les deux. Je vous écris debout sur le secrétaire de ma grand'mère, dans la chambre bleue où je l'ai vue filer à son petit rouet de bois de rose et où elle est morte, il y a plusieurs années. Je suis sans cesse interrompu et je ne puis que passer légèrement sur la pointe des détails que je vous donnerai quand je vous verrai. Je partirai d'ici vers le 20 du mois. J'irai à Avranches, Mortain et Granville, puis enfin je jetterai l'ancre à Caën pour une dizaine de jours, et cela pour vous, uniquement, pour vous *seul* !

« Nous passerons dix jours de bonne vie. Nous causerons jusqu'au fond de l'intimité. D'ici là, écrivez-moi un peu. Je m'ennuie de ne plus voir de votre écriture et je vous en demande instamment quelques bribes. M'avoir revu a-t-il fait quelque diversion à votre chagrin ? Moi de toutes manières, ami.

« Adieu et à bientôt. Je vous embrasse avec la plus tendre effusion. »

On s'expliquerait facilement, si toutes les lettres étaient publiées, le fanatisme d'amitié qui portait Trébutien à éditer, à petit nombre, avec un luxe rare, et pour quelques amis choisis, certains écrits de M. d'Aurevilly, tels que *Trente-six Ans*, *Deux Rhythmes oubliés*, *Le Pacha*, enfin les poésies sans titre. A voir la profonde et subtile pénétration, l'une par l'autre, de ces deux natures, on comprend qu'on trouve dans les notes manuscrites de Trébutien, sur un voyage qu'il fit en Angleterre, la trace constante de l'admiration que lui inspirait d'Aurevilly? Cependant ils se trouvèrent parfois en complet désaccord, notamment lors de la publication de la *Vieille Maîtresse*. « Elle le (Trébutien) bouleversa complètement, et malgré toute l'ardeur de son amitié, il lui fut impossible de saisir la portée morale de cette étrange conception. Dans les premiers temps de sa vie, il avait transcrit tous les passages de la correspondance de Jules d'Aurevilly qui avaient trait à ce sujet et il les avait joints à l'exemplaire qui lui avait été adressé. Quelques lignes empruntées à une lettre du 6 juin 1851 suffiront à montrer avec quelle énergie Trébutien maintint jusqu'à la fin sa désapprobation [1] :

---

[1] *Notice Biographique et Littéraire sur Trébutien*, par M. E. de Robillard de Beaurepaire, conseiller à la cour d'appel de Caen (1872).

« Ce que vous me dites de la Vellini me désole. Elle ne vous plaît pas. Voilà le meilleur de mon succès manqué. Elle ne vous plaît pas ! que m'importe le reste ? Il y a plus profond, plus fondamental, quand il s'agit d'âmes comme la nôtre, que des jugements : ce sont des impressions. Les vôtres sont contre moi : vous foudroyez mon succès. »

Joubert a dit quelque part : « La nature a fait deux sortes d'esprits excellents : les uns pour produire de belles pensées et de belles actions, les autres pour les admirer. » Trébutien appartenait aux derniers, dit son biographe, M. de Beaurepaire. Aussi, bien qu'il ait écrit un certain nombre de pages remarquables, l'auteur a-t-il toujours, chez lui, été primé par l'éditeur. Orientaliste, il n'est que l'écho de M. de Hammer ; médiéviste, il se cantonne dans la publication sans commentaires des anciens textes ; antiquaire, il reproduit, avec la nuance passionnée qui était dans son tempérament, les idées de l'un des fondateurs de la science archéologique en France, M. de Caumont ; et quand il aborde la littérature moderne, il semble que ce soit uniquement pour se faire l'introducteur et le patron des œuvres de ses amis. Il y avait en Trébutien quelque chose de supérieur encore à un bibliophile : c'était l'homme de goût, ennemi du prosaïsme et de la vulgarité, raffiné quelquefois jusqu'à la prétention, d'une impressionnabilité telle, que l'émotion touchait, chez lui, à la souffrance, admirablement organisé, après tout, pour comprendre les nuances et les délicatesses du langage, et apprécier tous les sentiments nobles et grands.

Cette modeste existence, consacrée tout entière à la science, s'éteignit le 23 mai 1870.

Cette longue liaison de Trébutien avec l'auteur de la *Vieille Maîtresse* me fut contée un soir au sortir du cirque, dit Octave Uzanne [1], et j'entends encore la voix du gentilhomme valognais, cette voix fièrement timbrée qui devenait si divinement mélancolique et qui savait dire et conter comme dorénavant je n'entendrai plus jamais dire ni conter.

« J'étudiais mon droit à Caen, c'est là que mon père, craignant les excès d'une fougue intraitable, m'avait envoyé, afin d'éviter que je ne fisse des folies à Paris ou que je devinsse homme politique — une infamie à ses yeux ! — Mon droit, à moi qui rêvais alors, mon cher, de la vie fringante, du bruit militaire, des charges et des sonneries, des uniformes et des aiguillettes ! Je devrais être aujourd'hui le maréchal d'Aurevilly ! Quand on se sent des torches allumées en soi, il est triste de faire des économies de bouts de chandelles, et je m'ennuyais ferme à Caen. En dépit d'une société des plus distinguées, je me sentais isolé devant moi-même et je cherchai logiquement à me plonger dans une lecture forcenée.

« J'avisai près du pont de Caen ce qu'on nommait autrefois un cabinet littéraire, et, tandis que je bouquinais, le libraire, tête de Siméon le Stylite, œil vif et profond, front remarquable, me parla, et je fus frappé de l'accumulation intelligente et habile de son érudition. C'était un homme maigre, à l'allure pénitente,

[1] Article de la Revue *Le Livre*.

comme un père du désert, avec une jambe repliée, le pied en l'air... une jambe ankylosée, infernale...

« Malgré la différence des conditions apparentes, nous conçûmes, dès le début, cette ardente sympathie que rien ne démentit pendant longtemps. Monarchiste et religieux, d'un catholicisme de fer, Trébutien avait étudié le persan, l'arabe et le turc, et il avait publié chez Dondey-Dupré, dès 1826, des contes inédits des *Mille et une nuits*. Il connaissait déjà les Francisque Michel, les Le Roux de Lincy, les Jubinal, les Julien Travers et autres archéologues de lettres, et il fonda cette Revue de Caen qui n'eut qu'un numéro, et dans laquelle parut *Léa*, mon premier essai dans la nouvelle, que je signai alors Jules Barbey.

« Trébutien se fit l'éditeur à un petit nombre d'exemplaires (trente ou quarante-cinq), de ces ouvrages ou plaquettes que vous autres bibliophiles, vous recherchez avec tant de soin : *le Brummell*, *les Prophètes du Passé*, *la Bague d'Annibal*, *Trente-six Ans*, œuvre introuvable, *Deux Rhythmes oubliés; le Laocoon*, *les Yeux Caméléon*, les *Poésies*[1], et je les lui dédiais ; c'était une restitution, car il savait éditer comme Benvenuto Cellini, ciselait, et il taillait mes cailloux comme on taille les diamants. J'étais déjà digne du surnom de « Lord Anxious », que je me suis décerné, car sur la question des corrections typographiques j'étais angoissé, tyranniquement obsédé par l'*erratum*. Mais Trébutien était là, et rien n'échappait à son œil de typographe étonnant. Ce fut en causant avec cet ami

---

[1] Ces poésies ont été réimprimées en in-8 à Bruxelles en 1870, à 72 exemplaires, par *Insignis Nebulo* (Poulet-Malassis).

idolâtre que je conçus l'idée d'une série de romans sur les guerres de la Chouannerie et qu'il me fournit mille documents précieux relatifs à cette histoire des chouans dans le Cotentin, sur laquelle je pensais fixer les rayons bleus de mon imagination ; mais je ne persistai point dans cette voie : la vie est plus forte que nos projets, et après la publication du *Chevalier des Touches* et celle de la *Première Messe de l'abbé de la Croix-Jugan* qui devint plus tard l'*Ensorcelée*, j'arrêtai mon épopée de la chouannerie que je voyais si vaste et si prodigieuse.

« Après un stage assez long à Caen, — poursuivait Barbey d'Aurevilly avec le geste qu'il avait d'élever sa main aristocratique dont l'index était replié à la hauteur de ses lèvres, comme pour soutenir et souligner sa parole après un temps assez considérable, —je vins à Paris, pour y gaspiller les quelques livres parisis que me laissait un oncle à héritage. C'est alors que j'écrivis à Trébutien, qui s'ennuyait mortellement dans sa solitude à Caen, cette formidable série de lettres qui, réunies, forment plus de trente volumes in-4° et dans lesquelles j'ai versé le meilleur de moi-même sur les hommes et les choses de ce temps.

« Trébutien ne semblait vivre que par mes lettres qu'il copiait pieusement ; cette corresponnance était la communion intellectuelle de ce fanatique d'amitié ; j'étais le soleil, la lueur divine qui arrivait brillante et chaude dans cette lucarne de savant et je ne manquais guère le courrier qui devait alimenter la ferveur de cet ardent par réflexion.

« Trébutien vint à Londres par la suite pour des recherches; et delà il passa à Paris où il séjourna pendant quelque temps et retourna définitivement à Caen. »

**

Trébutien avait à peine connu Maurice de Guérin et pas du tout Eugénie, mais Barbey d'Aurevilly le voulut de moitié avec lui et lui communiqua son tendre enthousiasme pour le frère et la sœur. Il en devint, comme on sait, l'éditeur, et en publia les œuvres, le journal et les lettres. L'ensemble de ces relations [1] forme un des plus curieux épisodes de l'histoire littéraire de ce temps : on nous permettra, cependant de ne l'aborder et de n'y toucher qu'avec une extrême réserve, et sans aller plus loin qu'il ne l'est permis à un simple annaliste.

Né sous le premier Empire, Maurice de Guérin mourait avant d'avoir accompli sa trentième année. Il avait été l'un des hôtes de l'abbé de Lamennais, à la Chénaie, et l'un de ses prosélytes; puis il s'affranchissait de l'influence du prêtre breton, sitôt devenu apostat, il s'émancipait de la foi, se laissait gagner à la vie du siècle, menait pendant quelques années la vie mondaine et parisienne, et ne redevenait chrétien que pour expirer. D'une haute sensibilité, d'une intelligence profonde, ce jeune homme se révélait poète à ses compagnons de prosélytisme, Hippo-

---

[1] Le 1er et le 2e *Memorandum* de Barbey d'Aurevilly (1836 et 1838) qui sont sous presse, sont comme la préface nécessaire des œuvres des Guérin, ainsi qu'un des *Memoranda* déjà parus, (1856) montre Barbey d'Aurevilly à Caen, près de son ami Trébutien, en préparant avec lui la publication.

lyte de la Morvonnais, François de Marzan, l'abbé Gerbet, depuis lors évêque de Perpignan, l'abbé de Cazalès, que j'ai encore connu vieillard, à la table commune de la rédaction de l'*Univers*, Elie de Kertanguy, La Provostaye et Eugène Boré.

Durant son séjour à Paris, il fréquenta Scudo, Amédée Renée, Trébutien, et surtout il retrouva son ami d'Aurevilly qu'il avait connu au collège Stanislas et auquel il lisait ses vers et confiait ses projets d'œuvres futures. Il écrivait un *Bacchus dans l'Inde*, et méditait un *Hermaphrodite*, attiré par l'art antique qu'il ne cessait d'étudier aux Musées du Louvre. Mais ce ne fut qu'une année après sa mort que la *Revue des Deux Mondes* le mit sur le pavois.

« Ce qui lui valut cet honneur posthume d'être ainsi classé à l'improviste, à son rang d'étoile parmi les poètes de la France, dit Sainte-Beuve [1], était une magnifique et singulière composition, *le Centaure*, où toutes les puissances naturelles primitives étaient senties, exprimées, personnifiées énergiquement, avec goût toutefois, avec mesure, et où se déclarait du premier coup un maître, « l'André Chénier du Panthéisme », comme un ami l'avait déjà surnommé. Des fragments de lettres cités, des épanchements qui révélaient une tendre et belle âme, formaient autour de ce morceau colossal de marbre antique, comme un chœur charmant de

---

[1] Étude biographique et littéraire servant de préface aux journal, lettres et poèmes de Maurice de Guérin, publiées par G.-S. Trébutien.

demi-confidences à moitié voilées, et ce qu'on en saisissait au passage faisait vivement désirer le reste. Il y eut dès lors dans la jeunesse toute une école choisie, une génération éparse d'admirateurs qui se répétaient le nom de Guérin, qui se ralliaient à cette jeune mémoire, l'honoraient en secret avec ferveur, et aspiraient au moment où l'œuvre pleine leur serait livrée, où l'âme entière leur serait découverte... Rien n'était exagéré dans la première impression reçue en 1840 ; tout aujourd'hui se justifie et se confirme ; l'école moderne compte bien en effet un poète, un paysagiste de plus. »

George Sand ajoutait, analysant en femme ce caractère : « C'était une de ces âmes froissées par la réalité commune, tendrement éprises du beau et du vrai, douloureusement indignées contre leur propre insuffisance à le découvrir, vouées en un mot à ces mystérieuses souffrances dont René, Obermann et Werther offrent sous des faces différentes le résumé poétique. »

De profondes affinités durent exister entre ce jeune homme singulier et Barbey d'Aurevilly ; tous deux ne comprenaient-ils pas l'amitié d'une façon exquise, et l'amour comme une religion, « amour de poète, avoue Mme Sand, qui ne se contente absolument que dans les choses incréées ». Tous deux avaient le culte de l'idéal, tous deux indulgents et dévoués jusqu'au stoïcisme, esclaves de leur parole, ne se résignaient point aux ordinaires vulgarités. Ils furent fort intimes, et même dans la correspondance d'Eugénie de Guérin, à un certain moment, revient fréquemment le nom de M. d'Aurevilly qui logeait alors à l'hôtel de Neustrie, 9, rue Port-Mahon.

« Son voyage à Paris, dit Sainte-Beuve en parlant d'elle, lui apporta des déceptions d'estime, d'amour et de croyance dont elle eut à souffrir. Mais Barbey d'Aurevilly, dans une page splendide d'éloquence, conte l'arrivée à Paris de cette belle et bonne provinciale, page qui n'est pas le moindre joyau de son étude si passionnée sur Mlle de Guérin, et qui se terminait par ces paroles superbes : « Tirée de sa campagne, amenée en parure comme une princesse des contes de fées, sous l'éclat intimidant des lustres, elle y vint sans embarras, sans disgrâce, avec un aplomb chaste et patricien qui disait bien, malgré les torts de la fortune, pour quel rôle social elle était faite. Sans l'avoir jamais vu, elle était *Faubourg Saint-Germain*. Byron raconte en ses *Mémoires*, qu'il fut témoin de l'*introduction*, dans les salons de Londres de miss Edgeworth, et qu'elle ressemblait à l'idée qu'on peut se faire de Jeannie Deans. Mais la *campagnarde* du Cayla descendait des plus belles porteuses de faucon qui traversent, gantées de daim, corsetées d'hermines et en robe trainante, les chroniques du moyen âge. Les manants avaient tué le faucon ; les révolutions, emporté les armoiries. Une époque sordide méprisait le bouquet de roses de la dot qui avait séché dans des mains résignées, — dans des mains vouées, pour toute occupation désormais, à tourner le fil de la quenouille ou les grains du chapelet... N'importe ! « Si, comme l'a dit un hardi penseur, « tout homme est l'addition de sa race », elle était l'addition de la sienne, et le malheur, l'isolement dans la vie, l'acceptation de toutes les croix qui sont toutes les vertus, le ciel enfin, descendu dans le cœur de la femme, n'avait pu effacer l'aristocratie puisée dans le sein de sa mère, et les traditions du berceau. »

Sainte-Beuve, d'après un assez méchant volume de feu Nicolardot[1], « se jetait en gourmet sur tous les articles de M. Barbey d'Aurevilly. Maintes fois il me dit : « Il ne se servirait que du quart de son esprit, qu'il en montrerait encore assez pour forcer de l'admirer. » Jamais il ne m'en parlait sans lui donner du *vibrant*. »

Cependant M. d'Aurevilly, bien qu'il eût avec le célèbre critique qu'il devait remplacer plus tard au *Constitutionnel*, de nombreux rapports littéraires, ne fut jamais son *ami*, dans le sens exact du mot. Il le malmena même assez rudement, dans ses *Quarante Médaillons de l'Académie*, tout en reconnaissant en lui un homme d'esprit, qui, un jour, avait eu du génie, — du *génie malade*. Mais il y avait surtout en lui un professeur échoué sous le vent des sifflets, — à colères de dindon, — malsain, entortillé, précieux, cauteleux. C'est une « Locuste au miel », un critique dont la critique n'est « qu'un empirisme incertain », — un « esprit sans magnanimité, pointilleux, vulgaire, susceptible ».

Ces aménités, éparses dans un petit chapitre et fort bien encadrées, feront assez bien comprendre l'anecdote que rapporte le Nicolardot précité, Dangeau de quelques hommes de lettres, dont il ne flairait pas que l'écritoire.

Il y raconte que ce fut par suite des insinuations de Sainte-Beuve que M. de Persigny intima à M. Grandguillot la défense d'accepter, dans le *Pays*, les articles

---

[1] *La Confession de Sainte-Beuve*, par Louis Nicolardot.

de M. Barbey d'Aurevilly, et que M. Victor de Laprade fut chassé de sa chaire à la Faculté de Lyon.

A part ces premiers amis de jeunesse, on a peu de renseignements sur les relations littéraires de M. d'Aurevilly pendant les premières années de sa vie à Paris. On ne voit son nom figurer dans aucun cénacle. Il ne va ni chez Mme Récamier, ni chez Mme Ancelot, ni aux soirées de la place Royale chez Hugo, ni à l'Arsenal, chez le bonhomme Charles Nodier. Il est plus gentilhomme que « gendelettre » ; il préfère les vicomtesses du noble faubourg aux boulevardiers. Il n'est pas un des familiers de Balzac ; il est mêlé aux écrivains admis dans quelques salons, mais en *dilettante* plutôt qu'en confrère. Cependant il n'est pas sans rapports avec Théophile Gautier, Gérard de Nerval, Hugo même et quelques autres encore. Il se rencontre parfois avec M. de Pontmartin, « dont le désespoir est de n'être toujours qu'un amateur », et de dissimuler assez mal sa couronne comtale. En somme, il n'a aucune attache dans la société des gens de lettres, et s'en tient à l'écart ; les journaux ne parlent pas de sa personne, très peu de ses œuvres, et s'il se colporte un *mot* de lui, c'est d'hôtel à hôtel, d'un camp rival à l'autre.

Il connut surtout beaucoup alors M. d'Yzarn de Freyssinet et le marquis de Custine, ce personnage étrange d'un talent subtil, poétique et si élevé, dont Philarète Chasles trace dans ses *Mémoires* ce joli portrait: « Il m'étonnait par son discours voilé, ses traits d'esprit timides, son bon ton admirable, son aptitude à tout faire comprendre, qui décelait le vrai gentilhomme,

sa malice enveloppée de soie et de coton, ses douceurs
du grand monde qui semblaient à peine viriles, une
timidité bizarre, et comme un sentiment personnel
d'abaissement et de mortification peu d'accord avec
les éclairs vifs et les lueurs philosophiques, les observations hardies, jaillissant de cet épais mélange de
modestie douloureuse et de mélancolie, de mysticisme
et de sensualité basse. On ne peut mieux conter ni
mieux dire. Pas de lourdeur ni de pétulance... « Je
l'étudiai donc très attentivement, achève Philarète ;
je le plaignis beaucoup ; et je rêvai souvent avec
tristesse sur les effets que les vieilles civilisations pro-
duisent, sur ce gentilhomme déchu, et sur certains
organismes exténués et avachis qui se développent
comme les lichens chez les peuples qui finissent. »

M. d'Aurevilly fut fidèle aux salons et aux amitiés
qui l'accueillirent dès son arrivée à Paris. Ceux de
Mᵐᵉ Amaury de Maistre, de Mᵐᵉ de la Renaudière,
de Mᵐᵉ du Vallon notamment. Mais il se montra peu
dans le monde, et se réserva, comme plus tard encore, à l'intimité.

N'eut-il pas toujours la fierté de sa solitude, et ne
sut-il pas cacher cette part de son existence qu'il se
réservait de vivre seul, admirable exemple que ne
comprennent pas assez les écrivains de nos jours,
qui se juchent sur tous les piédestaux de la réclame !

*
* *

Un des grands amis de Barbey d'Aurevilly, ce dut
être Charles Baudelaire, dont le caractère sans aucune

banalité ni vulgarité pouvait s'associer au sien dans des affections et des haines communes. Le poète des *Fleurs du Mal* est trop connu, pour qu'il soit nécessaire d'en parler ici longuement. Nul n'a mieux esquissé cette étrange silhouette que Théodore de Banville.

Au moment où parurent les *Fleurs du Mal*, Baudelaire avait demandé à Barbey d'Aurevilly de lui consacrer un article, qui fut écrit, mais que *le Pays* ne jugea pas à propos d'insérer. Cet article forme un des *Appendices* de l'édition des œuvres complètes du poète. Celui-ci y est présenté comme un génie, comme le génie qui, selon l'expression de Victor Hugo, « a « créé un frisson nouveau ».

« Dans un temps où le sophisme raffermit la lâcheté et où chacun est le doctrinaire de ses vices, M. Baudelaire n'a rien dit en faveur de ceux qu'il a moulés si énergiquement dans ses vers. On ne l'accusera pas de les avoir rendus aimables. Ils y sont hideux, nus, tremblants, à moitié dévorés par eux-mêmes, comme on les conçoit dans l'enfer. C'est là en effet l'avancement d'hoirie infernale que tout coupable a de son vivant dans la poitrine. Le poète, terrible et terrifié, a voulu nous faire respirer l'abomination de cette épouvantable corbeille qu'il porte, pâle canéphore, sur sa tête hérissée d'horreur. C'est là réellement un grand spectacle ! Depuis le coupable cousu dans un sac qui déferlait sous les ponts humides et noirs du moyen-âge, en criant qu'il fallait laisser passer une justice, on n'a rien vu de plus tragique que la tristesse de cette poésie coupable, qui porte le faix de ses vices sur son front livide. »

Et plus loin, le critique ajoutait :

« On a beau être artiste redoutable, au point de vue

le plus arrêté, à la volonté la plus soutenue, et s'être
juré d'être athée comme Shelley, forcené comme Léopardi, impersonnel comme Shakespeare, indifférent à
tout, excepté à la beauté, comme Gœthe, on va quelque
temps ainsi, — misérable et superbe, — comédien à l'aise
dans le masque réussi de ses traits grimés ; — mais il
arrive que, tout à coup, au bas d'une de ses poésies le
plus amèrement calmes ou le plus cruellement sauvages,
on se retrouve chrétien dans une demi-teinte inattendue,
dans un dernier mot qui détonne, — mais qui détonne
pour nous délicieusement dans le cœur.

Ah ! Seigneur ! donnez-moi la force et le courage
De contempler mon cœur et mon corps sans dégoût !

Enfin, cette page magistrale se terminait par cette
majestueuse invocation :

« Les solitaires ont auprès d'eux des têtes de mort
quand ils dorment. Voici un Rancé, sans la foi, qui a
coupé la tête à l'idole matérielle de sa vie, qui, comme
Caligula, a cherché dedans ce qu'il aimait et qui crie du
néant de tout en la regardant ! Croyez-vous donc que ce
ne soit pas là quelque chose de pathétique et de salutaire ?... Quand un homme et une poésie en sont descendus jusque-là, — quand ils ont dévalé si bas, dans la
conscience de l'incurable malheur qui est au fond de
toutes les voluptés de l'existence, poésie et homme ne
peuvent plus que remonter. M. Charles Baudelaire n'est
pas un de ces poètes qui n'ont qu'un livre dans le cerveau
et qui vont le rebâchant toujours. Mais qu'il ait desséché
sa veine poétique parce qu'il a exprimé et tordu le cœur
de l'homme lorsqu'il n'est plus qu'une éponge pourrie,
ou qu'il l'ait, au contraire, survidée d'une première
écume, il est tenu de se taire maintenant, car il a dit les
mots suprêmes sur le mal de la vie, — ou de parler un
autre langage. Après les *Fleurs du Mal*, il n'y a plus que
deux partis à prendre pour le poète qui les fit éclore : ou
se brûler la cervelle... ou se faire chrétien ! »

Nous n'avons pu retrouver qu'une lettre de Barbey d'Aurevilly à Baudelaire. Elle est relative à son article du *Réveil* sur Edgar Poë, qu'il avait intitulé : *le Roi des Bohèmes*, un an après le fameux article sur les *Fleurs du Mal*. La voici :

« Vendredi, 14 mai 1858.

« Homme de peu de foi, pourquoi vous troublez-vous ?
« Un titre !
« Un songe !... Me devrais-je inquiéter d'un songe !
« Et de quoi donc avez-vous peur et vous *étonnez-vous*, mon ami ?... Vous savez mes opinions litéraires sur Edgar Poë. Vous avez mon article du *Pays*, et tel qu'il est, avec les réserves qui s'y trouvent, sur la valeur absolue des œuvres du conteur américain, cet article ne vous a pas mécontenté.
« Je ne me déjuge point *littérairement*. Mon article du *Réveil* est la confirmation de mes opinions du *Pays*.
« Voilà pour la littérature, le mérite intellectuel de l'homme que vous admirez.
« Quant à mes opinions morales et non *littéraires*, vous savez ce que je suis, — le *Réveil* qui vous déplait, vous l'a assez dit et aussi tout ce que j'ai écrit *depuis sept ans*. — Du point de vue de cette moralité qui est pour moi le sommet du haut duquel il faut embrasser et juger la vie, j'ai regardé Poë. Je l'ai trouvé coupable et je l'ai dit.
« Pouvez-vous, avec ce que je suis, vous étonner de cela ?
« Bohème ! il l'est. Ne l'ai-je pas dit d'ailleurs avec *cette* expression dans l'article même du *Pays* qui ne vous a pas contrarié ? Il est bohème, et de tous les littérateurs dignes de ce nom, il est le plus fort, le plus poète, le plus grand à sa manière, et voilà pourquoi, à mes yeux, il en est le *roi*.
« Bohème ! si vous lisiez mes articles du *Réveil*, qui

ont une unité sous leur variété apparente, vous sauriez ce que je mets sous ce mot, — l'individualité, l'absence de principes sociaux, etc., etc., etc.

« D'ailleurs, je n'emprunte pas plus ce terme au vocabulaire de Veuillot qu'au vôtre. C'est un mot frappé depuis longtemps et qui circule. Je l'ai pris, parce qu'il dit bien ce qu'il veut dire ; vous vous *en nommez vous-mêmes*. La Sainte Bohème, — a dit votre ami M. Théodore de Banville.

« Mon ami, calmez-vous. L'article du *Réveil* n'est pas d'ailleurs fait de manière à diminuer l'importance de Poë et de votre publication. Au contraire. Il ne vous lésera pas dans vos intérêts de traducteur. J'y montre même des entrailles pour votre homme de génie, tout en le condamnant, car vous savez si j'aime l'esprit.

« N'est-ce pas pour cela que je vous aime ? »

A l'*Univers*, on ne voulait de lui qu'à la condition qu'il se laissât mettre dans la bouche un joli petit mors d'acier fin, comme il l'écrivait à l'un de ses amis.

Et pourtant Louis Veuillot avait écrit ce beau vers :

O cœur gonflé de haine, affamé de justice !

Mais il ne fallait qu'un grand-prêtre dans le sanctuaire... Barbey d'Aurevilly fut miséricordieux : il ne fit aucune place au rédacteur en chef de l'*Univers* dans son volume des *Juges jugés*, et bien qu'il ait souvent, à son endroit, *parlé* un éloquent feuilleton, jamais que je sache, il n'écrivit ce qu'il pensait du seul homme qu'il eût pu, à bon droit, considérer comme son rival.

N'avaient-ils pas, en effet, des haines et des répulsions communes ? Dans un des chapitres de *Çà et Là*, Louis Veuillot dévoile ses sympathies et ses antipathies littéraires. Il juge, absout ou condamne, d'un trait de plume ; il est très net et très clair, et ne s'excuse pas d'être franc :

« *Gil Blas* est un mauvais livre, plein de misanthropie, avec du venin contre la religion : c'est un livre mal fait, parce que rien n'est plus faux qu'un tableau de la vie humaine où ne paraît pas un homme de bien. — Dans Corneille, ce qu'il y a de plus beau, c'est *Polyeucte* et ensuite le *Cid* et ensuite *Cinna*. — Ce n'est pas *Athalie*, qui est le chef-d'œuvre de Racine, c'est *Phèdre* : en voici la raison : celle-ci n'est pas plus grecque que Joad n'est Hébreu ; mais on peut arranger les Grecs comme on veut, et il faut laisser les Hébreux comme ils sont. — Shakespeare est grossier. — La Fontaine est gaulois. — M. Veuillot n'aime point Molière, ni Saint-Simon, le duc des *Mémoires*, qui, s'il « est honnête homme, l'est malhonnêtement ». — La Rochefoucauld est un précieux peu sincère, et les trois quarts de ses fameuses *Maximes* sont des pauvretés qui ne valent que par le tour. — La Bruyère est un garçon mécontent des femmes, un littérateur mécontent de la société. Le volume des *Caractères* devient pesant dès le milieu. — Rabelais étonne. Par quel jeu de la nature ou quel secret de l'art un pourceau peut-il avoir tant d'élégance et d'esprit ? « Pendant un temps je le lus avec plaisir ; j'étais surtout content de lui, quand je n'étais pas content de moi. » — Montaigne n'est pas davantage admiré : petit diplomate, petit militaire, très petit maire de Bordeaux ; grand raisonneur toujours. — Alfred de Musset et Victor Hugo sont des artistes, avec la marque et le malheur du temps. Ils étaient nés pour la grande poésie ; l'un est sans suite, l'autre est sans goût. L'un a méprisé son génie, l'autre en est follement idolâtre. — Ni la piété, ni l'impiété de l'âge prochain ne voudront de Lamartine. Il avait de beaux dons. Que de richesse pour ne faire qu'un bruit stérile ! — Chateaubriand est l'homme de la prose, l'homme de la phrase, dont le cœur et tout l'esprit sont dans son encrier ; *Atala* est ridicule ; *René*, odieux ; le *Génie du christianisme* manque de foi ; les écrits politiques manquent de sincérité ; les *Martyrs* sont un livre faux de pensée, de couleur, de style, d'une langue trop maniérée, et qui fatigue par le soin et par la recherche. »

Comme journaliste, Louis Veuillot ne peut être jugé que de deux façons : on l'aime ou on le déteste ; il n'y a pas de moyen terme, car ils n'était pas de ces tempéraments qui poussent à la modération. Mais la verdeur de ses articles du « jour le jour » ne doit pas faire oublier ses livres, et il faut qu'on reconnaisse en lui le styliste parfait, le littérateur complet, le voyageur perspicace, l'observateur passionné, le descriptif élégant, le romancier spirituel, et. — ne criez pas au paradoxe, — le plus amoureux des poètes en prose.

Son roman l'*Honnête femme* semble dérobé à quelque maître du xviie siècle. Imaginez la marquise de Sévigné collaborant avec Mme de Lafayette, ou plutôt avec Hamilton. C'est la même saveur d'observation prise sur le vif, la même allure preste et vive ; c'est le ton spirituel, la verve gauloise. L'*Honnête femme* est un roman qui traite de l'amour, voire de l'adultère. Louis Veuillot se croyait le droit de prendre son bien où il le trouvait. Il observe et décrit la passion maîtresse du genre humain, aussi bien celle qui forme les Sapho et les Ninon, et qui inspire également Anacréon et Pigault-Lebrun, Virgile et M. Emile Zola, celle qui n'écoute ni le devoir, ni la probité, ni la piété, ni l'honneur, — que cet amour légitime qui n'affaiblit ni la force ni la vertu. Il y a là toute l'histoire d'un cœur, avec ses faiblesses, ses chutes, ses relèvements, ses hésitations, ses défaillances, avec la victoire finale que ce cœur n'aurait point remportée, sans les puissants auxiliaires qui viennent l'assister, la foi, la confession, la fierté chrétienne. Or, la lecture de cette œuvre n'est-elle pas absolument saine? Quelles belles leçons y découvriront les coquettes, les libertins, les hâbleurs de toutes catégories! On y voit une honnête indignation contre le vice, et si l'auteur s'y fait parfois indulgent, il n'a aucune complaisance périlleuse.

Corbin et d'Aubecourt est un récit gracieux et simple ; il n'a qu'une héroïne, il se développe tout entier dans un salon, et n'emprunte d'intérêt ni aux descriptions de paysages, ni aux analyses psychologiques. Ce n'est qu'un long monologue, et l'on ne peut s'en détacher ; c'est l'histoire d'une âme candide, d'une grâce comparable aux plus délicates productions de Dickens.

Cette pénétrante suavité de sensations, ce charme doux, ce langage coloré, cet esprit attique, cette fine satire à laquelle ne peut échapper l'écrivain, même lorsqu'il badine, on les trouve à un égal degré dans ses *Historiettes et Fantaisies*. Le joli pastiche qui a pour titre l'*Epouse imaginaire* est coquet et pimpant comme une pastorale florianesque, et d'un goût élevé comme une lettre à Philothée. Chez Louis Veuillot, le style, c'est l'ascension. Il fait penser à l'ode magnifique de Longfellow dont chaque strophe est coupée par le mot *Excelsior*. La *Journée d'un Missionnaire*, le *Vol de l'Ame*, les *Histoires de Théodore*, seraient des nouvelles à la Mérimée, si l'on n'y sentait autre chose que le vain scepticisme et l'égoïsme cruel de cet académicien desséché. Mais on y vit, on y aime, on y croit à une vie meilleure, à une compensation des fadaises d'ici-bas. Ni Töpffer, ni Sterne n'ont rien fait où il y ait plus d'humour que dans *Au temps des Diligences*, et personne assurément ne lira sans pleurer la *Chambre nuptiale*, ce chef-d'œuvre en six pages, où la plus belle page traite de l'Amour. Qu'il a dû aimer et souffrir, celui qui a semé ainsi tous les trésors de son cœur, prodigue d'affection, d'amitié, de dévouement, d'enthousiasme et de croyance !

L'âpre labeur du journalisme, les polémiques sans trêve, les luttes soutenues par cet athlète qui se comparait lui-même au « Suisse écartant de la hampe de sa hallebarde les chiens qui veulent venir souiller l'église », ont pris à ses goûts de pur littérateur les plus belles heures de sa vie. Mais l'auteur de l'*Honnête Femme* et des *Historiettes*, de *Çà et Là* et de *Corbin et d'Aubecourt* est un romancier de race, et ces œuvres-là survivront, j'en suis sûr, à ces prodigieux entassements d'articles, qui débordent en trente ou quarante volumes de *Mélanges*, et qui sont presque dans l'oubli, parce que les agitations d'aujourd'hui font oublier les agitations d'autrefois.

L'un des meilleurs portraits littéraires de Louis Veuillot est celui que donna dans le *Gaulois* Henri de Pène, au lendemain de la mort de l'illustre polémiste, en avril 1883.

« Le journaliste seul est populaire en lui, mais le romancier et même le poète sont dignes de la plus haute considération. Si l'on avait encore le goût et le loisir des comparaisons littéraire, je conseillerais de lire l'*Honnête Femme*, de Louis Veuillot. Balzac, Charles de Bernard, et, bien plus tard, Flaubert, dans *Madame Bovary*, Zola, dans certaines peintures dont le relief de vérité locale a paru une nouveauté aux oublieux, n'ont pas dépassé les beaux chapitres de l'*Honnête Femme*. Comme poète, M. Veuillot s'est réveillé tard et, parait-il, avec une grande défiance de lui-même. »

Louis Veuillot et Barbey d'Aurevilly se rencontrèrent dans une égale admiration et dans une même affection, pour un irrégulier du sanctuaire, qui vécut toute sa vie pauvre, ignoré, malmené et dont la gloire posthume n'a rejailli, hélas! sur aucun des siens, Raymond Brucker.

Paul Féval le peint de main de maître dans le premier épisode, — qui est le plus beau, — de ses *Étapes d'une Conversion*.

« Jean parlait merveilleusement bien ; ce qu'il disait entraînait et charmait pendant qu'il le disait. Dès qu'on était dehors, il y avait du déchet, c'est vrai, mais quelque chose restait à côté de ce qu'il avait dit, au-dessus, au-dessous, je sais où, et l'on voyait devant soi des horizons ouverts.

« L'écho de sa pensée éveillait une mémoire d'espèce très particulière ; on gardait en le quittant le ressouvenir de sensations qui n'avaient été aperçues qu'à travers lui, mais qui persistaient comme réelles.

« Quand je détourne mes regards du présent pour les reporter en arrière, je vois, comme si elle était là, devant moi, cette tête tourmentée, mais si calme, de l'esclave de la foi qui s'émerveillait d'avoir douté... Il est là, le vieil homme que j'aimais ; véritablement homme, pétri d'humilité et de dédains, de pardon et de rancune, de charité et de cruauté : amalgame de douceur, d'amertume, d'obéissance, de murmures, d'imprudence et de sagesse! et bon, et loyal et généreux ! Le voilà avec ses traits hardis, bizarrement fouillés, sa joue longue, creuse et blême, hachée de rides dont chacune trahit un sarcasme guéri, une colère apaisée, une plainte réduite au silence. »

Brucker était, en effet, une pittoresque figure d'orateur populaire, admirable d'éloquence et de répartie. C'est lui qui répondait : « Flatteur ! » à quelqu'un qui l'avait appelé « Jésuite ». C'est lui aussi qui disait : « L'homme s'en va parfois dans les sentiers de traverse, pour embêter Dieu ; mais Dieu, qui l'aime, le ramène dans le bon chemin à grands coups de pied au c... » C'était un Voltaire à l'envers, qui laissait parfois voir l'endroit ; il avait gardé certaines formes voltairiennes qu'il employait avec succès contre Voltaire lui-même.

« Spirituel, paradoxal, éblouissant, il ouvrait à tous les vents sa main droite, qui était pleine de paradoxes, et sa main gauche, qu'il croyait pleine de vérités. Depuis le commencement de ce siècle, il n'y avait pas eu de bonne erreur dont il n'eût été le complice et dont son esprit n'eut été le condiment. Comme il avait de généreuses aspirations, mêlées à de singulières ignorances (et ce fut là, en réalité, le caractère de toute cette époque), il s'était lancé dans toutes les aventures philosophiques, religieuses et sociales. Ne sachant rien encore de la véritable régénération, il avait essayé de toutes les palingénésies. Tour à tour saint-simonien et fouriériste, il avait fini par jeter un bel éclat de rire à tous systèmes qui l'avaient successivement enfiévré. Car il y avait en lui, tout à la fois, du métaphysicien et du gamin. L'amour, d'ailleurs, le consolait assez facilement de ses désillusions de penseur. Puis, chemin faisant, il n'avait pas été sans conquérir quelque demi-gloire. Il était romancier, et ses *Contes de l'Atelier* avaient fait du bruit. On le regardait dans le monde des boulevardiers, comme un homme d'infiniment d'esprit, mais qui dépensait trop aisément ce trésor et courait risque de faire bientôt banqueroute. Sceptique, gouailleur, plein de lui, comme un homme qui a fait l'épreuve de toutes les philosophies et sait à quoi s'en tenir sur toutes les écoles, heureux de vivre et se sentant au cerveau une inépuisable provision de mots fins et de réparties invincibles, le front haut et le sourire aux lèvres, Raymond Brucker entra donc, un beau matin, dans la petite chambre du père de Ravignan. « J'ai des objections à vous faire, » lui cria-t-il. Le père le regarda comme il savait regarder, et lui dit de se mettre tout d'abord à genoux. Cinq minutes après, Brucker se relevait catholique.

Depuis lors, il n'a jamais cessé de l'être[1].

.·.

Sans doute, M. d'Aurevilly avait rencontré Paul

---

[1] Raymond-Philippe-Auguste Brucker est mort à Paris, le 28 février à l'âge de soixante-quinze ans. La plupart de ses œuvres ont paru sous le pseudonyme de *Raymond*. Il a collaboré à un grand nombre de recueils, sous les noms les plus divers : Champercier, Devernay, Etienne de la Berge, Ch. Dupuy Olibrius... Il a écrit dans le *Figaro*, dans le *Canon d'alarme* en 1848, dans le *Constitutionnel* en 1854. Il publia son premier roman, *le Maçon* (1828), en collaboration avec Michel Masson, et *les Intimes* (1831), avec Léon Gozlan. Il a publié : *les Sept Péchés capitaux* (1833) ; — *Un Secret* (1835) ; — *Mensonge* (1837) ; — *Maria* (1840) ; — *Henriette* (1840) ; — *le Scandale* (1841) ; — *Au milieu de Bruyères le Châtel* (1842) ; — *Les Doctrines du jour devant la famille* (1844), ouvrage qu'il a signé de son nom véritable ; — *Le Bouquet de Mariage*, arrêté par un procès. On lui doit encore les *Contes de l'Atelier*.

(*Annuaire de la Presse.*)

Féval dans quelques salons littéraires, mais ce ne fut qu'à la fin de sa vie qu'il le connut bien, et ce fut, je crois, en mon très modeste logis qu'ils se revirent, après la mémorable conversion de l'auteur du *Bossu*, laquelle fit, en son temps, plus de bruit qu'il ne fallait.

Paul Féval habitait alors bien loin de *notre* quartier des Invalides, une maisonnette entourée d'un jardin sans ombrages, tout en haut de Montmartre, sous les énormes constructions de la basilique du Sacré-Cœur.

Après avoir sonné à la porte, qu'une vieille servante bretonne venait ouvrir, on traversait un couloir tendu de vieilles tapisseries, un salon jadis de style Louis XIV, orné de deux beaux portraits, un petit oratoire tendu de velours cramoisi, tout illuminé de cires et parfumé de fleurs, et l'on était introduit enfin dans un vaste cabinet de travail, aux portières en velours cramoisi bordées de larges bandes armoriées aux écussons de toutes les familles nobles de Bretagne. On y reconnaissait les neuf mâcles de Rohan, les chevrons d'argent de Machecoul, le lion de Clisson, les écus d'Avaugour, de Malestroit, de Goazvenon, de Beaumanoir, de Laval, de Goulaine, de Guébriant, de Kerven. Les sièges offraient les mêmes écussons brodés sur un velours rouge qu'encadrait richement le vieux chêne sculpté. Dans les vases en faïence bleue et blanche, s'entassaient des touffes de genêts. De beaux livres garnissaient les rayons de deux meubles sculptés; une table énorme chargée de papiers, de livres d'épreuves, de cartons, et de journaux, occupait le centre de la pièce.

Aux murs étaient suspendus des tableaux, des statuettes, des faïences.

A la place la plus apparente on voyait un crucifix de bois, une relique de famille, entrelacée d'une branche de buis bénit, à demi desséché.

On le sait assez, Paul Féval possédait les dons séducteurs : l'invention qui enfante : l'imagination, reine des facultés artistiques, qui revêt l'idée de la vie et de la couleur. Il voyait juste et bien, il était varié, il avait de l'entrain, de la verve, le don du rire et le don des larmes. Franc, gai, amusant, ironique. Au soir de sa vie, après des luttes désespérées, il revint au grand chemin de la vérité et de la justice. L'heure sonne toujours, où l'esprit et le cœur veulent une consolation et un réconfort que rien d'humain ne peut donner. Cette heure vint pour l'éminent écrivain : il l'attendait depuis longtemps déjà.

C'est que ce retour espéré et prévu chez Paul Féval est plus rare qu'on ne pense parmi ceux qui ont pu sonder la profondeur des abimes du cœur humain, qui ont connu toutes les misères, analysé toutes les passions, disséqué bien des consciences et rencontré sous leurs pas le mal plus souvent que le bien. A ce métier de peintre des folies humaines, on devient parfois sceptique ; l'esprit satirique étouffe la sensibilité, le froid examen anéantit l'enthousiasme ; l'observation, sans cesse prolongée, engendre l'habitude du mépris.

Lorsque la lettre où il avouait sa conversion parut dans un modeste journal et fut ensuite reproduite par tous les autres, il y eut quelque émoi dans le monde littéraire où le célèbre romancier tenait une si grande place.

Paul Féval était né à Rennes en 1817. D'une haute taille à peine courbée, sa barbe grise encadrait les traits accentués, un peu durs, du type celte, puissant et robuste. Le regard était vague, profond, allant *par delà*, — un regard en dedans, — ou pétillant de malice. La bouche, sarcastique ; l'accent joyeux, vibrant, moqueur. L'homme était un railleur féroce. Il se défendait volontiers d'être artiste parce qu'il avait horreur de la bohème.

Il appartenait à une ancienne famille de robe ; M. Le baron de Létang, son grand-père, avait été procureur général à la cour de Rennes ; son père, savant jurisconsulte, mourut en 1827, conseiller à la même cour. M. Féval en a laissé un admirable portrait dans le *Drame de la Jeunesse*, le livre dont il était le plus fier et qu'il regardait comme la meilleure de ses œuvres, et dans la *Mort du Père*.

A l'époque où le feuilleton régnait sur le journalisme, Paul Féval partageait avec Alexandre Dumas les faveurs du public et jouissait d'une immense popularité. L'abondance de ses productions, l'originalité de son talent lui donnaient la première place. Tel de ses romans mettait Paris en émoi. Livres, drames, conférences, il abordait tout avec un égal succès. Pourtant, il n'a pas écrit une seule ligne hostile à l'idée religieuse ; tout au contraire, il respectait autrefois le sentiment religieux qu'il posséda pleinement, après sa conversion. Paul Féval a écrit peu de romans d'analyse ; il peint ses héros avec les qualités et les défauts qui s'associent chez tous les hommes. Il s'entend à merveille à découvrir, à faire mouvoir ce vestige, cette ombre de vertu qui gît ensevelie sous les passions et les vices ; et l'étincelle couvant sous la cendre réchauffe parfois la matière inerte, et ce reste d'amour, de patriotisme, de respect, de foi qui sommeillait parfois au fond de cette âme s'éveille tout à coup, se développe, grandit et sauve. Le trait caractéristique du talent de Paul Féval, c'est la bonne humeur. Il n'a point mis ses écrits au service d'un système. Il n'a d'autre prétention que celle d'amuser. Il est un conteur et non un moraliste. Il ne s'est pas, comme Eugène Sue, complu à étaler des plaies sociales incurables, excitant les convoitises des malheureux ; il n'a pas, comme Frédéric Soulié, peint la société sous des couleurs horribles, poursuivant l'idéal du mal, comme d'autres recherchent l'idéal du bien, proclamant l'impunité et l'ubiquité du crime. L'absence de visées originales fait précisément son originalité, comme l'absence des peintures systématiquement immorales fait la morale de son récit. Il va où son imagination le conduit, mais comme son imagination n'est pas pervertie et qu'il n'a aucun parti pris, le vice et la vertu ont une part à peu près égale dans ses œuvres, sans que la vertu soit monotone, sans que le tableau du vice soit démoralisateur. Dans les œuvres que, pendant quarante années, il ne cessa de produire, il n'en est pas une qui ait eu pour effet d'exciter les rancunes du peuple et de propager la haine. C'est pourquoi je n'ai jamais compris que l'on tînt à corriger ses romans, sous prétexte de les *mettre entre toutes les mains.* Pas une scène licencieuse, pas un mot contre la foi ne déparait aucun d'eux, En les *corrigeant* — mot et chose ridicules ! — on les a certainement gâtés, et le Féval expurgé prête parfois à rire, même aux collégiens.

***

Un jour, le baron Platel, qui vaticina pendant vingt ans, une fois par semaine, dans le *Figaro*, et qui s'avisait de se croire un des néo-prophètes envoyés de Dieu pour la conversion du monde à la fin de ce siècle, eut occasion de parler d'Ernest Hello, qu'il compara tout naïvement à un druide, et qu'on ne voyait certes pas, maigre, chétif, glabre qu'il était, drapé d'une ample tunique blanche et couronné de feuilles de chêne. Or, M. d'Aurevilly, qui écrivait alors dans le *Triboulet*, s'écria que « Triboulet est le bouffon d'une reine, — qui s'appelle la Justice », — et vengea son ami en répondant à Ignotus :

« Ernest Hello est un chrétien tout simplement. Il n'y a aucun druidisme dans son affaire. Seulement, ce qui trouble Ignotus et ce qui en troublera bien d'autres, c'est qu'Ernest Hello est un chrétien mystique, et qu'on a perdu tout à fait le sens de la mysticité. Dans ce temps d'ignorance religieuse, de scepticisme imbécile et d'impertinente civilisation, personne ne comprend le mystique, ce raffiné dans l'ordre divin, et voilà pourquoi on le travestit ! On en fait aujourd'hui un druide, demain en en fera quelque bonze ou quelque fakir. Il a le malheur, il est vrai, d'être catholique, ce qui ne mène à rien maintenant, pas même à la célébrité ! Mais c'est un homme du catholicisme le plus haut et dont les livres, inconnus en raison même de leur supériorité, sont des chefs-d'œuvre d'éloquence, de doctrine et de sentiment. Ces chefs-d'œuvre, allez ! ne lui ont été inspirés par aucun chêne. Coupez toute cette chesnaie, mon cher Ignotus, ou sortez-en au plus vite. L'halluciné qu'on a la bonté d'ajouter au druide — toujours pour divertir l'assemblée, n'est pas plus que le druide dans ce charmant garçon d'Hello. C'est un esprit net, positif et droit qui, comme tous les contemplateurs religieux du reste, va plus avant que les autres hommes dans la connaissance des choses humaines. Avez-vous lu son livre de l'*Homme* où il se montre un moraliste aussi vaste qu'il est profond ? Avez-vous lu ses études sur Shakespeare d'une beauté telle, qu'il n'y a rien dans la critique contemporaine qu'on puisse décemment et justement leur comparer ! ... Hello pourrait avoir très bien le pédantisme de ses vertus ou de son génie ; eh bien ! le joyeux garçon ne l'a pas. Cet enthousiaste dans la foi, ce docteur en mysticité est un homme du monde plein de gaîté, d'aisance et de réparties. De très bonne maison, il a le ton de ceux qui ont le bonheur, car c'en est un encore, — d'être bien nés.

. . . .

« Pour moi, j'ai fait ce que j'ai pu pour cet homme qui aime la gloire comme l'*amoureux de Reine* aimait la reine. J'ai fait ce que j'ai pu, une fois, deux fois, dix fois, mais j'ai, à ce qu'il paraît, la main malheureuse. J'ai ouvert ses livres. J'en ai exalté les beautés. J'ai dit que cet homme, trop ignoré, méritait la gloire, et qu'il ne l'avait pas peut-être par l'unique raison qu'il la méritait. Amère plaisanterie de la destinée! L'univers entier connaît Zola, et Hello qui a écrit des choses sublimes, nul ne sait son nom... »

« Certes il aimait la gloire, ce pauvre Hello, à qui un écrivain auquel il rappelait sa promesse d'un article sur de ses livres, objectait qu'il en avait un plus pressé à écrire sur saint Louis, et s'attirait cette réplique :

— « Saint Louis est au ciel, il peut attendre, moi, j'ai besoin de votre article. »

Issu d'une excellente famille de magistrature, né en Bretagne, élevé dans les principes les plus rigides, et recevant dès son jeune âge une haute culture intellectuelle, Ernest Hello fut attiré vers les études philosophiques et religieuses, et s'y livra tout entier. Fort jeune encore il fondait avec Georges Seigneur le journal *le Croisé* et pénétrait dans le groupe littéraire formé par quelques écrivains catholiques, dont la plupart sont aujourd'hui oubliés : Paul Vrignault, Barnabé Chauvelot, Dubosc de Pesquidoux ; — puis Léon Gautier, devenu membre de l'Académie des Inscriptions et Belles-Lettres ; Firmin Boissin, allègre journaliste, toujours sur la brèche ; Henri Lasserre, que son livre sur Lourdes a fait riche et célèbre, et dont la cour de Rome a mis à l'index la traduction un peu trop libre des Evangiles. Après diverses publications relatives aux polémiques religieuses qui passionnèrent le pays au moment où la guerre d'Italie fut décidée, Ernest Hello se lança dans le mysticisme. Il traduisit le *Livre des visions* de la bienheureuse Angèle de Foligno, puis les œuvres choisies de Rusbroëk l'*admirable* — religieux de la Vallée Verte, en Brabant, qui fut surnommé le contemplateur sublime, et fut l'un des plus célèbres mystiques du xive siècle.

D'autres livres, l'*Homme*, le *Style*, *Paroles de Dieu*, les *Plateaux de la Balance*, de nombreux opuscules, une collaboration assidue aux journaux et aux revues catholiques auraient dû donner à Ernest Hello cette gloire terrestre qu'il ambitionnait surtout parce qu'elle eut sanctionné sa mission d'écrivain en ce monde. Mais il mourut sans l'avoir obtenue.

Walter Scott, en mourant, disait à son gendre Lockart :

— « Soyez bon, mon ami, soyez bon, il n'y a que cela de vrai. »

Hello n'avait même pas à donner ce conseil qu'il avait pratiqué toute sa vie, à l'incomparable épouse qui fut son ange gardien, l'unique et magnifique consolation des amertumes qui ne lui furent pas épargnées. La presse catholique déteste plus encore les indépendants de la plume que les irréguliers du sanctuaire, et peut-être y a-t-il à cela quelque raison, ou du moins quelque apparence de raison. En effet, plonger dans la conscience humaine, pénétrer dans ses replis multiples, n'est pas sans danger. De même que les pêcheurs de perles risquent leur existence à explorer le fond de la mer, de même l'observateur expose sa vie morale à scruter les mystères du cœur. Il perd d'abord ses illusions : non pas ces illusions riantes de la vingtième année, qui durent peu et disparaissent au moment voulu, parce qu'il faut qu'elles soient détruites si l'on veut vivre, mais ces illusions qu'il serait si bon de garder toujours, et que les pauvres d'esprit ont le bonheur de conserver jusqu'au dernier soupir. Il y perd aussi ses plus chères croyances : non pas la foi en Dieu, la foi aux choses divines ; mais les croyances purement humaines, celles qui touchent aux vanités que nous chérissons, à l'amitié, — à la reconnaissance, — à l'honneur mondain, — au désintéressement.

Je crois qu'Edgar Poë en était arrivé là, et qu'il en est mort. L'homme qui portait le scalpel dans les plus subtiles impressions de l'esprit et du cœur, et qui savait les traduire avec une si ardente et si étrange éloquence ; l'écrivain qui poussait presque jusqu'au délire la manie de l'investigation et qui peignait avec une prestigieuse adresse les convoitises, les jalousies, les haines, les effrois, sans en négliger les nuances les plus affaiblies, les effets les moins apparents, Edgar Poë ne croyait certainement plus à rien, si ce n'est à Dieu, à la vie future, à la justice éternelle, à ce qui est, enfin, au delà du tombeau. Il méprisait l'humanité, pour l'avoir trop regardée ; et de l'homme il ne voyait plus, — le malheureux ! — que les passions, les vices, les défauts, les travers. C'est en perdant toute confiance généreuse, toute estime de son prochain qu'il avait acquis cette science prodigieuse qui fait de ses contes autant de chefs-d'œuvre inoubliables, terriblement attrayants, et sous l'influence desquels on se débat, pour peu qu'on sache lire.

Le littérateur américain, popularisé en France par la traduction de Baudelaire, est lu avidement depuis quelques années. De nombreux pastiches de sa manière se sont produits, sans jamais s'élever au-dessus du médiocre, et définitivement on peut dire que si Poë a formé une école, il a fait des écoliers plutôt que des élèves. Il reste le maître. Eh bien ! Ernest Hello est, en somme, parvenu à l'égaler.

Un de ses contes, *Ludovic*, est une merveille. Le sujet en est l'avare pur, l'avare complet, l'avare jusqu'aux dernières profondeurs ; en un mot, qui dit tout, l'*idolâtre de l'or*. Au flamboiement infernal de cet avare, tous les avares connus, observés ou inventés par des générations de génies, Harpagon, Shylock, Grandet, pâlissent, s'effacent, et rentrent dans le néant devant cet avare.

V

PORTRAITS D'AMIS

Des rares amitiés que Barbey d'Aurevilly avait contractées dans la presse catholique, une seule survécut à toutes : celle qui le liait au très noble comte Roselly de Lorgues, doyen des écrivains militants en faveur de l'Eglise, et victime, lui aussi, de cet exclusivisme intolérant qui repousse et veut écarter les hommes d'initiative et de talent supérieur. Le 31 décembre 1888, le maître écrivait à son vieil ami, son contemporain : « Que les années qui vont suivre celle-ci soient pour vous aussi douces que celle qui achève de s'écouler ce soir l'a été pour moi, grâce à vous. » Galant et charmant hommage d'un octogénaire à son aîné !

Lorsque le comte Roselly de Lorgues, en 1856, publiait son éloquente histoire de Christophe Colomb, véritable et définitif monument élevé au Révélateur du globe, sur la mémoire duquel pesaient depuis quatre siècles l'ingratitude et le silence, M. d'Aurevilly fut un des premiers à rendre justice à l'historien dont plus de trente ans auparavant le *Christ devant le siècle* avait soulevé de si passionnées discussions. Et dans les pages brûlantes qu'il écrivit alors, il rappela que le pape régnant, Pie IX, par une intuition latente dans son cœur mystique, avait vu dans le grand homme le saint, et avait désigné le comte Roselly de Lorgues pour être le postulateur de la cause de béatification auprès de la S. Congrégation des Rites. C'était la gloire, enfin ! la gloire venue d'en haut, pour le Héros et son Poète, qui « avait trop indissolublement attaché sa noble vie à la vie colossale de Christophe Colomb, pour qu'il fût possible de l'en détacher ». Et il ajoutait :

« L'histoire de Colomb par M. Roselly de Lorgues est un vaste morceau d'hagiographie. *C'est comme le premier acte d'un procès-verbal de canonisation pour plus tard...* C'est une œuvre capitale d'efforts et même de résultats. C'est la première grande œuvre qu'on ait érigée à la mémoire d'un des plus grands hommes qu'ait eu l'humanité. »

La famille de Roselly, dont le nom s'écrit indifféremment Roselli et Roselly, ou Rosselly et Rosselli, est une des plus anciennes familles d'Italie, originaire de la ville d'Arezzo, en Toscane, d'où elle s'est répandue en divers États de la péninsule. Ses armes sont : *D'azur à un cœur percé d'une flèche d'or, au chef d'argent chargé de trois roses de gueules*, avec deux lions pour support, et la devise : *Vulnerasti cor meum, ros cœli*. En 1309, un Jean Roselly accompagnait le pape Clément V à Avignon, et se trouvait témoin d'une charte octroyée par le roi d'Angleterre à Raymond de Séguin. A la fin du siècle suivant, un autre Roselly, jurisconsulte célèbre, joua un rôle important. Les papes Martin V et Eugène IV le chargèrent de plusieurs négociations. Il reçut de l'empereur Sigismond le titre de comte, avec le privilège extraordinaire de créer des chevaliers et des notaires, de légitimer et d'émanciper les enfants sans l'intervention du magistrat. C'était le mettre au-dessus des lois, mais l'empereur croyait qu'on ne pouvait moins faire pour un homme qu'on avait décoré du titre fastueux de *Monarque de la Sagesse*. A Padoue, où il vint professer le droit avec un grand éclat, il fut encore appelé le *Monarque des deux droits*. Il publia plusieurs ouvrages d'une haute portée. Ce fut un de ses proches parents, le comte palatin César Roselli, qui devint le chef de la branche française de cette illustre maison. Il avait embrassé avec ardeur le parti du roi René, qui revendiquait la couronne de Naples, fort du testament de la reine Jeanne. On sait que René, trahi par ses généraux, fut obligé de fuir devant Alphonse d'Aragon, en 1442. Roselli préféra l'exil à la violation de ses serments et s'expatria ; mais il mourut presque en débarquant à Marseille ne laissant qu'un fils, compagnon de sa mauvaise fortune, Antonio.

Le roi René accueillit avec bonté celui-ci, auquel il donna, pour l'indemniser de ses biens perdus en Italie, la charge noble de notaire de la couronne de Provence, titre équivalent à celui de conseiller, qui avait des privilèges fort étendus. Un mariage fixa Antoine Roselli dans la petite ville de Seillans ; il y acquit des terres et y transporta sa charge de notaire royal, charge qui prit fin en 1486, par suite de la réunion du comté de Provence à la France ; mais le notariat royal, privé dès lors de ses anciens droits, demeura néanmoins dans la famille, transmis de père en fils. jusqu'à la fin du siècle dernier. Les Roselli firent donc souche à Seillans, où ils s'allièrent aux familles de Pellicot, de Pastoret, de Jordany, de Pellicot-Seillans.

C'est à Grasse que naquit le comte Roselly de Lorgues. Parent du marquis de Pastoret, alors chancelier de France, M. Roselly de Lorgues fut d'abord destiné à la carrière préfectorale. Il faisait ses premières armes dans l'administration, comme chef du cabinet du préfet de Chartres, lorsque survint la Révolution de 1830. Le jeune gentilhomme, décidé à ne point servir la nouvelle dynastie, se retira, refusant les offres les plus séduisantes, pour se consacrer uniquement à la défense des grandes vérités sociales, ainsi qu'à l'amélioration des classes laborieuses. On sait assez combien déplorable était la situation du pays, à la suite des funestes journées de Juillet : l'esprit d'impiété, d'insubordination se manifestait partout; l'émeute était en permanence. En 1833, il fonda la première publication d'enseignement progressif et religieux qui ait paru en Europe, sous ce titre : *Journal des Instituteurs primaires*. Comme corollaire, il remit aux Chambres législatives la première pétition qu'on ait faite pour améliorer le sort de ces modestes fonctionnaires.

Après s'être adressé aux enfants et aux instituteurs, le noble écrivain voulut s'adresser aux pères de famille, aux hommes lettrés, et c'est alors qu'il composa *Le Christ devant le siècle*, où il avait rassemblé toutes les preuves que fournit l'histoire mieux comprise et creusée plus avant, en faveur de l'authenticité de la Bible et de l'Evangile.

L'éminent publiciste écrivit ensuite le *Livre de la Commune*, et l'année suivante : *De la Mort avant l'homme et du péché originel*, l'œuvre la plus hardie qui soit sortie d'une plume orthodoxe.

C'est dans un quatrième ouvrage, publié en 1844, *La Croix dans les deux mondes*, qui eut un retentissement comparable à celui du *Christ devant le siècle*, que M. Roselly de Lorgues essaya pour la première fois de restituer à l'histoire la véritable physionomie de Christophe Colomb et de montrer qu'il avait été autre chose et mieux qu'un grand homme. Ce livre a donc ceci de particulier, qu'il fut le point de départ de la grande évolution par laquelle son auteur est devenu l'historien de Christophe Colomb.

Par une coïncidence singulière, Pie IX était le premier pontife qui, *de visu*, eût connu le Nouveau Monde. Ce pape, d'un si grand esprit et d'un si grand cœur, donna la mission officielle à M. Roselly de Lorgues d'écrire la vie de Christophe Colomb, ouvrage qui souleva de violentes polémiques, et fit naître trois autres livres encore : l'*Ambassadeur de Dieu*, *Satan contre Christophe Colomb*, et enfin l'*Histoire posthume de Christophe Colomb*.

Ce n'est pas ici qu'il nous appartient d'analyser ce majestueux récit des merveilles accomplies par le grand navigateur, d'insister sur le côté surnaturel de sa mission dans le monde. Plus de huit cents évêques, c'est-à-dire la majorité du corps épiscopal de l'univers catholique, ont adhéré, par leur signature, au

Postulatum présenté en cour de Rome, par le comte Roselly de Lorgues. On se figure aisément ce que ce résultat représente de veilles, de labeurs, de voyages, et l'on ne sera point étonné qu'il ait fallu toute la vie d'un octogénaire, une persévérance surhumaine, un courage infatigable, une puissante volonté, pour mener à bonne fin une pareille entreprise.

L'historien de Christophe Colomb, l'historien définitif, après lequel il n'y a plus rien à dire sur la découverte de l'Amérique, après lequel il n'y a plus rien à glaner dans l'immense quantité de matériaux accumulés par quatre siècles sur le fait le plus important, le plus miraculeux des annales du monde chrétien, cet historien qui s'est donné tout entier, avec un désintéressement inouï à la tâche la plus attrayante, mais la plus ardue, celle de réhabiliter une figure historique, attaquée par la calomnie, sacrifiée par l'humaine ingratitude et par l'indifférence des siècles ; le comte Roselly de Lorgues, enfin, a mérité, dans le Panthéon des hommes illustres de notre époque, une place que la postérité ne lui marchandera pas. « Nul n'est prophète en son pays et pour les siens !... » Cette sentence de l'Ecriture, trop souvent exécutée, hélas! par l'envieuse race dont nous sommes, elle ne sera point réalisée, plus tard, quand les passions apaisées, les vanités froissées, les orgueils blessés, laisseront surgir dans sa lumineuse sérénité et son auguste dignité l'imposante figure de ce vieillard dont le nom est désormais immortel, comme celui de son héros, et glorieux pour toujours !

C'est à lui que M. d'Aurevilly voulut dédier son

beau livre les *Juges jugés*, et il le fit en ces termes émus :

« Permettez-moi, mon cher et noble comte, de vous dédier le sixième volume d'un ouvrage où vous teniez déjà votre place. En ce livre des *Œuvres et des Hommes*, j'ai eu le bonheur de parler le premier de votre belle *Histoire de Christophe Colomb*, ce monument élevé à la gloire du plus grand des hommes, payé du Nouveau Monde, qu'il donna à l'Ancien, par l'ingratitude universelle. Vous seul, parmi les historiens des deux mondes, vous avez pu dissiper, au souffle tout-puissant de votre histoire, les brumes entassées par les plus basses fumées des hommes sur une gloire qu'il n'est pas plus possible d'abolir que d'arracher une étoile du ciel. En nous la faisant voir, celle-là, tout entière dans son orbe et dans sa splendeur, vous avez partagé ses rayons.

« Mes rayons, à moi, ce sont mes amis. Je me pare avec orgueil de leur amitié. Comme une femme qui met ses diamants dans ses cheveux, j'ai toujours mis le nom d'un de mes amis à la tête de chaque volume des *Œuvres et des Hommes*. Je ne pouvais pas oublier le vôtre. Qu'il y soit donc et qu'il m'y protège, et qu'il y fasse briller aux yeux de tous l'affection, le respect et l'admiration profonde que j'ai pour vous et qui sont ma fierté. »

Assez fréquemment, le comte Roselly de Lorgues réunissait autour de sa table quelques amis, les uns, qui l'avaient suivi à travers sa longue carrière, les autres plus jeunes, qui s'ébahissaient du grand ton, de l'affabilité, de la gaieté spirituelle de ces vieillards. A ces fêtes, présidées par la comtesse de Lorgues, grande dame qui conservait les belles traditions de l'ancien régime, et, lorsqu'elle eut été ravie à l'affection de son mari, par une parente de celui-ci qui porte un nom illustre dans les sciences et les lettres, assistaient Barbey d'Aurevilly, l'orientaliste et archéologue Ferdinand Denis, l'abbé Bonnefoy, doyen de Sainte-Geneviève, Henri Lasserre, Léon Gautier, Louis Teste, Mgr Jules Morel, consulteur de l'Index, le savant helléniste marquis de Queux de Saint-Hilaire, le baron Ernouf, des diplomates, des artistes, des gens de lettres.

Quelles charmantes soirées dans ces salons de la rue Chomel, où l'on causait de tout excepté de politique, où chacun se sentait à sa place ! Et quel plaisir lorsque, vers le milieu de la nuit, on soupait, entre cinq ou six intimes à cette table où Barbey d'Aurevilly et le comte Roselly de Lorgues, portant allègrement le poids de leurs quatre-vingts ans, tenaient tête aux plus jeunes convives !...

．·．

Combien qu'il fut lui-même journaliste dans l'âme, Barbey d'Aurevilly fréquentait peu les journalistes. Leur vie décousue, surchauffée, soumise à l'imprévu, sans règle, l'effarouchait. Il les voyait, en passant, mais ne traînait point dans les bureaux de rédaction, et n'allait pas au café depuis qu'on avait fermé Tabourey. Parmi ceux qu'il préféra, dans cette caste, — car le journalisme n'est-il pas devenu une caste, selon la prophétie de Balzac ? — je ne parlerai donc que de Xavier Aubryet, Henri de Pène et Jules Vallès, morts tous les trois.

Xavier Aubryet mourut il y a quelques années, à cinquante-sept ans.

« Lui qu'on avait connu brillant d'esprit et de corps, aimant la vie, Parisien jusqu'aux moelles, ne vivait plus, tordu par une maladie effroyable, que pour souffrir dans une retraite sans repos. Élancé, maigre, de jolie tournure, Aubryet était devenu, vers quarante ans, un vieillard déjeté, tremblant ; cette agonie dura dix ans. L'amitié la plus ingénieuse ne pouvait dissimuler, en face de ce moribond, une pitié douloureuse à qui en est l'objet. Lui-même, reprenant le vieux mot mélancolique et désespéré, disait qu'il ne vivait plus que pour se regretter.

Aubryet a peu produit. Il passait son temps à flâner et prodiguait son talent en causeries. Il a éparpillé un peu partout des trésors d'esprit[1]. »

Xavier Aubryet mourut d'une maladie atroce après sept années de torture, après avoir écrit sa *Philosophie mondaine*, où il se montre tour à tour moraliste ingénieux, paradoxal, humoriste, dilettante raffiné, exquis, un peu subtil.

.·.

Henri de Pène était né à Paris en 1830. Après de brillantes études au collège Rollin et de nombreux succès universitaires, il commença son droit et se lança dans le journalisme à la suite de la révolution de 1848. Il était, au moment du coup d'État, secrétaire de rédaction à *l'Opinion publique*, journal royaliste. Au début de l'Empire, il écrivit au *Nord* et à l'*Indépendance belge* des courriers parisiens, et l'on peut dire que dès cette date il fut l'initiateur du journa-

[1] M. *Henry Fouquier*, chronique dans le *XIX° Siècle*.

lisme mondain. Il était d'ailleurs un parfait homme du monde. Doué de tous les agréments physiques, très correct de tenue et de mise, il avait véritablement grand air, et le nom de « gentilhomme de lettres » qu'on lui a donné n'était pas usurpé.

On connaît les deux duels successifs qu'il eut avec des officiers, à propos d'un *écho* paru dans le *Figaro*, et qui faillirent avoir une issue tragique, car il fut grièvement blessé et resta quinze jours entre la vie et la mort.

A peine rétabli, il se remit au travail, car une particularité à signaler chez un homme qui avait l'aspect et les allures d'un élégant oisif, c'est l'immense labeur qu'il accomplit jour par jour. Un simple fait en donnera une idée. Dans son cabinet de toilette, il faisait piquer, le matin, par des épingles, au mur, les journaux qu'il venait de recevoir et qu'il parcourait pendant qu'il s'habillait. Autant de minutes gagnées ainsi. C'est par là qu'il pouvait suffire à l'incroyable tâche d'écrivain qu'il avait abordée courageusement et qu'il a si longtemps menée à bien.

Jusqu'à la chute de l'Empire, cet effroyable labeur ne fut pas récompensé. Henry de Pène avait joué de malheur. Après quelques années de succès, la *Gazette des Étrangers*, et *Paris*, fondés successivement par lui, n'avaient pu conquérir la faveur du grand public. Mais, après la Commune, un revirement heureux se manifesta dans la destinée de l'écrivain. Les conservateurs de toute nuance avaient admiré le courage avec lequel il était allé affronter, le 22 mars, les balles des fédérés sur la place Vendôme. On lui avait su gré d'être tombé au premier rang des défenseurs de l'ordre, et à peine fut-il rétabli d'une grave blessure reçue à cette occasion, qu'il sentit venir à lui un grand courant d'opinion. Il en profita avec habileté. Le *Paris-Journal*, qui avait succédé au *Paris*, connut, à partir de ce moment-là, quelques belles années de prospérité. Avec une souplesse qu'on ne lui soupçonnait pas, Henry de Pène s'était mis à traiter les questions politiques dans un style familièrement élégant, sous son nom d'abord, et sous d'autres incarnations : Popinot, Desmoulins. Les lecteurs lui vinrent. L'autorité de son nom s'accrut, et si la monarchie avait été rétablie à ce moment-là, nul doute qu'Henry de Pène n'eût été désigné pour un poste important dans la carrière qu'il ambitionnait, la diplomatie [1].

Peu de temps avant la mort de M. le comte de Chambord, Henri de Pène écrivit sur ce prince un livre très complet et des plus remarquables ; ce n'était pas seulement une simple biographie, mais un véritable *livre*, plein d'aperçus profonds, de vues grandes, et animé des plus beaux sentiments.

« Malgré le talent de romancier que de Pène révélait tout récemment, et que l'Académie a sanctionné, écrivait M. Octave Feuillet à un directeur de journal, il a été avant tout un journaliste, et c'est à ce titre surtout qu'il doit être apprécié et, j'ose dire, admiré. Il a été, comme journaliste, l'honneur et l'exemple de sa profession. Pendant quarante ans de polémique politique, de critique littéraire, de chronique mondaine, sa plume vaillante est restée, dans sa main, pure et droite comme une épée.

[1] M. *Gaston Jollivet*, article du *Figaro*.

Pendant quarante ans de hâtive improvisation quotidienne. il n'a eu à se reprocher qu'une seule et insignifiante légèreté de rédaction, aussitôt rachetée par son sang. Sa polémique au milieu des passions de nos temps troublés et de leur excès de langage, n'a jamais cessé d'être loyale, courtoise, française. Son style avait la dignité et la grâce qui caractérisaient sa personne. Enfin, après quarante ans de journalisme militant et incessant, à travers les révolutions politiques, les luttes littéraires, les tentations de la vie, les fièvres du boulevard, il est mort invariablement fidèle à toutes les religions de sa jeunesse. Il est mort royaliste. — Il est mort chrétien. — Il est mort pauvre. »

« Le souvenir d'Henry de Pène se lie, pour moi, aux premières heures de ma vie littéraire, a écrit un autre académicien, M. Jules Claretie, à ce temps où je le rencontrais si souvent, dans l'humble logis d'Henri Delaage, cette petite chambre où le chroniqueur parisien venait chercher des sujets de causeries pour l'*Indépendance belge*. Ce mondain, en effet, était un laborieux, un de ces journalistes qu'écrase la tâche quotidienne. Delaage battait les buissons de Paris, et *Mané* profitait des découvertes d'Henri Delaage et écrivait ces étincelantes et amusantes chroniques alors réunies en volumes, devenus rares, *Paris vivant*, *Paris effronté*, etc., qu'on pourra consulter, un jour comme nous consultons, à présent, le *Tableau de Paris*, de Sébastien Mercier.

Henri de Pène se dépensa donc dans les luttes affreuses du journaliste quotidien : l'auteur de *Trop belle*, de *Née Michon*, des *Demi-Crimes*, fut tué par la besogne quotidienne. Un vrai boulevardier celui-là! ayant de l'esprit à en revendre, et qui en vendait, à trop bon marché! Le chroniqueur alerte de tous les journaux, quand les journaux avaient de l'esprit, et prisaient davantage une nouvelle à la main qu'une information financière. Il maniait l'épée aussi bien que la plume, gentilhomme de nom et d'effets, duquel on ne pouvait pas dire qu'il descendait des croisés... par les fenêtres, — et qui toute sa vie, dès ses dix-huit ans, mit en pratique l'adage antique : *Noblesse oblige!* Mais ce descendant, non descendu, avait une tâche cruelle autant que sublime à remplir, et il paya de son travail une dette lourde qu'il n'avait point contractée. Si bien qu'il aurait pu s'appliquer la belle parole de Tertullien : « Un jour viendra où l'encre des écrivains sera payée le même prix que le sang des martyrs. » Il mourut à l'heure où il touchait à la gloire, il mourut en soldat, en noble, en écrivain, avec ce triple blason pur de toute tache, fidèle jusqu'au dernier soupir aux religions de sa race, et respectueux de ces royautés en exil, en qui nous saluons les traditions magnifiques du passé, et les espérances grandioses de l'avenir.

*
* *

Un autre ami que M. d'Aurevilly avait rencontré dans le journalisme était Théophile Silvestre, duquel, dès 1857, le *Figaro* donnait le portrait suivant, demeuré, dit-on, ressemblant jusqu'à sa mort. Ce portrait était signé Bonaventure Soulas, un pseudonyme sans doute, car il ne me souvient pas de l'avoir vu reparaître dans la littérature.

« M. Théophile Silvestre est un nom nouveau dans les lettres, je ne connais de lui que le volume des *Artistes vivants*, ouvrage des plus curieux.

« C'est un vrai Atta-Troll pyrénéen, que M. Silvestre ;

tout feu et tout flamme, — très expansif, — parlant avec facilité et longtemps, — pittoresque dans la conversation autant que dans ses écrits. Un sang chaud bouillonne dans ses veines. Il a grandi sous l'influence des passions énergiques de l'Espagne : il est de l'Ariège. Impatient de toute entrave, il se moque des règles de la syntaxe, et, comme Alfiéri pour l'italien, il supprime les auxiliaires de notre idiome.

« M. Sylvestre est grand, ses cheveux sont noirs; ses yeux caves se fixent sur vous avec persistance et brillent ardemment ; le teint de sa figure est d'un pâle bistré ; des rides précoces creusent ses joues, sillonnent le front, et, tout en accusant vigoureusement sa physionomie, disent les agitations hâtives de cette existence franche, tout en dehors, toute d'une pièce, qui n'a pu faire cadrer les angles de sa forte personnalité dans notre société fade et mollasse.

« Je ne sais quel avenir est promis à M. Silvestre ; mais, en temps de révolution, de telles natures, ne pouvant se plier aux nécessités du moment, sont forcément broyées.

« Muni de documents originaux et pris sur nature, — je n'ose dire : *in anima vili*, — il a écrit un livre très curieux et très amusant. Ainsi, tout en cherchant le peintre il rencontre souvent l'homme qu'il étudie et l'anecdote qu'il raconte avec agrément.

« Avec M. Silvestre, on pénètre dans la vie intime de nos célébrités artistiques. Il dit tout, même ce qu'il faudrait cacher. Il est curieux et indiscret. Il a recueilli des aveux dans l'abandon, des confidences secrètes, des roueries d'atelier et de métier, des faiblesses, des illusions et des découragements, et comme ce n'est pas un philosophe égoïste, il ouvre largement sa main et laisse tomber tout ce qu'il sait... et même ce qu'il n'aurait pas dû savoir. »

*
* *

Jules Vallès avait, sans doute, rencontré M. d'Aurevilly dans les bureaux des journaux où, peu familier

encore, avant les événements de 1870, il portait sa
« copie ». Mais ils ne se connurent vraiment qu'après
l'amnistie qui ramena parmi nous l'ancien membre
de la Commune, le condamné à mort absous, devenu
pour un temps un bon bourgeois bien rangé et qui,
certes, malgré le *Cri du peuple* et les déclamations
qu'on accrochait à cet esclave d'opinions qu'il n'avait
plus, ne songeait point sans terreur au passé.
M. d'Aurevilly, qui faisait le feuilleton dramatique au
Triboulet quotidien, allait à toutes les « Premières »,
et se faisait accompagner assez souvent de Paul
Bourget, son voisin, qui écrivait alors au *Globe* et au
Parlement. J'ai conté comment j'eus la chance bizarre
de souper un soir avec eux. Singulière réunion ! Le
critique inexorable, champion sans peur ni reproche
du catholicisme, l'auteur du *Prêtre* qui venait de
mener une rude campagne dans *Paris-Journal* contre
le gouvernement républicain [1], le doux sceptique
Bourget, qui pensait alors bien plus à rire qu'à pleurer, et enfin l'inflexible Vallès, l'ancien Jean La Rue,
le récent Jacques Vingtras qui venait, dans un livre
fameux, d'éventrer sa mère, de piétiner son père, de
bafouer l'Université, et de cingler à grands coups de
fouet le troupeau de ceux qu'il appelait encore des
« Réfractaires ».

Le Vallès que j'ai connu est bien peint dans ce portrait d'Ignotus :

[1] Campagne si rude que mes articles, signés *Vindex*, furent
attribués à M. J.-J. Weiss (c'était bien de l'honneur qu'on me
faisait !) et que M. Gambetta fit révoquer cet homme d'esprit
de sa charge de conseiller d'Etat, parce qu'on le soupçonnait
d'être l'ironique *Vindex*.

« Jeudi dernier, j'ai revu M. Jules Vallès, que je n'appellerai pas mon sympathique confrère — puisqu'un jour il a voulu envoyer des témoins à un journaliste qui l'avait appelé sympathique. — « Je ne suis pas sympathique, » a-t-il dit. Oui, certes, il est antipathique.

« C'était donc dans la grande salle de la Bibliothèque, si claire qu'elle semble être éclairée par le lustre de l'Opéra. M. Jules Vallès, vêtu d'une façon très cossue et non à *la réfractaire* — entre et vient s'asseoir non loin de moi.

« A ce moment le duc de Broglie entrait. Le monde des lecteurs n'avait pas même été distrait par la présence, presque habituelle, du membre de la Commune, feuilletant les souvenirs de la Commune !

« Là, autour de nous, combien de pauvres jeunes gens de talent qui veulent écrire et vivre — et qui ne peuvent pas! Ils sont les partisans de notre société française vaincue — qui n'achète pas leurs livres et achète ceux des Vallès, ses ennemis.

« M. Vallès vit heureux ; il est regardé comme il le veut : — être élu, c'est être regardé ! Il va sans cesse refaire son livre. « Inventer, c'est mourir, » a dit Balzac dans sa correspondance. M. Jules Vallès ne veut que se copier, parce qu'il veut vivre !

« Regardez-le. C'est toujours le dogue d'autrefois, mais mieux nourri. Ses cheveux et sa barbe sont devenus gris. On dirait que le dogue a plongé sa tête dans une soupe très mêlée de crème !...

« L'autre jour, M. Richepin écrivait avec émotion : « O Jules Vallès, maître que j'admire... pourquoi avez-vous été aussi dur pour le pauvre André Gill, devenu fou, et avez-vous dit : « *C'est bien fait !* »

« Je vais répondre. André Gill a fait aussi, lui, le portrait de M. Jules Vallès. En 1867, dans le journal *la Lune*, il l'a représenté sous les traits d'un chien qui suit le corbillard du pauvre — mais qui a une casserole attachée à la queue ! C'est merveilleux de vérité ! Comme c'est bien à M. Jules Vallès, toujours candidat des pauvres, s'attachant une casserole pour qu'on le regarde sans cesse ! »

．
．．

Depuis que Barbey d'Aurevilly, après la Commune, dans un déjeuner chez Léon Cladel qui les avait réunis, eut connu François Coppée, la maison qui lui fut le plus hospitalière assurément, car il y venait quand il lui plaisait, sans cérémonie, et tous les dimanches il y dînait en famille, fut la sienne. Il en avait la clef et y venait le soir, après son travail, même en l'absence des maîtres du logis. Ce poète délicat et modeste a le cœur bien placé : « Il a l'âme d'un gentilhomme ! » se plaisait à répéter M. d'Aurevilly, dont il fut l'ami fidèle et sûr.

Il y a bien des années déjà que François Coppée habite dans ces parages reculés de l'extrême faubourg Saint-Germain, où d'Aurevilly avait planté sa tente depuis longtemps, un logis charmant, vrai nid de poète parisien, tout entouré d'arbres où piaillent les moineaux, tout adorné de nids d'hirondelles, sous les guirlandes de la vigne vierge et les spirales vertes de la clématite. La salle à manger, avec sa vaste armoire normande et son horloge en cercueil, est égayée par les éclats d'une multitude de chats, roulés en boule sur les sièges, ou perchés sur la fenêtre, luttant à coup de griffes, le poil hérissé, ou bien allongés avec nonchalance, l'œil mi-clos devant le feu brillant sous la cendre. Le salon n'est pas encombré de tentures en peluche, de bibelots hétérogènes, de draperies et d'astragales. On y voit un portrait de Coppée, jeune garçon, à mine éveillée, peint par sa sœur; de vieux pastels dans leurs cadres ovales ; c'est l'aïeul et l'aïeule ; des esquisses de Jules Breton et de Lefebvre ; sur des meubles sculptés, quelques bronzes, des éléphants en faïence, en laque, en métal : l'éléphant est l'animal privilégié du poète, qui professe pour lui un culte superstitieux ; et, comme pour mieux rappeler les solitudes voisines du Gange, les forêts immenses de Ceylan, où l'énorme pachyderme erre d'un pas pesant, des dieux boudhiques, dorés ou peints, s'alignent sur les tablettes de velours.

La bibliothèque de Coppée est une de celles où il y a des livres ; il y en a beaucoup, habillés de cartonnages aux couleurs étranges, purée de pois, bleu paon, orange ; le buste du maître est là, un bronze de Delaplanche, sur un socle d'ébène. Des fusains, une ébauche de Valadon ; la *Jeunesse*, de Chapu ; des bols chinois pleins de tabac, tout ce qu'il faut pour écrire, encombrent la table et les meubles ; en déblayant les sièges des journaux et des revues qui les chargent, on peut quelquefois s'asseoir. Ce joli réduit, aux rideaux d'étoffes anciennes, est bien le « retrait » d'un homme de travail, qui aime à s'enfermer avec les livres, les meilleurs des amis, puisqu'ils ne parlent pas. Cette maison, moderne, élégante, sans faste, simple, austère et gaie, est la demeure d'un artiste laborieux, sage, tranquille, et qui eut toute sa vie l'horreur de la bohème. Il a même sacrifié au goût bourgeois, lui qui prétend que la musique est un bruit coûteux, jusqu'à posséder un piano, soigneusement voilé, d'ailleurs, d'un châle noir en crêpe de Chine, brodé de fleurs magnifiques.

La personne trahit les mêmes habitudes de régularité et de correction que le mobilier. Coppée, que rien, au dehors, dans sa mise, ne fait remarquer, ne se permet chez lui qu'une seule fantaisie de costume : le veston rouge, sans revers, ni soie, ni soutaches. Il est assez grand, svelte, leste d'allures, toujours en mouvement. Ses traits sont bien connus. Ses cheveux noirs, rejetés en arrière, découvrent un front large, bien modelé ; ses yeux vert de mer ont un regard doux et fier, très limpide, profond, qui illumine le teint d'une chaude nuance de bronze florentin, clair ; le nez est droit, signe de force et de ténacité ; la bouche, aux lèvres un peu minces, est railleuse, ironique, mais le sourire décèle une bonté sincère ; le menton, fort accusé, donne de l'énergie à cette figure. Son rire, vif, nerveux ne sonne jamais faux. Il aime la plaisanterie, le sarcasme familier, et même la « blague » d'atelier. Sa voix est fortement timbrée, avec des éclats métalliques.

Quiconque n'a pas entendu causer François Coppée, dans l'intimité des soirées d'été, sous les arbres du Luxembourg, ou l'hiver au coin du feu, ne sait rien de l'esprit moderne et parisien. C'est un feu d'artifice de mots, d'idées, d'axiomes étonnants, de sentences imagées, de métaphores absurdes, de saillies inattendues. Et tandis que la voix volubile ne s'arrête point, gouailleuse, rapide, coupée de rires sonores, les doigts, sans cesse occupés, roulent une éternelle cigarette, hâtivement allumée, puis éteinte en deux bouffées.

Il vit avec sa sœur, Mlle Annette Coppée dont la tendresse dévouée, durant des ans et des ans, a environné le poète d'une sollicitude presque maternelle et lui a conservé ce foyer de famille, qui est, pour les âmes délicates, le plus précieux des biens.

Il n'est point nécessaire de faire ici le portrait du poète, si connu. Qu'il me soit seulement permis de redire qu'il n'a été, et ne sera, toute sa vie, qu'un homme de lettres, dans la plus large et la plus pure acception du mot. C'est beaucoup en un temps où les avocats font la guerre, où les généraux discutent les cas théologiques, où les ingénieurs sont appelés à régénérer les lettres françaises.

Plus heureux que la plupart de ses contemporains, François Coppée n'a jamais eu rien à démêler avec la politique, cette ennemie acharnée et farouche de la littérature. Il n'a point voulu entrer en lice et combattre sous le drapeau d'un parti. Il est simplement demeuré fidèle aux principes d'ordre social et de patriotisme militant qu'il a, dès l'enfance, appris à honorer.

Il a fait école, et parmi tous les disciples qui viennent saluer en lui un maître, et s'en retournent ayant conquis un ami, peut-être se trouvera-t-il le poète sans pitié, le méprisant assez haut qui flagellera cette fin de siècle si morne, si turpide, si hésitante dans le bien, si féroce dans le mal, qui voit sombrer tant d'espérances, avorter tant de nobles idées, périr tant d'illusions.

François Coppée est le poète des jeunes qui vont à lui et qu'il encourage, qui l'entourent, qu'il défend, qui le lisent et qu'il enchante, qu'il arrache un moment aux déceptions amères d'une existence sans espoir et sans but. Il leur enseigne le respect des croyances et ne les jette pas dans le vertige des incrédulités niaises ou présomptueuses. Il leur apprend à regarder en haut. *Sursùm!* Telle est sa devise, un mot qui ordonne et qui prie.

Généreux et bon, il accueille tous ceux qui viennent à lui, ne refuse ni un service ni un conseil. Aussi est-il véritablement le poète et le maître de la jeunesse française, qui salue en lui

L'accord d'un beau talent et d'un beau caractère !

* * *

Un autre poète en qui Barbey d'Aurevilly honorait l'homme et l'ami autant qu'il admirait le poète [1] et qu'il voyait souvent chez Coppée, lorsque celui-ci réunissait quelques amis, le dimanche soir, — avant l'Académie, — Bourget, Huysmans, M. de Lescure, Élémir Bourges (surnommé Saint-Étienne de Yokohama — jamais on a su dire pourquoi !), Luigi Gualdo, Edgar Zevort, Orsat, c'était le poète impeccable, Théodore de Banville. Très amusant, avec son masque de Pierrot, fin et futé, avec sa voix grêle un peu aiguë, et le geste perpétuel de rouler une cigarette, sa conversation n'était qu'un feu roulant de saillies imprévues, d'ironies et de paradoxes.

Mais, si amoureux des étoiles qu'il voulût paraître, et insouciant des grandeurs et des réalités de ce monde, il n'était rien moins qu'un naïf.

Théodore de Banville, s'il a toujours eu le tempé-

[1] Voir *les Poètes*, XI vol. des *Œuvres et des Hommes*.

rament, le caractère et l'âme du poète, possède ce qui manque à tant d'autres, l'ordre, la netteté, le bon sens, le goût pur, sûr et juste, et, avant tout, la dignité dans la vie. Certes, il a laissé aux buissons des chemins bien des boucles de sa blonde chevelure ; lui aussi a beaucoup aimé, beaucoup gémi et beaucoup souffert, mais je ne connais point de nautonnier ballotté sur les flots qui ait abordé un port plus sûr et se soit abrité dans une anse plus riante et plus calme. — Qui le reconnaîtrait aujourd'hui, ce compagnon fidèle des Baudelaire et des Philoxène Boyer, ce chevalier errant et irrégulier, lui, déception et désespoir des hautes ambitions maternelles (les boutiquiers ne sont pas les seuls à haïr la littérature) ! — qui le reconnaîtrait dans ce petit homme grave et poli, au crâne dénudé, à la physionomie sereine, pleine de bonhomie et de finesse ? Son teint est clair, reposé, ce qui lui donne avec Sainte-Beuve une certaine ressemblance qui n'est point seulement une ressemblance physique. — Il n'est pas d'intérieur d'écrivain, de lettré, de poète, plus calme, en vérité, plus reposé, plus délicieux que le rez-de-chaussée du vieil hôtel janséniste de la rue de l'Éperon. C'est le nid confortable, ouaté et bien chaud que le pigeon un peu trop voyageur de la fable regagne à tire-d'aile, et retrouve un jour avec tant de délices, après les tourments et les dangers parcourus. Ce logis simple, un peu austère, éclatant d'une propreté toute provinciale, mériterait d'être décrit jusque dans ses moindres détails, depuis les housses des vieux fauteuils, les rayons sans nombre de la bibliothèque de sapin, les dessins encadrés, les vieux portraits, le petit jardin entouré de murs, et surtout la vaste cuisine et le grand office séparés du logis. Comme dans les descriptions de Balzac, et dans les vieux tableaux flamands, je retrouve les deux marches qu'il faut gravir pour pénétrer dans le sanctuaire du ménage. Quelle pièce immense ! quelle lumière ! Quelles merveilles de propreté ! Quelles splendeurs ! Quels grands yeux auraient ouvert, il y a vingt ans, Baudelaire et Philoxène, si on leur avait dit que Théodore, vers la cinquantaine, aurait en sa possession un tel trésor de casseroles étincelantes ! Le bonheur habite ce logis [1].

« Tout le monde sait la place que l'auteur des *Cariatides* et des *Stalactites* occupe dans la poésie française, a dit M. d'Aurevilly, et cette place, même ceux qui ne vibrent pas en accord parfait avec sa poésie, ne la lui contestent pas. Quelle que soit la manière dont elle doive le juger un jour, l'histoire littéraire la lui conservera. Pour ceux qui viendront après nous, comme pour nous, M. Théodore de Banville aura fait partie de cette brillante heptarchie des poètes qui ont régné sur la France vers le milieu de ce siècle et dont on ne voit point les successeurs... Lui seul, des sept, — les *sept chefs devant Thèbes*, mais Thèbes écroulée, — car maintenant la poésie n'est plus ! — est resté immuablement et fièrement poète. Les uns sont morts, et c'est ce qu'ils ont fait de mieux ! Les autres ont déshonoré la poésie dans les viletés de la politique et l'ont ridiculisée en devenant académiciens. M. Théodore de Banville n'a voulu qu'être poète, et rien que poète...

« La muse de M. de Banville était la Fantaisie passionnée, gracieuse, amoureuse, voluptueuse, langoureuse et quelquefois montant sur les ailes, de toutes les couleurs,

---

[1] HENRI D'IDEVILLE. *Vieilles maisons et jeunes souvenirs.*

de l'Hippogriffe, montant, montant jusqu'au grandiose, mais ce n'en était pas moins toujours, toujours la Fantaisie!...

« C'est un romantique, lyrique comme pas un ! Elégiaque aussi, mais moins élégiaque que lyrique ; et quoique élégiaque, à ses heures, comme les romantiques, qui ont tous plus ou moins chanté la romance du Saule avant de mourir, ayant lui, une qualité d'esprit rare chez les romantiques et que les romantiques qui ne l'avaient pas se permettaient de mépriser... bien entendu ! puisqu'ils ne l'avaient pas !!!...

« M. Théodore de Banville a, de nature, l'imagination joyeuse. Il a un diamant de gaîté qui rit et lutine de ses feux, et cela le met à part dans l'heptarchie romantique. Cela le met à part de Lamartine, ce Virgile chrétien plus grand que Virgile, et que Racine, s'il revenait au monde, adorerait à genoux! Cela le met à part d'Alfred de Vigny, poète anglais en langue française, qui avait la beauté anglaise, l'originalité anglaise, la pureté et même la pruderie anglaises, qui comme les grands Anglais ne relevait que de la Bible et de lui-même, et qui avait le dédain anglais pour cette société démocratique qu'est devenue l'ancienne société française !

Une vive sympathie unissait donc le gentilhomme normand au gentilhomme bourbonnais, et voici la dédicace que le poète adressait au critique (sur la première page de *Mes Souvenirs*, livre publié en 1882) :

> C'est pour vous, ô d'Aurevilly !
> Que la bataille est une fête.
> Vous seul, en ce siècle vieilli,
> N'avez pas su courber la tête.
>
> Votre voix est un chant de cor,
> Le sauvage ouragan vous nomme,
> Et dans votre main siffle encor
> La cravache du gentilhomme !
>
> TH. DE BANVILLE.

⁂

Le monde littéraire fut assez étonné lorsque en 1882, le roman de M. d'Aurevilly, une *Histoire sans nom*, qui avait fait grand bruit sous la forme du feuilleton, parut en volume chez Lemerre, avec cette dédicace adressée à M. Paul Bourget :

« Je veux mettre votre nom à la tête de cette *Histoire sans nom*, et vous offrir cette pierre, de couleur sombre, qui vous intéressait pendant que je la gravais. Que ce soit là un monument... Oh! un très petit monument, mais d'une chose très grande — mon amitié pour vous. Vous qui avez un nom fleurissant déjà dans la jeune littérature contemporaine et y promettant des épanouissements délicieux, je l'attache à ce récit mélancolique, comme la rose qu'on met parfois, quand on va dans le monde, à la boutonnière de son habit noir.

« Mon livre, puisque je le publie, va s'en aller dans le monde aussi, et je l'ai paré *avec* vous. »

M. Paul Bourget n'était pas encore l'heureux auteur de *Cruelle Énigme*, le romancier préféré de M. Alphonse Lemerre, et nul ne se doutait qu'il obtiendrait si vite le ruban rouge, et cheminerait si tôt dans les sentiers ombragés de palmes qui conduisent à l'Académie. Alors qu'il venait chez M. d'Aurevilly — car je ne crois pas qu'il y soit revenu souvent depuis lors, — M. Paul Bourget n'avait encore publié que deux ou trois charmants volumes de vers : la *Vie inquiète*, *Edel*, *les Aveux*. Il commençait à écrire dans les journaux : au *Globe*, fondé par un certain financier politicien du nom de Savary, qui fut quelque peu sous-ministre avant d'échouer en police correctionnelle;

au *Parlement*, dirigé par M. Ribot, devenu ministre lui aussi, et qui avait l'oreille du ministre Dufaure. C'est là qu'il fit connaissance d'Edouard Rod, un très disert, très élégant et très fin romancier, qui n'a pas dit son dernier mot, dans la *Course à la mort* et dans le *Sens de la Vie*. Ce ne fut pourtant pas de cet Helvète affiné et raffiné, l'un de nos joyeux pessimistes, que Bourget apprit le scepticisme doux qui lui fait une existence paisible, et le pessimisme tranquille qui l'enferme dans la citadelle de son *moi*.

Très grave, très amène, avec le rire perlé et clair des adolescents, ne contant pas ses menues aventures aux étoiles, discret d'allures et de paroles, cherchant des sympathies et les trouvant, il s'était arrangé une vie agréable et calme dans sa *garçonnière* de la rue Monsieur, ornée de tapis et de tentures aux tons éteints, — précieusement fanés, de peintures assourdies par des cadres sans dorures, de meubles simples : un logis d'évêque, très éclairé, très propre, où brillait un ordre minutieux, où tout était blanc, poli, froid.

Il venait du phalanstère de la rue Guy de la Brosse où quelque temps il avait vécu sous le même toit que Maurice Bouchor, Jean Richepin, Maurice Rollinat, d'autres aussi, moins connus. Il préludait à ses destinées, cachant sous des apparences distraites, sous un dandysme de jeune homme, sous une feinte insouciance de la fortune et de la gloire, une ambition très légitime. Il ne faisait point parade de son talent, et semblait même s'en excuser. Il travaillait beaucoup, gagnait assez pour vivre, et même pour rendre service à ses amis, et savait ne dépenser que ce qu'il gagnait. Savoir se priver est une vertu rare, il l'avait, aimait la règle, gardant une dignité de lévite, familier sans exubérance, gai sans excès, brillant causeur et modeste.

*
* *

En parlant des réunions du mercredi, qui avaient lieu chez l'auteur de ce livre, de 1875 à 1885, un débutant littéraire écrivait à une petite revue de province :

C'est là que je vis Rollinat pour la première fois ; après avoir causé de tout aussi bien que tous, il se mit au piano quand on l'en pria et chanta diverses pièces des *Fleurs du mal*, entr'autres le *Jet d'eau*, la plus voluptueuse chose du monde. Oh! pensai-je, c'est du Chopin PIRE; puis il déclama le *Corbeau*; l'horreur qu'il mettait dans le fameux « Jamais, jamais plus » était indicible. Le *Ver conquérant* vint après cette page où Poë égale Orcagna et dépasse Quotréleth. — Oh! pensai-je, Baudelaire n'avait pas osé traduire Poë en vers ! Enfin il se décida à dire quelques-unes de ses romances. Il chanta : les *Violettes*, l'*Ame des Fougères*, les *Yeux*, l'*Arc-en-ciel*. Jamais la mélancolie noire, la tristesse navrante de l'esprit ne m'étaient apparues exprimées avec une intensité si effrayante, car la musique de Rollinat est aussi singulière que ses vers, et son dire complète trois éléments de véritable fascination esthétique. Certes, ceux qui étaient là sont des augures qui savent tous les secrets littéraires et qui ne pouvaient être dupes du procédé, si habile qu'il soit. Eh! bien, si le lustre eût été éteint quand Rollinat chanta le *Revenant*, ils eussent eu peur, ils l'ont avoué. C'est un mort qui revient régner par la terreur sur celle qu'il n'a pu fléchir, durant sa vie. Sous ce triple rapport, poète, musicien, chanteur, Rollinat est unique; l'entendre nous met dans un état d'énervement et de malaise indescriptible ; il vous tord les nerfs. Je l'avoue, jamais ni Berlioz, ni Chopin, ne m'ont donné une sensation si intense qu'elle devienne physique. Théodore de Banville me disait qu'un soir il avait à la fois Rollinat et une célèbre cantatrice du Grand-Opéra, et que le contraste produisait un indescriptible étonnement. En effet, cet art est anormal et d'une décadence extrême; c'est même une maladie.

Rollinat, du reste, a eu le courage d'intituler médicalement ses poésies : *les Névroses*. Je ne crois pas qu'on puisse monter davantage les cordes de la lyre ; un cran de plus, et toutes les sept cassent et les fibres du cerveau aussi. C'est le contre-ut de cet état psychique qui commence à René et qui finit à Baudelaire, dans le *summum* d'énervement où puisse atteindre un cerveau latin.

Poë *genuit* Baudelaire, *genuit* Rollinat : évidemment. Mais Rollinat est encore plus suraigu, plus névropathe. Sa muse est l'ange des effarements, il produit la peur, la peur de l'invisible, de l'irréel. L'hallucination, l'obsession, la hantise, l'envoûtement, le sortilège passionnel, le remords, tous les monstres du mystère de l'âme décadente, dans toutes leurs ombres horribles, ont en lui un peintre prestigieux et subtil. C'est l'avis de gens qui tous savent la vie pour l'avoir menée, les livres pour en avoir fait.

Maurice Rollinat est Berrichon, tout ainsi que Georges Sand, qui fut la grande amie de son père, représentant du peuple en 1848, et qui lui prédit, à lui, sa vie tourmentée, indiciblement mélancolique, toute pleine de regrets et de souvenirs. Ce fut une légende du Quartier Latin, propagée par le roman à sensation de M. Félicien Champsaur, *Dinah Samuel*, qui montrait Rollinat comme un bohème, le bohème macabre de la lassitude et de la mort. Bohème ! il ne le fut non plus que le premier bourgeois venu. Il vivait paisible et laborieux, dans son modeste logis de la rue Oudinot, loin des bruits, des tapages et de la réclame. Il possédait la médiocrité dorée qu'enviait le poète latin : il vivait de peu, et content, avec son chat Tigroteau et son chien Pluton.

D'une puissante originalité, d'un esprit profondément imbu des plus hautes pensées, Rollinat chante les désenchantements de la vie, les horreurs de la mort, la paix du sépulcre, les espérances futures, les déchirements du remords. La musique avec laquelle il interprète la *Mort des Pauvres*, la *Cloche fêlée*, le *Flambeau vivant*, l'*Idéal*, de Baudelaire, n'appartient assurément à aucune école « conservatoiresque », dit-il lui-même en son langage singulièrement imagé.

C'est le cri de l'âme, c'est l'envolée de la conscience, c'est une mélodie *extra-humaine*, toute de sensation, de raffinement, qui parle aux cœurs ensevelis dans le scepticisme égoïste du siècle, et qui fait, sous sa voix aiguë, jaillir la douleur. Comme poète, il est moins étrange peut-être, mais non moins puissant.

Maurice Rollinat un moment condamné à être son propre rapsode, disait avec art, tout naturellement, des choses surnaturelles. Il avait le geste en spirale des diaboliques, le regard fulgurant des hantés. Nul mieux que lui ne comprend la nature ; nul ne la décrit d'un pinceau plus net, plus rapide. Il a le mot juste, l'épithète *picturale*, et pour expliquer ce poète si étrange, il faudrait lui emprunter son langage pittoresquement fantastique, bourré d'images inouïes.

M. d'Aurevilly avait fait sur Rollinat, dès le premier soir où il le vit, une profonde impression que le poète traduisait en ces termes :

« M d'Aurévilly est installé dans ma pensée avec Pascal, Poë et Baudelaire ; cette grande figure surgit constamment devant moi, et son œuvre excitante *est le picotin* de mon esprit. »

Cette même impression, du reste, fut ressentie par M. d'Aurevilly qui, avant même la publication des *Névroses*, écrivait:

« Ce n'est pas d'un livre que je veux parler aujourd'hui. C'est d'un homme, l'auteur d'un livre, il est vrai, et même d'un livre de poésies, lequel n'est pas publié encore, mais qui va l'être et que je jugerai ici, quand il aura paru. Cependant je connais ce livre. Il a passé devant moi sous deux formes qu'il ne gardera pas... malheureusement, car ces deux formes ont leur genre de beauté, original et très puissant, et donneraient à ce livre une poussée formidable pour atteindre au succès qu'il a le droit d'ambitionner. L'auteur de ces poésies a inventé pour elles une musique qui fait ouvrir des ailes de feu à ses vers et qui enlève fougueusement, comme sur un hippogriffe, ses auditeurs fanatisés. Il est musicien comme il est poète, et ce n'est pas tout, il est acteur comme il est musicien. Il joue ses vers ; il les dit et il les articule aussi bien qu'il les chante. Et même est-ce *bien* qu'il faut dire ; ne serait-ce pas plutôt *étrangement* ? Mais l'étrange n'a-t-il pas aussi sa beauté ? Quel dommage qu'il ne puisse pas se mettre, tout entier, sous la couverture de son livre ! Il serait acheté à des milliers d'exemplaires. Il recommencerait le succès de Thomas Moore, au commencement du siècle, quand il chantait dans les salons de Londres ses touchantes *Mélodies irlandaises*. Seulement, ce ne serait pas un poète rose, comme Little Moore, qui chantait l'amour et ses beautés visibles ;

c'est un poète noir, qui chante ses épouvantes de l'invisible et qui nous les fait partager... »

* * *

Un soir que j'étais, — il y a bien longtemps, avec Coppée, dans un petit café de la rue de Sèvres, que nous appelions « chez Delphine », et où venaient avec M. d'Aurevilly, ses amis Bloy et Landry, le graveur Massart, quelques peintres du voisinage, des artistes comme Poirson et Ferdinandus, Paul Bourget, le docteur Wattelet, — un soir, dis-je, un jeune homme vint s'asseoir près de nous, et le poète des *Humbles* nous nomma l'un à l'autre. Joris-Karl Huysmans, fort connu déjà, l'un des collaborateurs des *Soirées de Médan*, ami de Zola, familier de Goncourt, et dont les premiers romans avaient fait du bruit. Un homme svelte, élégant, d'allures inquiétantes, un peu sec, aux gestes anguleux. Une tête féline, encadrée de cheveux et d'une barbe de couleur indécise, à la fois roux et brun, avec des reflets blonds. Des yeux vifs, perçants, le regard scrutateur, le sourire sarcastique : la voix douce, un peu métallique ; un accent du faubourg, corrigé par un autre accent, étranger et étrange. Le parler bref, haché par de petites phrases, sec ; la physionomie très éclairée, franche, très bonne. Une causerie leste, vive, pleine de railleries, d'une ironie âcre, avec des mots inattendus, des plaisanteries énormes, beaucoup de laisser-aller et de défiance, une tristesse indéfinissable, sous une gaîté trop expansive pour être sincère.

Je ne saurais dire à quel point l'aspect de ce personnage me frappa. Mais je n'avais que l'effronterie des timides, et je ne revis Huysmans que longtemps après. Il avait publié, dans l'intervalle, son livre *A Rebours*, où furent, dans notre clan, remarquées plusieurs pages sur les écrivains catholiques, et surtout les contemporains. Il ne manquait pas d'y faire, injustement, comme les autres, à M. d'Aurevilly, le reproche de *sadisme* sur lequel il faudra s'expliquer plus tard. Et ce fut à cette occasion même qu'il fit, de plus près, la connaissance de l'auteur des *Diaboliques*, à qui, tout de suite, allèrent sa sympathie et son respect. Et dès lors on se revit plus fréquemment, le dimanche, dans la chambre rose de la rue Rousselet. Ce caractère ouvert, généreux, sous le fard de scepticisme dont la vie de Paris badigeonne les plus épris d'illusions, ce rire moqueur, cette causerie monotonement amusante, ces soubresauts d'esprit, ces saillies de clown, ces aperçus nets et rapides sur toutes choses, étaient pour séduire, et séduisent vraiment. Il y a tant d'honnêteté réelle, sous ce prétendu satanisme ! Une telle soif de vérité, sous les apparences de l'incrédulité ! Une si réelle affection du prochain sous des semblants d'égoïsme, échafaudés pour mystifier les sots !

Joris-Karl Huysmans, d'origine hollandaise, est d'une famille de peintre, et compte parmi ses ancêtres Cornélius Huysmans de qui le musée du Louvre possède plusieurs tableaux ; son bisaïeul maternel, prix de Rome, fut un sculpteur de mérite et travailla aux arcs de triomphe du Carrousel et de l'Etoile.

Huysmans est un moderne, un moderniste, dans

l'acception la plus absolue du mot. Il a beaucoup de
haines, particulièrement celle des méridionaux, desquels l'exubérance le choque et le fatigue. Un jour,
Alphonse Daudet recevait un néophyte littéraire
débarqué récemment dans la grande ville, et comme
il lui disait, au cours de l'entretien : « *Nous autres*,
gens du Midi », le bon jeune homme se récria, disant
qu'il n'était point d'outre-Loire : « Vous n'êtes pas du
Midi ? s'écria l'ancien Petit-Chose, stupéfait, alors,
mon bon, qu'est-ce que vous venez f..... aire à Paris ? »
Cette anecdote, — *sè non è vera è ben trovata*, — fait
les délices de Huysmans qui la rabâche avec une joie
féroce. Il est citadin, lui, point campagnard. Il peint
plus volontiers les paysages urbains que la nature,
et voit plus de poésie dans une impasse infecte,
boueuse et noire, que dans un sous-bois illuminé
d'une lumière verte par les rayons du soleil passant
à travers les feuilles.

Né rue Suger, une vieille rue de l'ancienne Université, il habite l'ancien couvent des Prémontrés de la
rue de Sèvres, et je crois qu'il ignore tout ce qui
existe au delà des murs d'enceinte de sa ville.

Il n'est point romantique, et moins encore, assurément, classique. Il s'est réfugié dans l'art, dans la
beauté artificielle, construite et réglée d'après le
goût humain. Il n'est pas peintre, mais il a inventé
des peintres, Degas, Raffaëlli, et ce prodigieux Odilon Redon dont le crayon a fixé les conceptions de
Poë, et qui me rappelle ce Rochester, l'aveugle de
Jane Eyre, dont les compositions mystérieuses sont
décrites avec tant de passion par miss Brontë. Aucun

critique d'art n'a, aussi bien que lui, révélé Gustave Moreau à qui de surnaturelles visions dévoilèrent, semble-t-il, les secrets de la vie biblique, et dont l'œuvre magistrale est le véritable trésor artistique de cette fin de siècle.

Huysmans fut, avec Léon Hennique, Henry Céard, Guy de Maupassant, l'un des premiers disciples de Zola. Mais il est *naturaliste* d'une autre manière, et sans suivre le maître dans sa voie, il ne l'a jamais renié, comme firent d'autres jeunes gens, desquels le manifeste invoquant, après la *Terre*, la morale outragée, fit un si divertissant tapage.

Son début fut un recueil de poèmes en prose, le *Drageoir aux Épices*; puis il publia *Marthe*, les *Sœurs Vatard*, *En ménage*, des *Croquis parisiens*, et enfin l'*Art moderne*, merveilleuse étude de la peinture contemporaine, où tiennent la plus large place Degas, Raffaelli tous deux impressionnistes, et Odilon Redon, l'étrange artiste qui traduit avec son crayon magique les rêves extraordinaires que le poète mathématicien, Edgar Poë burinait avec sa plume.

Le livre qui lui donna tout à coup la célébrité, au moins parmi les jeunes, *A Rebours*, le mit aussitôt hors de pair, parmi les écrivains déjà célèbres. Livre de désespéré, disait M. d'Aurevilly, histoire d'une âme en peine, qui raconte ses impuissances de vivre, même à rebours ; livre d'une originalité monstrueuse, dont le héros, arrivé à la dernière limite que les sensations puissent atteindre, est encore affamé de sensations nouvelles, et dont l'auteur nous écrit la nosographie d'une société putréfiée de matérialisme. Le talent est ici à toute page ; l'abondance des notions sur toutes choses y va jusqu'à la profusion. Le style, savant et technique, y déploie une magnifique richesse de vocables...

Ce livre inoubliable provoqua une page superbe de M. d'Aurevilly.

« Jamais renseignement plus formidable ne fut donné sur une société raisonnable et rythmée autrefois, mais où, en ces dernières années, tant de bon sens ont fait la culbute. Jamais l'extravagance d'un livre n'a plus énergiquement témoigné de l'extravagance universelle. Il y a eu dans l'histoire d'autres décadences que la nôtre. Les sociétés qui finissent, les nations perdues, les races sur le point de mourir, laissent derrière elles des livres précurseurs de leur agonie. Rome et Byzance ont eu les leurs, mais je ne crois pas qu'on ait ramassé dans leurs ruines un livre pareil à celui-ci.

« Le livre de M. Huysmans n'est pas l'histoire de la décadence d'une société, mais de la décadence de l'humanité intégrale. Il est dans son roman, plus bysantin que Bysance même. La théologastre Bysance croyait à Dieu, puisqu'elle discutait sa Trinité, et elle n'avait pas l'orgueil perverti de vouloir refaire la création de ce Dieu auquel elle croyait. Cette vieille et inepte amoureuse d'histrions et de cochers s'abaissa et s'avilit aux choses petites dans lesquelles meurent les peuples qui furent grands, et qui, quand ils sont vieux, se voûtent jusqu'à terre, mais elle n'est pas tombée dans des choses aussi petites que les choses inventées par un romancier ennuyé de l'œuvre de Dieu !

. . . .

« Et cela serait réellement insupportable, s'il n'y avait pas, au fond de cet ennui et de tous ces impuissants efforts pour le tromper un peu de douleur qui fait plus pour relever le livre que le talent même. Entrepris par le désespoir, il touche, quand il finit, à un désespoir plus grand que celui par lequel il a commencé. Au bout de toutes les incroyables folies qu'il ose, l'auteur a senti le navrement de la déception.

« Une mortelle angoisse se dégage de son livre. Le misérable château de cartes — cette petite Babel de carton — élevé contre le monde de Dieu, s'est écroulé et lui est retombé sur les mains. Le matérialiste qui demandait tout à la matière n'en a tiré que ce qu'elle peut donner, et c'est insuffisant. Le révolté a senti son néant. Chose expiatrice des criminels égarements de ce livre ! Les derniers mots en sont une prière. C'est à une prière qu'aboutit tout ce torrent d'imprécations et de malédictions enragées.

« Ah ! dit-il, le courage me fait défaut et le cœur me lève... Seigneur ! prenez pitié du chrétien qui doute, de l'incrédule *qui voudrait croire*, du forçat de la vie qui s'embarque dans la nuit sous un firmament que n'éclairent plus les fanaux consolants de l'espoir ! »

Est-ce humble et assez soumis ?... C'est plus que la prière de Baudelaire :

« Ah ! Seigneur, donnez-moi la force et le courage
« De contempler mon corps et mon cœur sans dégoût ! »

*
* *

Parmi les assidus visiteurs du dimanche, je ne dois pas oublier de nommer avec Maurice Rollinat Huysmans, Michel Ménard, Georges Landry, Léon Bloy et quelques autres. Michel Ménard, un de nos amis de la première heure, mourut à la fleur de son âge, dans la paix d'une retraite volontaire, sous les arceaux du cloître d'Osma, en Espagne, où il venait chercher l'unique bonheur. Michel Ménard avait à peine trente ans, et depuis des années déjà son âme ardente usait la vie. C'était un prédestiné. « Dieu l'a cueilli », s'écriait son maître et son ami. M. Barbey d'Aurevilly, en apprenant sa mort.

Esprit fier et délicat, intelligence subtile, comblé de dons, Michel Ménard, poète, érudit, lettré, plein de passion, était aussi un cœur d'élite, brûlant des flammes de la foi. Affamé d'idéal, il s'acharnait à échapper aux vulgarités de l'existence. Lorsque parut le livre de M. Jean Richepin, les *Blasphèmes*, Michel Ménard rêva d'opposer à l'œuvre du faux athée, l'œuvre d'un vrai croyant. En quelques mois, il écrivit *l'Epopée du Sang*. C'est l'épopée du Verbe éternel, la merveilleuse épopée de la Rédemption, dès l'origine du monde, jusqu'aux sanglants supplices du Golgotha. Un grand souffle de poésie animait les cinq mille vers de ce poème, où tous les rythmes, toutes les formes de la prosodie, toute les modernités de la langue, traduisaient admirablement les événements grandioses de la Genèse du Christ par les patriarches et les prophètes. La Bible revivait en ces pages rutilantes que le poète lisait à quelques amis.

Qu'est devenu ce poème, d'une éloquence pénétrante et d'une grandeur que déparaient à peine les défaillances du travail hâtif ?

Mais le pauvre enfant avait souffert déjà, et ses convictions profondes l'appelaient aux luttes apostoliques. Il voulut s'y dévouer ; il partit ; et *Dieu le cueillit*.

Aux derniers les bons, dit un proverbe qu'il y a lieu de citer quelquefois. Depuis tantôt vingt ans l'un des amis les plus intimes de M. d'Aurevilly est un homme qui fut jugé bien diversement, et sur qui le dernier mot n'est pas dit. Combien de fois n'a-t-on pas reproché à l'auteur de ce livre de l'avoir cité, nommé ou défendu? Et quoi de plus naturel cependant, qu'une amitié persévérante, lorsqu'elle est sincère et qu'elle puise ses origines dans une croyance commune, dans une foi passionnée ! Mais Léon Bloy, polémiste redoutable, violent, excessif, a passé toute sa vie à se faire des ennemis par son intransigeance et ses brutalités. Certes, il n'est point aimable, ni gracieux, ni très sociable, mais je ne connais personne qui ait un plus véritable besoin d'affection, qui soit plus fermé à la défiance et au soupçon. Il n'a pas la bonté vulgaire, qui sait excuser tout, pallier les fautes, déguiser les vices ; mais il a cette bonté secourable et cachée, qui livre un cœur à un cœur sympathique. Il raille, mais il pleure. Il attaque, mais il défend. Et ses colères, outrées par un besoin d'expansion toujours réprimé, ne sont que l'irrésistible éclat d'une sincère générosité..

Il y a en Bloy un chrétien affolé d'amour, affamé de justice, et son âme qu'aucune rosée bienfaisante ne désaltère, crie vers le Seigneur l'injustice inexprimable du siècle. Cet athlète, prêt à tous les combats, est écarté du champ de bataille ; cette force est inutilisée ; ce talent est dédaigné. Comment voulez-vous que la victime d'une indifférence qui la tue, ne pousse pas la violente clameur du désespoir ?

M. d'Aurevilly l'a jugé mieux que personne dans la préface qu'il mit en tête de son livre *Le Révélateur du Globe*.

« C'est un esprit de feu, composé de foi et d'enthousiasme, que ce Léon Bloy inconnu, qui ne peut plus l'être longtemps... Pour ma part, parmi les écrivains catholiques de l'heure présente, je ne connais personne de cette ardeur, de cette violence d'amour, de ce fanatisme pour la vérité. C'est même cet incompressible fanatisme dont il se vante comme de sa meilleure faculté qui a empêché M. Léon Bloy de prouver aux regards du monde ses autres facultés et sa supériorité d'écrivain. Polémiste de tempérament, fait pour toutes les luttes, tous les combats, toutes les mêlées, et sentant cette vocation pour la guerre bouillonner en lui, comme bouillonne cette sorte de vocation dans les âmes, quand elle y est, il a de bonne heure demandé instamment à ceux qui semblaient penser comme lui, sa place sur leurs champs de bataille, mais ils lui ont toujours fermé l'entrée de leur camp.

« Quoi de surprenant ? Dans une époque où le génie de la concession qui gouverne le monde va jusqu'à lâcher tout, un esprit de cet absolu et de cette rigueur, a épouvanté ceux-là même qu'il aurait le mieux servis. L'héroïque Veuillot, par exemple, qui n'a jamais tremblé devant rien, excepté devant les talents qui auraient tenu à honneur de combattre à côté de lui pour la cause de l'Église, Veuillot prit peur, un jour, du talent de M. Léon Bloy, et, après quatre ou cinq articles acceptés à l'*Univers*, il le congédia formellement. Alors, cet homme, avec qui on se conduisait comme s'il était un petit jeune homme, quand il était un homme tout à fait, et qui, depuis dix ans, s'attendait et s'impatientait, accumulant et ramassant en lui des forces à faire le plus formidable des journalistes, fut étouffé par la force lâche du silence des journaux, et des journaux sur lesquels il aurait dû le plus compter ! Enfermé, comme le prophète Daniel, dans la fosse aux bêtes, mais aux bêtes, qui n'étaient pas des lions, il recommença de faire ce qu'il avait fait toute sa vie. Il recommença d'attendre avec le poids de son talent méconnu et refoulé sur son cœur, l'occasion favorable où il pourrait prouver, à ses amis comme à ses ennemis, qu'il en avait. »

VI

QUELQUES ENNEMIS

Je ne sais plus quel moraliste a dit qu'on doit juger de la valeur d'un homme par le nombre de ses ennemis. A ce compte, Barbey d'Aurevilly ne serait plus contesté, car il est peu d'écrivains qui aient amassé contre leurs écrits et leur personne tant de colères; il est vrai d'ajouter qu'il en est peu qui fussent plus indifférents à la médisance et aux rancunes. Il avait, de parler d'eux, une manière si miséricordieusement impertinente, qu'on finissait par ne plus s'inquiéter des haines soulevées par ses terribles polémiques. Il jugeait de très haut, superbe et nonchalant, d'une placide ironie toujours, et déclarant qu'il n'avait peur que des griffes de femmes, et encore comme Alphonse Karr avait eu peur du petit couteau que Mme Louise Collet lui avait donné.... dans le dos. Mais l'injustice du journalisme à l'égard de M. d'Aurevilly lui était peut-être plus sensible pourtant qu'il ne voulait le montrer. Elle remplaçait la conspiration du silence organisée contre lui durant tant d'années, et qui arrachait à M. Alcide Dusollier, dans son livre : *Nos gens de lettres*, cette page indignée :

« Ah ! voilà peut-être le fin mot — du silence des critiques ! M. d'Aurevilly ne *pense* pas comme la plupart d'entre eux : — On ne saura pas qu'il pense ; c'est un catholique ; — on ne saura pas que c'est un romancier ; c'est un absolutiste. — On ne saura pas que c'est un écrivain. — Mais ses amis religieux et politiques, direz-vous, pourquoi ne parlent-ils pas ? Ils n'ont aucune raison, eux, de cacher ce talent au public ? Si fait ! Et cette raison, c'est l'extraordinaire indépendance, c'est la franchise invincible de M. Barbey d'Aurevilly. Homme de conviction, logicien inébranlable, allant toujours tout droit et jusqu'au bout, dédaigneux des ménagements hypocrites, il frappe aussi fort sur les catholiques qui ont de lâches complaisances pour le progrès, que sur les athées et les panthéistes. Amis (amis !) comme adversaires le trouvent d'un sans-façon terrible et ne lui pardonnent point que son style soit une épée, lorsqu'ils se permettent tout au plus — pour leur compte — le coup d'épingle, mouchetée encore ? M. Granier de Cassagnac lui disait un jour : « Quand on acceptera votre talent, on le subira. Tout le temps qu'on ne l'acceptera pas, il fera trop peur par son éclat (et par ses éclats, aurait-il dû ajouter), pour qu'on l'aime et qu'on vienne à lui. »

Après avoir esquissé quelques portraits d'amis, il nous sera permis de tracer quelques silhouettes, non pas d'ennemis, seulement d'adversaires ou de commensaux. D'abord, un personnage appelé à devenir légendaire, et qui vécut en grande partie de M. d'Aurevilly pendant des années[1].

---

[1] Voir aussi l'étude fantaisiste que lui a consacrée récemment M. Paul Bourget dans le *Journal des Débats*, il y a quelques mois.

Il s'agit de M. Louis Nicolardot, mort il y a peu de temps, et dont la mort, que ses amis lui cachaient, connaissant la bonté de son cœur, attrista beaucoup M. d'Aurevilly. « Malgré tout, on ne connaît pas impunément un homme pendant des années », dit-il, en l'apprenant par un journal quelques mois après par hasard, et qui passa toute son existence à fureter dans des bibliothèques, à y compiler des livres aussi bizarres que perfides, en se donnant pour unique récréation d'aller chez les « amis » qu'il honorait de ses faveurs, quérir la sportule, et la payer en calomniant autrui.

Il fut, par exemple, du moins l'affirmait-il, le confident et le commensal de Sainte-Beuve. Il avait même hérité de l'académicien un paletot à peine fripé qu'il endossait aux jours de cérémonie. « Mettre son Sainte-Beuve » équivalait pour lui à se décorer de tous ses ordres. Honnête et probe, sans doute, dans le sens rigoureux du mot, mais ayant perdu jusqu'à la notion de la dignité, il aimait à emprunter des pièces de quarante sous, qu'il rendait avec ponctualité. C'est lui qui, obligé de la sorte, et vêtu pendant plusieurs années par un critique célèbre, demandait à celui-ci de faire un article sur son dernier livre, et répondait au refus obstiné du feuilletonniste par ce reproche topique : « Ah! tenez, vous n'êtes qu'un ingrat! »

Or, le livre en question n'était autre que la *Confession de Sainte-Beuve*, un formidable étalage de linge sale, combiné pour profaner et déshonorer le cadavre du bienfaiteur. « M. Nicolardot, écrivait M. Jean Richepin, a eu bonne intention de planter son bec dans le mort. Mais il arrive trop tard à la curée. Il ne reste donc plus de viande pourrie à picorer sur la carcasse. D'autres en ont eu l'étrenne, et elle a été nettoyée jusqu'à l'os par ces aigles dépeceurs que l'histoire naturelle appelle les secrétaires. »

M. Nicolardot fouillait, du reste, la lessive de Saint-Beuve après avoir fait celle de Voltaire, dont il contait qu'il volait les bougies à Postdam, énumérant par surcroît les remèdes à la Pourceaugnac desquels il se délectait. Il montre, d'ailleurs, le sinistre Arouet tel qu'il fut, avare, usurier, fripon, négrier. Qu'il se divertît à entasser les injures contre le philosophe, on le conçoit : il se donnait pour catholique de l'école de Veuillot et se targuait, aux jours d'expansion, d'être un lévite raté. Mais il accusait tout le monde, et Louis XVI lui-même, victime expiatoire des fautes de sa race, ne trouva point grâce à ses yeux. Le livre qu'il publia sur le roi-martyr est une vilenie.

« Nicolardot, dont les cendres se refroidiront vite, fut un scribe de haine, un malpropre et un raté ; un révolté d'esprit qui s'imagina pouvoir devenir grand en montant les échelons des soupentes des portiers de la littérature.

« Drapant sa gueuserie avec son arrogance », ce mendiant à qui l'on donnait les vieilles redingotes, clamait sur les places publiques que feu les rois n'avaient point de chic et que les républicains manquaient de prestige. Le linge lui manquait davantage, cependant ce grossier personnage acceptait une pension que lui servait, par bienveillance, le gouvernement de la République [1].

M. Jean Richepin se montre plus tendre pour ce forban littéraire : « Ce n'est pas le premier venu que

---

[1] Article de M. Alfred Barbou, dans le *Journal illustré*.

M. Nicolardot, dit-il. Il a de l'esprit, et du plus mordant. Il a de la fantaisie, à sa manière. Il écrit d'un style alerte, déluré, bien français. C'est, en outre, un fureteur de toutes sortes de livres. Il a dépouillé, ce qui vaut mieux que les confidences de Sainte-Beuve, force bouquins rares dans force bliothèques peu connues. Il sait de la sorte une infinité de choses curieuses, et, comme il les a digérées à sa façon, qui n'est pas celle de tout le monde, il en tire les conclusions les plus inattendues, les théories les plus paradoxales qu'on puisse imaginer. C'est un régal de drôlerie. »
La grande idée de feu Nicolardot était de soutenir que les ennemis de l'Eglise, les libres-penseurs, et surtout les écrivains hostiles à la religion, sont punis dès ce monde par l'impuissance physique, et le diable seul peut dire quel acharnement il employait à soutenir cette thèse ridicule, à grand renfort d'anecdotes scandaleuses! Lui qui titrait les vieilles femmes des *étouffoirs de concupiscence*, il se plaisait à décrire minutieusement les vices les plus malpropres, mêlant à ses analyses de péchés honteux de singulières théories sur la beauté. Or, il était fort laid, grisonnant, les dents avariées, la barbe inculte, ce qui ne l'empêchait point de se parer de cravates bleues, de gants devenus noirs à force de crasse, et de se plaindre qu'il ne pouvait se promener dans les rues sans que toutes les femmes se retournassent pour le regarder.

M. Barbey d'Aurevilly disait : « Nicolardot est ma vertu. Quand Dieu me jugera, je lui dirai : Seigneur, je suis plein de péché, mais considérez que j'ai supporté Nicolardot, et prenez mon âme en pitié. »

Une anecdote montrera quelles étaient l'indulgence et la mansuétude du maître à l'égard de celui-ci. Nicolardot l'avait fait prévenir qu'il le viendrait chercher pour aller avec lui chez Dentu, parce qu'il souhaitait, lui, Nicolardot, que Dentu lui fît l'avance de quelque somme sur un livre en cours de publication, et il espérait en l'éloquence de M. d'Aurevilly, toujours si disposé à rendre service. Or, on venait justement de révéler à M. d'Aurevilly quelques traits de noire perfidie de cet homme, entre autres certaine lettre à un grand éditeur catholique [1] où les accusations les plus lâches et les plus calomnieuses étaient bavées par le protégé sur son bienfaiteur. La mesure était comble. Il devenait urgent d'exécuter le traître, au risque d'un abominable pamphlet, et les amis du grand écrivain, faisant violence à ses indulgences dédaigneuses, obtinrent enfin de lui qu'il en finît une bonne fois avec cet animal venimeux et malfaisant.

Si bien que lorsque Nicolardot entra dans la chambre de la rue Rousselet, la bouche en cœur, l'air goguenard et content de soi, demandant à quelle heure il trouverait, le soir, chez Dentu, M. d'Aurevilly ; celui-ci, d'abord contenu, s'anima au son de sa propre voix et tout d'un trait fit le procès du triste hère.

Nicolardot, le chapeau pendant au bout des doigts, s'était accoudé, debout à la cheminée, et le nez baissé, contemplait le bout de ses bottines. Impassible, immobile, un sourire figé sur les lèvres, il écouta.

M. d'Aurevilly, vite apaisé, — il ne pouvait en vou-

---

[1] J'en ai tenu l'original entre mes mains.

loir longtemps à personne et sans ses amis n'eût fait que plaisanter le pauvre hère avec sa verve railleuse et ironique; désarmé d'ailleurs par son attitude passive, par son silence, — cessa ses reproches. Alors Nicolardot, relevant la tête et balançant au bout de ses doigts son pitoyable couvre-chef, décroisa ses jambes, et de sa voix nasillarde, tranquillement, il proféra ces mots :

— Eh bien ! à quelle heure viendrez-vous, ce soir, chez Dentu ?

C'est à lui que fut adressé un jour ce mot sanglant, au moment où, la main tendue, il s'avançait vers un ancien ami : « Vous ne voyez pas que je vous tends la main ? » dit Nicolardot, avec son affreux sourire.

« Je le vois bien, répondit l'autre, en reculant ; mais que voulez-vous ? Je n'ai rien à mettre dedans ! »

*
* *

J'aurais voulu ne pas dire que M. Armand de Pontmartin fut l'ennemi de Barbey d'Aurevilly, et n'avoir à lui infliger que l'épithète d'adversaire; mais on doit aux morts la vérité. Un moment en relations, aux temps reculés de la seconde République, ils ne tardèrent pas à rompre, et peut-être convient-il de ne chercher que dans la divergence d'idées politiques la cause de leur rupture.

Barbey d'Aurevilly est venu dans un temps où le parti royaliste, longtemps écrasé sous la terreur de la Révolution et de l'Empire, relevait enfin la tête et se persuadait qu'il allait revoir les beaux jours du XVIIe et du XVIIIe siècle, son apogée de puissance et de grandeur. Les Bourbons de la branche aînée étaient de nouveau en possession du trône et l'ère nouvelle s'annonçait brillante et prospère, sous les plis de la bannière blanche à fleurs de lys d'or ; la jeunesse de Barbey d'Aurevilly s'écoula rapide dans ce renouveau d'enthousiasme royaliste et religieux, dont les effets se propagèrent jusqu'aux provinces du littoral, et de toutes les gentilhommières surgirent les partisans toujours fidèles du trône, secouant la poussière des habits à la française qui depuis trente ans dormaient dans l'oubli des armoires [1]. Mais au fond, M. d'Aurevilly était un autoritaire, et bien qu'il écrivît dans les journaux de l'Empire, se rattachant à un gouvernement qui lui semblait assez fort pour résister au courant révolutionnaire, il se désintéressa promptement de la politique, et ses ouvrages ne donnèrent jamais prise à la moindre critique d'opinion.

Lorsque le comte de Pontmartin publia les *Jeudis de Madame Charbonneau*, un livre à clef, dans lequel il déversait toutes ses rancunes littéraires, et se payait des nombreuses déceptions que lui avaient valu ses débuts dans la critique et le roman, il fit de M. d'Aurevilly un portrait si violemment exagéré, si dur et si injuste qu'on n'y pouvait répondre que par le silence, sous peine de compromettre sa dignité. Quelques années plus tard, M. Crétineau-Joly — un des amis du comte de Chambord, pourtant ! — dans son livre *Bonaparte, le Concordat de 1801 et le Cardinal Consalvi*, traça du feuilletonniste de *la Gazette de France* un terrible portrait :

[1] Léon Rioton, Etude sur Barbey d'Aurevilly, dans *la Minerve*.

« M. Armand, comte de Pontmartin, est un gentilhomme qui daigne écrire, comme ce bon M. Jourdain, de Molière, daignait vendre du drap à ses amis et connaissances. Il est né, celui-là, ou du moins, il s'en targue. Je ne sais pas s'il remonte aux Croisades, mais, à coup sûr, son zèle et sa foi ne l'y auraient jamais poussé.

« Si vous découvrez sur l'asphalte du boulevard un roseau qui marche, emmailloté dans des vêtements d'homme, si vous entendez son aigrelet soprano piailler entre des ossements collés l'un après l'autre, ne détournez pas la tête. Autrement, vous verriez sourire de pitié ou rougir avec de petits cris de pudeur effarouchée toutes les femmes comme si, de loin, elles apercevaient le grand eunuque noir. Ce gentilhomme *fait* dans la littérature industrielle et le roman provençal, le roman qui sent beaucoup l'ail et peu l'huile. Il commerce de tout et ne gagne sur rien ; puis, chaque soir, il va déposer sa copie au mur des journaux à images. Il passe du blanc au bleu, du bleu au rouge, sans savoir si, après avoir fané les lys, il grignotera une crête orléaniste de coq gaulois ou s'il goûtera au miel des abeilles napoléoniennes. »

M. d'Aurevilly s'était contenté de dire dans *le Réveil* :

« M. de Pontmartin, mixte négatif, qui n'est pas tout à fait Gustave Planche et qui n'est pas tout à fait Janin, composé de deux choses, qui sont deux reflets : un peu de rose, qui n'est qu'une nuance et beaucoup de gris, qui est à peine une couleur. »

Cette gouttelette de mépris ne fut jamais essuyée, et M. de Pontmartin ne pardonna jamais. Lorsque parut l'*Ensorcelée*, il attaqua avec une extrême vivacité la préface de ce livre, refusant à l'auteur le titre qu'il revendiquait si hautement, dans sa préface, de moraliste catholique.

« Je comprends très bien, écrivit-il, que, dans l'église, du haut de la chaire, le prédicateur, maître de son auditoire, aborde la passion pour la combattre et la fasse voir pour la faire haïr ou craindre. Je comprends mieux encore que le prêtre, seul en présence du pénitent, touche résolument aux plaies et aux souillures, pour en sonder la profondeur, pour indiquer le remède. Là, la religion est sur son terrain ; elle est souveraine ; en faisant comparaître la passion à son tribunal ou à sa barre, elle est sûre de la dominer, de diriger le débat, de ne laisser la parole à son ennemie qu'autant qu'il le faut pour la dompter, l'humilier et la confondre. Mais dans un roman qui se vend boulevard des Italiens, qui a pour chaires les cabinets de lecture et pour fidèles les lecteurs de Balzac et d'Eugène Sue, ne craignez-vous pas que les rôles ne changent, que la passion ne redevienne à son tour victorieuse et maîtresse, qu'elle ne profite de cette *grande largeur catholique*, pour faire entrer en fraude bien des éléments de trouble et de désordre ? »

On pouvait répondre au noble comte que le catholicisme libéral se trouvait ici bien près du jansénisme. C'est un résultat déjà considérable que d'arriver à faire entendre aux « lecteurs fidèles de Balzac et d'Eugène Sue », lesquels ne vont guère à l'église et ne se pressent point autour de la chaire, ce que la doctrine catholique enseigne touchant les passions, leur origine, leur développement, leurs conséquences dans ce monde et dans l'autre. Les ravages que la passion fait dans le cœur humain ; l'étude psychologique profondément fouillée de leur influence sur l'âme et sur l'intelligence, tel est le thème favori de M. d'Aurevilly. La passion n'y saurait être plus victorieuse que dans maint écrit, peut-être plus calme dans la forme, et, dans le fond, aussi ardent. Les *Confessions* de saint Augustin, la *Cité de Dieu*, et, pour chercher des comparaisons plus précises, *Télémaque, Don Quichotte, Andromaque, Phèdre*, peuvent-ils être lus par tout le monde? Faut-il défendre aux catholiques de lire Dante, Shakespeare, Gœthe?

Il ne s'agit nullement de montrer la religion en accommodement avec la passion. La religion est le frein unique et nécessaire de la passion. Nous est-il donc interdit, à nous autres catholiques, de retracer d'une plume vigoureuse les émotions d'un cœur que la conscience et la passion se disputent? Est-ce que nous n'avons pas, pour lire jusqu'au fond de l'âme humaine, la lumière supérieure qui, seule, éclaire ses mystérieuses ténèbres : la foi? Ce n'est pas contre des obstacles matériels et misérables que nous mettons aux prises la passion, mais avec la conscience et la foi. « Le catholicisme étant un système complet de répression des tendances dépravées de l'homme, est le plus grand élément d'ordre social, » a dit Balzac dans la préface de la *Comédie humaine*. Donc le catholicisme peut servir de base à une étude complète et parfaite de la société, et de même que le prêtre pour combattre le mal est obligé de le connaître, de même pour dompter le vice, il faut dévoiler ses conséquences. Je crois que cette répulsion des catholiques pour ces œuvres puissantes où certains problèmes psychologiques sont expliqués et résolus, tient à un défaut d'optique. On s'est imaginé que les romans catholiques devaient être faits pour les jeunes filles, pour les adolescents, et nul homme ayant dépassé le cinquième lustre de son âge ne consent à avouer qu'il lit des romans. C'est placer mal son amour-propre : le roi d'Espagne, Philippe II, qui n'était rien moins qu'un esprit frivole, lisait volontiers *Don Quichotte*. Un prince de l'Eglise, le cardinal Wiseman, n'a pas cru déroger en écrivant *Fabiola*. On étudie l'anatomie des animaux, leurs mœurs, leurs habitudes, les moindres détails de leur existence ; pourquoi n'étudier pas cet animal, autrement curieux dans ses mœurs et divers dans ses types, qui est l'homme ? Et qui décrira son caractère, ses passions, ses grands sentiments, ses travers, ses vices ? L'historien voit de trop haut !.. Le romancier, comme le peintre, tourne et retourne son modèle, met en lumière les points saillants, rejette dans l'ombre les défectuosités, drape à sa guise les étoffes, voit à sa façon les traits, crée enfin le type complet dans lequel il incarne son idée.

Mais M. Armand de Pontmartin, à qui maintes fois furent présentées ces objections, ne se tint pas pour battu, et lorsque l'*Histoire sans nom* parut, un nouveau feuilleton, d'une violence alors sans mesure, parut dans *la Gazette*. Un journal y répondit par un article signé *l'Ensorcelé* ; cette fois, Barbey d'Aurevilly, se départant de sa réserve, écrivit à ce journal *le Gil-Blas* :

« C'est une flatterie ; mais l'article signé ainsi n'en était pas une... Il répondait à un article de *la Gazette de France*, signé Pontmartin, qui a paru je ne sais quel jour. D'habitude, je lis peu M. de Pontmartin, mais je n'ai été nullement étonné de l'attaque d'un homme qui, quand il s'agit de littérature, se met à parler politique, — comme il se mettrait à parler politique s'il s'agissait de littérature ! — Tout ce que je sais, c'est que, *hors de propos* d'un article, lointain déjà, publié par *le Gil Blas* sur Mgr de Chambord, et dans lequel mon royalisme, absolument désespéré, exprimait le plus respectueux des regrets sur la politique qui a, depuis trente ans, cloué au fourreau une épée qu'une autre politique aurait pu en tirer, M. de Pontmartin ait eu la logique de me reprocher de n'avoir pas été *zouave pontifical* ou *franc-tireur* dans la guerre de 1870, comme si littérairement, c'était là la question ! M. de Pontmartin n'est pas plus logicien qu'il n'est diable... Seulement, puisqu'il tient à savoir ce que j'ai fait en 1870, *faites-lui dire par un de vos garçons de bureau* qu'alors j'étais à Paris, le fusil sur l'épaule : faisant mon service de garde national *volontaire*, sous les obus, qui ne manquaient pas dans mon quartier.

« On ne se vante pas de ces choses-là. C'est par trop simple. Je ne demande pas, moi, à M. de Pontmartin ce qu'il a fait en 1870. Cela ne m'importe pas, ni à la France non plus !

« Quant à la littérature de M. de Pontmartin, je n'en ai, jusqu'ici, parlé nulle part encore. J'ai pourtant publié déjà six volumes de critique intitulés *les Œuvres et les Hommes*, et dans lesquels, en attendant les autres qui vont suivre, j'ai relevé les hommes et les œuvres du xixe siècle... M. de Pontmartin n'y est pas. Pour l'y mettre, je lui ai donné le temps de croître, mais il n'a pas profité de la patience que j'y mettais. Aujourd'hui, les gens qui l'emploient lui trouvent du talent. Nous verrons, un jour, ce que c'est.... Et, ma foi, puisque nous ne sommes jeunes ni l'un ni l'autre, et que la mort peut interrompre tous les comptes, je lui promets de ne pas le faire attendre bien longtemps...»

On comprendra donc les indignations de M. de Pontmartin, dans cette lettre familière qu'il adressait, en 1879, à un jeune écrivain :

« Je suis révolté, exaspéré de l'espèce de fétichisme dont un certain groupe catholique entoure cet homme étrange qui a deux écritoires ; l'une pour la critique absolutiste, l'autre pour les romans obscènes. Vous n'avez donc pas lu une *Vieille Maîtresse*, et, plus récemment, les *Diaboliques*, livre qui a eu maille à partir avec la justice et la police ? Il y a dans cette tolérance, dont je crois, hélas ! que Louis Veuillot a donné l'exemple, quelque chose de si scandaleux, de si monstrueux, que j'en deviendrais libre-penseur, si j'étais moins convaincu. Comment des hommes d'esprit peuvent-ils être dupes de ce double jeu ? Comment ne voyez-vous pas que, en flattant, en caressant tout ce qu'il y a de sensuel, de vicieux, de malpropre dans notre misérable nature humaine, M. Barbey d'Aurevilly obtient carte blanche pour ses excès d'absolutisme auprès des athées, des sceptiques, des réalistes, qui ne nous passent rien, à nous, assez bêtes pour essayer de mettre d'accord notre religion et notre morale ? L'athéisme de Sainte-Beuve ne s'y était pas trompé. Il avait flairé la *truffe*, et voilà pourquoi ce trop spirituel *cochon* a toujours eu un faible pour l'homme que le brave Féval traite d'*admirable* et d'*homme de foi*. »

Quelques années plus tard, il écrivait, dans une autre lettre :

« Je n'ai aucun sentiment de haine contre M. Barbey d'Aurevilly. En février 1878, je consacrai un feuilleton bienveillant à son livre des *Bas-bleus*, quoiqu'il y eut attaqué la marquise de B***. Quelques années auparavant, j'avais dit à Dentu, qui pourrait vous le répéter : « Je voudrais en finir de cette espèce de brouille avec M. Barbey d'Aurevilly. Je pars pour la campagne : s'il publie un nouvel ouvrage, ayez l'obligeance de me l'envoyer, et je le traiterai de mon mieux. » Dentu se le tint pour dit, et il m'envoya... *les Diaboliques* ! ! !

« Non, je n'ai pas de haine personnelle ; mais, tant

qu'il me restera un souffle de vie et un tronçon de plume, je ne me lasserai pas de signaler à la méfiance des *vrais* catholiques cette littérature en partie double qui alterne entre une critique absolutiste et des romans tels qu'une *Vieille Maitresse*, les *Diaboliques* et l'*Histoire sans nom*. »

Ces quelques citations démontrent assez que M. d'Aurevilly fût une des haines littéraires de M. de Pontmartin. Ce dernier s'imagina constamment que le principal obstacle à sa renommée était son titre nobiliaire ; que ses confrères du journalisme et des librairies affectaient de ne voir en lui que « Monsieur le Comte ». Peut-être fut-il quelque peu vexé de constater que la noblesse de naissance n'était un obstacle que pour lui, car il n'admettait point que son genre de talent fût pour quelque chose dans ses insuccès. Cependant il fut un moment l'idole du noble faubourg, et le *leader* de *la Gazette de France*.

C'est ce que reconnaît dans une page, peut-être un peu agressive, un écrivain qui eut à se plaindre de lui :

« M. Armand de Pontmartin passe pour un critique de grande autorité. L'extrême médiocrité de ce temps l'a ainsi voulu. Ce qu'il écrit a une prise étonnante sur certains esprits tempérés et précieux qui se défient de la magnificence et qui redoutent l'originalité. Le sous-entendu de sa manière insinuante et correcte fait la joie d'une foule de gens aimables ou vertueux, mais dont l'idéal esthétique ne crève pas la voûte du ciel. En tant que journaliste, il donne à peu près le niveau intellectuel de ce qu'on est convenu d'appeler la bonne compagnie. Il peut donc être signalé comme un type exquis de cette médiocrité renseignante et prétentieuse qui mène aujourd'hui l'opinion d'une partie élevée de la société en

sens inverse de toute grandeur. M. Armand de Pontmartin
a un mot qui le caractérise, c'est le mot *exagération* [1]. »

Au lendemain de la mort de Barbey d'Aurevilly, le
comte de Pontmartin garda un silence prudent : on
faillit lui en savoir gré ; on en conclut que ce vieillard,
lui-même aux portes du tombeau, désarmait sa haine
devant la tombe à peine fermée. C'eût été noble et
digne que le chrétien vivant priât pour le chrétien
défunt, et que, si proche du suprême jugement, il se
défendit de juger. Il n'en fut pas ainsi.

Cinq mois après la mort du grand écrivain, le
feuilletonniste de *la Gazette de France* publiait un
article de la dernière violence, où chaque mot distillait
l'envie, chaque phrase une jalousie féroce, une
haine implacable. Il accusait l'illustre mort de s'être
rallié à l'Empire, de n'avoir pas fait le coup de feu en
Vendée, de ne s'être pas battu en 48, de n'avoir jamais
combattu l'erreur, l'impiété, le mensonge, de s'être
fait une cour de bohèmes, de pornographes et d'a-
thées, de n'avoir été qu'un matamore, orgueilleux et
ridicule. Et tout cela, vigoureusement assaisonné
d'injures que le gentilhomme n'eût pas voulu que
ses laquais proférassent dans ses antichambres. Jouvin, d'ailleurs, n'avait-il pas dit, au *Figaro* : « M. de
Pontmartin, fils de gentilhomme, a l'invective aussi
facile que M. Veuillot, fils de marchand de vin. »

Et Sainte-Beuve : « M. de Pontmartin a, en littérature, des opinions de *position*. Quand il écrit à la
Revue des Deux-Mondes, il n'est plus le même homme

---

[1] Léon Bloy. Préface au *Révélateur du Globe*.

que quand il écrit dans *le Correspondant* ou dans *le Nain jaune*. Il est *plusieurs*. »

Il serait, hélas ! trop facile de riposter au feuilleton de *la Gazette de France*. Mais nous avons le respect du sépulcre, et d'autres occasions nous seront données de juger l'espèce d'influence que l'ancien maire de Gigondas exerça dans cette fraction de la société qui prétend être « la Société » par excellence. Il suffira, pour le présent, de citer ici quelques lignes dédaigneuses d'Aurélien Scholl, son ancien collaborateur au *Nain Jaune :*

« On ne peut pas dire que M. Armand de Pontmartin vient de s'éteindre, car il n'a jamais brillé, et sa mort n'a été suivie d'aucunes ténèbres. Il a cependant tenu une place dans la littérature de son temps, c'est-à-dire qu'il a beaucoup écrit et que son nom figure sur un grand nombre de couvertures jaunes ou bleues, toilette peu somptueuse d'un volume toujours gris. Un grand nombre de romans honnêtes et de nouvelles d'une indéniable probité sont sortis des plumes de M. de Pontmartin. La maison Michel Lévy réunissait chaque année en un volume ses feuilletons du samedi dans *la Gazette de France*, critiques qui auraient voulu être méchantes, et qui n'étaient que désagréables. Ces volumes, tirés à 500 exemplaires et distribués aux rédacteurs des différents journaux de Paris, étaient toujours honorés de la publicité des quais, où ils s'étalaient en pleine lumière pour attirer l'attention des amateurs de bains froids.

« Le comte de Pontmartin était grand, maigre et sec. Une esquinancie rebelle à tous les traitements ne m'a pas permis de le juger comme orateur. En me rappelant le son de sa voix, j'ai l'idée qu'il avait trouvé le phonographe avant Edison, mais qu'il l'avait avalé pour que personne ne profitât de l'invention.

« M. de Pontmartin était non seulement clérical, mais dévot. Il pratiquait, — avec la pratique de Polichinelle.

« M. de Pontmartin croyait en Dieu, mais Dieu ne croyait pas en lui et l'a toujours abandonné.[1] »

* * *

On se rappelle que M. Emile Zola donna pendant une année au *Figaro* une série d'articles hebdomadaires qu'il réunit ensuite en volume sous le titre : « *Une Campagne* ». Il s'y montrait critique assez féroce, et revendiquait pour les littérateurs le respect de la multitude, la liberté du style et de la forme, ne les rendant justiciables, pour ainsi dire, que de la postérité.

Pourquoi faut-il que M. Zola ait si singulièrement trahi ses propres idées et réfuté lui-même son plaidoyer en faveur de la dignité des lettres, dans les nombreux articles qu'il a consacrés à M. d'Aurevilly, dès les années lointaines de sa jeunesse? Peut-être ces deux hommes ne se sont-ils jamais vus, et par conséquent n'ont-ils pu s'expliquer l'un à l'autre par leurs physionomies. Tous les deux autoritaires, vail-

---

[1] Dans le journal *le Matin*.

lants, acerbes, de parti pris comme ceux de qui les convictions sont enracinées, ils ont été antipathiques l'un à l'autre dès qu'ils se sont connus. Je ne parle, bien entendu, que d'une antipathie *littéraire :* le tempérament intellectuel de l'un est hostile au tempérament intellectuel de l'autre, et même, si l'un reproche à l'autre ses élégances fantaisistes, en plébéien que l'aristocratie offusque, le désinvolte seigneur des anciens temps reproche, avec autant d'âpreté, au démocrate, la lourdeur de ses allures, la vulgarité de son concept. Antipathie de Normand à Méridional peut-être, car M. Zola est né sur les bords de l'étang de Berre, d'un père italien et d'une mère provençale, encore qu'il n'ait hérité ni de la fougue, ni des enthousiasmes de sa race.

Lequel des deux ouvrit le feu? On l'ignore ; mais la bataille fut rude. M. d'Aurevilly démolissait impitoyablement chaque œuvre nouvelle de l'historiographe des Rougon-Macquard. Il le poursuivait dans le roman, au théâtre, sans trêve, sans pitié, — avec une violence de passion qui le rendait peut-être injuste, car enfin M. Emile Zola est et restera *quelqu'un* dans l'histoire littéraire de ce temps. A propos de l'*Assommoir* il écrivait :

« Ce livre n'assomme pas, du reste, mais il éclabousse. On sort de sa lecture comme du bourbier sortent les cochons, ces réalistes à quatre pattes. Bourbier, en effet, bourbier de choses, bourbier de mots, un irrespirable bourbier!..... Etalée d'abord dans un journal, toute cette fange a eu son succès de puanteur. Elle a fait crier, et les cris vont recommencer plus fort peut-être, à présent qu'elle n'est plus soulevée, cette fange, par pelletées dans un feuilleton, mais passée en bloc dans un livre..... M. Zola proteste dans sa préface de la pureté de ses intentions. Laissons cette plaisanterie. »

Six mois plus tard, M. Zola ripostait dans la *Vie littéraire*, par un article « que je signale, dit M. Jean Richepin, à ceux qui désirent connaître jusqu'à quel point de honteuse polémique la rancune peut pousser un auteur piqué dans son amour-propre... Oui, cet article est une mauvaise action. Au lieu de s'en prendre à l'œuvre de M. Barbey d'Aurevilly, M. Zola l'attaque dans sa personne. Muni de renseignements de seconde main, abusant des confidences que lui ont faites des amis communs qu'il transforme ainsi en espions, il se plaît à décrire l'intérieur et la mise *chez lui* de M. Barbey d'Aurevilly. Il le représente, au milieu de « *meubles étriqués* », devant une « *maigre armoire à glace de camelotte* », faisant « *des effets de cuisse* », chauffant « *le soir ses douleurs à deux maigres tisons* ». Il le trouve *comique, touchant*. Il lui reproche son âge, sa pauvreté. C'est honteux, vous dis-je, et indigne d'un écrivain qui se respecte !... Tous ceux qui ont eu l'honneur d'approcher M. Barbey d'Aurevilly savent quelle haute dignité d'homme de lettres prouve cette pauvreté que M. Zola lui reproche. Tous ont souffert comme moi de la voir bafouée [1]. »

Dans une autre étude à propos des *Diaboliques*, M. Emile Zola disait de M. d'Aurevilly :

---

[1] L'article de M. Zola fut reproduit *in extenso* dans une revue, appelée le *Biographe*, IVᵉ volume, 8ᵉ livraison. Juillet-août 1880.

« C'est un croyant que l'idée du diable tourmente, et qui cède parfois à la rébellion de l'enfer... Ajoutez l'allure satanique, des étrangetés d'ange que la malédiction attire.....

« Etudiez-le. Il part du fait extraordinaire, anti-naturel ; nous partons du train ordinaire et naturel des choses. Il n'a derrière lui que l'enfer, le diable mis à la place de Dieu ; nous avons derrière nous la science. Et c'est ici que la séparation est décisive. Les deux philosophies se combattent et s'excluent..... Nous autres, quand il nous arrive de toucher à l'ordure, ce n'est que pour la constater et la définir ; nous soumettons les monstruosités à l'expérience, afin de nous en rendre les maîtres ; nous ne sommes pas les ouvriers de la foi, mais les ouvriers de la science. »

M. d'Aurevilly ripostait par son terrible feuilleton sur *Nana*, taillée en pièce par M. W. Busnach :

« La déception a été immense. Que dis-je ? Ç'a été une suite de déceptions ! Je les raconterai. Ah ! cette *Nana !* Comme tu m'as trompé, infidèle ! Cette fameuse, cette retentissante *Nana !* Que n'en disait-on pas ? Que n'en espérait-on pas ? Qui faisait tant de bruit avant d'être jouée ! Elle n'en fera plus, la pauvre diablesse !....

« On espérait un vrai festin de Trimalcion en fait de saletés recherchées ; intellectuellement une espèce de grande orgie romaine, et on se disait que le directeur de l'Ambigu avait fait mettre, pour les besoins de la salle, des *vomitoria* dans les coins.

« Mais tout cela était un roman sur un roman... La *Nana* de ce soir a été pour le naturalisme une lâcheté et une trahison. Au moment où la bataille engagée par le naturalisme devient belle, l'auteur de *Nana* a reculé comme un conscrit. Il n'a pas osé être seul au feu. Il s'est fait deux. Ce n'est plus M. Zola, c'est M. Zola et M. Busnach. C'est même M. Busnach sur M. Zola, devenu son

humble pilotis. L'un des deux auteurs a nettoyé l'autre. Il
l'a peigné. Il l'a lavé et il l'a rendu presque propre. Encore
une pièce comme cette *Nana* et M. Zola finira peut-être
par arriver à la chasteté par la platitude! Joli chemin! »

Dans sa *Campagne* du *Figaro*, M. Zola ne put se
tenir de décocher encore une flèche à son vieil adversaire, et cette fois, s'occupant non plus de sa personne
seulement, mais aussi un peu de son œuvre, il s'éver-
tua à démontrer en quelques centaines de lignes
que l'auteur de *Un Prêtre marié* et de l'*Ensorcelée*
n'était..... qu'un bourgeois!

Il commençait par déclarer avec un grand sérieux
qu'il tient au groupe des jongleurs et des faiseurs de
tours, qu'il est un critique aussi tumultueux qu'impuissant, et il concluait en ces termes :

« Vous ignorez tout de l'heure actuelle, vous ne savez
même pas que nous sommes les artistes, nous autres qui
avons renoncé aux guenilles de 1830, et qui vivons simplement, sans carnaval, tout entiers dans nos œuvres.
Visitez les ateliers de nos peintres, ne vous en tenez pas
aux quatre pauvres jeunes écrivains que fascinent vos
yeux d'aigle, renseignez-vous, apprenez au moins où est
l'art de l'époque. En vérité, je vous le dis, vous avez
l'ahurissement d'un bourgeois, les ignorances d'un bourgeois, l'obstination et le rabâchage d'un bourgeois.
Bourgeois! Bourgeois! »

A cette attaque, si violente, et qui serait, par certains côtés, odieuse, si l'on ne faisait la part du tempérament excessif de M. Zola, M. d'Aurevilly se contenta de répondre par la lettre suivante, qui parut
dans le *Triboulet :*

« Mon cher Monsieur de Gastyne,

« Je vous remercie de mettre votre *Triboulet* à ma disposition, pour le cas où je voudrais répondre à l'article de M. Zola publié hier dans le *Figaro*.

« Mais je ne profiterai pas de votre offre obligeante : je ne répondrai point à M. Zola. J'ai pour cela des raisons plus hautes que lui. Pourquoi lui répondrai je ? Il ne discute pas mes idées sur Gœthe. Ce n'est pas Gœthe qui l'intéresse: c'est sa personne à lui, M. Zola, et la mienne : la sienne pour la surfaire, la mienne pour la blesser. Seulement, il ne l'a pas blessée. Je suis de bonne humeur après l'avoir lu, et aussi calme que Frédéric de Prusse, qui disait d'un placard imbécile contre lui : « *Mettez-le donc plus bas, on le lira mieux !* »

« Je n'ai pas à me défendre des ridicules que M. Zola me trouve. Être ridicule aux yeux de M. Zola, c'est mon honneur, à moi ! Je ne suis pas dégoûté !... Parbleu ! je ne suis pas du tonneau qu'il aime !. Je sens autre chose que ce qu'il brasse. Cul-de-plomb qui a de bonnes raisons pour haïr la souplesse, il me reproche d'être une espèce de clown en littérature et il ne sait pas combien il me fait plaisir, en me comparant à un clown.

« Les clowns, il ne sait pas combien je les aime, moi, l'habitué des samedis du Cirque, et qui trouve le Cirque beaucoup plus spirituel que le Théâtre-Français. Il ne sait pas combien je les admire, ces gaillards-là, qui écrivent avec leur corps des choses charmantes de tournure, d'expression, de précision et de grâce, que M. Zola avec son gros esprit n'écrirait jamais !

« Je refuse donc la passe d'armes dont vous m'offrez le terrain, mon cher Monsieur de Gastyne. Je ne veux pas renouveler la scène de Vadius et de Trissotin chez Philaminte, que refait toujours plus ou moins un auteur quand il défend son amour-propre. Il n'y a que le public qui gagne à ces spectacles, parce qu'il se moque des acteurs. Ces combats de coqs des amours-propres, je les ai toujours haïs et méprisés. L'honneur, la dignité des duels, c'est le silence dont on les enveloppe. La galerie n'y vaut rien, et elle diminue toujours un peu ceux qui se sont battus pour elle. »

* * *

Moins violente dans la forme, aussi profonde peut-être, dans le fond, était l'antipathie que Barbey d'Aurevilly ne cessa d'inspirer à Alexandre Dumas fils et à Gustave Flaubert. De son côté, tout en reconnaissant son grand talent (voir *Dernières Polémiques*), il « éreintait » tour à tour les écrits de M. Dumas sur la question du divorce, et l'approbation qu'il avait donnée au livre à peu près fou, *l'Appel au Christ*, de je ne sais quelle dame russe, affaire où se mêla fort maladroitement un religieux dominicain d'un libéralisme exagéré qui ne s'en tint pas à cette première erreur. Il fit enfin le procès à l'auteur dramatique, dont il ne savait ni ne pouvait admettre aucune des idées.

Quant à Flaubert, après avoir trouvé beaucoup de talent dans *Madame Bovary*, il disait de lui qu'il « a travaillé toute sa vie avec une vigueur d'application qui, moralement, l'honore, mais il n'a rien produit dans la mesure de son application, et, chose plus déplorable encore ! ce qu'il a produit est toujours allé, à chaque fois qu'il produisait, en s'affaiblissant.... Gustave Flaubert est un ouvrier littéraire, qui a la probité de son métier, bien plutôt qu'un artiste inspiré. *C'est le casseur de pierres ou le scieur de long* de la littérature ». Et il ajoute que « la haine du bourgeois était chez lui une espèce de folie, clabaudante et sonore ». La notice que M. de Maupassant a mise en tête des *Lettres de Gustave Flaubert à George Sand* donne bien exactement la mesure de cet « ouvrier littéraire », et n'infirme que dans la forme, trop brutale, le jugement du critique :

« Il avait une conception du style, dit-il, qui lui faisait enfermer dans ce mot toutes les qualités qui font, en même temps, un penseur et un écrivain. Aussi, quand il déclarait : « Il n'y a que le style, » il ne faudrait pas croire qu'il entendit : « Il n'y a que la sonorité ou l'harmonie des mots » .

« Car il n'imaginait pas des « styles » comme une série de moules particuliers dont chacun porte la marque d'un écrivain et dans lequel on coule toutes ses idées ; mais il croyait au *style*, c'est-à-dire à une manière unique, absolue, d'exprimer une chose dans toute sa couleur et son intensité.

« Pour lui, la forme, c'était l'œuvre elle-même.

« Obsédé par cette croyance absolue qu'il n'existe qu'une manière d'exprimer une chose, un mot pour la dire, un adjectif pour la qualifier et un verbe pour l'animer, il se livrait à un labeur surhumain pour découvrir, à chaque phrase, ce mot, cette épithète et ce verbe. Il croyait ainsi à une harmonie mystérieuse des expressions, et, quand un terme juste ne lui semblait point euphonique, il en cherchait un autre avec une invincible patience, certain qu'il ne tenait pas le vrai, l'unique.

« Ecrire était donc pour lui une chose redoutable, pleine de tourments, de périls, de fatigues. »

Flaubert n'était pas insensible aux attaques. On le voit dans ses lettres à George Sand :

« Chère bon maître, écrit-il en 1870, votre vieux troubadour est fortement dénigré par les feuilles. Lisez le

Constitutionnel de lundi dernier, le *Gaulois* de ce matin, c'est carré et net. On me traite de crétin et de canaille. L'article de Barbey d'Aurevilly (*Constitutionnel*) est, en ce genre, un modèle, et celui du bon Sarcey, quoique moins violent, ne lui cède en rien. Ces messieurs réclament au nom de la morale et de l'idéal ! J'ai eu aussi des éreintements dans le *Figaro* et dans *Paris*, par Cesena et Duranty. Je m'en fiche profondément, ce qui n'empêche pas que je suis étonné par tant de haine et de mauvaise foi. »

Dans une autre lettre il ajoute :

« Sarcey a republié un second article contre moi. Barbey d'Aurevilly prétend que je salis le ruisseau en m'y lavant (*sic*). Tout cela ne me démonte nullement. »

Quatre ans plus tard, en 1874 :

« Ça va bien, cher maître, les injures s'accumulent ! C'est un concert, une symphonie où tous s'acharnent dans leurs instruments. J'ai été éreinté depuis le *Figaro* jusqu'à la *Revue des Deux-Mondes*, en passant par la *Gazette de France* et le *Constitutionnel*. Et *ils* n'ont pas fini ! Barbey d'Aurevilly m'a injurié personnellement, et le bon Saint-René Taillandier, qui me déclare *illisible*, m'attribue des mots ridicules. Voilà pour ce qui est de l'imprimerie. Quant aux paroles, elles sont à l'avenant. Saint-Victor (est-ce servilité envers Michel Lévy ?) me déchire au dîner de Brébant, ainsi que cet excellent Charles Edmond, etc., etc. En revanche, je suis admiré par les professeurs de la faculté de théologie de Strasbourg, par Renan, et par la caissière de mon boucher ! sans compter quelques autres. Voilà le vrai. »

Heureux ceux qui sont discutés ! Ils vivent.
Léon Cladel, qui est un excellent cœur, et qui aimait Flaubert et Barbey d'Aurevilly d'une égale affection,

tenta de réconcilier ces deux hommes qui avaient, naguère, du plaisir à se rencontrer. Il alla leur proposer, à chacun séparément, de les réunir à la même table, se donnant à l'un comme envoyé par l'autre, et chargé d'exprimer le désir de voir cesser toute froideur. Flaubert, tout d'abord, accepta ; M. d'Aurevilly s'empressa de l'imiter. On prit rendez-vous. Les invitations furent lancées. Puis, au dernier moment, Flaubert, ayant mandé Léon Cladel, lui déclara que, décidément, il refusait de revoir son compatriote normand. Et comme Cladel, navré, insistait, Flaubert dit en soupirant :

— « Je ne peux pas, mon cher, je ne peux pas... Vous comprenez !... *On dit qu'il parle mieux que moi !*

C'est chez Cladel que Barbey d'Aurevilly, peu de mois après la guerre, fit la connaissance de son jeune voisin François Coppée, qu'il apprécia si vivement dès le premier moment de leur rencontre, et qui fut son fidèle ami jusqu'au dernier jour.

Il y connut aussi son futur éditeur Alphonse Lemerre.

VII

LE JOURNALISTE

Le vicomte Arthur de Cumont, qui fut ministre de la République et journaliste, disait un jour que, s'il devait se trouver en l'autre monde à la droite du Père Eternel, en compagnie de Louis Veuillot, il préférerait d'ores et déjà renoncer à sa part de paradis. Je crois qu'il s'aventurait un peu : il n'y a pas de paradis pour les journalistes.

Balzac a-t-il prédit juste? « La presse fera des rois, disait-il, et défera des monarchies, parce qu'en France l'esprit est plus fort que tout, et les journaux ont, de plus que l'esprit de tous les hommes spirituels, l'hypocrisie de Tartufe. » C'est peut-être un peu excessif. Le terrible poète de la *Comédie humaine* avait raison, cependant, lorsqu'il parlait de l'influence considérable qu'elle devait acquérir. A l'heure présente, en France et ailleurs — même sous la férule des plus sévères gouvernants — on n'a plus besoin de réclamer la liberté de la presse, qui s'impose d'elle-même. Devant cette puissance, les pouvoirs publics sont contraints de s'incliner. Elle règne, elle gouverne ; elle ressuscite ; elle tue ; elle renverse ; elle édifie ; — elle est à son apogée, elle ne prévoit pas sa décadence.

Les Romains demandaient aux Césars du pain et les jeux du cirque. Les Français demandent, eux, des journaux et des spectacles, — et se passent volontiers de pain. Du haut en bas de l'échelle sociale, on est l'esclave de la presse. Paysan, grisette, ouvrier, lisent le journal tout ainsi que l'opulent bourgeois. Fouillez les bas fonds, vous y trouverez des gens affamés, qui ramassent des chiffons de papier dans les immondices pour en repaître ce qui leur reste d'intelligence. Et ceux qui ont intérêt à égarer le peuple sur ses droits font croire tout ce qu'ils veulent à ces lecteurs naïfs qui accueillent avec d'autant plus de faveur les raisonnements qu'on leur offre, que ces raisonnements sont plus passionnés et plus illogiques. C'est ainsi qu'on sème la révolte dans ces âmes terrassées par l'oppression de la misère, et qu'on fait du journal l'instrument de la révolution, — le meilleur, puisqu'il est irresponsable en apparence, — car les crimes collectifs n'engagent personne !

Tout journal, disait encore Balzac, est une boutique où l'on vend au public des paroles de la couleur dont ils les veut... C'est vrai : mais que de couleurs !... Et dans combien de ces boutiques d'esprit vend-on une marchandise frelatée ! La suprême habileté consiste maintenant à se mettre à la remorque de l'opinion, au lieu de la diriger. On suit le courant, ce qui est facile ; on ne se donne point la fatigue de le remonter :

et quand la barque chavire, on accuse celui qui tenait la barre.

Cette manie du journalisme à outrance durera-t-elle? Deviendrons-nous assez Américains pour accorder une si durable importance aux feuilles publiques? Je n'en crois rien. L'abondance des journaux met la confusion dans la presse, cette tour de Babel où l'on parle trop de langues différentes. L'écrivain alerte, spirituel, incisif, *expressionniste*, omni-savant, prompt à l'attaque et à la riposte, est remplacé par le *reporter*, auquel suffisent de bonnes jambes, de bons yeux et de bonnes oreilles. On supprime la discussion. Le journal n'est plus un oracle, c'est un calendrier; il n'expose pas des idées, il énumère des faits: il revient enfin à ses origines : le *diarum* de l'antiquité ! Est-ce un bien grand mal ? Peut-être plus que nous ne le pensons. Accoutumées à recevoir leurs opinions toutes faites, — car il n'est rien qu'un journal ne fasse accepter à qui le lit tous les jours — les masses, non dirigées, tomberont dans le scepticisme où nous avons chu, — nous, les intelligents! Et lorsque chacun, de par ses propres lumières, se formera une opinion irraisonnée, ce sera un étrange chaos. Chacun s'arrangera une foi politique, à l'instar des chrétiens qui se fabriquent une religion commode, pour leur usage personnel. Et nous atteindrons l'extrême limite de l'indifférence en matière politique. Cette insouciance dédaigneuse sera peut-être un remède excellent à nos discussions, et conformément à la doctrine des nombreux docteurs Pangloss, qui font de la philosophie... en actions — cotées à la Bourse, — tout ira pour le mieux dans la plus aimable des Républiques !

Il y a eu beaucoup de grands journalistes en ce siècle, et il y en a encore, après Louis Veuillot, Villemessant et Emile de Girardin, qui étaient aussi, — les deux derniers, au moins, — des journaliculteurs. Barbey d'Aurevilly ne fut pas, à proprement parler, un journaliste. Dès qu'il écrivait, le parti pris lui naissait de ne dire que ce qu'il voulait, et comme il le voulait. Il fut plutôt un homme d'esprit, à la Rivarol, « un improvisateur sublime, — ainsi que lui-même l'appelait — le génie spontané et prodigieux de la causerie ».

Il serait bien difficile de le suivre dans tous les journaux auxquels il collabora. Ne suffira-t-il point de parler ici du *Réveil*, en laissant de côté le *Nouvelliste*, la *Sylphide*[1], la *Mode*[2], du *Pays* et du *Constitutionnel*, où il combattit pendant tant d'années, et du *Figaro*, où il ne fit que passer, mais où il écrivit quand même, car il fallait que tout ce qui a su tenir une plume, en France, depuis un demi-siècle, devînt tributaire de ce journal et de Villemessant, — l'un portant l'autre. Il écrivit aussi au *Nain jaune*, *Paris-Journal* et au *Gaulois*, à plusieurs reprises.

M. Granier de Cassagnac, né la même année que M. d'Aurevilly, entrait dans la mêlée politique et littéraire à vingt-cinq ans, au lendemain de la révolution de Juillet. Il devenait l'ami de Victor Hugo, le défenseur des idées de M. Guizot, et entrait de plain-pied au *Journal des Débats* et à la *Revue de Paris*.

[1] Où parut le *Dandysme*, en 1845.
[2] Où parut *Jacques II*, en 1850.

Après la célèbre polémique, si passionnée, qu'il soutint en faveur du maintien de l'esclavage, il fit un voyage aux colonies d'où il revint marié avec Mlle de Beauvallon. Il dirigea dès lors *le Globe*, puis *l'Epoque*, et prépara, par ses articles du *Constitutionnel*, après 1848, le coup d'Etat du prince Louis-Napoléon. L'Empire fondé, il devint député du Gers, fonda *le Pays*, *le Réveil*, publia entre temps une *Histoire des classes nobles et bourgeoises*, une *Histoire des massacres de septembre*, ses *Mémoires*, et même deux romans, *Danaë*, et le *Chevalier de Médrane*. L'Empire tombé, il essaya de reconstituer la légende napoléonienne dans *le Drapeau*, édité à Londres, et il mourait en 1884, après une existence bien remplie.

M. d'Aurevilly l'a jugé dans un éloquent article :

« Granier de Cassagnac, dit-il, est, avant tout, pendant tout, après tout, un grand journaliste. C'est le journaliste qui fera bomber, sur son fond d'œuvres, le relief de sa médaille historique. Il est le journaliste, toujours armé, dans la mêlée des principes et des intérêts de son temps, lui, qui aurait pu être un écrivain de choses éternelles ! Il avait, d'origine et de culture, tout à la fois, la gravité, l'étoffe, l'impeccable correction, les larges manières de dire, le port de la phrase de ceux qui écrivent des livres sévèrement et laborieusement pensés. Il avait les qualités des hommes qui gravent sur le marbre ou le bronze pour des siècles, et avec toutes ses qualités de durée et d'immortalité, il écrivit sur ces feuilles éphémères et enflammées, qui tombent en cendres, après avoir brillé et brûlé comme des torches! Esprit profondément historique d'instinct, de connaissances et d'études, le jeune Granier trouva devant lui, après 1830, un pays si opiniâtrément monarchique encore, qu'il avait refait immédiatement un trône avec les débris du trône qu'il avait renversé ; et le polémiste, qui, jusque-là, n'avait été que littéraire, se dévoua à défendre ces quatre planches qui sont un trône, — disait Napoléon, — mais qui n'avait plus son velours fleurdelisé, usé par les siècles et déchiré par la Révolution ! Pour ce mâle esprit de réalité pratique qu'était déjà Granier de Cassagnac à cette époque, pour tout homme qui croyait, comme lui, que le salut de la France tenait impérieusement à l'institution monarchique (et il a vécu toute sa vie et il est mort dans cette pensée), il y avait strict devoir de dresser et d'affermir contre la Révolution cette épave d'un trône qu'on lui avait encore une fois arrachée, et ce fut cette idée qui fit journaliste un écrivain de plus haut parage qu'un journal ! Ce fut cette idée qui, au lieu de la plume calme et majestueuse du xviie siècle, qu'il semblait avoir héritée des grands écrivains de Louis XIV, lui mit la plume de guerre du xixe siècle à la main ! »

. . . .

*
* *

Le Réveil naquit le 2 janvier 1857. Il avait pour rédacteur en chef Granier de Cassagnac et pour collaborateurs Barbey d'Aurevilly, Louis Veuillot, Paulin Limayrac, Théophile Silvestre, le marquis de Lauzières-Thémines, le poète Amédée Pommier.

Dès ses premiers numéros, *le Réveil* faisait scandale, et *le Figaro* qui, en ce temps-là, étrillait aussi volontiers ses amis que ses ennemis, publiait une avalanche de « Nouvelles à la main », dues à la verve un peu lourde de M. Gustave Bourdin.

Le grave *Journal des Débats* attaquait avec plus de fougue et moins d'atticisme. Tout le monde entrait dans le concert.

Comme les meilleures choses, *le Réveil* eut une fin, et l'un des auteurs des lettres de *Junius*, Alphonse Duchesne, en célébra la chute dans cette prosopopée :

« On se rappelle encore les éclatantes fanfares, les pindariques réclames et le concert de dithyrambes dont les propagateurs de bons principes saluèrent le berceau rédempteur du *Réveil*. On se souvient de l'ambitieux programme de ce journal de boxe et de pugilat, qui devait à lui seul tout détruire et tout restaurer, ramener les choses à leur juste proportion et remettre les hommes à leur juste place, pourfendre impitoyablement les romantiques et les manichéens, bafouer le temps présent au profit du moyen âge glorifié, ravager nos vignes littéraires, saccager nos champs philosophiques, attacher au pilori nos historiens, abêtir nos gens d'esprit, couvrir de confusion nos poètes, et ne laisser debout, sur ce champ de bataille fumant, que le triomphant Nicolardot foulant de son pied d'airain la statue mutilée de cet imbécile de Voltaire..... »

C'était dur, mais le goût était déjà aux polémiques violentes, à ces mots à l'emporte-pièce qui blessaient plus douloureusement qu'un coup d'épée. M. de Pontmartin avait sa part dans les volées de bois vert, tout comme Veuillot. On leur décochait des historiettes de ce genre :

« Le retour des chaleurs inspire de vives inquiétudes aux amis de M. de Pontmartin. — Invité dernièrement à dîner dans une maison où il devait se rencontrer avec quelques grands dignitaires de la littérature, — ceux-ci n'ont consenti à se mettre à table qu'après avoir vu M. de Pontmartin boire, sans manifester aucune répulsion, une énorme carafe d'eau.

« En homme bien élevé, celui-ci a compris l'inquiétude que pouvaient causer sa présence, et aussitôt le dîner terminé, il a remis sa muselière. »

« M. de Pontmartin vient de terminer un roman intitulé *l'Ecu de six francs ou la sûreté des familles*. Comme il lisait cet ouvrage à un de ses amis et lui demandait son opinion, l'ami, qui ne partage pas sa *balzacophobie*, lui aurait répondu :

« — Vous avez beau manger du Balzac, votre nourriture ne vous profite pas. »

« Le journal *l'Univers* a été pris dernièrement d'une attaque d'indignation morbus en lisant *Madame Bovary*, — les vomissements ont duré huit colonnes. »

Ces aménités étaient signées « Schaunard », pseudonyme d'Henri Murger.

* *

Lorsque M. d'Aurevilly, *le Réveil* trépassé, redevint l'habituel critique littéraire du *Pays*, il ne fut point épargné. Chacune des *Semaines littéraires* de M. Habans contenait une mention plus ou moins bienveillante. On lui passait volontiers son apologie du livre de Mgr Héfelé sur Ximénès, mais on épiloguait sur toutes ses phrases, on affectait de ne pas le comprendre. Son style par trop brillant, trop imagé peut-être pour la besogne courante de la chronique au jour le jour, étonnait autant que son érudition en histoire et en littérature. On ne comprenait pas qu'il appelât Silvio Pellico une *Iphigénie mâle*, qu'il définît le naturalisme « une doctrine de marcassins et de glands tombés, » qu'il infligeât à M. Ernest Feydeau, après *Fanny*, l'épithète fort expressive de « Byron d'épiderme ».

Ce fut à cette époque, vers 1859, que M. Edmond

About, déjà célèbre par ses démêlés avec la presse, et qui attaquait avec une sorte de rage un peu tous les écrivains, reçut enfin de M. d'Aurevilly ce que Villemessant, reproduisant l'article dans le *Figaro*, appelait « la plus belle tripotée du monde ».

Parlant des romans d'About, M. d'Aurevilly disait :

« Ses livres ne sont pas des livres. Ils sont tout ce qu'on voudra : des feuilletons, des causeries, de vieux jeux de cartes battus et rebattus avec plus ou moins d'adresse, des entrelacements de ficelles plus ou moins redoublées et dénouées, des pilules contre l'ennui, arrangées pour s'avaler d'une station à l'autre dans le mouvement d'un chemin de fer, mais ce ne sont pas des livres, des compositions ordonnées et réfléchies, des choses d'observation et d'art. Dans une société toujours en chemin de fer, même quand elle n'y est pas, et beaucoup trop pressée pour lire attentivement et avec suite, il faut écrire à son usage, de manière à ce qu'elle comprenne et même s'intéresse, si cela se peut, à ce qu'elle lit, en pensant au sort de ses colis et de ses affaires ; il faut enfin une littérature de transport, de défaite et de pacotille, et M. About l'a compris.

« Pour cela, on prend des livres généreux et puissants ; et l'on en exprime ce qu'il faut pour tenir dans son rouleau d'eau de Cologne. On prend, par exemple, les *Parents pauvres* et les *Intimes*, et en y ajoutant le perpétuel ricanement de ce personnage d'un des romans de Frédéric Soulié qui dit, à propos de tout, les choses les plus affreuses ou les plus dégoûtantes, « histoire de rire, » on écrit très bien la *Germaine* de M. Edmond About. Qu'on nous passe l'expression familière, ce n'est pas plus *malin* que cela. »

A la suite de cet article, tout le monde au *Figaro* et dans la presse, connaissant le caractère agressif et haineux de M. About, croyait à un choc épouvantable, à quelque terrible rencontre, à un combat sans trêve ni merci, à l'épée ou à la plume. Il n'en fut rien. Seulement, c'est à Villemessant que About garda rancune, et quelque temps après, lorsque le fondateur du *Figaro* céda ce journal à son gendre Jouvin et au chroniqueur Villemot, il leur écrivit la lettre suivante :

« Je vous fais compliment des articles de notre nouvelle recrue, M. Sarcey de Suttières, mais, comme dans la *Dame blanche*, je n'y puis rien comprendre ; car, lorsque ce pauvre garçon m'envoyait de Grenoble des bourriches d'articles qu'il signait SATANÉ BINET, ce n'était qu'à grand'peine que j'en pouvais extraire quelques colonnes. Défiez-vous ! Il est très lié avec M. About, qui pourrait bien, par ce moyen, infiltrer dans le *Figaro* quelques vieilles rancunes. J'ai dans l'idée qu'au premier jour il vous glissera un éreintement sur d'Aurevilly.

« Faites comme Sobrier, de républicaine mémoire : veillez ! »

M. de Villemessant, par retour du courrier, recevait de Jouvin cette réponse laconique :

« Mon cher Villemessant,

« C'est la scène de Rosine dans le *Barbier*, et la lettre, la voici. — Nous avons l'article sur d'Aurevilly.

« B. JOUVIN. »

L'article ne fut pas publié dans le *Figaro*. M. Sarcey fut le porter avec M. About à la *Gazette de Paris* ; mais lorsqu'ils allèrent corriger les épreuves, M. Dollinger ayant exigé une signature, ces messieurs refusèrent.

Moralité de cette historiette ?
Il n'y en a pas !

* *

La comtesse Dash (la vicomtesse de Saint-Mars, sur laquelle les mémoires de Viel-Castel donnent de si typiques renseignements), publia dans le *Figaro* sous le nom de Jacques Reynaud toute une série de portraits à la plume qui furent très remarqués, et dont la paternité fut attribuée aux plus illustres écrivains, avant qu'on sût qu'ils étaient d'elle. Il serait dommage de ne pas citer ici, au moins en partie, celui de M. d'Aurevilly. Il n'est pas sans valeur :

« Barbey d'Aurevilly est devenu une actualité, grâce au *Pays* et aux journaux qui se sont constitués ses adversaires. Il écrivait depuis vingt ans des livres sérieux ou frivoles, des critiques littéraires, et presque personne ne s'en occupait ; la lumière était sous le boisseau, elle est découverte et chacun la voit. Elle n'est pourtant ni plus ni moins brillante : c'est le même homme, c'est le même talent, ce sont les mêmes défauts et les mêmes qualités. Tant il est vrai que nous avons notre heure pour toutes choses, il ne s'agit que de l'attendre, elle est marquée d'avance, elle doit venir.

« M. d'Aurevilly est une étrange figure à peindre ; il faut le bien connaître pour oser l'entreprendre : des contrastes frappants se rencontrent chez lui ; quand on le regarde de profil, il ne ressemble point à ce qu'il était tout à l'heure quand on le regardait de face. Il est plus qu'original, il est bizarre. C'est en même temps un philosophe et un étourdi ; c'est un ascète et un épicurien ; c'est un moine et un courtisan de femmes ; c'est un penseur et un esprit léger. Il est sévère, il est ironique, il est bon, il est facile, il est exclusif, il est doux, il est emporté, non pas à ses heures, mais dans le même moment, tout à la fois.

« Ce caméléon porte avec lui, dans son cerveau, une bibliothèque inépuisable. Parlez-lui de l'histoire, il la sait dans ses détails les plus secrets et les plus étendus. Parlez-lui philosophie, sciences, religion, littérature, théâtres, géographie, métaphysique, ce que vous voudrez, il vous répondra, et dans quels termes! Quelle conversation que la sienne ! Je n'en connais pas de plus complète ; elle réunit tout. Il est profond et il est gai, il l'est jusqu'à l'excès, pour peu que vous lui donniez la réplique. Vous pouvez le voir longtemps, si vous êtes superficiel, sans vous douter de ce que renferment cette tête et cette mémoire. Il vous servira selon votre goût, vous n'aurez de lui que des folies et des épigrammes. Il possède au suprême degré l'art de railler les gens sans qu'ils s'en doutent ou qu'ils aient le droit de s'en fâcher. Il vous débitera une parade aussi sérieusement qu'un sermon de Bourdaloue, qu'il sait par cœur, et si sa mémoire lui fait défaut, il y suppléera de son chef ; vous ne vous en apercevrez pas, à moins d'avoir le livre sous les yeux. »

Au *Nain jaune*, où il publia les quarante médaillons de l'Académie française sous le pseudonyme de Old Noll, M. d'Aurevilly donna une quantité d'articles, depuis lors en partie réunis en volume sous le titre de *Les Ridicules du temps*.

Ce sont surtout les ridicules littéraires de ce siècle qu'il fustige ; il traduit à sa barre, pour défaut de probité, la critique et la littérature. Une des plus belles pages de son livre est une invective indignée et légitime contre la « Blague » la hideuse « blague », qui salit tout, déflore tout, se moque de tout. Il donne aussi de terribles coups de lanière au positivisme philosophique, au matérialisme intellectuel, au cabotinisme des mœurs, à « l'encanaillement de l'histoire ». Tout le livre est à relire. Il est écrit avec cette rutilance de mots, avec cette verve à l'emporte-pièce, parfois avec cette licence rabelaisienne, dont l'auteur a le secret.

M. d'Aurevilly appelait la collection de son œuvre critique son « Monument ». Il y tenait d'autant plus qu'il y avait sacrifié davantage de son temps et de sa vie. Pendant les regrettables années où il ne publia aucun roman, — entre les *Prophètes du Passé* (Hervé, 1851), *Une Vieille Maîtresse* (Cadot, 1851), et *l'Ensorcelée*, qui parut en feuilletons dans l'*Assemblée Nationale* en janvier 1852 jusqu'au *Chevalier Destouches* (*Nain jaune*, 18 juillet 1863), — il entra au *Pays*, le 6 novembre 1852, et il y donna régulièrement un article par semaine.

Après avoir fait longtemps la critique littéraire au *Pays*, M. d'Aurevilly prit au *Constitutionnel* la succession de Sainte-Beuve, et ne l'abandonna qu'à la fin de sa vie. La mort de M. Gibiat l'atteignit dans ses sentiments d'estime et d'amitié, mais il resta en très bonnes relations avec le journal sous la direction de M. Henri des Houx. Depuis, les anciens journaux officieux de l'Empire passèrent aux mains de diverses coteries qui n'en maintinrent nullement la réputation. Comment parler de l'innombrable armée d'articles que le critique fournit au *Constitutionnel* ? Il en a, il est vrai, réuni un assez grand nombre déjà dans les onze premiers volumes des *Œuvres et les Hommes*, mais il en reste certainement au moins quinze volumes à publier, et les cinq premiers sont épuisés et à réimprimer.

Il y juge tout le monde avec une implacable sévérité ; il trouve toujours le mot vrai, le mot « heureux », qui fixe dans la mémoire l'image de l'individu, comme le soleil fixe la photographie sur la plaque de collodion. S'il parle de Mérimée, c'est un *chat de palais*, un cynique volontaire, réfléchi et froid ; Berryer, ce sera « le Patru politique et parlementaire du règne en expectative éternelle du comte de Chambord » ; Lanfrey, n'est « qu'un pamphlétaire contre Napoléon, dont on n'aurait jamais rien dit, sans l'ambition de son injure ». Quant à Musset, voici une jolie phrase : « A cette époque, l'auteur des *Contes d'Espagne et d'Italie* se donnait la torture de jouer au dandy, mais il n'était pas de force à porter ce corselet de soie plus étreignant qu'un corselet d'acier. Il était d'une nature trop naïvement poétique, trop capricieuse, trop agitée et tendre pour être continuellement un dandy. Le dandysme s'arrête à l'amour... »

Et ce curieux souvenir de Roger de Beauvoir, à propos de poésie :

« Roger de Beauvoir, ce soupeur de la Maison d'Or, qui s'enivrait de son esprit, comme on s'enivre de la poudre, et qui le brûlait comme la poudre, au milieu de toutes les furies et de tous les délires de cet esprit, dont il abusait, retrouvait parfois, insensé superbe, même dans l'orgie, tout à coup ce soupir de flûte, cette note triste et irrésistible qui est pour moi la note *fondamentale* du poète... J'ai assisté quelquefois au triomphe de la note divine. C'était à la fin de soupers fous... On n'en pouvait plus, on pleurait à force de rire ; les éclats de ces rires faisaient danser les vitres et les chansons déchevelées bondissaient comme des Bacchantes jusqu'à ce plafond qui semblait tourner comme le ciel et contre lequel elles jetaient et brisaient leurs verres. C'était la gaîté déchaînée, et puisée à cette coupe de Circé qui change les hommes en bêtes rugissantes. Eh bien ! si la note mélancolique et inattendue se mettait soudainement à vibrer dans quelque couplet de Beauvoir, cette note faisait à l'instant le silence et créait la rêverie. Les femmes qui étaient là, imbéciles de tout, excepté de beauté physique, ces femmes, qui n'avaient guère plus d'esprit que des pêches et plus de cœur que des ananas, sentaient leurs pulpes traversées. Emues, elles mettaient le front dans leur main et peut-être qu'une larme furtive tombait dans leur verre !.. »

Mais ce sont fleurettes, à côté de certains jugements portés sur d'autres personnages : ainsi Mgr Dupanloup, évêque d'Orléans, c'est le « Mazzini de l'épiscopat »; — Rossini et Auber sont « les vieillards gâtés de la Fortune » ; — le duc de Brunswick, c'est une « haute caricature héraldique », un « prince-cocotte; » M. de la Guéronnière, c'est « le peuplier de la politesse », long, mince, flexible, et Paulin Limayrac, une « russie de paroles » ; — le baron Taylor, « un grand intrigant au miel, qui se fait réclame de cercueils [1] ».

* *

Ces polémiques n'allaient pas toujours sans aventures. On me permettra d'en conter une, ou plutôt de l'emprunter à un livre de M. Auguste Lepage, *les Boutiques d'Esprit.*

[1] Voir le volume *Les Vieilles Actrices et le Musée des Antiques.* Chacornac, 1889.

« Un jour, une femme publia, sous le titre *les Enchantements de Prudence*, un volume tout rempli de récits très vifs. C'étaient ses fredaines que racontait l'authoress, et elle mettait les noms de ceux qu'elle avait daigné remarquer. M. Barbey d'Aurevilly ne dissimula point le dégoût que lui inspirait une œuvre semblable. Son article avait paru depuis quelques jours lorsque le gérant du *Constitutionnel*, M. A. Matagrin, reçut la visite d'un individu qui lui dit être le fils de celle qui avait écrit les *Enchantements*; il ajouta que M. d'Aurevilly l'avait indignement traitée et qu'il voulait une rétractation ou une réparation. M. Matagrin envoya promener ce visiteur qui se fâcha, menaça, et qui, passant des paroles aux actes, empoigna le gérant par la cravate et lui allongea des coups de pied et des coups de poing. Les garçons de bureau accoururent et tirèrent M. Matagrin des mains de ce forcené, qui se nommait Marcus Allard. Il fut condamné pour ce bel exploit à la prison, l'amende, sans compter les dommages-intérêts que M. Matagrin donna aux pauvres de Tarare, sa ville natale. »

A la suite de cet incident, M. d'Aurevilly adressa à un journal, au *Gaulois*, je crois, la lettre que voici :

« 23 mai.

« Puisque vous avez cru devoir publier une lettre dans laquelle se trouve mon nom, vous aurez la justice de publier ces quelques mots ; — non comme une réponse à cette lettre, mais comme un renseignement pour vous et pour vos lecteurs.

« Mme de Saman s a publié un livre intitulé *les Enchantements de Prudence*. Michel Lévy me l'a envoyé. Ce n'est pas moi qui suis allé à ce livre, c'est ce livre qui est venu à moi.

« L'éditeur Lévy me l'a envoyé parce que je fais la critique littéraire au *Constitutionnel*. Il était de ma fonction, et, je dis plus, de mon devoir d'écrire ce que je pensais de ce livre, et je l'ai écrit. Franchement, c'est un livre odieux.

L'auteur s'y vante de tout ce que les autres femmes cachent avec le plus de soin : les faiblesses et les désordres de leur vie. C'est une production de la plus profonde immoralité, et je m'en rapporte à tout le monde, depuis le premier venu jusqu'à M. le procureur de la République, s'il veut bien nous en dire son avis.

« Dans mon compte rendu, sévère, mais compatissant pour les têtes troublées qui écrivent de ces choses, j'ai dit que c'était Mme de Samans « *qui se diffamait... que si quelqu'un disait d'elle ce qu'elle en dit, elle aurait le droit de lui faire un procès en diffamation; et que certainement elle le gagnerait...* » J'ai dit « *que c'était bien triste pour des enfants ou des maris, si elles en avaient, que des femmes pussent écrire et publier de pareils livres* ». Et c'est mon opinion encore. Il serait bon qu'elles eussent des *conseils de famille* pour les en empêcher.

« Là-dessus, un M. Allard, — Marcus Allard, — *que je n'ai jamais vu*, m'envoie des témoins et me demande une réparation par les armes,

« Bien entendu, je ne reçois point les témoins de M. Allard, qui laissent une lettre non seulement de *provocation*, mais de *menace*, et je réponds par ces mots très froids, mais très concluants dans l'espèce : que je n'ai de réparation à faire à M. Allard ni *par les armes, ni autrement*, puisque je n'ai écrit ni jamais dit un mot sur M. Allard.

« C'est alors qu'il est allé faire au secrétaire de la rédaction du *Constitutionnel* cette scène ignoble dont il répondra devant les tribunaux.

« Vous voilà édifié, monsieur. Je ne sais pas au nom de quel droit ou de quel sentiment M. Allard intervient pour le compte d'un livre de Mme de Samans; mais s'il veut une réparation, qu'il la demande à Mme de Samans elle-même, car ce n'est pas moi, mais c'est elle, qui, dans son livre, s'est insultée.

« La morale de cela, c'est qu'il y a de bien lamentables fous dans cet agréable temps ! »

En dehors du *Constitutionnel*, Barbey d'Aurevilly

fit une campagne intéressante, dans le *Triboulet* quotidien, journal légitimiste quotidien dirigé par le baron Harden-Hickey, et qui eut un moment de succès.

A propos d'un fait bien moderne, la *précocité* des criminels et l'*excessivité* des crimes, il y écrivait :

« Allons ! il faut en convenir, ils vont bien, les bébés, sous la République — sous ce soleil de République qui mûrit tout, — qui avance tout. Ils vont bien. Ils progressent. Ils s'élancent vite et furieusement à l'homme. En quelques jours ils nous changent merveilleusement de monstres et de monstruosités. Ils empêchent le *blasé* du crime. Nous avons eu la majesté des vieillards de Bordeaux. Nous avons maintenant l'innocence de ces amours d'enfants !... car ce n'est pas seulement des bébés d'hier, comme cet adolescent qui vient d'ouvrir le ventre à un garçonnet de six ans, qui tuent à *l'âge heureux de quatorze ans,* — l'âge de Colette dans les romances — on a plus jeune que cela dans la tuerie ; on a des bébés d'aujourd'hui, de vrais bébés, qui tuent très bien, non pas « *à peine au sortir de l'enfance* », mais presque au sortir du berceau ! A propos justement de ce chérubin sanglant, d'âge de page, et qui vient de se mettre hors de page par un égorgement, des journaux ont rappelé ces deux charmants bébés qui tout récemment aussi ont tué, pour un sou, leur petit camarade, l'un d'eux lui tenant, de force, la tête sous l'eau pour qu'il fût noyé plus vite, pendant que l'autre, avec une prudence déjà virile, faisait le guet...

« Un joli groupe, n'est-il pas vrai ? que ce petit groupe de trois enfants au bord de l'eau, dont un dedans, pour ceux-là qui aiment les idylles ! »

*
* *

L'un des plus célèbres articles de M. d'Aurevilly, journaliste, fut celui qu'il écrivit dans le *Figaro*, en 1886, contre M. Buloz, et qui n'a jamais été réimprimé. L'omnipotent directeur de la *Revue des Deux-Mondes* se jugea gravement offensé par ce vigoureux pamphlet, et c'est aux tribunaux qu'il s'adressa pour en obtenir réparation. L'avocat de Barbey d'Aurevilly fut Gambetta, alors fort jeune; il n'avait pas préparé l'affaire, il arriva à l'audience lorsque l'avocat de la partie adverse avait déjà parlé, et malgré toute l'éloquence du futur tribun, sur la plaidoirie de Nogens Saint-Laurent pour Buloz, et un réquisitoire du procureur-général Aubepin, Barbey d'Aurevilly et B. Jouvin furent condamnés à 2,000 francs d'amende que paya seul l'auteur de l'article.

Ce n'est pas excéder le droit du biographe que de reproduire l'article incriminé, devenu un document de l'histoire littéraire du temps. En voici donc les principaux fragments:

« C'est une des plus désagréables puissances de ce temps-ci; mais, il faut bien en convenir, quoique le cœur en saigne pour l'honneur de l'esprit français, c'est une puissance. Il a réussi et il a duré. Il a bâti ce gros *pignon sur rue* littéraire qui s'appelle la *Revue des Deux-Mondes*, laquelle a trente ans passés d'existence, des abonnés fossiles d'une fidélité de moutons antédiluviens, et qui rapporte, tous frais couverts, quatre-vingt mille francs de rente à son directeur. Je ne compte pas les actionnaires. Quelle raison de respect pour les sots !. Ajoutez que la *Revue des Deux-Mondes* est la seule Revue comptée par l'opinion française. Les autres qui ont essayé de la singer, — qui lui ont rendu ce flatteur honneur de la singerie, — ont pu se croire de la même force d'ennui, et l'étaient peut-être, mais l'Opinion, cette reine du monde, qui a ses favoris, a toujours trouvé ses bâillements infiniment plus savoureux quand ils lui venaient par la *Revue des Deux-Mondes* que par les autres recueils créés, à son exemple, pour entretenir les mâchoires humaines dans cette vigoureuse et morale gymnastique du bâillement. Enfin il y a plus encore : ces Revues qui ont dressé leurs petites têtes et leurs petites rédactions contre le ventre majestueux et prépotent de la *Revue des Deux-Mondes*, ont fini par se taire devant elle, comme l'univers devant Alexandre. Elles ont disparu.

« Eh bien ! c'est l'histoire du succès de M. Buloz que je voudrais écrire. Je voudrais vous parler un peu de cette illustration contemporaine. Je laisse les charmes de son visage aux photographes littéraires, qui peuvent le ramasser, s'ils savent par où le prendre. Moi je suis beaucoup moins frappé de la physionomie individuelle que tout le monde peint par le même mot, et qu'il est impossible à ma délicatesse d'écrire, que des causes, oui des *causes* du succès solide, inébranlable d'un homme qui a l'avantage dangereux et peu commercial de déplaire et d'être assez confortablement détesté. Là est, selon moi, un problème plus intéressant qu'un portrait. Si la figure de M. Buloz revient à travers cet article, tant pis ! ce sera plus fort que moi, sans doute. Mais ce que je veux, surtout, c'est traiter M. Buloz comme une idée générale... Je veux lui faire cet honneur.... Je ne connais d'ailleurs personne qui soit plus que lui sain à étudier, car le succès est peut-être la plus grande corruption de l'âme humaine et M. Buloz le fait dédaigner.

. . . .

« M. Buloz est né en 1803, à Vulbens, près de Genève, pays commerçant, protestant et puritain [1]. Il n'est donc

---

[1] C'est une erreur, M. Buloz était Français. Vulbens est une commune de l'arrondissement de Saint-Julien dans la Haute-Savoie. Il était né sujet sarde, et devint Français par l'annexion de 1860.

L'erreur géographique de M. d'Aurevilly fut relevée alors, il y répondit dans le *Figaro* : ... « Vulbens, près de Genève ; là s'arrête le texte Vapereau, et moi j'ajoute : pays protestant, commerçant et puritain, etc. »

pas Français, ce qui, aux yeux de quelques personnes, eût pu être vexant pour la France. Mais on y a remédié. L'ingénieux M. Vapereau, l'historiographe de nos grands hommes, a tourné la difficulté affligeante et écrit cette phrase de consolation qui nous rend M. Buloz sans le prendre à la Suisse : « Buloz (François), *littérateur français, d'origine étrangère.* » Et c'est si bien trouvé, et c'est si joli que tout le monde ! a été content, et moi surtout. M. Vapereau, dont l'honnête désir est d'entrer vraisemblablement à la *Revue des Deux-Mondes*, et qui se sent, parbleu ! aussi littérateur, dans son genre, — que M. Buloz, — nous dit fermement, dans son dictionnaire, que le jeune Helvétien vint à Paris — non pour être suisse, — mais pour finir ses études (françaises, hein ?) et qu'il y fut d'abord prote d'imprimerie, — ce qu'il est encore, — car, malgré ses transformations successives M. Buloz ne pouvait être et n'a jamais été que cela.... Ce n'est pas l'avis de M. Vapereau, et j'en suis désolé pour le mien. « M. Buloz, — dit M. Vapereau dans cette langue originale qu'on lui connaît, — *débuta dans la littérature* par des traductions de l'anglais. » Mais M. Vapereau a oublié de nous dire les titres des ouvrages que M. Buloz a traduits, et dont il nous aurait été si doux de rendre compte ; ne pourrait-il pas nous les indiquer dans sa prochaine édition ?

« Quel que soit le mérite ignoré, du reste, de ces traductions que l'avenir s'arrachera peut-être, l'instinct commerçant de son pays parlant plus haut que son génie de traducteur poussa bientôt M. Buloz à l'entreprise littéraire qui, pour M. Vapereau, en a fait un littérateur. En 1831, il *reprit l'idée* de la *Revue des Deux-Mondes* [1] de moitié avec M. Bonnaire, qui publiait plus tard la *Revue de Paris*. Rendons justice à M. Buloz, comme s'il était aimable ! Ce fut là certainement, du moins pour moi, l'épo-

---

[1] Il paraît qu'avant 1831, il y avait une *revue* qui s'appelait la *Revue des Deux-Mondes*. Les fondateurs réels ne seraient donc pas MM. Buloz et Bonnaire, mais MM. Ségur-Dupeyron et Mauroy.

que qui plait le plus de sa vie, le moment où il déploya
le mieux les qualités ! sans inconvénient encore !! de sa
nature robuste, âpre, alpestre. Il se passa bravement
autour du corps les bricoles de son entreprise et tira
ferme... Un Suisse, c'est un Auvergnat ! Il avait le large
pied des races montagnardes. Il l'utilisa. Il fut un *trottin*
intrépide. C'est lui-même qui portait sa *Revue* à domicile
chez les abonnés... en espérance ! On le voyait aller de la
barrière de Fontainebleau à la barrière du Trône, chargé
d'exemplaires à distribuer, plié en deux sous cette chose
lourde déjà, maintenant accablante, ne craignant pas la
pluie et nageant dextrement dans la crotte avec un courage que nous estimons et que nous voudrions lui voir
exercer encore ! Jamais, — dans aucune administration
de journaux, — on ne vit porteur de ce jarret, matinal et
infatigable, pas même quand M. Victor Hugo et son
frère, ces demi-dieux, Castor et Pollux des portes cochères
sous lesquelles ils apparaissaient tour à tour, alternaient
comme porteurs d'un journal qu'ils avaient fondé, — et
par la très excellente raison qu'à eux deux ils n'avaient
qu'une paire de bottes ! M. Buloz, lui, aurait porté le sien
nu-pieds, comme un pasteur antique... Printemps atten-
drissant de la *Revue des Deux-Mondes !* Ce fut l'âge d'or
de ses écrivains. Tout y était encore à sa place naturelle.
M. Buloz portait sa *Revue :* il ne la dirigeait pas !

« Aussi eut-elle, sinon immédiatement, un succès qui se
consolida et avec une telle force qu'on put le croire indes-
tructible... Pendant vingt-cinq ans pour le moins, en
effet, ni les fautes de M. Buloz, — de piéton modeste et
incomparable devenu directeur assis et incompétent, —
ni ses humeurs peccantes qui feraient le bonheur d'un
médecin de Molière, ni sa tyrannie bourrue et tracassière
ni son orgueil durci par la fortune, ni les bornes sourdes
de son esprit, ni ses procédés hérissons, ni ses grogne-
ments ursins, ni l'horreur de ses meilleurs écrivains mis
en fuite par cet ensemble de choses charmantes, ni l'ennui enfin le plus compacte qui soit jamais tombé d'un
recueil périodique sur le lecteur assommé, rien n'a pu le

diminuer, ce succès étrange, ou l'interrompre un seul jour... C'est à n'y pas croire ! Pendant vingt-cinq ans, M. Buloz a pu se montrer impunément M. Buloz!

« Fils des circonstances, comme Napoléon, ç'a été sa seule manière de lui ressembler, car il n'était guère besoin de génie pour deviner que l'établissement d'une Revue était une *excellente affaire*, au moment où il se trouva pour une moitié d'idée dans l'établissement de la sienne. A cette époque-là éclatait dans tout son enthousiasme la Révolution romantique. On s'abreuvait à toutes les sources de la littérature étrangère qui ne suffisaient pas... et l'exigence universelle était pour la France (pour la *jeune France,* comme on disait alors) de n'être inférieur en quelque production intellectuelle que ce put être, à l'Angleterre ou à l'Allemagne. Or, justement l'Angleterre et l'Allemagne pullulaient de Revues, sérieuses et variées, véritables encyclopédies, mensuelles ou hebdomadaires, de l'esprit humain. L'Angleterre surtout s'était fait avec ce genre de composition collective une gloire à part dans sa gloire littéraire si grande déjà... La génération de 1830, qui, comme masse de talents et somme de vie, n'a pas encore été remplacée et attend toujours ses successeurs, crut, quand la *Revue des Deux-Mondes* parut, tenir sa *Revue d'Edimbourg.* Elle ne se trompait que de Jeffrey. Tout ce qui était jeune et possédait un peu d'intensité intellectuelle se précipita à y écrire. Balzac, Stendhal, Mérimée, Alfred de Vigny, Alfred de Musset, Victor Hugo, Mme Sand, alors dans une fraîcheur maintenant flétrie, Sainte-Beuve, Vitet, Gustave Planche, Philarète Chasles, etc., etc., acceptèrent MM. Bonnaire et Buloz pour les quartiers-maîtres de l'entreprise avec la naïveté de gens à talent, toujours un peu forts, et qui se croient irrésistibles. On leur prouva bientôt qu'ils ne l'étaient pas ; que cette bête de pièce de cent sous ne change pas de nature parce qu'elle s'associe avec de l'intelligence, et que les entrepreneurs de littérature sont encore au-dessous des entrepreneurs de maçonnerie... Nabuchodonorisé par un succès dans lequel l'heure et tout le monde étaient plus que lui, M. Buloz devint très vite tout ce que nous l'avons vu depuis... Prote parvenu, il se crut le dictateur de la littérature française parce qu'il payait le talent et quelquefois le génie, deux cents francs la feuille d'un texte dévorant, et, à ce prix-là, il put se venger de l'insupportable supériorité littéraire, en portant ses mains d'ouvrier sur elle et en les encourageant!

« Les temps modernes ne sont pas tellement beaux pour la littérature qu'elle ne puisse supporter beaucoup de choses cruelles, et qu'elle n'y soit même accoutumée, mais la condition d'avoir M. Buloz pour correcteur, — non plus *d'épreuves*, mais de son style et de sa pensée, lui sembla cependant trop dure pour la supporter et on vit, en très peu de temps, tout ce groupe de talents que je viens de nommer, se détacher de la *Revue des Deux-Mondes* s'égréner et complètement disparaître d'un recueil d'où la rédaction, pour qui aurait le sentiment de sa valeur propre ou de son œuvre, était une douleur, quand ce n'était pas une indignité. Tous les brillants écrivains de la première heure se brouillèrent successivement avec M. Buloz et s'en allèrent, les uns après les autres; les uns à travers des éclats publics, les autres discrètement, en gens fiers, blessés, qui avaient la fierté pudique. Ils croyaient peut-être, — toujours fats, — que leur retraite serait une vengeance. Ils jugeaient l'esprit de leur temps par le leur, et voilà pourquoi ils se trompèrent... Le public de ce temps-ci est très indifférent au talent. Il s'en passe très bien et c'est même pour lui une volupté égalitaire... Hier, (voyez!) M. Louis Veuillot quittait un journal que sa personnalité remplissait comme le bon vin remplit la coupe. Eh bien, pas un abonné de ce journal, dont il était la vie et la gloire, n'a bougé, et je crois même qu'il en est venu d'autres! M. Taconnet a gagné à la perte d'un homme de talent qu'il fallait appointer, et qui économiquement s'est trouvé un luxe inutile. M. Buloz, vingt ans à l'avance, avait-il deviné cela ?... Il remplaça tout aussi simplement qu'on remplace des fauteuils par des chaises, les premiers écrivains de sa *Revue* par des médiocrités plus commodes qui se laissèrent manier, opérer et traiter par ce vétérinaire d'articles, sans les cabrements du talent qui ne veut pas qu'on touche maladroitement à sa gourmette ! Mais ces médiocrités elles-mêmes, il les fatigua et elles finirent par s'insurger. Ce qui avait fait toujours horreur à ce prote, à cet homme près de Genève, c'était la personnalité de l'écrivain, quand elle était très vive ; ce que sa nature lourdaude et terne haïssait comme le bœuf hait l'écarlate, c'était l'éclat, la fantaisie, la grâce, tout ce qui fait du talent une chose qui flamboie, scintille et remue comme la lumière des astres. Seulement au début de son entreprise, il avait pensé que le succès de son affaire dépendait des talents qu'il devait employer, et pour cette raison, il avait supporté cette lumière du talent, en grommelant et en clignotant, comme une taupe offensée. Mais quand il vit que le succès de sa *Revue* avait d'autres causes que le talent des écrivains, ô bonheur ! il put se donner le plaisir d'éteindre, comme des quinquets, les écrivains de son recueil qui pouvaient avoir encore quelque étincelle, et de faire autour de lui le gris qu'il aime, ce hibou albinos ! Pour ne plus être choqué d'aucune couleur, il voulut que désormais la *Revue des Deux-Mondes* fût revêtue, en tous ses articles, d'un uniforme qui ressemblait à l'habit des pauvres dans certains hôpitaux, et ce fut aussi chez lui l'habit des pauvres ! Religion, philosophie, roman, critique, histoire, économie politique, tout dut prendre ce galant uniforme et s'en habiller comme le spectre d'*Hamlet*, de sa toile cirée... Et tout cela s'est exécuté ponctuellement, et la *Revue des Deux-Mondes* a toujours paru le même intéressant recueil à ses abonnés impassibles ! Certes, après cela M. Buloz pouvait tout, il avait le droit de toutes les impertinences et de toutes les sottises. Il était heureux ! Il aurait pu prendre au coin de la rue cinq commissionnaires, avec leur plaque, et leur faire faire la *Revue des Deux-Mondes*. Personne ne se serait désabonné !

« Oui, il était heureux, et c'est toujours le même mystère Ce qui aurait perdu un autre homme lui réussissait. Je ne connais guère qu'une personne de ce temps-ci qui ait eu un bonheur égal à celui de M. Buloz, et c'est M. Véron, ce gros *mauvais sujet* de Philibert devenu le docteur Véron, vers le tard. Comme M. Buloz a fait sa fortune dans la direction de sa *Revue*, M. Véron a fait la sienne dans la direction de l'Opéra, et pour cette raison les voilà tous deux en posture d'hommes infiniment habiles aux yeux de ces forts jugeurs qui s'imaginent que le succès fait toujours équation avec le génie !

« Quant à M. Véron, pourtant, cette habilité a été longtemps contestée. On lui a reproché souvent d'avoir refusé d'abord avec une sagacité à la *Buloz*, l'opéra de *Robert le Diable*, ce chef d'œuvre qui fut depuis la cause de sa fortune, mais ce serait une calomnie, s'il l'on en croit les *Mémoires d'un Bourgeois de Paris*. M. Véron ne les a écrits que pour renseigner l'opinion. Il s'y peint comme le plus intelligent et le plus patriarcal des directeurs, et il a raison, puisqu'il parle de lui!... Il n'y a que le premier pas qui coûte aux gens modestes! En ces incroyables *Mémoires* qui ressemblent à un conte des... Mille et une Nuits, M. Véron se drape en calife qui, quand il y a des actrices à dîner, offre, au dessert, à ces demoiselles, deux cent mille francs de diamants et de perles sur des assiettes qu'il fait passer, pour que chacune y prenne, comme si c'était de simples pralines! Voilà un procédé qui paraîtrait encore plus insupportable à M. Buloz qu'une belle page! Du reste, il y a d'autres différences qu'il faut noter en ces deux favoris de la fortune. Ils n'ont pas dans l'humeur la même tonalité. Le suisse de la *Revue des Deux-Mondes* a le puritanisme riche d'un homme des environs de Genève. C'est le *bourru* de Goldoni, sans l'épithète. Le docteur Véron, au contraire, le *bourgeois de Paris*, est aimable. Il a l'onctueux de cette fameuse pâte Regnault qu'il a inventée. M. Buloz est toujours de l'humeur d'un portier qu'on réveille la nuit. C'est le chien Brusquet avec les premiers symptômes de la rage. M. Véron, ce joyeux Pococurante de la médecine, ce docteur qui n'exerce pas et qui semble porter toute sa clientête dans sa cravate, a de la rondeur pour un Turcaret. Il lui sera d'ailleurs beaucoup pardonné parce qu'il a beaucoup donné à dîner, même sans perles au dessert, et qu'il a Sophie, tandis qu'à M. Buloz, chez qui on ne dîne point ou chez qui l'on dîne mal, et qui n'a que M. de Mars pour la cuisine... de sa littérature, il ne lui sera rien pardonné du tout! Cette ressemblance par le bonheur, malgré les différences dans la manière de s'y prendre pour y arriver, entre l'ancien directeur de l'Opéra et le directeur présent de la *Revue des Deux-Mondes*, M. Véron l'a si bien sentie, qu'elle a décidé de sa bienveillance pour M. Buloz. M. Véron est le seul homme, en effet, en France, avec M. Vapereau, qui se soit risqué à dire du bien de M. Buloz. Dans ses ineffables *Mémoires d'un Bourgeois de Paris*, il a consacré une page à l'*honnête typographe*, comme il l'appelle avec une suffisance de patron satisfait, et cette familiarité flatteuse, qui donne une petite tape sur la joue ou sur le ventre, selon le sexe et l'âge! Certes, je sais bien tout l'avantage qu'il y a, dans ce temps-ci, à être ouvrier, et je concevrais le mérite de M. Buloz s'il l'était encore; mais il faut bien le dire, de fait, il ne l'est pas resté!

« Il ne l'est resté que d'intelligence; mais de fonction il ne l'est plus! Il a été, et il a voulu être ce qui demande les facultés les plus littéraires, les plus délicates, les plus élevées, et il ne les avait pas. Il a été profondément déplacé là où il s'est mis. Malgré le résultat extérieur, malgré l'abonnement et l'encaissement, il a été au-dessous de sa besogne, et chose irritante, et contre laquelle il n'y a ni propriété, ni possession, ni prescription, ni succès qui tienne, il n'a pas rempli dignement son genre d'emploi. Ce n'était là nullement pour personne un vrai et grand directeur de Revue. C'était un entrepreneur de littérature qui s'oubliait... Ce que je dis là publiquement ici, tout le monde le sait et se le chante à l'oreille depuis vingt-cinq ans. Les anecdotes n'ont jamais manqué sur M. Buloz, tout à la fois grotesques et déplorables pour la littérature et pour lui. Il y en a, comme celle de Pierre Leroux, apportant un article sur Dieu à M. Buloz qui le rejette : « Dieu, dit-il, ça manque d'actualité ! » Insolence qui vous donne la mesure de l'intellectualité de cette tête, que M. Cousin aurait appelé une caboche. Il y en a d'autres qui vous donnent l'idée du goût péremptoire de ce châtreur qui ne reçoit qu'à mutilation les articles qu'on lui adresse. J'ai parlé déjà de cette haine instinctive du style et de la couleur qui est si caractéristique dans M. Buloz ; mais son amour de la platitude est encore plus fort que cette haine. Un jour, un rédacteur lui envoya un travail sur les sociétés littéraires. On y parlait au début de Platon et des siens, et le pauvre rédacteur, épris d'antiquité, disait élégamment : « Lorsque les brises de la mer Égée parfumaient l'atmosphère de l'Attique, quelques hommes préoccupés de l'éternel mystère, venaient dans les jardins d'Académe, se suspendre aux lèvres de Platon, etc. » M. Buloz prit peur pour cette phrase, comme de la plus audacieuse hardiesse, et de sa patte dictatoriale et effarée, il supprima le tout et mit à la place : « Il y eut aussi dans la Grèce des sociétés savantes. » Une autre fois, dans une étude sur la Mystique chrétienne, on disait : « L'amour de la vérité cherche celle-ci dans les solitudes intérieures de l'âme, » mais M. Buloz, qui ne connaît pas les solitudes intérieures de l'âme, traduisit d'autorité : « Les esprits curieux fuient les embarras des villes » qu'il connaît.

« Telle pourtant s'exerce, sans échouer jamais, depuis trente ans, la capacité littéraire de M. Buloz, de cet homme à la fois obscur et célèbre, que j'ai appelé une puissance, une puissance qui aurait pu être bienfaisante et féconde, et qui n'a été que malfaisante et stérile..... Ne vous demandez pas quels sont les talents qu'il a distingués et formés, mis en évidence et en lumière, à qui on l'ait vu prêter généreusement l'épaule ou la main ? Ne vous demandez pas quel est le lord Macaulay français qui soit né de la *Revue des Deux-Mondes ?* Demandez-vous plutôt combien de jeunes talents, qui comptaient trouver dans cette Revue une porte ouverte vers le public, ont été révoltés, dégoûtés, démoralisés par M. Buloz ? Veut-on que nous citions des noms ? Veut-on que nous parlions de de ce pauvre Jules de la Madelène, cette charmante espérance littéraire, détruite dans sa fleur par questionnaire qui ne donne pas la torture qu'aux œuvres ? Hésiode nous apprend que, de son temps, les rois s'appelaient *mangeurs de présents* : Δωροφάγος. M. Buloz est un mangeur d'écrivains. C'est une espèce de Minotaure littéraire qui a son labyrinthe de difficultés, de chicanes, d'interminables discussions. Veut-on que nous rappelions des choses inouïes et presque des pugilats entre M. Buloz et ses propres rédacteurs ? Faut-il invoquer le témoignage de ceux qui sont sortis de sa *Revue* sans esprit de retour ou de ceux qui en sont sortis pour y rentrer sous l'empire de je ne sais quelle terreur, car M. Buloz exerce sur quelques uns de ses écrivains un véritable terrorisme. Ils savent, en effet, les traditions intérieures de la *Revue des Deux-Mondes*. Ils savent que là l'ordre est donné *d'orienter* systématiquement tous les producteurs qui ne portent pas leur miel à la ruche et à ne plus reconnaître de talent à ceux qui l'ont abandonnée. Ils se rappellent le sort de Balzac, brouillé avec M. Buloz et attaqué par lui, non de son vivant, mais dès qu'il a été mort, et par la main d'un avocat général, que M. Buloz, toujours heureux, avait déterré pour cette besogne ! Ce n'est pas tout. Une Revue comme celle de M. Buloz, à l'épreuve de l'ennui qu'elle cause, n'est pas seulement une réalité redoutable. C'est aussi un préjugé tout puissant. On ne prend jamais les hommes pour ce qu'ils valent, mais pour ce qu'ils se donnent, et c'est là une explication de l'importance de M. Buloz qui vit sur son passé et sur ses restes d'influence. Sous Louis-Philippe, M. Buloz s'était donné, et on l'avait pris, comme le chef d'emploi de tous les hommes célèbres, comme le cornac de tous les éléphants littéraires, qu'il devait amener par la trompe.... *Il maquignonnait* pour le compte du gouvernement et pour le sien.... Il laissait croire avec des airs discrets et importants, que la *Revue des Deux-Mondes* était le chemin qui conduisait à la députation, à la diplomatie (elle y avait conduit M. Lœve Weymar) à l'administration, au haut enseignement. Elle l'avait, lui, mené au Théâtre-Français en qualité de commissaire. Louis-Philippe, qui était spirituel, le mit là peut-être pour adoucir ses mœurs. Quoi qu'il en soit, il le crut utile. Il agit avec lui comme avec Arnaud Bertin, c'est-à-dire sans intermédiaire. Comme on lisait dans le langage mystico-politique d'alors : M. Buloz *recevait du roi sans transmettre.* Position qui n'existe plus ! Beaux jours évanouis ! mais dont il reste toujours quelque chose aux yeux des hommes, tellement adorateurs du succès qu'ils en respectent le spectre encore !

« Aujourd'hui, M. François Buloz n'est plus que le propriétaire de sa *Revue*, mais il sait la mettre au service des petites oppositions parlementaires et académiques du moment. M. Guizot dont le genre de talent, chauve-souris pour la couleur, et buffle pour la gravité, doit paraître presque auguste à un homme organisé, comme M. Buloz, n'y a jamais écrit davantage. M. Michelet, avant de faire paraître chaque volume de sa scandaleuse *Histoire de France*, y fait des communications qui ne révoltent nullement la pudeur de M. Buloz, de ce *farouche*, comme dirait M. Sainte-Beuve, qui trouvait autrefois qu'un éloge de Brummell était bien léger pour sa Revue, et qui ordonnait de ne pas rire en ce grave sujet, à M. John Lemoine, lequel, si vous vous le rappelez, fut superbe d'indignation puritaine contre les pots de pommade du dandy et l'immoralité de ses rouleaux d'eau de Cologne ! Des écrivains de la première heure, Mme Sand est le seul dont la rédaction y soit habituelle. Gustave Planche avait interrompu la sienne ; puis il l'avait reprise en ses derniers jours. M. Emile Montégut, qui lui succéda dans la critique, après être bruyamment sorti de la Revue, y est rentré silencieusement et sur la pointe du pied. Qui n'a pas entendu parler dans la littérature des démêlés éternels de M. Emile Montégut avec M. Buloz, — avec M. Buloz vieillissant, devenant de plus en plus morose, de plus en plus sourd, et comme on dit avec une énergie familière, de plus en plus *mauvais coucheur ?* L'humeur célèbre du directeur de la *Revue des Deux-Mondes* est arrivée à ce point que son visage, qui n'a pas précisément la beauté de Saint-Mégrin, quoi qu'il soit borgne comme lui, ne donne point une idée de l'intérieur de son âme. Pour l'harmonie des choses on le voudrait plus laid. Puisque M. Véron a tant parlé d'ouvrier et tant félicité M. Buloz d'en être un, disons que M. Buloz en a gardé l'air et la tenue. C'est un ouvrier à son dimanche. Quand vous le voyez passer, ce singulier directeur d'une Revue littéraire, vous diriez quelque chose comme un scieur de long et la physionomie n'est pas trompeuse ! Vous venez de le voir, c'en est un aussi ! »

Il va sans dire que, même lorsque l'amende eût été payée, et payée par le seul délinquant, si contraire que ce fût aux habitudes généreuses du *Figaro* et de M. de Villemessant, son directeur, M. Buloz ne désarma point. Barbey d'Aurevilly n'entra jamais à la *Revue des Deux-Mondes*, et n'en obtint jamais les faveurs.

Comme journaliste, il n'eut que des succès éphémères : il effarouchait l'abonné. Au *Paris-Journal*, malgré la vive amitié que lui portait Henry de Pène, il ne put conserver le feuilleton des théâtres : il avait scandalisé M. de Pontmartin, à propos des jambes d'une comédienne, et rebuté la Comédie-Française en disant sa façon de penser du plus célèbre des sociétaires.

Mais quel journal il eût fait, avec la souplesse de son esprit, les ressources de son style, sa verve étourdissante et l'âpreté de ses polémiques, s'il eût acquis une de ces boutiques « où l'on vend au public des paroles de la couleur dont il les veut ! » Ses fantaisies au jour le jour dans le *Triboulet* quotidien le prouvent assez, et l'on se souviendra longtemps de l'aphorisme qu'il donnait comme conclusion à l'un de ses meilleurs articles : « L'homme fait la fille avec toutes les filles qu'il défait. »

C'est hardi! mais c'est net... et si vrai!

VIII

LE POÈTE ET L'ARTISTE

« Rude labeur que celui du poète ! Tous les autres artistes ont quelque chose dans les mains, qui travaille avec eux : le musicien a son piano d'où les sons jaillissent dès qu'il le touche et commencent la mélodie ; le sculpteur a la terre glaise, le peintre a les couleurs, et parfois quand il est impuissant à peindre l'écume de son cheval, il lui jette son éponge à la tête, et l'éponge fait l'écume pour lui. Le poète n'a que son cerveau. Le sculpteur, le peintre et le musicien puisent dans la matière, le poète puise dans l'Infini. Lui seul fait quelque chose de rien. Il saisit l'insaisissable il montre l'invisible. L'idéal résiste et fait ce qu'il peut pour rester libre ; c'est un combat terrible que Virgile a raconté dans la lutte d'Aristée et de Protée[1]. »

Le XIXᵉ siècle est fécond en poètes, sans doute parce que tout être qui pense, qui souffre et qui aime, c'est-

---

[1] Auguste Vacquerie, *Profils et Grimaces*.

à-dire tout être qui vit, veut se soustraire aux tristesses du monde réel. C'est aussi que la poésie est une des formes de la religion. Ceux qui ne veulent pas, n'osent pas ou ne savent pas chanter le Créateur, chantent la création, et souvent la créature. Mais les grands poètes du siècle sont morts. Musset, Lamartine, Victor Hugo appartiennent déjà au passé. L'un demeurera toujours et malgré tout le *poète de la jeunesse*, ainsi que M. d'Aurevilly l'appelait ; l'autre, disparu à la veille de nos désastres est presque oublié de la multitude ; enfin, le Maître, emporté dans une apothéose héroïque vers le Panthéon profané, n'a laissé que le souvenir grandiose des œuvres de sa jeunesse, à ceux qui refusent d'admirer en lui l'apôtre des idées révolutionnaires.

En revanche, on peut dire que jamais il n'y eut un si grand nombre de poètes, ou, pour mieux dire de jeunes gens qui se croient des poètes, et qui, d'une force extraordinaire en prosodie et en versification, se persuadent que la gloire les attend, qui sacra Hugo et fit mourir de faim Lamartine. Les dénombrer, énumérer leurs œuvres — et j'entends ne point parler ici des vulgaires, des médiocres, — serait un travail d'Hercule ; l'on formerait un gros volume de ce catalogue, qui ne serait pourtant ni un livre ennuyeux, ni un livre inutile.

Il y a d'abord les maîtres, que l'Académie française a élus, et celui qui a dédaigné l'Académie : Leconte de Lisle, Sully-Prudhomme, François Coppée, — et Théodore de Banville. Il y a quelques aînés, dont la renommée s'est occupée, et qui possèdent au moins la petite monnaie de la gloire : Arsène Houssaye, Aurélien Scholl, Alphonse Daudet, Alexandre Piédagnel, Charles Monselet, Auguste Lacaussade, Josephin Soulary, José Maria de Hérédia. Après ces noms incontestés dans le monde littéraire, la classification des « Jeunes » devient plus facile, et M. Jules Tellier l'a faite adroitement dans son livre, *Les Ecrivains d'Aujourd'hui*, Nos Poètes. M. Jules Tellier, un critique très fin, très ironique, très intelligent, divise ainsi les poètes contemporains :

Les *Rustiques* : André Theuriet, Eugène le Mouël, Charles le Goffic, Paul Harel, Aristide et Charles Fremine, Achille Millien, Jules Breton, Jean Aicard, Gabriel Vicaire, André Lemoyne.

Les *Modernistes* : Paul Bourget, Eugène Manuel, Albert Mérat, Antony Valabrègue, Paul Arène, Emile Blémont, Georges Lorin.

Les *Philosophes*, les *Historiens*, les *Psychologues* : Mme Ackermann, André Lefèvre, Henri Cazalis, Anatole France, Georges Lafenestre, Léon Dierx, Edmond Haraucourt, Jules Lemaître, Auguste Dorchain, Amédée Pigeon, Charles de Pomairols, Zénon Fière, Philippe Gille, L.-X. de Ricard, Gustave Rivet, Clovis Hugues, Emmanuel des Essarts, Jean Rameau, Paul Déroulède.

Les *Lyriques* : Armand Sylvestre, Laurent Tailhade, Robert de la Villehervé, Raymond de la Tailhède.

Les *Baudelairiens* : Georges Rodenbach, Emile Verhaeren, Stanislas de Guaita, Albert Jhouney, Louis Tiercelin, Louis Le Cardonnel, Charles Cros, Paul Guigou, Maurice Rollinat, Jean Richepin, Fernand

Icres, Emile Goudeau, Tancrède Martel, Paul Marrot, Raoul Ponchon, Maurice Bouchor.

Les *Habiles :* Catulle Mendès, Jacques Madeleine, Roger Milès, Emile Peyrefort, Adelphe Froger, Jules Truffier, Emile Michelet, Ephraïm Mikhaël, Gaston de Raimes, Joseph Gayda, Jean Ajalbert, Louis Marsolleau, Paul Mariéton, Rodolphe Darzens, Victor Marguerite.

Les *Symbolistes*, qui procèdent des *Décadents :* Jean Moréas, Charles Vignier, Gustave Kahn. — René Ghil.

Enfin les *Décadents*, et ils ne sont que deux, — à l'estime de M. Jules Tellier, — mais ces deux valent une légion : Paul Verlaine, et Stéphane Mallarmé.

Je n'ai vu qu'une fois M. Paul Verlaine, dans je ne sais quel cabaret littéraire où toute une théorie de poètes adolescents l'encensait, tandis qu'il buvait de la bière. Ce n'est plus un jeune, car il est, depuis un bon lustre, sinon deux, du mauvais côté de la quarantaine. Une tête de moine condottière du quinzième siècle, vigoureuse, sombre, inquiétante ; des yeux doux et voilés ; une indicible tristesse, une invincible lassitude, exprimées par le regard et le sourire.

M. Paul Verlaine a publié un certain nombre de livres : — *Poèmes saturniens ;* — *Fêtes galantes ;* — la *Bonne Chanson ;* — *Romances sans paroles ;* — les *Poètes maudits ;* — *Jadis et Naguère*, et, — enfin, — chez Victor Palmé, éditeur des Bollandistes, une plaquette : *Sagesse*, qui marquait sa conversion au catholicisme, et c'est à beaucoup près la meilleure de ses œuvres. La note dominante du talent de M. Verlaine est une remarquable pureté de forme, une science parfaite du vers, une habileté sans pareille à jongler avec les mots, une faculté, dont il est seul maître, de sentir et de montrer les nuances des choses. On prétend qu'il est, avec Ronsard et Hugo, le plus grand inventeur que nous ayons eu dans le rythme et la langue. Il a des assonances mystérieuses, une habileté de facture, une sincérité d'accent qui étonnent, imprégnant toute sa poésie d'un charme tout nouveau, étrange et presque morbide.

Toutefois ce n'est pas à tout cela que Paul Verlaine doit l'influence qu'il exerce sur une foule de jeunes écrivains, qui lui témoignent une admiration sans limites et le considèrent non seulement comme un chef d'école, non pas comme un maître, mais reconnaissent en lui le *Maître*, dans le sens absolu du mot. Est-ce donc à la sensualité violente, à la perversité « nullement voulue, concertée ni acquise, toute sincère, et si l'on pouvait dire, naïve » qui caractérisent essentiellement son œuvre ? Est-ce à ses agitations, à ses inquiétudes, à son goût de l'étrange, à sa passion du « frisson nouveau » ?

Est-il ce que M. Jules Tellier le définit : « une âme charmante jusque dans le mal », « le plus naïf des hommes en même temps que le plus compliqué des artistes », « une sorte de phénomène attirant et monstrueux » ?

Pour moi, je l'avoue ingénûment, toutes les fois qu'en vers, ou en prose, j'ai entendu développer la théorie du *Décadisme*, je n'ai pas compris. Le système, puisque système il y a, m'échappe, et les vrais *décadents* ne me sont pas plus intelligibles que les *préra-*

phaélites anglais, à moins que les uns et les autres n'avouent que ni la vie telle qu'elle est pratiquée, ni la nature telle qu'elle existe, ni les sentiments tels que nous les avons, ni les sensations, telles que nous les subissons, ne peuvent satisfaire leurs sens, leur âme, leur cœur et leur esprit. Alors que veulent-ils ? La vie *à rebours*, à l'instar du héros du roman du J.-K. Huysmans ?

De l'autre *décadent*, de M. Stéphane Mallarmé, que dire ? Il professe quelque part. Ce *Dieu* de l'École est un grave, correct et pédant universitaire qui fait la classe à des bambins. Entre temps, il fit, au Parnasse, des vers d'une banalité désespérante. Il a écrit l'*Après-midi d'un Faune*, et les vers qu'il commet aujourd'hui n'ont aucun sens, aucune harmonie, ne brillent que par l'absurde. Est-ce un mystificateur ou un fou ? Lui-même l'ignore, sans doute. Mais quel prix institueraient les Académies des âges futurs pour récompenser le gratteur de palimpseste, le déchiffreur de grimoires et de cryptographies, l'œdipe des plus âpres énigmes, qui pourrait traduire en une phrase intelligible, ayant un sens déterminé, les poésies de M. Stéphane Mallarmé ?

On lui a fait le compliment que voici : « Toutes ses œuvres, si peu nombreuses, ont une merveilleuse logique, alliée à une puissance poétique supérieure. Le vers passe, fleuri comme un berger enrubanné, *lascif comme un faune nu*, pyramidal comme le tombeau d'Edgard Poë, blanc de l'albe candeur des cygnes. » Je n'ai rien à dire de plus.

Mais ce n'est pourtant pas M. Stéphane Mallarmé,

qui est le vrai *décadent*, et ce n'est pas davantage
M. Paul Verlaine. Le moraliste a déclaré : « Un sot
trouve toujours un plus sot qui l'admire. » Admire
me semble faible, car les deux protagonistes de l'école
décadente ont trouvé plus décadent qu'eux-mêmes.
Et les « décadenticulets », comme les appelait
naguère un des voltigeurs du *Figaro*, sont déjà un
régiment, s'ils ne sont pas encore une armée. Je ne
les nommerai pas : j'aurais peur d'en oublier !.. L'un
d'eux imagina de distinguer la *couleur* des voyelles,
et prouva dans un sonnet fameux que l'A est noir,
l'E blanc, l'I bleu, l'O rouge, l'U jaune. Un autre
déclarait péremptoirement que les vers « sont des
bouquets, des essences et des romances », et que la
poésie, pour être *la poésie*, doit être *la toute-musique*.
Nous voici bien loin de la « littérature de gueuloir »
préconisée par Gustave Flaubert. Au surplus, pour
les véritables *décadents*, la poésie n'est pas faite pour
être comprise : elle doit être sentie.

« Le trait caractérisque de la physionomie morale
du parfait décadent est une aversion déclarée de la
foule, considérée comme souverainement stupide et
plate, disait Adoré Floupette, en son introuvable
livre des *Déliquescences*. Le poète s'isole pour chercher le précieux, le rare, l'exquis. Sitôt qu'un sentiment est à la veille d'être partagé par un certain
nombre de ses semblables, il s'empresse de s'en défaire. » La théorie du *décadisme* se résume en ces préceptes de M. Anatole Baju, pontife de l'Ecole : « Les
écrivains, pénétrés de l'esprit de cette fin de siècle,
doivent être brefs et narrer les luttes intimes du

cœur, la seule chose qui intéresse l'homme, qu'il ne connaisse pas, qu'il ne connaîtra jamais, parce que le cœur humain est aussi vaste que l'infini. »

En conséquence de quoi, le *décadent* s'échine à renverser toutes les lois de la nature, voit des forêts *bleues* et n'admire que les fleurs qui suintent les poisons.

.*.

Barbey d'Aurevilly avait de la poésie une conception autrement nette, précise et intelligible, bien que tout le monde, à son avis en eut parlé, sans que personne n'eut dit « scientifiquement » ce que c'était, la notion complète n'en ayant pas été déterminée. Ainsi qu'il l'affirme lui-même, il y aurait peut-être toute une poétique à dégager de son livre sur les poètes du xixe siècle. La poésie, selon lui, est en toutes choses :

« En toutes choses, si abjectes soient-elles ou paraissent-elles l'être aux esprits prosaïques ou vulgaires. Il ne s'agit que de frapper juste toute pierre, si roulée et même si salie qu'elle soit dans les ornières de la vie, pour en faire jaillir le feu sacré ; seulement, pour frapper ce coup juste, il faut la suprême adresse de l'instinct qui est le génie, ou l'adresse de seconde main de l'expérience, qui est du talent plus ou moins cultivé. »

Tout artiste est un poète, qui arrive « à ce degré de profondeur et d'intensité qui est plus que la vie, et qui en constitue l'idéal ». Tout homme est un poète, quel que soit son genre de talent et de langage, qui est doué « de la puissance d'exalter la vie et d'élargir les battements du cœur ».

Nous n'avons point le jugement complet de Barbey d'Aurevilly sur Victor Hugo. Il en a étudié quelques œuvres, plutôt que l'étonnant ensemble. Il lui trouve « l'imagination du mot plus que de la chose… Il l'a au point que bien souvent il s'enivre des mots jusqu'au vertige, et qu'il ressemble alors au Quasimodo de son invention, en enfourchant la cloche de Notre-Dame, et devenant fou du mugissement d'airain qu'il a sous lui, et qui lui remonte au cerveau ».

« Voilà le défaut de cette cuirasse d'or : l'imagination dans les choses ne s'équilibrant pas avec l'imagination dans les mots. Et c'est par ce manque d'équilibre que la critique peut le mieux expliquer synthétiquement le genre de génie de Victor Hugo……

« C'est un disproportionné s'il en fut oncques. Il a l'ossature gigantesque, mais les mouvements d'un géant sont, le plus souvent, maladroits, disgracieux, heurtés ; ils cassent, trouent et enfoncent tout, même eux-mêmes. Personne plus que Hugo ne se cogne aux mots. Quand il est poète, car il l'est fréquemment (qui le nie?), il l'est comme le Titan est encore Titan sous sa montagne. On sent qu'il est Titan, à la manière dont il la remue quand il se retourne, à la manière dont il la soulève quand il se cambre sous elle ! Seulement, la montagne et les mots pèsent, et le poète et le Titan sont pris……

« Victor Hugo n'est certes pas, comme le lui disent les terrassiers de son génie, le plus grand poète du xixe siècle et de la planète, mais c'est un grand poète, après tout. Il fut du triumvirat qui a donné les trois plus grands de l'époque, mais il n'en est l'Auguste que parce qu'il est celui qui a vécu le plus longtemps…. »

Tout en reconnaissance du génie à l'auteur des

Iambes, de la *Curée*, dont le succès fut éblouissant et prodigieux, M. d'Aurevilly dit de lui :

« En dehors de l'inspiration, Auguste Barbier est quelque chose d'un déplorable et d'un lamentable qui prouve combien peu le génie dépend des circonstances dont les théories à la mode le font dépendre, et que Dieu peut allumer cette flamme sur les plus grotesques trépieds. J'ai vu une fois Auguste Barbier, et à ses lunettes à pattes d'or, à son extinction absolue de tout style, à sa tenue de bourgeois effacé, je l'aurais pris pour un notaire. Et c'était là le poète, cependant, que les anciens auraient appelé le Iambique, et qui nous a laissé ces douze Iambes superbes, Zodiaque de poésie dont il a été le soleil. »

S'il parle de Lamartine, c'est avec un autre enthousiasme. A ses yeux, la gloire de ce grand poète ne dépend de personne.

« Pour apparaître dans sa splendeur presque mystique, tant elle est pure et religieuse, aux yeux de la postérité! Lamartine n'a besoin ni d'une statue, fût-elle de Michel-Ange lui-même, ni d'une biographie! Sa splendeur, à lui, sort de lui-même, comme la splendeur des Séraphins, qui sort d'eux, et qu'il aurait rappelés, si un jour il n'était pas descendu de son étoile pour faire de la politique pratique, à laquelle il n'entendait absolument rien.,. Et il le savait! » Où siégerez-vous? » lui disait-on quand il eut la fantaisie anti-poétique d'entrer à la Chambre. « Au plafond! » répondit-il, et c'est là un mot beau et vrai, car c'est là qu'avec sa nature de poète il devait siéger.

. . . .

« Sa gloire, c'est son œuvre, l'œuvre spéciale à laquelle nul autre que lui ne mit la main et ne pouvait l'y mettre, l'œuvre pour laquelle il n'y a ni aide, ni collaborateur, ni *amis* comme pour faire une République et qui était un peu plus difficile à faire qu'une République!....

. . . .

« Et il faut bien le dire à ceux qui ont l'orgueil de leur prose, quand les criailleries de la politique contemporaine seront mortes, ce qui vivra encore, et toujours, de Lamartine, ce sera... ses vers!

« Ses vers! Des vers! Ce qu'il y a de plus beau, je ne dis pas dans la langue des hommes, mais dans *toutes les langues* des hommes, quelles qu'elles soient, car ni peinture, ni musique, ni statue, ni monument en pierre ou en prose ne valent cette chose surhumainement adorable: de beaux vers! C'est par là que Lamartine a régné — incontestable, — dans un passé qui n'est pas loin de nous, et qu'il régnera de même dans l'avenir le plus éloigné — incontestable! Je ne sache en aucun siècle, dans l'ordre des poètes, d'homme plus grand. Il n'a pas le bonheur, si c'est là un bonheur que cette bonne fortune éphémère, d'être éloigné de nous et de nous apparaître avec la grandeur et le mirage des *bâtons flottants!* Il n'a pas le prestige agrandissant de la perspective, mais il peut s'en passer. Il est grand de près, sans illusion, à quelques pouces de nous, — et à cette distance, et nous touchant du coude, il est écrasant de grandeur. Et je me trompe encore en disant écrasant! Sa grandeur n'écrase pas. Elle soulève, enlève et porte! Elle ressemble à celle du géant saint Christophe qui fit un jour passer un fleuve, à Jésus-Christ, sur ses épaules. Lamartine a posé sur les siennes son époque toute entière pour lui faire passer le fleuve de poésie fausse dans laquelle elle pataugeait et se noyait; et d'une seule haleine, il l'a portée dans l'enivrante et haute atmosphère de la poésie vraie, — de la poésie éternelle, qu'en France, lorsqu'il *vint*, on ne connaissait plus!

« Ah! ce fut bien autre chose que Malherbe! Ce ne fut pas qu'une révolution dans le style, le rhytme, ou la rime; ce fut une révolution jusqu'au fond des imaginations et des cœurs! Depuis Racine, la Poésie était morte en France. Le xviiie siècle l'avait tuée sous les flèches impies d'un esprit impie... On disait alors des vers, quand on les trouvait beaux : « beaux comme de la prose! » Le seul poète, après Racine, André Chénier, avait poussé son mélodieux soupir payen ; mais les prosateurs de la Convention n'avaient pas voulu en écouter davantage, et le cou du cygne avait été brutalement coupé... Sous l'Empereur, l'action héroïque qui est, certes ! une poésie aussi, avait remplacé l'autre poésie. Le canon chantait seul, sur son rhytme terrible... Et quand il se tut, voilà qu'on entendit une voix céleste qui n'avait encore retenti nulle part, pas même dans les *chœurs* de Racine, qu'elle surpassait en inspiration divine et en inspiration humaine, et ce fut les *Méditations!*

« Lamartine, l'inépuisable Lamartine; n'a jamais cessé d'être le grand poète des premières *Méditations;* et jusqu'à sa dernière heure, il aurait coulé, nappe éblouissante d'une inspiration et d'une expression de la plus idéale pureté, sans la politique de son temps, dans laquelle, hélas ! il se jeta avec la passion enivrée d'un poète, et qui coupa et barra le flot superbe dont il était la source. Il n'était pas tari ; il s'était déplacé. »

Est-il bien nécessaire, après cette page magnifique d'éloquence et de sincérité, de poursuivre l'analyse du livre où M. d'Aurevilly juge tour à tour avec la même noblesse de style et la même vigueur d'impressions, des poètes comme Ronsard, La Fontaine, André Chénier, Agrippa d'Aubigné, Milton, Corneille; parmi ceux du siècle, Henri Heine et Mme Ackermann, Théodore de Banville et Alfred de Vigny ; parmi les contemporains, MM. Jean Richepin, Paul Bourget et Maurice Rollinat. Ce dernier, il le pressentit, il en parla le premier, était pour lui, non pas le meilleur élève de Baudelaire et de Poë, mais le poète original, à la fois impie et croyant, ironique et macabre, qui devine l'angoisse de la mort sous les jouissances du vice. et dont le cri définitif est, quand même, un appel à Dieu. En M. Jean Richepin était le grand poète, dont le blasphème est une puérile bravade et qui rachète par le *Christ aux Etoiles* l'œuvre d'une inspiration sans nom qu'il reniera un jour à venir, comme un péché de jeunesse.

M. d'Aurevilly annonçait, dans son volume des *Poètes* (2ᵉ série, 1888) qu'il voulait parler d'Alfred de Musset, dans une nouvelle et prochaine série. Mais, à l'occasion d'une biographie qu'il trouvait insuffisante, il avait esquissé quelques pages et qui trouvent ici leur place. Qu'aurait-il ajouté de plus?

« ...Alfred de Musset, bien moins orgueilleux que Byron, bien plus rêveur et bien plus tendre, exhale son histoire avec ses soupirs, et quand il a chanté, toute son histoire est finie! Pour personne, il n'y en a plus!

« Elle n'est donc que dans ses chants et pas ailleurs. En dehors de ses chants et des sentimens qui les inspirèrent, la vie d'Alfred de Musset fut élégante et vulgaire, car l'élégance du monde et même du plus raffiné, peut être quelquefois vulgaire. Mais ce qui ne l'est point, ce fut son génie, son génie, tout en âme, le plus puissamment humain et le plus puissamment moderne, — le plus *nous tous*, enfin, qui ait assurément jamais existé!... Né dans les premières années du siècle, quand le canon de Wagram fêtait le baptême de ceux-là qui pouvaient avoir l'espérance de mourir un jour en héros, et qui, l'Empire tombé, ne surent que faire de la vie, Alfred de Musset se jeta aux coupes et aux femmes de l'orgie comme il se serait jeté sur une épée si on lui en eut offert une, et il a peint cette situation dans les premières pages qui ouvrent les *Confessions d'un enfant du siècle*, avec une mélancolie si guerrière! Comme tous les jeunes gens qui vécurent sous Louis-Philippe, ce triste Napoléon de la paix à tout prix, en se dévorant d'activité étouffée, Musset, qui n'avait ni les millions ni la pairie de lord Byron, devint l'homme du monde du temps, avec l'âme la moins faite pour le monde. Comme les élégants d'alors, il salit beaucoup de gants, blancs et jaunes ; mais moins superficiel que les autres, il livra le meilleur de sa jeunesse en proie aux plaisirs enivrants et aux cruautés de l'amour.... L'extraordinaire poésie qui était en lui s'était éveillée dès l'enfance. A l'âge où Byron écrivait ses *Heures de Loisir*, si justement sifflées par la *Revue d'Edimbourg*, Alfred de Musset débutait par les *Contes d'Espagne et d'Italie*, d'une couleur inconnue et immortelle, qui étonna le Romantisme, lequel pourtant ne s'étonnait de rien ! Ce fut pour avoir écrit un peu plus tard *Namouna*, *Rolla* et *Mardoche*, qu'on l'accusa d'imiter Byron, les veines de ces trois marbres ressemblant aux veines de ces trois autres : *Manfred*, *Beppo*, *Don Juan*... Seulement pourquoi n'avait-il pas *byronisé* de nature aussi bien que d'instruction ?... Pourquoi n'aurait-il pas été un frère jumeau de Byron, à distance ?... Fatalement l'atmosphère du temps saturée de poésie byronienne, dut pénétrer jusqu'au fond de cette jeune poitrine. Mais quoi qu'il en ait été, du reste, ce qui est certain, c'est que plus il chanta, plus Alfred de Musset perdit l'accent byronien, et plus il fut *lui-même* dans une *genuiness* incomparable.

« Jamais, en effet, l'amer, le sauvage, le strident Byron n'eut, même dans ses œuvres qui *voulaient* être tendres (comme par exemple *Parisina* et la *Fiancée d'Abydos*), la tendresse, la pureté, la mélancolie au divin sourire, d'Alfred de Musset. Jamais Byron n'eut de ces touches mouillées, de ces rosées d'éther... Byron rugit toujours un peu, quand il roucoule. Il veloute ses rugissements, mais c'est toujours le lion amoureux... Le caractère du génie de de Byron, c'est la fierté, — une fierté incoërcible. Le caractère du génie de Musset, c'est, au contraire, la tendresse, — la tendresse jusqu'au fond de la passion la plus ardente et plus forte qu'elle, car elle la fond toujours, cette passion, dans une dernière larme... Et il l'avait tellement cette tendresse qu'il en oublia le plus souvent dans les bras de celles qui l'aimèrent (et même pour cela il n'était pas toujours besoin de leurs bras !) cette vie du monde que le monde lui avait faite, à ce dandy qui ne l'était que par les habits de Staub et les gants de Geslin, mais qui sous ses caparaçons de mondain, garda toujours sa tendresse dans son incorruptible sensitivité… Hermine de pensée et de cœur jusqu'à sa dernière heure, qui mourut de ses taches encore plus que de ses blessures, pour qu'il fût bien et dûment puni d'avoir, étant hermine, cru qu'on peut se guérir de ses blessures, en se roulant dans le ruisseau de feu du vice, comme le bison, dans son bourbier ! »

*
* *

Le critique sans pitié, le philosophe sans tolérance, le catholique intransigeant si âpre dans ses querelles, si ardent à la lutte, qui se battait sans trêve ni merci, et n'admettait aucun captif à rançon, était pourtant un poète, et l'un des plus délicats parmi les romantiques. On lui a contesté longtemps ce titre de poète ; quelques-uns de ses vers avaient été publiés, il y a de longues années, par Trébutien, en une rarissime plaquette. Léon Bloy avait copié quelques poèmes, surtout des poèmes en prose, de cette splendide écriture qu'il a, de moine du XVe siècle, avec des encadrements et des enluminures dignes des plus célèbres manuscrits. Quelques amis récitaient, çà et là, une pièce dans un salon ami. Je n'ai entendu que trois fois Barbey d'Aurevilly dire lui-même ses vers, de cette voix vibrante comme une cloche d'airain, qui décuplait la puissance du rythme. Une fois chez l'éditeur Forestier, ce fut le *Vieux Soleil;* une autre fois, chez moi, devant Léon Cladel, et quelques amis à un déjeuner d'été, *Voilà pourquoi je veux partir;* enfin, chez lui, un jour, pour le poète Georges Gourdon, le chanoine Gautier et moi, il lut le *Cid,* un des Évangiles de la charité ! Le recueil de ses poésies paraîtra un jour ou l'autre, sous le titre que lui voulut le poète, — est-ce par scepticisme ou par humilité ? — *Poussière !...* Poussière d'illusions, d'amours défuntes, de regrets et d'amertumes... Poussière accumulée sous le pas du voyageur, jaillissant en nuage sous ses pas, et planant sur sa tête, peut-être, lorsqu'il arrive au bout de la route parcourue ! Les poètes de profession n'ont sans doute pas grande estime de ce poète qui rime vaille que vaille, cheville comme il peut, et ne cherche ni la musique des mots, ni la nuance des choses, à l'instar des symboliques ou décadents. Sa poésie a du moins le mérite d'une conception grandiose avec celui d'une tendre et charmante sincérité. Quelque jeune homme de l'école mallarméenne déclarait une fois qu'elle lui apparaissait naïve et sans travail. Ce blâme présomptueux ne serait-il pas le plus appréciable éloge ?

C'est par les soins de Trébutien que fut imprimé, à Caen, chez Hardel, en 1854, un recueil de quelques pièces, tiré à trente-six exemplaires, et devenu introuvable, de même que les rhythmes oubliés qui sont : *Le Laocoon; — les Yeux Caméléons; — Quand tu fus partie; — Quand tu me reverras; — Niobé; — le Pacha.* Toutes ces œuvres poétiques formeront sans doute le volume *Poussière,* dont la dernière amie du maître, l'ange consolateur de ses dernières heures, prépare pieusement l'édition.

Que citer, parmi cet écrin de poèmes enflammés ? Sera-ce le *Vieux Soleil*. Le poète, dans ces vers d'une étonnante puissance, reproche au soleil

> Globe d'un rouge épais, de chaleur épuisé,

que l'aigle mépriserait et qui meurt chaque soir, vulgairement, et n'ayant pour tombe qu'un brouillard sanglant dans quelque coin du ciel, — d'être l'impassible témoin des douleurs d'ici-bas.

> L'œil bleu, le vrai soleil qui nous verse la vie
> Un jour perdra son feu, son azur, sa beauté,
> Et tu l'éclaireras de ta lumière impie,
>   Insultant d'immortalité !

Et sa haine pour l'astre lumineux s'exhale en vers farouches, espérant qu'il s'éteigne enfin, à tout jamais, que l'œil du monstrueux cyclope trouve enfin dans l'ombre la poutre qui le crèvera !

> Et que le sang en pleuve, et sur nos fronts ruisselle
> A la place où tombaient ses insolents rayons...
> Et que la plaie aussi nous paraisse immortelle,
> Et mette six mille ans à saigner sur nos fronts !
> Nous n'aurons plus alors que la nuit et ses voiles...
> Plus d'astre lumineux dans un ciel de saphyr !
> Mais n'est-ce pas assez que le feu des étoiles
>   Pour voir ce qu'on aime mourir ?
>
> Pour voir la bouche en feu par nos lèvres usée
> Nous dire froidement : « C'est fini ! laisse-moi ! »
> Et s'éteindre l'amour qui dans notre pensée,
> Allumait un soleil plus éclatant que toi !

> Pour voir errer parmi les spectres de la terre
> Le spectre aimé qui semble et vivant et joyeux,
> La nuit, la sombre nuit est encore trop claire....
>   Et je l'arracherais des cieux !

Que dire encore du *Cid*, ce merveilleux *Cid*, apothéose de la charité, comparable aux chefs-d'œuvre de la *Légende des Siècles*.

> Un soir, dans la Sierra, passait Campeador ;
> Sur sa cuirasse d'or le soleil mirait l'or
> Des derniers flamboiements d'une soirée ardente
> Et doublait du héros la splendeur flamboyante !
> Il n'était qu'or partout, du cimier aux talons,
> L'or des cuissards froissait l'or des caparaçons.
> Des rubis grenadins faisaient feu sur son casque,
> Mais ses yeux en faisaient plus encor sous son masque !...
> Superbe, et de loisir, il allait sans pareil,
> Et n'ayant rien à battre, il battait le soleil !

Et les pâtres des solitudes de la Castille brûlée se montrent l'un à l'autre ce cavalier d'or, le prenant pour saint Jacques, descendu des cieux. Il s'avance. Un lépreux, un de ces malheureux que la terreur éloignait de toute créature humaine, s'approche et se prosterne. Le héros lui tend son aumône. Le misérable, ému de cette compassion qui ne le repousse pas avec horreur, ose, sachant que l'infâme contagion ne mordra pas sur l'acier, saisir le gantelet du chevalier, y coller ses lèvres.

> Lui, qui n'avait jamais baisé de main humaine !...

Et le Cid comprend alors qu'il a un acte de charité plus grand encore à accomplir, un acte presque divin de magnifique courage :

> Immobile il restait, le grand Campeador !
> Que pouvait-il penser sous le grillage d'or
> De son casque en rubis, quand il vit cette audace ?
> Quel sentiment passa sous l'or de sa cuirasse ?
> Mais il fixa longtemps le lépreux, — puis soudain
> Il arracha son gant et lui donna sa main !

Charité téméraire, oseraient bien dire les pharisiens du siècle. Le *Cid* arrache son gant, pour que le lépreux ait la joie de baiser la main d'un homme... Qui de nous toucherait la main du pauvre, en y laissant tomber une aumône, sans savoir si celui qui donne ne doit pas plus reconnaissance que celui qui reçoit ?

Voilà pourquoi je veux partir est un morceau dans le goût de Byron, comme les vers de *Clara*, et comme la *Beauté*, dont je citerai seulement ces deux strophes :

> Ah ! non, tu n'es pas tout, Beauté, même pour celle
> Qui se mirait avec le plus d'orgueil en toi ;
> Et qui, ne cachant pas sa fierté d'être belle,
> Plongeait les plus grands cœurs dans l'amour et l'effroi !
> Ah ! non, tu n'es pas tout !... C'est affreux, mais pardonne ;
> Si l'homme eût pu choisir, il n'eût rien pris après.
> Car il a cru longtemps, au bonheur que tu donnes,
>   Beauté ! que tu lui suffisais !
> . . . .
> Ah ! plutôt ne dis rien ! car je sais tout, Madame,
> Je sais que le Bonheur habite de beaux bras,
> Mais il ne passe pas toujours des bras dans l'âme...
> On donne le bonheur on ne le reçoit pas !
> La coupe où nous buvons n'éprouve pas l'ivresse
> Qu'elle verse à nos cœurs, brûlante volupté.
> Vous avez la Beauté, — mais un peu de tendresse,
> Mais le bonheur senti de la moindre caresse,
>   Vaut encor mieux que la Beauté.

Nous n'aurions que le choix à faire, parmi ses poésies inédites, pour citer quelques pièces du plus haut mérite, et qui le classent parmi les bons poètes contemporains. A défaut de celles de ses pièces que Sainte-Beuve eut voulu classer dans une anthologie des poètes du XIXᵉ siècle, nous citerons le *Buste Jaune*, dédié au comte Roselly de Lorgues, et qui renferme des beautés d'un ordre supérieur :

Le jour meurt, — et la nuit met le pied sur sa tombe
Avec le noir orgueil d'avoir tué le jour !
De la patère, au sphinx, l'épais rideau retombe,
Et le salon désert dans son vaste pourtour
    A pris des airs de catacombe ?

Et les volets fermés par-dessus le rideau
Ont fait comme un cercueil à ma sombre pensée ;
Je suis seul comme un mort, — et ma lampe baissée
Sous son capuchon noir, près de moi déposée,
    Semble un moine sur un tombeau.

Et les vases d'albâtre, au fond des encoignures,
Blémissent incertains, mais paraissent encor...
Rien ne fait plus bouger les plis lourds des tentures,
Tout se tait... excepté le vent du corridor
    Qui pleure aussi sur les toitures !

Et par le capuchon de la lampe assombris
Les grands murs du salon semblent plus longs d'une aune,
Et dans le clair obscur oscillant, vague, atone,
On voit se détacher un buste, — un buste jaune,
    Bombant d'un angle de lambris !

C'est un beau buste blond. — d'un blond pâle, — en argile,
Moulé divinement, avec un art charmant !
Aucun nom ne se lit sur son socle fragile...
Je l'ai toujours vu là, — dans ce coin, — y restant
    Comme un Rêve, — un Rêve immobile !

C'est un buste de femme aux traits busqués et fins,
Aux cheveux relevés, aux tempes découvertes,
Et qui, là, de ce coin, voilé d'ombres discrètes,
Vous allonge en trois quarts, les paupières ouvertes,
    De hautains regards incertains !

Ce fut pour moi toujours une étrange figure
Que ce buste de femme, — et dès mes premiers ans,
Je la cherchais des yeux dans sa pénombre obscure...
Puis, lorsque j'en fus loin par l'espace ou le temps,
    Dans mon cœur, cette autre encoignure !

Car ce buste, ce fut... oui, mon premier amour,
Le premier amour fou de mon cœur solitaire.
La femme qu'il était est restée un mystère...
C'était — m'avait-on dit — la tante de ma mère ;
    Une dame de Chavincour !

Morte vers ses trente ans... Rien de plus. Sa toilette,
En ce buste, est très simple et celle de son temps.
Ses cheveux étagés n'ont pas même une aigrette.
On dirait, mais alors sans nœuds et sans rubans,
    La Reine Marie-Antoinette !

C'est bien là ce collier, — ce collier de sequins
Que les femmes serraient, comme on fait sa ceinture...
La cravate du cou bien plus que sa parure...
Et ce corsage aussi, dont la brusque échancrure
    Descend jusque entre les deux seins !

O buste, idolâtré de mon enfance folle.
Buste mystérieux que je revois ce soir,
Quand rien, rien dans mon cœur n'a plus une auréole,
Te voilà rayonnant, jaune dans ton coin noir,
    O buste, ma première idole !

Tous les bustes vivants que j'ai pris sur mon cœur
S'y sont brisés, usés, déformés par la vie...
Leur argile de chair s'est plus vite amollie
Que ton argile, ô buste, — immobile effigie
    Et des temps inerte vainqueur !

Toi seul n'as pas bougé, buste, — forme et matière !
La vie, en s'écoulant, n'a pu rien t'enlever...
Mon rêve auprès de toi je le viens achever...
Je songerai de toi jusques au cimetière...
Mais, ô buste ! après moi, quel cœur fera rêver
    Ton argile, sur ma poussière ?

M. d'Aurevilly exprimait avec un art exquis les impressions que lui causait une joie d'un moment. Ainsi Mme Judith Gautier, — une des filles de Théophile, qui est à la fois peintre, sculpteur et poëte, avait ébauché pour lui, une statuette de saint Michel. Il la remercia par ces vers :

A Madame Judith Gautier.

Vous avez donc sculpté l'Androgyne céleste
Qu'idolâtres rivaux nous adorons en vain,
Vous l'avez revêtu de ce charme, — funeste
Aux faibles cœurs qu'il trouble avec son corps divin !
Madame, vous avez corporisé le rêve
    Que nous avons fait à nous deux,
Qui nous hante toujours et jamais ne s'achève...
Et c'est à votre main que le doivent mes yeux.
    Et ma main rend grâce à la vôtre...
Car pour les cœurs brûlants, regarder, c'est *avoir*...
Et la possession par le regard vaut l'autre...

Le plus beau des amours, c'est l'amour sans espoir !

« Comprendra-t-on ce que ces vers veulent dire ? disait Mme Judith Gautier au jeune poëte qui lui demandait de copier cette strophe. C'est si bizarre que cela ne peut même pas s'expliquer. Nous nous sommes rencontrés tous deux dans une sorte de passion mystique et extravagante pour l'archange saint Michel; nous nous parlions de lui, très mystérieusement, quand nous nous trouvions ensemble, dans le monde. Vous devinez quelles fantaisies extraordinaires le maitre brodait sur ce sujet, et c'était un secret entre nous, que je ne dévoile pas sans un peu de regret. »

Voici d'autres vers inédits :

>   Tête pâle de ma chimère,
> Dont j'ai, sans la comprendre, adoré la pâleur,
> Tu joins donc maintenant à ce premier mystère
>   Le mystère de la rougeur !
> Le vermillon soudain qui te prend au visage,
> Quand, ce visage aimé, tu le tournes vers moi,
> Est trop brûlant, trop noir, et roule trop d'orage,
> Pour être de ton sang, ma chimère au cœur froid.
> Aussi bien le voyant, je me dis et je crois
> Que c'est mon propre sang qui passe et monte en toi !!
>   1886.

Enfin, d'autres vers, en réponse à une lettre, dont on devine le sens à cette riposte pleine de finesse et d'ironie.

LES NÉNUPHARS

Allons bel oiseau bleu, venez chanter votre romance à Madame... (SUZANNE.)

> ... Vous ne mettrez jamais dans votre Flore amoureuse le Nénuphar blanc qui s'appelle...
> (*Une première lettre.*)

I

> Nénuphars blancs, ô lys des eaux limpides,
> Neige montant du fond de leur azur,
> Qui, sommeillant sur vos tiges humides,
> Avez besoin, pour dormir, d'un lit pur ;

Fleurs de pudeur, oui ! vous êtes trop fières
Pour vous laisser cueillir... et vivre après.
Nénuphars blancs, dormez sur vos rivières !
    Je ne vous cueillerai jamais !

II

Nénuphars blancs, ô fleurs des eaux rêveuses,
Si vous rêvez, à quoi donc rêvez-vous ?...
Car pour rêver, il faut être amoureuses,
Il faut avoir le cœur pris... ou jaloux ;
Mais vous, ô fleurs que l'eau baigne et protège,
Pour vous, rêver... c'est aspirer le frais !
Nénuphars blancs, dormez dans votre neige !
    Je ne vous cueillerai jamais !

III

Nénuphars blancs, fleurs des eaux engourdies,
Dont la blancheur fait froid aux cœurs ardents,
Qui vous plongez dans vos eaux détiédies,
Quand le soleil y luit, Nénuphars blancs !
Restez cachés aux anses des rivières,
Dans les brouillards, sous les saules épais...
Des fleurs de Dieu vous êtes les dernières !
    Je ne vous cueillerai jamais !

*
* *

Quant au *Laocoon* et aux *Yeux caméléons*, ces deux pièces exclusivement composées pour vous et que vous désirez faire tirer à trente-six exemplaires, vous ferez tout ce qui vous plaira, mon cher Trébutien. Est-ce que je ne vous appartiens pas, moi et mes œuvres ? Pour mon compte et pour rester franc, je n'aime pas beaucoup cette impression solitaire des *quelques strophes*, réservées à *l'ensemble* d'un recueil qui doit paraître plus tard (et pas si tard que vous croyez : je veux que notre volume soit fait *cet été*). Je trouve cela *prétentieux* et *mesquin ;* mais il est une question qui fait fléchir toutes les questions de goût et d'aristocratie littéraire, c'est la question de ce qui vous plaît. Si vous trouvez, vous, le moindre soulagement à ces douleurs *obsédantes* et *possédantes* que je voudrais vous ôter de l'âme, n'importe à quel prix, en vous occupant de cette impression, vous avez tout droit d'agir, et même je serai heureux d'avoir pu, *même indirectement*, vous causer une minute de répit et d'adoucissement à vos peines..... Si donc (car nous avons la coquetterie de nos douleurs et nous aimons à nous regarder souffrir), si donc vous voulez vous mirer dans ces deux glaces encadrées de bronze, que l'on appelle *Laocoon* et les *Yeux caméléons*, et qui n'ont été étamées que pour vous, faites, mon ami ! Imprimez, je vous y autorise. Seulement, si vous imprimez, mettez au bas des strophes en question : « Tiré du recueil INÉDIT des RYTHMES OUBLIÉS, par J. Barbey d'Aurevilly... » et ne donnez ces trente-six exemplaires qu'aux mains choisies.

Il serait difficile, on le comprend assez, de reproduire ici quelques-uns des poèmes en prose, que M. d'Aurevilly voulait réunir sous le titre de *Rythmes oubliés*. Un de ces poèmes, détail curieux, était absolument perdu. On le croyait chez *un amateur*, à qui l'auteur écrivait la lettre suivante, un an avant sa mort :

« Paris, le 30 mars 1888.

« Monsieur,

« Permettez-moi de vous demander le jour et l'heure où vous pourriez recevoir M. Landry, mon secrétaire et mon ami, qui vous dira pourquoi je ne puis moi-même aller jusqu'à vous.

« Il vous dira aussi *en détail*, Monsieur, l'objet de la mission que je lui confie. Il s'agit simplement d'obtenir de vous l'autorisation de copier (*chez vous*) un poème, en prose, de moi, intitulé Amaïdée, acheté de très bonne foi par vous à la vente de Sainte-Beuve, et que M. Troubat, de bonne foi aussi, vous a vendu comme une propriété de Sainte-Beuve, tandis qu'il n'était qu'une communication à lui faite par mon ami M. Trébutien. Je n'entends nullement, Monsieur, vous priver d'un manuscrit qui vous a semblé de quelque prix, mais j'ai pensé que vous ne me refuserez pas la copie que je vous demande et dont j'ai absolument besoin.

« C'est M. Landry qui se donnerait la peine de prendre cette copie chez vous ; ainsi le manuscrit, auquel vous me faites l'honneur d'un peu tenir, ne sortirait pas de vos mains.

« Et moi, Monsieur, je resterais votre très reconnaissant et très obligé serviteur. »

L'obligeant amateur répondit qu'à son grand regret il ne possédait pas ce manuscrit. C'est en janvier 1889 seulement, que M. Troubat, après de patientes recherches, et ayant eu recours à la publicité du *Figaro*, le retrouva chez M`lle` Trébutien qui conservait *Amaïdée*, restée sans signature, dans les papiers de son oncle.

Il serait injuste de ne pas signaler la traduction en prose de trois poèmes de Wordsworth, — *Nous sommes sept*, — *L'Enfant aveugle des montagnes*, et *Lucy Gray ou la Solitude*, que M. d'Aurevilly publia dans la *Revue indépendante*, et qui sera sans doute adjointe à l'édition de ses poèmes en prose originaux. Et même, il n'est pas inutile d'en citer au moins un, — comme pendant à cette merveilleuse élégie des *Quarante Heures*, qu'il dédiait à son frère l'abbé.

I

Nous sommes sept.

Un simple enfant qui respire l'air avec vitesse et qui se sent de la vie dans chaque membre, que peut-il savoir de la mort ?

Je rencontrai une petite fille de chaumière. Elle avait huit ans, me dit-elle. Ses cheveux étaient épais, avec de grosses boucles qui se roulaient autour de sa tête.

Elle avait un air rustique, l'air des landes et des bois, et elle était pauvrement habillée. Ses yeux étaient beaux. Sa beauté me rendit tout joyeux !

— Combien êtes-vous de frères et de sœurs, ma petite fille ? — lui dis-je. — Combien ? sept en tout, — répondit-elle. Et, toute étonnée, elle me regardait.

— Et où sont-ils ? Je vous prie de me le dire. — Elle répondit : — Nous sommes sept, et deux de nous demeurent à Conway, et deux sont partis sur la mer.

Et deux sont couchés dans le cimetière, ma sœur et mon frère ; et dans la maison du cimetière je demeure auprès d'eux avec ma mère.

— Vous dites que deux demeurent à Conway, que deux sont partis sur la mer, et cependant vous êtes sept ! Mais je vous prie de me dire, douce petite, comment cela peut être ?

Alors, la petite fille répondit : — Nous sommes sept enfants, garçons et filles ; deux de nous sont couchés dans le cimetière auprès de l'arbre.

— Vous ne me dites pas combien il y en a de vivants, ma petite fille. Si deux sont couchés dans le cimetière, alors vous n'êtes plus que cinq ?

— Leurs tombes sont vertes, on peut les voir, — continua la petite fille. — Elles sont à douze pas au plus de notre porte ; ils sont l'un à côté de l'autre.

Là, bien souvent je tricote des bas ou j'ourle un bonnet, assise sur la terre, et je leur chante des chansons.

Et souvent, après le coucher du soleil, monsieur, quand il fait doux et beau, je prends ma petite écuelle et je mange ma soupe auprès d'eux.

La première qui mourut fut la petite Jeanne. Elle est restée couchée, plaignante, dans son lit, jusqu'à ce que le bon Dieu finit sa peine ; alors elle s'en alla.

Ainsi on la mit dans le cimetière, et tout l'été nous jouâmes autour de sa tombe, mon petit frère John et moi.

Et quand sa tombe fut blanche de neige et que je pouvais courir et glisser, mon frère John fut forcé de s'en aller aussi, et il est couché auprès d'elle.

— Combien êtes-vous alors, — lui dis-je, — si deux vous sont retournés dans le ciel ? — Mais la petite fille répondit : — O monsieur, nous sommes sept !

— Mais ils sont morts ; il y en a deux qui sont morts et dont l'âme est au ciel... — C'étaient des paroles inutiles ; car la petite fille voulait avoir sa volonté et répétait : — Nenni ! nous sommes sept.

WORDSWORTH.

**

On peut dire de Barbey d'Aurevilly qu'il était un véritable artiste. Ce n'est pas lui, sans doute, qui formulait cet axiome : « L'art est la dernière religion de l'homme. » C'est lui qui affirmait que si la théorie de l'art pour l'art est fausse, du moins le bonheur *absolu* donné par l'art n'est pas le rêve de l'impossible. Cette affirmation, il la développait dans le volume des *Sensations d'art* où il apparaît aussi vivant, aussi jeune d'impressions, aussi éloquent d'enthousiasme que passionné fidèle de cette religion qui ne fut pas la dernière pour lui, heureusement, car son âme en concevait, en aimait, en servait une plus grandiose et plus consolante. Les artistes qu'il groupe dans ce livre ont un lien commun : tous ont eu à lutter contre les débuts difficiles, contre les âpres misères de la destinée, et s'ils ont été reconnus grands, ce ne fut qu'après les souffrances indicibles qui sont l'expiation du génie. Mais tous avaient cette confiance en soi que les plus terribles découragements ne parviennent pas à détruire, cette flamme que les plus fougueuses tempêtes n'éteignent pas, cette certitude de la revanche qui permet de subir, impassible, défaite sur défaite.

Et réellement, aucun de ceux dont il est parlé dans ce livre vengeur n'a été un vaincu de la vie : leurs noms rayonnent dans une auréole de gloire, et si parfois ils ont à souffrir de la discussion des imbéciles, ces noms brillent d'un éblouissant éclat : Paul Delaroche et Géricault, Courbet, Théodore Rousseau, Millet, Mozart et Berlioz.

Tous ils sont jugés par leur pair. Il a le don parfait de l'*expressivité* : d'un mot, rudement frappé, il marque et caractérise, sans appel. S'il appelle Courbet un pataud bavard, et Proudhon, un pataud jaloux, il reconnaît à celui-là les dons sublimes du véritable artiste, il appelle celui-ci une âme nette d'ordure. Si Proudhon est souvent ridicule, il n'est jamais cupide : il est désintéressé, exception parmi les révolutionnaires.

Il faudrait citer plusieurs pages du chapitre consacré à Paul Delaroche, et qui est un véritable traité de peinture historique, mais la conclusion suffira ; elle indique, dans toute sa profondeur, la pensée du critique : « La volonté n'est pas exclusive de l'inspiration et le plus souvent elle l'appelle ! Napoléon, ce terrible artiste, avait l'inspiration et la volonté à un degré égal, et ce n'est pas tout à fait pour rien que Paul Delaroche ressemblait de visage à Napoléon. »

Poursuivant les comparaisons, M. d'Aurevilly, qui pense que Delacroix est un grand peintre trop littéraire, déclare que Géricault a beaucoup de rapports avec lord Byron, ayant la naïveté de son inspiration, comme Byron a la naïveté de la sienne. Et revenant sur les douleurs par lesquelles on expie le don fatal d'être supérieur aux autres hommes, il s'écrie : « Géricault jeta les dernières années de sa vie dans les plaisirs bêtes que le monde a inventés pour le soulagement des hommes de génie que leur trop de génie fait souffrir. »

Je ne crois pas me tromper si j'avance que parmi les peintres de ce siècle, où il y en a tant et si peu, les préférés de M. Barbey d'Aurevilly sont Théodore Rousseau et Millet.

Le premier, c'était un moine de la peinture, chantant les psaumes à son chevalet. Il a aimé la nature avec un amour grand comme elle. « L'idéal était pour lui la réalité élevée à son plus haut degré de puissance ! » On retiendra cette formule, peut-être la plus éloquente sentence portée contre le réalisme, que le critique déteste et poursuit d'une haine acharnée, et raisonnée autant que raisonnable.

Le second, génie robuste, normand solide et puissant, méditatif et grave, âme élevée, intelligence profonde, « voit la nature à pleine vue ». Et ce mot dit tout. Ce médaillon du grand peintre est buriné d'une main ferme. M. d'Aurevilly en a pénétré la grandeur et la simplicité. Qui donc lirait sans une émotion sincère ces trois lignes : « Dans la *Prière du Soir*, où l'homme et la femme, lassés d'avoir labouré tout le jour, disent leur *Angelus* au jour qui meurt, le biblique Millet va jusqu'à la tristesse chrétienne... »

Mais qu'on lise le portrait qu'il trace de ce grand artiste, et où l'on retrouvera comme une image lointaine, un reflet du Rollon Langrune du préambule d'*Un Prêtre marié*.

« Paysan d'ancienne et forte race, chez qui la santé du talent prouve la pureté de l'origine, il était né à Gréville, non loin de Cherbourg, sur la côte, en face de la mer, dans cette presqu'île du Cotentin, la plus pittoresque partie de cette magnifique Normandie, qui a le privilège d'offrir aux regards, dans sa vaste ceinture, la plus étonnante variété de paysages. Né là où il aurait pu très bien rester, comme Burns dans son Ecosse, et où il n'aurait pas été moins grand et peut-être l'aurait-il été davantage, car les hommes à aptitudes supérieures se font seuls, il céda au torrent du siècle qui entraîne tout vers Paris. Il y vint, mais il n'y perdit pas son originalité au frottement des ateliers et des écoles. Il y avait emporté son pays, non pas à la semelle de ses souliers, ainsi que le disait Danton, tout à la fois grossier et sublime, mais dans sa tête, où il le revoyait pour le jeter en détail dans la plupart de ses tableaux. Le plus souvent, même quand il sort de son pays dans ses œuvres, quand il nous peint, par exemple, un paysage des Vosges ou de l'Auvergne, il choisit celui-là qui a le plus d'analogie avec la terre et la nature normandes, — qui en est une *remembrance* encore. — Si Normand, qu'où il transporte sa palette et soit qu'il nous peigne un rivage, un pâturage, une lande, un plant de pommiers ou un horizon au soir ou par la pluie, ou un champ labouré, on sent le Normand et l'homme des impressions premières, indestructibles, toujours présentes et a travers lesquelles son génie de peintre a vu tout. »

Quel moment de bonheur pour François Millet, s'il avait pu lire de telles lignes, dans cette retraite patriarcale de Barbizon où, chargé de famille, l'illustre artiste vivait dans une médiocrité bien loin d'être dorée !

« Comme tous les talents qui exhalent une forte saveur de terroir, continue le critique, si passionnément ému de la noble simplicité de l'artiste, Millet sera la passion de ceux pour qui cette saveur est délicieuse et enivrante. Millet sera aimé des Normands comme Burns des Ecossais. Il exprime en effet la poésie de son pays en ses peintures, comme Burns la poésie du sien dans ses vers ! Mais dans son art, et de naturel, Millet est bien au-dessus de Burns. Le poète écossais n'est qu'un coq de bruyère qui chante ; c'est un joyeux garçon plein de rondeur, d'accent, de gaieté coupée de mélancolie ; tandis que Millet est élevé et grave. Il a la profondeur et la réflexion inconnues à ce spontané de Burns. Il a cultivé son art, comme Burns, l'amoureux des meunières, n'a jamais eu le temps de cultiver le sien. Il a été peintre à tous les moments de sa vie. Burns n'a été poète que par places et par quarts d'heure. Et quoique Millet soit resté indéfectiblement dans ses peintures le Normand d'origine et l'homme des impressions premières, et que pour tout ce qui est Normand, ce soit là son charme suprême, il n'en a pas moins peint le paysan de tous les pays, le paysan pur-sang, l'homme de la terre, quelle que soit la terre qu'il entr'ouvre, la créature déchue dont parle la Bible, condamnée à manger son pain éternellement à la sueur de son front... Et il l'a compris et exprimé avec une réalité incomparable. »

L'étude sur Gavarni me plairait moins, ne serait-ce que parce qu'elle est faite d'après le livre de M. de Goncourt. Le caricaturiste des Lorettes et de Vireloque m'est antipathique : ce n'est pas lui, sans doute, qui a créé la « *blague* » française, mais comme il en a joué! Faut-il admirer ou comprendre ce misanthrope! Il le fut, et sans colère, preuve de profondeur, dit M. d'Aurevilly. Mais si l'on comprend la misanthropie orgueilleuse, envieuse et maladive de Jean-Jacques, la misanthropie de Pascal, qui plonge jusqu'à la nature humaine, qu'il méprisait et haïssait, à cause du péché originel et de la chute, on ne la comprend guère chez Gavarni, satirique impitoyable, dépeceur d'âmes, si cruel dans sa poursuite de nos vilenies, et la flagellation de nos ridicules.

Ce qu'il faut lire avec admiration, ce sont les trois études de musiciens. Qui croirait qu'un poète pour qui la musique n'est ordinairement qu'un bruit ennuyeux, peut apprécier à leur plus haute valeur Mozart et Berlioz, si dissemblables, et Reményi, le seul vivant que je veuille nommer, — et dont il est dit : « Paganini était le Fantastique, Reményi, c'est l'Idéal. » Mozart, « le Raphaël de la musique, l'ange du cœur comme du génie », inspire une belle page :

« Mozart est un saint ; mais il fut un de ces saints dont on ne parle pas, qui cacha le mystère de la prière et des bonnes œuvres dans une gloire que le monde vit seule. Le monde, ce gros amateur de lumière et de bruit, ne se dou tait pas de la perle qu'il y avait dans cette autre perle qu'on appelait Mozart. Les lettres d'aujourd'hui, qui font légende à ce saint caché, éclairent au moins de côté ce visage rêveur sous la fleur blanche de ses cheveux poudrés, et qui, malgré le costume épinglé du xviiie siècle, a quelque chose de la suavité de Louis de Gonzague. Elles nous la font voir, cette suavité, et nous en suivons le reflet jusqu'à ses derniers jours, qui vinrent si vite, sur cet étrange visage de Mozart, si différent du visage des hommes de son siècle. Les vices de ce temps n'enlevaient que du fard. Ce qui était simple, profond et vrai, était plus fort que les mauvais souffles. Après une symphonie qui avait été un de ses triomphes, il écrivait de Paris à son père, en 1778 : « J'allai dans ma joie au Palais-Royal. J'y pris une glace. « *Je dis le chapelet comme je l'avais promis*, et je ren- « trai. »

Et un peu plus loin :

« La résignation, en effet, est encore une des expressions de cette physionomie. Il l'eut tout petit, comme son talent inouï, comme le bonheur, comme la renommée. Et pourquoi l'eut-il, cette résignation, qui est une vertu et une tristesse ? Était-ce un pressentiment de la mort qui devait le visiter de si bonne heure ? S'y résignait-il, à cette mort pressentie ? Ou se résignait-il à cette gloire, qui est un malheur et que les hommes croient une joie ? Toujours est-il que, quand on regarde les portraits qu'on a de lui enfant, on pense involontairement à cette statue de l'Enfant-Dieu, le chef-d'œuvre de Canova, qui regarde sa croix en l'appuyant sur sa petite poitrine comme une épée, — l'une des épées qui doivent percer sa Mère aux Sept Glaives, — et qui sourit, avec les lèvres rondes de l'enfance, d'un sourire d'homme si cruellement prématuré ! »

A propos de Mozart, et de la correspondance de son père, publiée récemment par quelque bon chanoine, M. d'Aurevilly trace un admirable portrait de ce père. On y sent une singulière puissance d'amour filial; on y retrouve le fils qui, élevé par un père gentilhomme dans les sentiments et les traditions d'un temps disparu, a aimé ce père comme les fils d'aujourd'hui ne savent plus aimer, accoutumés qu'ils sont de traiter leur père en camarade, en vieux camarade. Ces pages sont une protestation contre nos démocratiques idées : un pur sentiment, exquis, pénétrant, s'en dégage. Rien n'est à la fois plus simple et plus beau. Ceux qui ont subi les atteintes de la férule du critique et lui ont si amèrement reproché sa rudesse, lui faisant une renommée de pourfendeur, ne l'eussent point cru capable de tels attendrissements, pas plus que les journalistes en butte aux violentes polémiques de Louis Veuillot, ne soupçonnaient la tendresse et la bonté de ce rude jouteur.

Berlioz, nature incoercible, génie intense, artiste fougueux, d'une inspiration enthousiaste et passionnée, dont rien ne pouvait apaiser la soif de sensations, a inspiré, lui aussi, une belle page à l'auteur des *Sensations d'art* :

« Il était Français, ce grand musicien, il était né, pour la torture de toute sa vie, sur cette terre antimusicale de France, dans le même pays que Stendhal, cet homme d'esprit, dilettante à contre-sens, dont il a parlé en passant, avec le dédain de l'artiste qui n'a affaire qu'à un homme d'esprit, et qui n'a pas besoin de s'arrêter devant cette chosette. Son berceau, à ce poète en musique, fut la poétique vallée de l'Isère. Il n'y devint pas musicien. Il l'était comme il était homme. On n'apprend pas à respirer. Le génie, dans les hommes, c'est comme la perle dans les huîtres. L'huître ne sait pas qu'elle y est. Nous, non plus. On ne sait comment elle s'y est formée, et pourquoi elle est là, dans cette vile écaille. Le génie était en Berlioz. Il y était plus fort que tout, et il emporta sa vie comme l'ange la tête par les cheveux du prophète, l'arrachant aux plans de son père, qui était médecin et qui voulait que son fils fût médecin comme lui. Ah c'est la rabâcherie éternelle de l'histoire du génie!...

« Et je ne crois pas que dans l'histoire des hommes de génie il y en ait eu un de l'intensité dévorante et immanente de Berlioz. Nous sommes encore si près de son génie, et de son âme, que cela nous trouble et nous empêche de le juger et de conclure. Mais parmi ceux que l'on peut appeler les plus grands intenses de ce siècle, Byron, Allieri, Foscolo, Leopardi, même Beethoven, le damné de la Surdité, prenez-les tous ! Il n'en est pas un que l'on puisse comparer à Berlioz. Tous ne furent intenses que par accès et que par places, excepté Beethoven, muré dans son mur. Berlioz, lui aussi, le fut toujours, et il ne s'apaisa ni ne se refroidit jamais. Après trois passions furibondes de cœur épuisées, et avec l'inépuisable amour de son art, qui, de tous ses amours, ne fut pas le moins furibond et celui qui saigna le moins, Berlioz fut repris de la furie de son premier délire pour la femme qu'il avait, comme Dante, aimée dès son âge de douze ans, et qu'il avait été quarante-neuf années sans revoir. Il avait plus de soixante ans alors. Et cet amour ne fut pas plus une vieille romance en sentiment que la *Marche du Supplice* ne l'est en musique. Il fut convulsif, sanglotant et sublime ! Berlioz, c'est la combustion spontanée, et ce n'est pas qu'il flambe qui étonne, c'est qu'il ait duré, salamandre et fournaise tout ensemble, et brûlé toute une vie de soixante-sept ans. »

Barbey d'Aurevilly manifeste moins de goût pour M. Fremiet, le statuaire, et surtout à propos de sa *Jeanne d'Arc* de la place des Pyramides, « qui fait penser aux quarante siècles... Mais, par exemple, la statue de M. Fremiet, quarante siècles ne la verront pas! »

Il est étrange que les artistes de tous les temps n'aient jamais su rendre les deux plus belles figures de femme qui soient dans l'histoire de l'humanité : la Vierge Marie et l'héroïque Pucelle. De la Mère de Dieu que l'Ecriture Sainte fait dire d'elle-même : « *Nigra sum, sed formosa* », les uns ont fait une enfant chétive et blonde, aux yeux bleus, les autres une israélite vulgaire. De Jeanne d'Arc, M. Fremiet a fait une sorte d'androgyne grotesquement svelte, et d'autres, avant, ou après lui, une virago massive et lourde.

La sublime Lorraine devait être, en effet, une autre femme que l'être malingre juché sur le misérable socle de la place des Pyramides, et cette œuvre au-dessous du médiocre, n'a été inspirée ni par un sentiment profond de l'art, ni par une conception parfaite du patriotisme. C'est l'erreur d'un artiste de talent, à qui le municipe parisien eût rendu grand service en reléguant son ouvrage au fond de quelque musée de province, dans la caverne étroite et basse d'une vieille salle gothique.

Ce livre des *Sensations d'art* passionnera tous ceux pour qui l'art est sinon la religion dernière, du moins le culte de toutes les heures libres où l'intelligence peut se déprendre des fatigues vulgaires, des misérables événements de la turbulente vie que nous font les troubles de ce temps. On y recueillera tant d'idées hardies, originales et puissantes, qu'on pourra, un moment, échapper aux inutiles préoccupations, et savourer la jouissance d'admirer, avec un charmeur, les sereines beautés de la pensée, ou de combattre, avec le chevaleresque défenseur des causes calomniées, les sophismes d'une littérature décadente et d'une philosophie dont le désolant matérialisme fait, en même temps, la force et la faiblesse.

Ce livre porte sa date.

« Ceci a l'air d'un détail futile ; je le note, cependant, car il sert à démontrer l'indépendance de l'auteur, sa clairvoyance, la sûreté de son jugement, à des heures où tant d'autres n'osaient pas se prononcer sur les mérites d'œuvres nouvelles, ou plus simplement condamnaient. Chose curieuse, cet homme que l'on pourrait dire immobilisé dans sa foi religieuse et dans sa foi politique, en art est un révolutionnaire. Les vieilles formules le gênent, les modes antiques l'irritent ; il se sent mal à l'aise dans le cothurne classique, comme dans le rythme consacré, et lorsque quelqu'un survient, sans avoir suivi les sentiers battus, ce quelqu'un-là est son homme.

« Mieux que cela, c'est lui-même. Quoi de plus neuf que ses premiers romans, dans un temps où la nouveauté pouvait passer pour une hérésie ! Mais, il aurait fallu un autre lui-même pour le mettre en évidence, signaler son originalité, en un mot le montrer au public qui, de son propre gré, ne va jamais au devant des nouveaux venus. La plupart des hommes qu'il étudie, dans ce remarquable livre, n'ont pas eu non plus des débuts faciles ; quelques uns peut-être ont été plus heureux ; mais, à l'aide de quelles concessions ont-ils conquis une notoriété rapide, plutôt qu'une réelle célébrité ! Mais, les autres, les amants fidèles de l'art, ceux que le public répudie, en dépit de tant d'exemples, qui devrait être autant d'enseignements, comme il les soutient, comme il les porte aux nues ! En plaidant leur cause, on dirait qu'il plaide pour ses pairs, sinon pour lui-même, car il n'eut pas non plus cause vite gagnée, et il connut comme un grand nombre de forts, les déboires et les arides difficultés des débuts.

N'importe ! ceux dont les épaules sont solides résistent à cela. Ils savent bien qu'ils finiront par triompher, et ils triomphent ; mais souvent l'heure de la revanche a sonné trop tardive, et les triomphateurs sont morts [1]. »

.*.

« Dans le dénuement que l'homme s'est fait, l'art doit lui sembler la plus grande des puissances humaines, et malgré l'effort du génie, ce n'est peut être qu'une impuissance, a dit Raymond Brucker. Echo de nos sens, matérialisme foudroyé, décombres de je ne sais quels spectacles dont la préoccupation a passé dans notre sang à titre de tradition en larmes ou de réminiscence troublée, lignes et vestiges d'un plan qui trahit à la fois l'architecte infini et les traces de la colère, l'art, ce mirage de l'Eden, enflamme nos aspirations, les défie et les trompe. »

La cathédrale de Tolède, ce monument unique au monde éclairé par sept cent cinquante fenêtres, soutenu par quatre-vingt-huit faisceaux de seize colonnes, avec sa chapelle mozarabe et ses fresques gothiques, avec sa Vierge ensevelie sous un monceau de perles, de diamants et d'améthystes, possède un trésor artistique dont on a pu dire que le génie romain n'a rien produit de plus complet. C'est une statuette en bois enfermée dans une gaine de cristal, elle-même à l'abri sous quatorze serrures et que, depuis tantôt

[1] Article de M. Charles Canivet, dans *le Soleil*.

vingt ans, on ne montre à personne. Cette œuvre merveilleuse qui met l'infini dans quelques pouces de matière, est le *Saint François d'Assise* d'Alonzo Cano.

« Il est là, » s'écrie Barbey d'Aurevilly avec une force d'expression qui fait admirablement comprendre la conception sublime de spiritualisme, et si naturaliste dans la forme, du maître espagnol. — « Il est là, les mains dans les manches de son froc, — ces mains oisives pour les travailleurs modernes, qui ne savent pas ce que c'est que de les tendre à Dieu et à l'aumône demandée au nom de Dieu... Il passe, encapuchonné dans son froc rapiécé, qui dit, par toutes ses coutures, qu'il est un pauvre de Jésus-Christ et un mendiant ; mais sa tête encapuchonnée fait trembler son capuchon comme un nimbe, tant il y a de feu dans ses grands yeux levés vers le ciel ! Pendant que les sandales du Saint de la Pauvreté traînent sur la terre, il est dans le ciel, déjà, tout en voyageant sur cette boue... et ceux qui le regardent y sont avec lui ! »

Celui qui a révélé au monde cette merveille de l'Espagne, c'est Zacharie Astruc. Si Alonzo Cano eut le génie de concevoir et d'exécuter le premier le *Saint François d'Assise*, Zacharie Astruc eut le mérite, non pas de copier, mais de créer à nouveau cette œuvre d'un si étrange et si puissant caractère. Lorsqu'elle fut exposée au Salon de 1874, ce fut la rumeur imposante de la gloire qui éclata pour l'artiste, déjà célèbre sans doute, mais qui voyait maintenant son nom acclamé, inséparable à jamais de celui du maître qu'il rapportait, pour ainsi dire, exhumé de son tombeau, entre ses bras, pour l'offrir, dans une sorte de résurrection de son génie, à l'admiration de la postérité.

Il avait obtenu du chapitre de Tolède, à force de négociations, de démarches, de peines, de sacrifices, la permission d'exécuter cette copie sous la surveillance de deux chanoines. Le récit de cette aventure serait une odyssée ! Si Napoléon Ier a pu dire que les affaires faciles ne se font jamais, c'est qu'il connaissait les hommes et prévoyait les événements. Vouloir n'est pouvoir que pour ceux qui savent. Cette énergie à vaincre les difficultés, cette opiniâtreté à surmonter les obstacles, ce courage dans l'âpre lutte de la vie, cette puissance irrésistible de volonté, cette abnégation de soi-même, ce culte de l'art dans ses manifestations sublimes les moins accessibles à l'intelligence banale des foules, composent la marque singulière du caractère et du tempérament moral de Zacharie Astruc. Son œuvre tout entière sous la triple forme qu'il lui impose, étant à la fois sculpteur, peintre et poète, décèle ce génie inquiet, passionné, capricieux, volontaire, amoureux du beau dans toutes ses expressions, délicat et brutal jusqu'au raffinement, et par-dessus tout dédaigneux des sophismes de la critique, des médiocrités de l'école, et des enthousiasmes trop faciles de suffrage populaire. Hugo lui écrivait : « Vous avez une plume qui peint, une encre qui s'allume et flambe et s'envole en toutes sortes de tableaux lumineux et frémissants. » Barbey d'Aurevilly disait de lui : « Il a le velouté d'une sensibilité charmante, très souvent juste, toujours sincère. C'est une goutte de rosée quand ce n'est pas une larme qu'on craint de voir se sécher, tant elle fait bien sur les fleurs de son esprit. »

Zacharie Astruc était un des meilleurs amis de Barbey d'Aurevilly, qu'il connaissait depuis trente ans.

« Je l'apercevais quelquefois dans le quartier de l'Odéon, m'écrit-il; nous nous sommes aimés tout de suite. Jamais notre affection n'a changé, — et jamais les idées différentes, les convictions opposées n'ont mis un nuage entre nous. Il plaint sans doute le pythagoricien, moi j'admire l'esprit, la rectitude, l'honnêteté, le grandiose de l'intelligence. La France, en le perdant, perdra un beau fleuron de sa couronne intellectuelle. Il sait tout, et son éloquence n'a pas de rivale. J'adore sa bonhomie, ses facultés amicales, et son absolue fidélité. Il est de la grande race, — un diamant de notre sol. Vous savez qu'on le discutait beaucoup, — et qu'on l'eût volontiers insulté, au dehors, pour n'avoir pas les allures et les attitudes courantes. C'est la forte maladie de chez nous. Nous avons passé ensemble d'aimables jours dans un groupement qui réunissait Baudelaire, Théophile Silvestre, Daudet, une infinité d'autres. Puis bien des jeunes, qui sont venus. Je collaborais avec lui, au *Nain jaune* du temps de Ganesco, — puis à diverses feuilles. Le hasard bienveillant nous réunissait; je lui dédiai une comédie japonaise publiée par la *Revue internationale*, « Larmes de femmes, » je fis d'après lui un bas-relief qui fut exposé au Salon de 1872; puis en 1875, je fis son buste; il eut un grand succès au Salon; on avait eu l'audace d'arracher le socle, et de me l'exposer tout crûment posé sur les hanches, équilibré à l'aide de bâtonnets. On n'admettait pas les bustes ornés ! Enfin je le plaçai, comme masque, dans mon *Enfant vendeur de masques*, pour ne pas lui marchander mon admiration, pour l'imposer. Il entrait ainsi, visiblement, dans le sanctuaire des célébrités à la mode... j'ai quelquefois porté bonheur... du moins ai-je lutté pour lui à ma façon, — et contribué peut-être à lui ramener les vieux moutons de Panurge enfuis. Il me disait quelquefois : « Cher Zacharie, je vous rendrai mon buste! »

Ce buste, que Léon Bloy appelait la Méduse-Astruc, est une œuvre merveilleuse de ressemblance, de vie et de puissance. L'auteur de l'*Ensorcelée* est représenté dans son attitude coutumière, le torse cambré, la tête rejetée en arrière, par un mouvement à la fois naturel et fier. Sa martiale figure de prince mérovingien, qui fit dire souvent qu'il avait dans les veines des gouttes de sang royal, est traitée avec une certaine désinvolture : le nez un peu busqué, à l'arête délicate, aux narines fines ; la bouche au dessin pur, un peu moqueuse, à demi cachée par la longue moustache ; les yeux largement ouverts sous des sourcils bien arqués, laissant deviner les yeux d'oiseau, d'oiseau de proie qu'ils étaient, si impérieux et si doux à la fois !... Le front droit et carré, les tempes sillonnées de veines imperceptibles... Puis les épaules effacées, la poitrine large, avec la cravate de guipure bouillonnant entre les revers étoffés de l'habit...

Barbey d'Aurevilly aimait ce buste, l'un des plus vivants de la statuaire moderne, le seul monument qu'il faudrait lui ériger, si les patries n'étaient pas aussi ingrates que les hommes. Il l'aimait, et l'appelait « une œuvre haute », s'y reconnaissant dans son attitude altière et sa beauté de corsaire, lui qui ne voulait se reconnaître dans aucun de ses portraits. Il consentit parfois, cependant, à poser chez les peintres, et s'amusait à des remarques sur ses traits : « J'ai le menton de la grande Catherine, disait-il à Emile Levy ; j'ai, signe de race, la gouttière (sous le nez) creuse, ceux qui ne l'ont pas ne sont pas nés. » Et lorsque Mme Paria Korrigan lui dit un jour qu'il avait les mains de Sardanapale, il daigna sourire : le compliment le flattait.

* *

Barbey d'Aurevilly fut donc vraiment un grand artiste, par cette compréhension de l'art, qui lui fut si particulière, et qu'il sut exprimer dans le langage imagé du poète, comme dans le style fleuri et net du critique.

On aurait pu lui reprocher son éclectisme, ou du moins quelques-uns l'auraient pu, qui, de parti pris, repôussent tels ou tels maîtres, ne voulant pas équipoller dans leur admiration Wagner à Mozart, Delacroix à Ingres, et réfugiés dans la forme déterminée où ils s'amusent à concréter leurs sensations. Être éclectique, n'est-ce pas l'absolue vérité en art? et parce qu'on aime, à certaines heures, le classique David ou le sévère Porpora, faut-il bannir sans pitié le naturaliste Courbet et l'espiègle Offenbach? Je ne le pense pas, et en art, comme en tout ce qui touche à la sensation, j'estime qu'il est sage d'user du précepte : « Il faut prendre son bien où on le trouve ! »

IX

LE CRITIQUE

Dans un livre qui a pour excuse d'avoir été écrit à Genève, M. Ernest Tissot donne une longue étude sur Barbey d'Aurevilly, critique. Ce chapitre de ce livre [1] est évidemment respectueux pour celui que l'auteur, quoi qu'il en aie, considère comme l'un des maîtres de la littérature contemporaine. Il y passe néanmoins un accent de compassion que je ne saurais admettre ; et malgré de sérieux mérites, on y rencontre mainte erreur provenant de ceci, que M. Tissot a recueilli beaucoup de renseignements de seconde main. Il en croit, pour certains détails, M. de Pontmartin, et c'est assez dire. Il n'a pas connu l'homme, il en a entendu parler par des détracteurs, il n'a écouté que des bavardages de boutiques de publicité, et, s'il a étudié l'œuvre, il s'est laissé influencer par la terreur de heurter des idées convenues. Au surplus, M. Ernest Tissot, qui est calviniste, au moins d'éducation et

ERNEST TISSOT : *Les Evolutions de la Critique française.*

d'instruction religieuse, s'ingénie à critiquer l'orthodoxie catholique de M. d'Aurevilly. C'est le fait d'un aveugle qui jugerait des couleurs. Dans *Un Prêtre marié*, comme dans tous ses romans et dans toute son œuvre critique, le maître n'a *jamais* commis une erreur touchant le dogme, l'enseignement ou la discipline de l'Eglise, et si l'histoire effroyable de Sombreval fut proscrite des librairies catholiques, ce fut par une vengeance de femme, et la bonne foi du prélat qui invita l'éditeur Palmé à retirer de ses vitrines un roman, discutable peut-être, mais d'une irréprochable doctrine, fut surprise. Quelle que soit donc la valeur des études de M. Ernest Tissot, il devient un témoin suspect, en ces matières. Il a inféré d'excentricités de costume une excentricité d'intelligence qui n'est pas admissible : son travail, consciencieux, d'intentions honnêtes, courtois de style, respectueux en somme puisqu'il faut répéter le mot, ne sera jamais un document. Ce n'est pas un protestant qui peut évaluer les affirmations de M. d'Aurevilly sur la Réforme et les hérésiarques, ou déterminer l'opinion que prit de lui le monde catholique en ses querelles avec les libéraux. La pensée de l'écrivain lui échappe, et ce qu'il en pressent ou ce qu'il en devine est annulé par l'ignorance des droits que tout catholique possède de discuter, en histoire ou en philosophie, en dehors des articles de foi.

*
* *

Moins pénétrant, peut-être, mais plus exact et plus

clair, est M. Victor Fournel[1], qui a beau nommer Barbey d'Aurevilly « un grand enfant terrible et extravagant »! Il l'admire quand même, à travers tous les défauts qu'il lui prête :

« Son œuvre critique est extrêmement considérable, dit-il, on en pourrait détacher des pages superbes et en plus grand nombre encore d'excellents passages, de vues pénétrantes, de jugements, de définitions, de portraits d'une forme très expressive ; pas un seul chapitre complètement acceptable. Il manquait des qualités élémentaires et essentielles du critique : la justice et la justesse. Il ignorait et voulait ignorer la mesure, il méprisait le goût. Il ne connait point de milieu entre le dithyrambe et l'égorgement, mais il distribue ses fleurs ou ses coups de massue — plus de coups de massue que de fleurs — en homme qui veut étonner la galerie bien plutôt qu'en juge impartial, maître de son esprit et de ses passions. Tous les excès de son tempérament, tous les caprices de ses préférences et surtout de ses antipathies s'y donnent un libre cours. Ce n'est pas un critique, c'est un polémiste armé du fouet de la satire, cinglant à tort et à travers et se servant même du manche pour achever ses victimes. Il ne corrige pas, il assomme, et ses moindres nuances sont des hyberboles.

. . . .

« On se doute bien certainement de tout ce qu'il a dépensé de talent dans cette œuvre considérable, mais on ne se douterait pas sans l'avoir relu, comme je viens de le faire, de tout ce qu'il y a semé aussi d'aperçus ingénieux, saisissants ou profonds, lorsqu'il n'est point égaré par un de ces partis pris qui ne veulent plus rien voir, et qu'il ne met pas au-dessus de sa raison le caprice exaspéré de sa fantaisie.

« Que de traits heureux et piquants, même en leur exagé-

[1] Article dans le *Correspondant*, 25 mai 1889.

ration, et de jugements frappés en médailles, mais qu'il gâte souvent à force d'insistance : Villemain, « artiste en vide, homme de mots, qui vit par les mots et pour eux »; Sainte-Beuve, « l'abeille de la critique, qui en eut souvent la grâce et le dard, et le vol ondoyant,... entomologiste littéraire..., bénédictin de l'anecdote, Mabillon de babioles, aiguiseur de notes en épigrammes... »; mettant dans sa trousse de carabin « de petites flèches qui, comme celle de Pâris, se tiraient au tendon d'Achille quand on avait le dos tourné »; Vinet, que Sainte-Beuve « nous a apporté de Suisse comme un fromage de Gruyère »; Philarète Chasles, « éblouissant feu follet littéraire, qui errait et ne se fixait pas..., radieux arlequin intellectuel..., élevé comme un chien, mais comme un chien savant, par un père athée et régicide »; Jules Janin, « le roi de la critique? allons donc! il en était bien plutôt le fou — le fou du roi, avec son esprit mi-partie de brillant et de sérieux. »

M. d'Aurevilly, a dit Paul Bourget, « considérait qu'une fois mort, les vingt volumes des *Œuvres et des Hommes*, sa grande œuvre de critique, montreraient l'unité absolue, inébranlable en lui, du penseur et du conteur, du moraliste et du romancier. Il professait pour la méthode moderne, qui consiste à tout comprendre dans l'art et dans la vie, une aversion absolue. « J'ai jugé les livres comme j'ai jugé les passions! » me disait-il. « Juger, là est tout l'homme. » Je me souviens que je le combattais et que je plaidais auprès de lui pour la multiplicité des points de vue et les souplesses d'un certain dilettantisme. L'énergie de ses résistances à mes arguments ne s'est jamais démentie, et j'ai retiré de ces conversations la certitude que ce grand écrivain était aussi le plus honnête homme de lettres qui se pût rencontrer. »

Il ne faut pas exagérer l'intransigeance de Barbey d'Aurevilly en matière de critique. A propos des *Littératures étrangères*, M. Gustave Geffroy faisait récemment, dans la *Justice*, cet aveu :

« Enfin, et c'est le rare du rare, ce livre contient ce qu'on ne trouve guère dans les livres de ce genre, — un retour de critique et non un retour offensif contre l'écrivain critiqué, mais un retour offensif du critique contre lui-même, une rétractation du jugement autrefois prononcé contre Edgard Poë. Mieux renseigné par la biographie d'Hennequin. Barbey d'Aurevilly reprend l'article qu'il avait écrit, et il le rature, et il le récrit... Il prouve la conscience du critique et le rémunère justement de sa loyauté, car il comptera parmi les plus beaux chapitres de l'histoire littéraire édifiée par Barbey d'Aurevilly. Il a écrit là, sur l'Amérique, sur le génie et sur le sort de Poë, des pages admirables, infiniment émouvantes. »

Barbey d'Aurevilly disait : « La critique a pour blason la croix, la balance et le glaive. » Et il ajoutait : « Le critique sera le juge intellectuel de ce qui fait la beauté ou la laideur des œuvres humaines. » Et l'unique base qu'il voulait prendre pour soutenir ses arrêts, c'était la doctrine de l'Eglise catholique, en morale et en esthétique. Il condamnait ce qui allait à l'encontre du dogme, et se montrait indulgent à l'œuvre dont l'influence pouvait être bienfaisante. Il se déclarait volontiers le plus intolérant des catholiques, et toute sa critique prouve qu'il le fut, avec une extrême sincérité, et la plus entière bonne foi.

Cette sincérité dans la critique fit souvent accuser M. d'Aurevilly d'être un homme de parti pris ; et certes il le fut, car il avait pris parti pour l'Église contre la Révolution, c'est-à-dire pour la foi contre le rationalisme, pour le dogme contre le libre examen. L'évêque de Tulle, Mgr Bertaud, saint prélat autant qu'orateur original et pittoresque, l'appelait un théologien naturel, parce qu'il n'avait jamais erré en matière théologique. Il parlait donc de principes et d'idées si absolument contraires aux théories modernes, il exprimait sa pensée en termes si clairs, avec une si farouche indépendance des opinions reçues, des jugements convenus, qu'il excitait la colère des uns, la raillerie des autres. Dans la discussion historique, il est un adversaire aussi acharné de l'hérésie, un ennemi aussi passionné des hérésiarques, que purent l'être les antagonistes contemporains d'Arius, des Hussites, de Calvin. Il a la haine de la Réforme. Dans ce mouvement inauguré par Luther, accentué par Calvin, et continué jusqu'à notre époque sous une infinité de formes, dont la plus dangereuse fut peut-être l'indifférence religieuse provoquée par 1830, il voit l'origine de la Révolution française, du péril social qui nous menace, de l'affaiblissement des races latines, de la prépondérance des races germaniques. La Réforme n'est point à ses yeux un essai de rénovation religieuse, mais simplement une révolution politique au bénéfice d'une faction : elle profite, en France et en Allemagne, aux grands seigneurs ; en Angleterre, au roi, et s'accomplit partout au détriment du peuple. Il n'est point difficile de comprendre maintenant les portraits que M d'Aurevilly a si magistralement tracés d'Henri VIII et de Philippe II, des Guise et de Coligny. Comme Joseph de Maistre, il est un prophète du passé, et sa clameur est pour les droits du passé, contre les conquêtes du présent.

La même constante pensée guide sa philosophie. Il a pour point de départ la révélation. Il est non seulement spiritualiste, mais catholique et intransigeant. Louis Veuillot n'a pas combattu plus violemment que lui ce qu'on appelait le catholicisme libéral, pour ne le nommer plus le gallicanisme. Il n'avait pas plus de tendresse que le fougueux rédacteur de l'*Univers* pour le père Lacordaire et l'évêque Dupanloup. Il s'appropriait le fameux axiome : *Roma locuta est, causa finita est*. C'est donc dans la pure doctrine romaine qu'il prenait son mot d'ordre ; il en aimait l'immutabilité, la longue patience, la prudence et la fermeté. Il admirait la puissante organisation de l'Église, si peu connue de ses détracteurs, qui pour la plupart ignorent le mécanisme de ses institutions, les raisons *humaines* de son influence, la parfaite économie de sa discipline, et qui rabaissent l'Église aux proportions d'une paroisse rurale, ne voulant et ne sachant voir dans le pape que « le chef des curés ». Barbey d'Aurevilly lui, voyait autre chose dans la papauté, et ne craignait pas de le dire, qu'il s'agît de Grégoire VII et d'Innocent III, d'Alexandre VI et de Léon X, ou des pontifes qui ont passé, en ce siècle, sur la chaire de Pierre.

Autoritaire, absolutiste, il était en politique un césarien. Il n'aimait point les compromissions, les intrigues du régime parlementaire, le jeu des majorités, mais il n'adressait d'hommage à aucune souveraineté dans l'exil. Il ne concevait un roi que le heaume en tête et l'épée au poing, tenant sa couronne de son droit ou de son courage, et n'ayant de compte à rendre qu'à Dieu. Ce féodal ne comprenait rien à nos royautés bourgeoises, et méprisait la force du suffrage populaire.

*
* *

L'ensemble des œuvres critiques de Barbey d'Aurevilly comporte douze volumes déjà publiés : 1re série : *les Philosophes et les Écrivains religieux ; — les Historiens ; — les Poètes ; — les Romanciers ; — les Bas-Bleus ; — les Juges jugés ; — Sensations d'art ; — Sensations d'histoire :* — 2° série : *les Philosophes et les Écrivains religieux ; — les Historiens ; — les Poètes ; — Littérature étrangère ;* (En préparation : *Littérature épistolaire, Mémoires littéraires et politiques*), auxquels il faut ajouter : *les Prophètes du Passé ; — les Quarante Médaillons de l'Académie française ; — Gœthe et Diderot ; — les Misérables* de Victor Hugo ; — *le Théâtre contemporain,* qui compte déjà trois volumes ; — *les Ridicules du Temps ; — Polémiques d'hier ; — Dernières polémiques.* Le premier volume des *Œuvres et des Hommes* parut en 1860 chez l'éditeur Amyot, rue de la Paix. Et l'auteur exposait, dans une préface très fière, son but et ses tendances. Son idée était de dresser dans un cadre, qui prendrait chaque année plus de profondeur et d'espace, l'inventaire intellectuel du XIXe siècle. Il reconnaissait que « dans la somme des acquisitions littéraires de ce temps, le journalisme, pernicieux d'ailleurs, n'aura pas été entièrement stérile, puisqu'il introduit dans la littérature une forme de plus ». Il disait encore de son livre : « C'est de la critique qui peut se tromper, mais qui du moins ne trompera pas. » Il n'admettait nullement qu'on doit aux vivants des égards et qu'on ne doit qu'aux morts la vérité. Il pensait qu'on doit la vérité à tous, sur tout, et en tous lieux : « On doit couper la main à ceux qui, ayant la vérité dans cette main, la ferment. » Et il ajoutait ces fières paroles, qui sont la véritable synthèse de toute l'œuvre :

« Il (l'auteur) ne croit qu'à la critique personnelle, irrévérente et indiscrète, qui ne s'arrête pas à faire de l'esthétique, frivole ou imbécile, à la porte de la conscience de l'écrivain, dont elle examine l'œuvre, mais qui y pénètre et quelquefois le fouet à la main, pour voir ce qu'il y a dedans... Il ne pense pas qu'il y ait plus à se vanter d'être impersonnel que d'être incolore, — deux qualités aussi vivantes l'une que l'autre et qu'en littérature il faut renvoyer aux albinos ! Enfin, il n'a, certes ! pas intitulé son livre les *Œuvres et les Hommes* pour parler des œuvres et laisser les hommes de côté. Et d'ailleurs, il n'imagine pas que cela soit possible. Tout livre est l'homme qui l'a écrit, tête, cœur, foie et entrailles. La critique doit donc traverser le livre pour arriver à l'homme ou l'homme pour arriver au livre, et clouer toujours l'un sur l'autre... ou bien c'est... qu'elle manquerait de clous ! »

Cependant, à propos des *Juges jugés*, un écrivain l'accusait de parti-pris, mais non sans louer la magie de son style :

« Il ne peut se défendre, lorsqu'il s'apprête à prendre la plume pour rendre ses jugements, qu'il semble considérer comme sans appel, d'un mouvement d'indulgence si l'écrivain dont il va parler est royaliste et chrétien ; d'un mouvement d'irritation, au contraire, si l'écrivain est placé dans le camp opposé... A part cette réserve générale, nous déclarons n'avoir plus qu'à louer dans le volume : *Les Critiques ou les Juges jugés* du brillant écrivain. Quelle sagacité, quelles vues profondes il apporte dans ses études ! Et quelle langue magnifique, d'une vivacité de tour dont rien n'approche ! Que de mots heureux, de traits inoubliables...

Nous pourrions multiplier les citations. .....L'étude sur Rivarol, notamment, est d'un brio étincelant. Le lecteur est ébloui, entraîné, fasciné par ces pages où la richesse, la sève abondante d'un style savoureux et personnel s'allient à l'indépendance et à l'originalité de la pensée. Parfois, comme dans l'étude sur Paul de Saint-Victor, M. Barbey d'Aurevilly atteint la haute éloquence, la sévérité du juge s'efface devant la sincère admiration de l'artiste heureux de saluer un maître dans un rival. Quant à la verve ironique et railleuse de M. Barbey d'Aurevilly, tout le monde sait qu'elle est sans égale. Nul archer ne décocha d'une main plus sûre une flèche dont le fer reste à jamais dans la blessure. Sagittaire terrible, il a souvent tué d'un seul coup ceux qui n'avaient pas trouvé grâce devant lui. Car, il faut le reconnaître, M. Barbey d'Aurevilly voit souvent juste et sans ménagement, nous dirions brutalement, si la langue qu'il parle n'était pas constamment celle d'un grand seigneur de lettres, il dit ce qu'il pense, approuve ou blâme, décerne l'éloge ou inflige le châtiment. On trouvera des traces de cette vigueur habituelle dans son nouveau livre, que nous ne saurions trop recommander, car il est une fête incomparable pour l'esprit [1]. »

Après le volume des *Bas-Bleus*, publié chez Palmé en 1878, et malgré son grand succès, la collection des *Œuvres et des Hommes* était restée interrompue. La librairie Frinzine en poursuivit la publication en 1885. — Un de ces hommes qui voudraient se poser dans l'opinion en Mécène littéraire répétait depuis longtemps vouloir s'en charger, mais voyant que cette

---

[1] Article de M. GABRIEL ROUTURIER, dans *la Gironde*.

publication n'aurait que de trop stériles résultats, le fastueux amateur laissait les années s'écouler sans s'exécuter.

Remercions donc ici la librairie Frinzine d'avoir donné au Maître la satisfaction de voir son œuvre mise au jour.

Il serait impossible, on le comprendra de reste, de suivre pas à pas M. d'Aurevilly dans ce formidable arsenal d'articles ; nous avons dit ce que, poète, il pensait des poètes, artiste, ce qu'il pensait des artistes ; nous dirons plus loin ce que romancier, il pensait des romanciers. Nous aurons aussi le chapitre des *Bas-Bleus*. Enfin, ayant à montrer en M. d'Aurevilly l'écrivain catholique, à définir, à exposer l'influence qu'il a eue sur son groupe, et qui va s'accroître bien davantage, nous réservons cette étude d'ensemble pour conclure ce livre.

Le philosophe et l'historien a sa place ici, puisque toute sa théorie littéraire découle de ses croyances, de sa philosophie et de sa très vaste connaissance des hommes et des choses du passé.

Lorsque fut publiée la deuxième série des *Philosophes et des Écrivains religieux*, l'auteur la dédiait en ces termes à son ami, Mgr Achille Anger, chorévêque d'Antioche, chanoine de la primatiale de Carthage, de Jérusalem, de Smyrne et d'Éphèse :

« C'est à mon frère, prêtre comme vous, que je dédiais il y a plus de vingt ans les *Philosophes et les Écrivains religieux* qui ouvraient la *première série* des *Œuvres et des Hommes* au XIXe siècle. Et c'est à vous, abbé, prêtre comme lui, que je veux dédier aujourd'hui les *Philosophes et les*

Écrivains religieux qui ouvrent la *deuxième série* d'un ouvrage de critique qui a pour visée d'étreindre la littérature de ce triste temps dans lequel nous n'aurions pas certainement demandé à vivre, et contre lequel vous avez si longtemps et si apostoliquement combattu !

« Vous en souvenez-vous, mon cher abbé ? mais, moi, je m'en souviens... C'est derrière le cercueil de mon frère que je vous ai vu pour la première fois. Pour nous chrétiens, qui voyons partout la Providence, il semblait que Dieu vous avait mis là pour entrer dans ma vie quand mon frère venait d'en sortir, et pour le remplacer dans mon cœur et dans ma pensée... En vous offrant ce livre, mon cher abbé, je vous demande, comme je le demandais à mon frère, de le couvrir de votre autorité de prêtre, plus haute pour moi que toutes les philosophies, parce qu'elle a *surnaturellement* sa source en Dieu. »

Dans ce volume des *Philosophes et des Écrivains religieux*, M. d'Aurevilly reproduit ses merveilleuses études sur Saint-Bonnet, Joseph de Maistre, M. Renan, Michelet, Caro, le P. Lacordaire, — sur M. Alexandre Dumas fils, à propos de la question du divorce, sur Raymond Brucker et Ernest Hello.

La première partie débute par un remarquable article sur saint Thomas d'Aquin :

« Du haut des sommets de la métaphysique, saint Thomas d'Aquin peut regarder impunément dans tous les gouffres : le vertige lui est inconnu, il reste impassible. Aussi sa gloire, sa gloire réelle, est bien moins de s'être élevé que de n'être jamais tombé. Un moment peut-être, au commencement de son enseignement, il inclina vers le côté qui est devenu la pente moderne et même la chute ; il alla du connu à l'inconnu, de l'homme à l'ange et à Dieu, mais bientôt il redressa ce faux pli de méthode. Il se ressouvint qu'il était théologien, et il commença son système par la question théologique des attributs de Dieu. Alors la théologie, comme un aigle qui a enfin toute la poussée de ses ailes, l'emporta vers le monde d'où il n'est jamais descendu. Pendant que la philosophie cherchait à le retenir en bas, il monta, et telle fut l'indéfectible sécurité, le maître aplomb de cet homme, que les analogies ou, pour mieux parler, les identités de sa pensée avec celles d'Aristote entraînaient vers les erreurs du péripatétisme, qu'il s'arrêta toujours à temps pour les éviter ! »

Si le critique est prodigue d'éloges pour l'abbé Mitrand et l'abbé Gorini, pour Blanc de Saint-Bonnet et Donoso Cortès, il est extrêmement dur dans ses attaques contre MM. Jules Simon, Renan, Taine, et le P. Lacordaire.

M. Barbey d'Aurevilly dut regretter, sous le règne des *Jules*, de porter ce prénom aujourd'hui démodé. Pour lui, M. Jules Simon, simple et modeste déiste, terne et sans relief, consciencieusement ennuyeux, de doctrine chétive, est au plus bas degré de l'échelle; après M. Simon il n'y a plus rien à descendre : on est au ras du sol ! M. Simon a passé toute sa vie à citer des textes et à commenter des doctrines tombées en désuétude et dans le mépris de l'histoire; son livre de la Religion naturelle n'est « qu'un catéchisme à l'usage de ceux qui n'ont pas la tête faite pour la philosophie et de ceux qui n'ont pas le cœur fait pour la religion. » M. Simon est un faux humble, un faux bonhomme, un faux démocrate, d'un sens très commun, enfin un *théophilanthropiste*. Mais imaginez le portrait dont je viens de reconstituer le squelette, tracé avec la verve folle, le style crâne, les allures libres du polémiste !

M. Ernest Renan est traité avec le plus outrageant dédain, et c'est justice. Le critique le compare à un chat, déguisé en tigre, peureux et traître comme un chat ; il ne voit en lui qu'un triste rationaliste, un hégélien manqué. plus poltron que Diderot et Voltaire ; médiocre, M. Renan est l'aristocrate de la science ; c'est lui qui a osé écrire : « Il ne faut pas sacrifier à Dieu nos instincts scientifiques. » Il est, comme son maître Strauss, le prestigitateur de l'érudition, l'escamoteur historique ; ses livres ne sont que des collections de blasphèmes, un long symbole d'insolences ; on y trouve pêle-mêle du scepticisme, un optimisme béat, une confiance bête dans l'humanité, les thèses les plus niaises et les plus compromises. En terminant, M. Barbey d'Aurevilly lance à l'auteur sifflé de la *Vie de Jésus* cette flèche du Parthe :

« M. Renan « est ennuyeux... illisiblement ennuyeux. Même ceux qui tiennent pour certain que le catholicisme doit périr et qui glorifient tous ceux qui l'attaquent ou par devant avec le glaive bravement tiré des doctrines franches, ou par derrière avec le stylet des réserves et des faux-fuyants, ne feront pas à M. Renan une gloire bien grande. Ce fuyard de séminaire n'a pas le talent d'un Lamennais pour étoffer son apostasie. Dans le mal, on a vu plus fort, soit comme action, soit comme intelligence ; nous avons eu Verger et Stendhal, et il ne viendra qu'après eux. »

Mais s'il étrille sans pitié les renégats, les libres-penseurs, les pseudo-philosophes, les ennemis avérés du surnaturel, il n'est guère plus tendre pour les catholiques dont la doctrine fait des concessions à l'esprit du siècle. Il est sévère pour le P. Lacordaire, à propos de cette vie de sainte Marie Madeleine, qui ouvrit les portes de l'Académie française au docte enfant de saint Dominique :

« Religieusement, catholiquement, au point de vue de la doctrine et de la direction à imprimer aux esprits, le livre du P. Lacordaire est un malheur d'autant plus grand, que les âmes sur lesquelles il n'opérera pas, les âmes ennemies, en verront très bien la portée et s'empresseront de la signaler comme inévitable, puisqu'un prêtre la donne à son livre. Or, cette portée, ne vous y trompez pas! c'est le sens du siècle même. C'est son inclinaison vers le terre à terre de toutes choses qui nous emporte en bas, hors du monde des choses saintes et divines, et que le devoir d'un prêtre de la religion surnaturelle de Jésus-Christ n'est pas, je crois, de précipiter... Talent vibrant, moins pur cependant que sonore, négligé, mais élégant, frêle et pâle, puis tout à coup nerveux et brillant, ayant l'audace d'un paradoxe et la mollesse d'une concession, le P. Lacordaire, comme la plupart des hommes qui sont beaucoup mieux faits qu'on ne pense, a les opinions et les défaillances d'un talent comme le sien, presque muliébrile, qui s'étend ou se détend, comme des nerfs. Plongez-le par supposition dans le moyen âge, et appuyez-le sur saint Thomas, le P. Lacordaire pourrait viser sans inconvénient à la popularité de ce temps-là, sainte ou innocente, mais il est malheureusement du dix-neuvième siècle, où la popularité n'est ni l'une ni l'autre, et où il est plus dangereux de la rechercher ! Et, il faut bien le dire, il l'a recherchée, et elle est encore, à cette heure, l'écueil contre lequel vient de se heurter, dans sa maturité réfléchie, et qui devrait être plus détachée des opinions du monde et de sa sotte estime, le même homme qui, dans sa jeunesse, y heurta, hélas! tant de talents. »

S'il ne ménage pas le blâme, M. d'Aurevilly ne mesure pas la louange. Il en accorde une splendide à Donoso Cortès, marquis de Valdegamas, qui « avait plus de confiance dans une dizaine de chapelet, dite d'un cœur fervent, que dans tous les étalages de la pensée. Et il avait raison ! » s'écrie M. Barbey d'Aurevilly, qui ajoute un peu plus loin :

« Nous, catholiques du dix-neuvième siècle, nous n'avions à opposer aux trois colosses de la philosophie [1] que deux hommes de cette hauteur, qui en valaient bien trois, il est vrai, de Maistre et de Bonald, mais il nous manquait le troisième. A présent nous l'avons, et ce sera Donoso Cortès. »

Dans un article sur un livre de M. Caro, nous retrouvons des traces du mysticisme *raisonné* de notre auteur :

« Nous ne connaissons, dit-il, dans l'histoire du monde, que le catholicisme qui ait jamais pu régler et contenir cet extravasement de la faculté religieuse (le mysticisme), parce que le catholicisme, cette force organisée de la vérité, a, par son Eglise, l'autorité éternellement présente et vigilante, qui sauve l'homme de son propre excès, et le ramène tout frémissant à l'Unité, quand le malheureux s'en égare, fût-ce même par une tangente sublime ! Partout ailleurs que sous le gouvernement de l'Eglise et en dehors de son orthodoxie, le mysticisme n'a donc été et ne continuera d'être qu'une immense erreur et une éblouissante ivresse de cette faculté de l'infini, la gloire de l'homme et son danger… »

« L'Infinité, ajoute M. d'Aurevilly dans sa remar-

Voltaire, Rousseau et Franklin.

quable étude sur sainte Thérèse, l'infinité! Voilà le caractère des œuvres de sainte Thérèse. Voilà la marque distinctive et à part de ce talent, qui n'est pas un talent; de ce génie, qui n'est pas un génie, quoiqu'on lui donne ce nom pour l'exprimer... Cette héroïne de la vie spirituelle est infinie d'intuition, de profondeur, de subtilité... Infinie dans le sens métaphysique. »

Un des livres de M. d'Aurevilly qui ont le plus soulevé de colères contre lui est *Gœthe et Diderot*. En rapprochant dans le même volume deux études publiées autrefois séparément, et à des époques assez distantes, il entendait faire mieux juger les deux personnages, et donner une idée plus exacte et plus nette de leur identité. Il les considère, en effet, comme des esprits de nature identique, malgré les différences de pays et d'époque, de langue et d'idée, d'influence et de destin. Gœthe est pour lui le Votaire de l'Allemagne, et Diderot le contemporain de Voltaire, dont la gloire contre-balança la sienne. Il donne partout au philosophe tudesque une bien large place en disant que son immense personnalité remplit notre siècle « et bouche tous les horizons de la pensée moderne de son insupportable ubiquité ».

Il paraît toutefois que l'étude sur Gœthe, publiée immédiatement après les cruels désastres de 1870-71, fut regardée par la presse allemande comme une vengeance tardive de vaincu. Erreur capitale. Dès longtemps l'observateur avait vu l'Allemagne pénétrer chez nous par l'idée allemande, en philosophie et en littérature, et lui-même ne reconnaissait-il pas le poète du *Faust* pour un génie « qui fait trembler ceux qui l'admirent », et n'était-ce pas la France qui avait le plus poussé à sa gloire, « qui n'est pas seulement une gloire allemande, mais une gloire de l'esprit humain. » Il l'avoue, cependant : qu'y a-t-il de plus antipathique au génie clair, svelte, rapide et absolu de la France que le génie de Gœthe ? Et cela n'empêchait point que Théophile Gautier, Charles Baudelaire, Sainte-Beuve, et plus tard Flaubert, et toute l'école des *Impassibles* fussent des disciples de Gœthe. Il y a plus :

« Réalistes d'hier et naturalistes d'aujourd'hui relèvent tous, plus ou moins, de Gœthe, sa théorie de *l'art pour l'art* ayant abouti pour les esprits grossiers, mais conséquents, à la théorie de *la nature pour la nature* qui, au fond, est absolument la même chose... Gœthe, qui a remplacé l'inspiration par l'étude, la combinaison et le remaniement perpétuel, doit être naturellement le Dieu des secs et des pédants. Les professeurs l'adorent. Ils voient tout dans cette bouteille d'encre. »

« La durée de sa gloire a donc pour garantie l'impuissance de ceux qui l'admirent ». Et ceux-là sont Philarète Chasles, Caro, Blaze de Bury, et même Sainte-Beuve dont l'influence fit éloigner Barbey d'Aurevilly du *Pays* pour un temps fort long après que ses articles sur Gœthe y avaient paru. Il ne se dissimulait pas, malgré tout, que son livre ne serait pas accueilli avec faveur, en vertu de l'inepte aphorisme des politiques, fort pauvres esprits à l'ordinaire : « On ne remonte pas le courant de l'opinion publique. » Il voulut le remonter, lui, et tout en reconnaissant au pédant de Weimar sa valeur *germanique*, contribuer, pour sa part, à « dégermaniser » la littérature française.

.

Comme le dit M. d'Aurevilly dans une de ces préfaces, où il résume compendieusement ses pensées et en fournit la substance, il fut un temps où c'était une fonction publique que d'écrire l'histoire, et où l'on commettait à cette charge des hommes éprouvés et capables d'une grande élévation de caractère et de talent. Puis l'heure est venue où l'histoire devint une arme aux mains de ceux qui voulaient démolir tous les monuments du passé, et trafiquer librement de leur arme faussée qui, « comme la balle mâchée, fait les coups plus mortels ». Le préjugé révolutionnaire contre toute institution du pouvoir, le travail critique de la libre-pensée appliquée à l'histoire, l'élément pittoresque introduit dans cette chose si grave, la passion politique, les haines de parti, ont justifié le mot terrible de Joseph de Maistre! « Depuis trois cents ans, l'histoire est une conjuration permanente contre la vérité. »

Pour M. d'Aurevilly, toute la question de l'histoire, c'est la nationalité. « L'histoire de France, c'est nous tous, c'est notre blason de peuple, ce sont nos ancêtres, c'est l'honneur ! » Et c'est pourquoi il voudrait que la vérité historique fût garantie contre la fraude, et que le mensonge fût puni comme la diffamation :

« Oui, que la Libre Pensée ait ses historiens, mais que la

France ait ses historiographes ! Que la Libre Pensée ait ses historiens, qui font leur histoire comme leurs romans et leurs romans comme leur histoire, mais que nous ayons, nous, un domaine public de vérité inaliénable; que l'on puisse retrouver toujours une tradition visible et vivante, au milieu de nous, et qui puisse résister au travail dépravant et effréné de la Libre Pensée ! En un mot, que la mémoire de nos grands hommes ne soit pas la proie banale de l'ignorant ou du mauvais qui vient jeter sur son jour, sa passion, son manque de principes, son ignorance ou sa haine ! »

Le XVIᵉ siècle intéressait et préoccupait d'une façon toute particulière M. d'Aurevilly : c'est le siècle de la Renaissance, de la Réforme, des grandes guerres, des luttes à outrance, des puissants héros, et en même temps des élégances raffinées, et d'un merveilleux renouveau artistique et littéraire.

La Renaissance, il la voit surtout dans les cinq grandes figures historiques naguère évoquées par le comte de Gobineau : Jérôme Savonarole, — César Borgia, — Jules II, — Léon X, — Michel-Ange ; « c'est l'Italie et c'est le monde tout entier, passant par l'Italie ou tressaillant électriquement à chaque tressaillement de l'Italie... » Ce lui est une occasion de dire ce qu'il pense des Borgia, ces hautes et sombres figures que l'on s'est acharné à calomnier, Alexandre VI, César et Lucrèce, personnalités troubles par elles-mêmes ou *troublées* par les autres :

« Cette question des Borgia qu'on n'agite si fort que parce que, en l'agitant, on croit compromettre l'Eglise, a été reprise dernièrement dans les deux sens où l'on peut la prendre. Le livre du Père Olivier, dominicain, avait été entrepris pour la purification historique d'un homme que Voltaire lui-même avait trouvé par trop calomnié... Mais par ordre de ses supérieurs, le Père Olivier a été obligé de s'arrêter au *tiers* de son œuvre, — et il ne nous a purifié que Lucrèce.

« Les Pères dominicains n'ont pas voulu qu'on réhabilitât, si possible était, la mémoire du Pape qui avait touché à la robe blanche de Savonarole le dominicain, le Luther d'avant Luther, le Calvin d'avant Calvin, le Jansénius d'avant Jansénius ; le précurseur enfin de cette diabolique Trinité ! Avant le Père Olivier, onctueusement prié de se taire, des historiens, même parmi les ennemis de l'Eglise, avaient cherché le vrai sous le faux dans cette question de la personnalité des Borgia. La Lucrèce Borgia des *Scènes historiques*, de M. de Gobineau, comme dans le livre du Père Olivier, y est complètement justifiée. »

Et à propos des vices, des excès et de l'ambition de César, — qui de ses crimes, car il en commit, lui, — a éclaboussé tous ceux d'une race dont il fut probablement le seul grand coupable, il ajoute :

« Or si les moyens de cette ambition qui furent les moyens employés par toutes les ambitions de l'époque furent répréhensibles, il faut se rappeler cependant que cette ambition voulait la force temporelle de l'Eglise, l'indépendance de l'Italie vis-à-vis des nations étrangères, l'abaissement des maisons féodales qui a toujours fait la gloire de ceux-là qui les abaissèrent, en vue de cette vérité politique (qui est la seule peut-être !) l'unité du pouvoir ! l'écrasement enfin du condottiérisme, le fléau le plus épouvantable de cette époque ; et on pourra trouver cette terribilité d'ambition quelque peu diminuée par tant de grandeur. »

A propos d'un livre de M. Albert du Boys sur Catherine d'Aragon, M. d'Aurevilly juge le Barbe-Bleue anglais, en des pages enflammées qu'il faut citer pour montrer comme il eût écrit l'histoire, s'il avait voulu :

« Henri VIII est le divorce fait homme ! Il l'a pratiqué dans des proportions d'une immoralité qui a fini par être sanglante et avec une passion qui, si elle n'absout rien, explique tout...

« Ce Henri VIII, tout Tudor et Henri VIII qu'il fût, eut une peine immense, qui prouve, du reste, pour son siècle, malgré son abaissement et sa corruption, à mettre le divorce dans sa vie. Moins pourrie et moins athée que la nôtre, la société de Henri VIII s'indigna et résista longtemps à l'idée de ce divorce voulu avec une si furieuse obstination par l'impétueux amant d'Anne de Boleyn ! et lui-même, cet homme enivré d'une passion qui ne se connaissait plus, eut peur longtemps de ce qui restait encore de moralité chrétienne à cette société, et courba devant elle sa violence jusqu'aux platitudes de l'hypocrisie ! Ce divorce de Henri VIII et de Catherine d'Aragon, qui troubla tout en Europe et qui épouvanta jusqu'à la Papauté, tombée de son ancienne puissance, laquelle, au moyen âge, aurait tout fini par une excommunication suffisante comme un coup de foudre, ne s'emporta pas de haute lutte et dans un éclair. Retardé par les cent mille lâchetés de tout le monde, il fut examiné, soupesé, discuté et rediscuté sous toutes les formes de la légalité et de la diplomatie du temps. Nul n'osait... ni pape, ni empereur, ni roi, ni ministre, ni ambassadeurs, ni commissaires, personne, excepté le vieux Fisher qui mit intrépidement sa vie au jeu (et qu'on lui prit plus tard), et parla comme le seul évêque catholique qu'il y eût alors, dans cette Angleterre, semée d'évêques ! Tous tremblaient. Le pape tremblait de voir l'Angleterre perdue pour la foi ! L'empereur, le neveu de Catherine, Charles-Quint, tremblait en se débattant entre la vérité, l'honneur, le droit et ces misérables intérêts politiques qui, toute sa vie, furent ses maîtres ! Le roi tremblait, — le roi de France que Bayard n'avait pas sacré chevalier pour être le chevalier Tartufe et pour regarder comme un péché qui inquiétait sa conscience le mariage de Henri VIII et de la virginale Catherine d'Aragon ! Wolsey, le cardinal et ministre Wolsey, tremblait, et de deux tremblements, lui, — de n'être ni assez cardinal, ni assez ministre et de manquer deux Papautés, la Papauté de Rome et la Papauté d'Angleterre ! Et Henri VIII tremblait aussi ! Il trembla longtemps comme les autres, mais enfin sa passion indomptable brisa tout, et un jour vint qu'il mit effrontément le lit de sa concubine entre Rome et l'Angleterre ; — l'Angleterre restée encore pour l'heure, avec toute sa fierté, derrière ce lit-là !

« La Renaissance, dont l'heure était sonnée depuis la chute de Constantinople, n'était-elle pas elle-même une courtisane, — la grande courtisane de l'Antiquité, ressuscitée ? L'Aspasie dont le pape Léon X, — le pape lui-même avait été le Périclès ! L'imagination de la Grèce, réveillée, avait partout enivré, jusqu'aux plus coupables égarements, les fortes intelligences et les fortes mœurs des époques chrétiennes. La *fille*, — ce signe de toutes les décadences depuis qu'il y a des civilisations qui meurent, — la *fille*, cette chair qui corrompt tout esprit et qui finit par être plus forte que l'orgueil même, puisque « nous ne sommes pas des anges, après tout », comme dit Tartufe, n'avait-elle pas mis à feu la robe de Luther avant qu'il eût beuglé sa révolte ?... Luther, comme Henri VIII, est un homme de divorce. Il le permit au landgrave de Hesse et il le pratiqua avec Dieu... Le protestantisme, allons donc ! ce ne fut jamais que le hennissement de l'étalon en chaleur ! Raison, examen personnel, foi purifiée, paroles sonores et impudentes ! Que viennent-ils nous chanter ? qu'ils se taisent et hennissent. Le protestantisme ! ce qu'il avait été en Allemagne il le fut exactement en Angleterre. Taureau saxon et porc allemand, même appétit, même convoitise impure. Henri VIII, l'ennemi de Luther cependant, et qui l'avait passé très nettement au fil de son épée théologique, devint un Luther à son tour. Sa Bora, à lui, ce fut Anne de Boleyn. En Allemagne comme en Angleterre, en Angleterre comme en Allemagne, le protestantisme fut aussi bête que cela ! Et pour être bestial, comme Henri VIII l'était, on n'est pas un monstre, — on n'est qu'un animal développé par la corruption et les vices de son temps, assez grands pour le faire monstrueux ! »

Les luttes religieuses en France ont inspiré au vicomte de Meaux, gendre de Montalembert, un livre dans lequel M. d'Aurevilly ne voyait qu'une apologie de la tolérance. Pour lui, dans ces luttes, il s'agit de la Vérité absolue contre l'Erreur absolue, et il ne saurait être question de tolérance, pas même au point de vue politique, puisque l'hérésie déchire la monarchie française dans sa tradition historique, et dans l'esprit même de sa constitution. « Le protestantisme a fendu en deux la France, — la plus belle unité qui fût jamais parmi les nations, et la lézarde est si profonde que rien n'a pu la combler. » Aussi comprend-on que, dans son magnifique parallèle entre Luther et Calvin, M. d'Aurevilly ait pu dire, en rappelant qu'il fallait le moyen âge pour créer de semblables hommes :

« Des deux géants qu'il jeta au monde, assurément le moins colossal, le plus cruel, le plus odieux, le plus anti-homme, est Calvin; mais, malgré les dons surnaturels que Dieu avait versés comme à plaisir sur la tête de Luther et dans sa poitrine, le plus abject, c'est Luther ! car chez Luther, le sycophante et le menteur ont également dégradé l'homme de cœur et l'homme de génie. Si Thomas Carlyle, en voulant relever Cromwell de cette accusation d'hypocrisie qui accable sa gloire, a eu raison de dire qu'il n'y avait pas de grands hommes sans bonne foi, sans au moins la croyance en quelque supposition ontologique que l'on prend pour la vérité, et même sans le fanatisme de cette croyance, il faut chasser Luther de ce troupeau superbe... Toute sa vie et jusqu'à la fin, il n'a cessé de dire, sur toutes choses, le contraire de ce qu'il avait avancé. »

On croirait, à lire ces merveilleux articles, où la puissance d'une idée intransigeante dévore toute crainte d'être accusé de paradoxe, que Barbey d'Aurevilly pouvait admirer et les Guises et Philippe II, ces types de l'intransigeance en matière de foi. Sans doute, il admet, sans restriction, le fanatisme religieux, parce que le XVIe siècle combattit pour la cause de Dieu.

« Mais c'est précisément le fanatisme de cette Cause à qui tant d'écrivains ont imputé toutes les horreurs du temps, c'est ce fanatisme religieux, dont l'indifférence d'un esprit moderne sans croyance et froidi par l'étude des faits, s'est tranquillement détournée, c'est ce fanatisme qui, lui seul, a pourtant arraché le XVIe siècle à l'outrage mérité du genre humain et qui l'a sauvé du mépris absolu de l'histoire !

« Oui, le fanatisme religieux, cet *horrible* fanatisme religieux... comme ils disent ! Il n'y avait plus que cela qui valût réellement au XVIe siècle ! Il n'y avait plus que cela qui vécût, pour l'honneur de l'âme humaine pervertie ! C'est tout ce qui restait de l'antique foi chrétienne, de 'enthousiaste amour de Dieu, épousé par le cœur ardent du moyen âge demeuré fidèle jusqu'au grand Adultère de la Renaissance, dont le XVIe siècle fut un des bâtards ! Oui, le fanatisme religieux, le charbon fumant d'une flamme d'amour, inextinguible encore, pour une religion enfoncée par le marteau de quinze siècles dans le cœur, les mœurs, et les institutions politiques des peuples, et

même de ceux-là qui s'étaient révoltés contre elles !......
Il ne faut pas s'y tromper. Le protestantisme, malgré sa
rupture et son hérésie eut au xvie siècle, tout autant que
le catholicisme, le fanatisme religieux. Le protestantisme
combattit pour Dieu, contre Dieu... Aux supplices atroces
de Philippe II, les atroces supplices d'Elisabeth d'Angleterre répliquaient. »

Et traçant alors, après M. H. Forneron, un portrait
de Philippe II, il le résume en ces termes :

« Le fanatisme religieux ôté de l'âme de Philippe II, il
se fait à l'instant en lui le vide de l'homme qui a besoin
de l'idée de Dieu pour être quelque chose. Ce Philippe II,
que les ennemis du catholicisme appellent un monstre,
sans son fanatisme religieux, n'eût été, malgré tous ses
crimes, qu'un monstre de médiocrité. Très au-dessous de
Charles-Quint, son père, dont il n'avait, si on en croit ses
portraits, que la mâchoire lourde et les poils roux dans
une face inanimée et pâle, ce scribe qui écrivait ses ordres,
défiant qu'il était jusque de l'écho de sa voix, ce solitaire,
noir de costume, de solitude et de silence, et qui cachait
le *roi net*, le *rey netto* au fond de l'Escurial, comme s'il
eût voulu y cacher la netteté de sa médiocrité royale,
Philippe II, ingrat pour ses meilleurs serviteurs, jaloux
de son frère don Juan, le vainqueur de Lépante, jaloux
d'Alexandre Farnèse, jaloux de tout homme supérieur
comme d'un despote qui menaçait son despotisme. . . .
. . . . »

Ces quelques citations suffisent, ce semble, à faire
voir quel procédé Barbey d'Aurevilly apportait dans
la critique historique. Il s'en servait comme un moyen
d'exprimer ses propres opinions, et de juger, avec le
livre, les héros ou les faits auxquels le livre était consacré. Il discutait pied à pied, apportant au débat une

grande fougue, mais un grand désir de vérité. Doué d'une érudition prodigieuse, il traitait sans fatigue de tous les sujets, que ce fût la Réforme, les luttes religieuses, les grands types catholiques ou protestants, la Saint-Barthélemy, avec MM. de Gobineau, de Meaux, Prescott, Audin, Forneron, Michelet, Léopold Ranke, que ce fût le XVIIe siècle, à propos de Saint-Simon avec M. Edouard Drumont, ou le cardinal de Retz avec M. Chantelauze; que ce fût encore la Révolution et l'Empire, avec MM. Taine, Yung, Charles d'Héricault.

Et dans ses *Sensations d'Histoire*, il évoquait, d'après le beau travail de révision historique qui sera la vraie gloire de notre siècle, toute une série de belles figures : Jacques II et Louis XI, Richelieu, Gustave Adolphe, Savonarole, Jules II, Grégoire VII, Napoléon.

Quelle merveilleuse histoire du seizième siècle il eût écrite, lui en qui revivaient des ardeurs d'apôtre, et qui possédait à tel point la compréhension des choses de ce temps, l'intuition des visées politiques, si changeantes, des Valois et des Guises, des catholiques et des huguenots, de l'Espagne et de l'Angleterre, qu'il lui fut dit un jour par une adepte fervente de la métempsycose : « Je crois bien que vous le connaissez, le grand siècle ! Vous étiez le duc de Guise, François le Balafré, quand j'étais Catherine de Médicis ! »

« ... On a beau ne pas partager l'opinion de l'auteur, dit M. Gabriel Routurier, on a beau s'irriter à son tour contre

ses assertions où la témérité de la pensée le dispute à l'énergie de la forme, on est malgré soi entraîné, dans cette course à travers l'histoire, par cet esprit hardi, primesautier, clairvoyant et sagace, dont les vues sont souvent aussi nettes que profondes. Et, çà et là, quelles heureuses formules, quelles trouvailles d'expression ! Parlant de Louis XI, qu'il étudie avec conscience et sincérité, il dira : « Louis XI, le plus sensé des hommes, le plus
« appliqué à sa tâche, le plus sûr de son action, le plus
« *voulant toujours la même chose*, ce qui est également
« l'honneur du caractère et du génie ». Et plus loin :
« La grandeur de Louis XI ne nous paraît inférieure à la
« grandeur de Charlemagne que par ce qui intéresse seu-
« lement l'imagination à distance : l'éclat extérieur, la
« poésie. »

L'écrivain de haut talent, qui signe modestement d'un X ses articles dans la *Liberté* ajoutait, à propos des *Sensations d'Histoire :*

« M. Barbey d'Aurevilly, placé sur un terrain exclusivement intellectuel, ne se borne plus à des sensations. Ce sont bien mieux des idées et des jugements historiques, des jugements affirmatifs, avec des raisonnements et preuves à l'appui. Il est vrai qu'il juge à sa manière les hommes que d'autres historiens ont jugés à la leur, qu'il condamne, presque toujours ce que les autres ont absous, et qu'il absout ce que les autres ont condamné. Ce n'est pas une raison pour se détourner de lui, au contraire ; on sent bien que l'histoire a été écrite d'une façon et qu'elle n'a jamais été écrite de l'autre.

« Je voudrais pouvoir reprendre ici un à un les événements, les hommes et les femmes auxquels s'arrête M. Barbey d'Aurevilly, seulement le cadre d'un article ne le permet pas. Rien que la manière dont l'écrivain envisage la Saint-Barthélemy et la guerre de Trente ans demanderait des chapitres.

Certes ! ce n'est plus la manière accoutumée d'écrire l'histoire ; il semble même que M. Barbey d'Aurevilly y mette un peu trop de tempérament pour se posséder toujours. Cependant il faut reconnaître que, dans cette seule page qui précède, on sent palpiter la vie d'une époque entière ; et comme si un pareil cadre n'était pas suffisant, l'écrivain trouve encore le moyen de rapprocher cette époque de la nôtre, et de marquer en traits vibrants le chemin parcouru depuis. Tout le livre est emporté par la même allure et dominé par la même foi, c'est-à-dire par un catholicisme opiniâtre, placé au-dessus de tout ménagement, et qui stigmatise aussi bien d'un bord comme de l'autre, les fourbes et les défaillants. »

* *
*

Il est important de clore ce chapitre par quelques mots sur *les Prophètes du Passé*, qui parurent en partie à l'*Opinion publique*, en 1849, où M. Hervé, son ami de plusieurs années déjà, le présenta. La superbe indépendance de ces premiers articles souleva de grandes difficultés pour lui avec la direction, et après peu de temps on en interrompit la publication.

M. Hervé m'a écrit :

« On était à cette époque dans un état de fièvre chaude républicaine où les rêves les plus insensés de république humanitaire s'étalaient dans des milliers de journaux éphémères et provoquaient des ivresses ridicules qui montaient jusqu'au cerveau des prétendus hommes d'Etat du jour. Cette frénésie, qui amena les sanglantes journées de Juin, avait tellement ravagé l'intelligence publique, que notre ami Brucker disait : « On ne peut plus cracher « par sa fenêtre dans la rue, sans risquer de noyer un « *Messie !* »

« La publication des *Prophètes du Passé* avait pour but de jeter un sceau d'eau froide sur ce monde de névrosiaques hallucinés par les fumées démocratiques, en leur opposant les idées et les doctrines des plus grands penseurs, sans contredit, du commencement du siècle. Le plus bel éloge qu'on en puisse faire, c'est qu'à cinquante ans de distance il frappe aussi fort et aussi juste les sottises de notre temps, que celles de l'époque où il fut publié. On peut le considérer à la fois comme la préface et aussi comme l'épilogue des œuvres complètes de J. B. d'Aurevilly. »

M. Hervé se fit l'éditeur à Paris du volume qui parut en 1851, et qui contient ce que l'*Opinion publique* s'était refusée à publier.

.·.

Feu Thespis eut un char, et ce char, s'il eut un commencement, n'aura pas de fin, car il n'a pas cessé d'exister, et ne disparaîtra qu'avec les derniers comédiens, c'est-à-dire avec les derniers humains.

Déjà sous les Romains, qui ne réclamaient à César que du pain et des spectacles, le théâtre était le besoin le plus impérieux des multitudes, et depuis lors, à travers les siècles, après les mascarades de l'an mil, après les *Mystères*, les Soties, les Farces et Moralités du moyen âge; après les bouffons italiens de la cour des Valois; après l'hôtel de Bourgogne, les grands tragiques et les grands comiques du dix-septième; après Voltaire et Beaumarchais, le théâtre n'a point perdu son influence : il est devenu, au contraire, de plus en plus puissant sur les mœurs et sur les passions, si bien qu'on pourrait croire qu'il est aujourd'hui la principale expression de notre littérature nationale.

Aussi tout le monde veut-il pénétrer dans cette caverne! Caverne décorée de splendides et féeriques magnificences, qui ne sont plus du clinquant, mais des œuvres d'art; caverne habitée par des fées, des génies, des matadors, des chevaliers, qui ne sont plus habillés d'oripeaux et de ferblanteries, mais vêtus d'étoffes somptueuses et taillées selon le goût de chaque époque.

Un auteur dramatique doit être un archéologue, un numismate, un paléographe, un peintre, un sculpteur, un tailleur, une couturière, un orfèvre, — et Molière lui-même prendrait pour collaborateur essentiel son bonhomme de père, lequel avait l'honneur d'occuper la charge de tapissier du roi.

Or donc, quelque rang qu'on ait dans notre société désormais dépourvue de toute hiérarchie, on veut accéder au théâtre de n'importe quelle façon. Des étudiants, se souvenant que leurs vétérans des collèges de Navarre ou de Montaigu faisaient les Diables dans les *Mystères*, vont *figurer* à l'Opéra, tantôt prêtres de Phta dans *Aïda*, tantôt *fuchs*, dans *Faust*, évêques dans l'*Africaine*, farouches ligueurs ou sombres anabaptistes, dans les *Huguenots* ou le *Prophète*. C'est une manière de s'amuser qui n'est pas banale.

Des gens du monde jouent la comédie entre deux paravents, lorsqu'ils ne sont pas assez riches pour monter une scène « pour de vrai » avec les conseils de l'architecte Garnier. Les marquises se divertissent à se déguiser en soubrettes, et telle douairière a de la joie à coiffer la perruque blonde d'Hébé. Rien ne plait davantage aux jeunes clubmen, que d'endosser la blouse du zingueur Coupeau, s'ils ne préfèrent exhiber leurs avantages sous le maillot couleur abricot du troubadour.

Jamais aussi les comédiens n'ont eu plus de gloire; on ne les appelle *cabotins* qu'avec un respect infini. On leur donne le ruban rouge et les palmes violettes, sans distinction de sexe; on les paie mieux que des ambassadeurs, ils ont l'oreille des ministres, les faveurs du gouvernement, quelque crédit dans l'Etat et toute la *réclame* des gazettes. Enfin leurs faits et gestes familiers sont contés par le menu, comme cérémonies auliques, et le moindre vaudeville en un acte mène plus de tapage qu'un livre d'académicien.

Aussi tout le monde se voue-t-il, en quelque moment de sa vie, à la profession neutre, vague, bizarre, presque chimérique, définie par ces trois mots: « *Faire du théâtre!* »

On voit des collégiens s'y adonner avant même d'avoir fumé la première cigarette; des hommes d'Etat s'enferment dans leur cabinet pour, au lieu de régler les destinées des empires, marier Tancrède et Eudoxie, en trois actes; des vieilles dames collaborent, à fins identiques, avec les adolescents échappés des écoles, ou parfois avec de très caducs burgraves; des gentilshommes évitent de courre le cerf, et taillent la plume en leur manoir; des prêtres même, et non des moins intelligents, rêvent de grandes épopées, où la *Vérité* si bafouée, en ces temps, serait affirmée et vengée à la face de tout un peuple!

Mais « Faire du théâtre » n'est point aussi facile qu'on le peut supposer. Défunt Shakespeare, en propre personne, porterait à son plus fanatique admirateur, lequel dirige un théâtre célèbre, son manuscrit de *Roméo et Juliette*, que le bon Will n'aurait aucune chance d'être joué, encore bien qu'il consentît à se laisser *tripatouiller*. Il n'y a pas d'exemple d'une pièce jouée pour son mérite, d'un drame signé d'un nom inconnu et représenté avec espoir de succès.

Mais *non est hic locus*, et Dieu me préserve de la tentation de tirer le rideau sur hommes et choses qu'il faut laisser dans l'ombre !

Pour « Faire du théâtre », le génie est inutile, mais le savoir-faire est la qualité maîtresse. On remue plus de monde, de la lecture d'une pièce au soir de sa première représentation, qu'un candidat n'en soulève pour se faire élire dans un département. Et quel que soit le succès, il ne correspond jamais à l'effort dépensé.

Qu'on le demande plutôt à ces quelques auteurs dramatiques, peu nombreux, pour qui toute bataille est une victoire, et qui règnent désormais en maîtres sur la scène française... Adolphe d'Ennery, Alexandre Dumas, Victorien Sardou, Georges Ohnet, Meilhac, Halévy... Ils n'ont de rivaux que Racine, Corneille, Molière, Shakespeare et Victor Hugo, car tous les autres, les meilleurs, les médiocres et les pires, n'arrivent au but que pour y passer.

Ils escaladent peut-être la pyramide, mais ils ne s'y maintiennent pas solidement juchés : la plate-forme est exiguë, il n'y a place que pour les fantômes des morts, planant sur quelques vivants.

* * *

Ce que Barbey d'Aurevilly aimait le plus dans sa besogne de critique et de journaliste, c'était son feuilleton de théâtre. Il le fit quelque temps au *Nain jaune*, au *Parlement* et plus tard, au *Paris-Journal* et au *Triboulet* quotidien. Il assistait avec grand plaisir aux « premières », quoiqu'il évitât de s'y mettre en évidence ; il y recherchait les sombres baignoires ou les fauteuils d'orchestre les plus cachés. Mais emporté par ses sensations, il disait assez haut son opinion. « C'est l'abbé Hamlet, » criait-il en voyant Taillade dans le *Prêtre*. Le théâtre moderne lui paraissait un art médiocre ; ni M. Augier ni M. Sardou ne trouvaient grâce à ses yeux. Il préférait le gros drame de M. d'Ennery, parce qu'il pouvait en plaisanter, en pleurant. Peut-être partagea-t-il quelque temps la secrète tendresse que Louis Veuillot nourrit toute sa vie pour M. Dumas fils. Toutefois, en mainte occasion, il l'attaqua vivement, et je crois que, de toutes ses pièces, la seule qu'il lui pardonnât était cette *Dame aux Camélias*, dans laquelle Sarah Bernhardt, qu'il n'avait pas comprise auparavant et qu'il n'aimait pas dans ses autres rôles, lui arracha des larmes et conquit son admiration. Il n'allait pas volontiers aux comédiens en vogue et n'acceptait guère la renommée que le journalisme leur départ, l'engouement dont ils sont l'objet. Il ne hantait point les coulisses, jamais on ne le vit au foyer de la Comédie-Française, non plus que dans une loge d'Opéra. Il écoutait une pièce, et, servi par sa prodigieuse mémoire, écrivait son feuilleton comme il l'eût écrit en notant scène par scène ses impressions. Avec ses livres, ceux de M. Vitu et de M. Sarcey, ne ferait-on pas l'histoire complète du théâtre contemporain?

Un bon nombre de ses feuilletons ont été rassemblés en trois volumes. Deux autres sont encore à publier. Sur le premier, que j'ouvre, il écrivait ces mots : « A *Charles Buet*, le THÉATRE CONTEMPORAIN. *Faites-le-moi moins mépriser.* » Il n'y a rien de sa main, hélas! sur le second et sur le troisième volume... Dès les premières pages, il s'agit de M. Sardou et de M. Dumas. Mais il ne se contente pas de parler des auteurs ; il fait leur procès aux directeurs de théâtre, il écrit à M. Claretie, à propos de la *Guerre des Gueux* et des droits de la critique dramatique, et dans chacune de ses études, il met une comparaison, qui transforme le feuilleton en un cours de littérature, un peu fantaisiste, à l'usage des « gens de théâtre ».

Ce que pense du théâtre M. d'Aurevilly, il le dit dans son introduction :

« Il y a, dans les mœurs de ce temps, un phénomène qui va tous les jours grandissant davantage, et qui, présentement, touche au monstrueux. C'est ce qu'on peut appeler l'*histrionisme*, ou l'amour du théâtre et des choses de théâtre.

« Le théâtre est le tyran moderne. Il s'affirme outrecuidamment lui-même, par l'organe de ceux qui en font la belle œuvre de l'esprit humain, et, jusqu'ici, nul critique ne s'est levé contre cette prétention, intolérable et ridicule, et ne lui a campé le démenti qu'elle méritait.

« A l'heure qu'il est, le théâtre despotise tout le monde, et c'est le seul despotisme dont personne ne se plaigne... Les gouvernements eux-mêmes sont ses très humbles serviteurs. La liberté des théâtres, qu'on vient de nous donner, est la preuve de l'importance énorme du théâtre. En la décrétant, on a cru faire un royal et magnifique cadeau à la France du xixe siècle, et on ne s'est pas trompé. L'esprit humain étant ce qu'il est à cette heure, c'en est un... Après la liberté de la boulangerie, la liberté des théâtres c'était le *panem et circenses* antique, et même davantage, car la liberté des théâtres est bien plus que le pain des Empereurs romains : c'est la *poule au pot* d'Henri IV, pour l'imagination publique... »

Et dans un feuilleton du *Triboulet*, il ajoutait :

« Le théâtre, qui a commencé par le tréteau, finit platement par le tréteau.

« Et chose singulière pourtant ! plus il vieillit, et plus il étale sa misérable vieillesse, et moins il perd de sa puissance ! moins l'esprit du spectateur s'en dégoûte. Au contraire, les civilisés vieux comme lui, l'adorent et c'est des amours monstrueux, comme à Sainte-Perrine, entre vieillards ! Il a beau être vieux, rabâcheur, sans relief, sans passion, sans esprit, l'art dramatique n'en règne pas moins despotiquement, insensément sur les spectateurs. Jamais œuvre de génie — de génie véritable, aura-t-elle le succès de la moindre pièce de théâtre pour laquelle les plus lettrés d'entre nous, lettrés qui devraient être les plus méprisants, sont tous debout le soir de sa première représentation !... Quelle que soit l'infériorité de l'art dramatique, les spectateurs de son œuvre n'en raffolent pas moins et même en raffolent-ils davantage ! Ils ont un goût pour elle, comme l'enfant pour son polichinelle et son pantin. Et il y a même beaucoup de raisons pour que ce goût-là soit bien plus intense encore et surtout bien plus dépravé, car il est naturel chez l'enfant. L'art dramatique saisit les hommes, surtout par les côtés les moins nobles de leur nature. Il les prend par les yeux et par le théâtre même sur lequel il déballe ses pièces et les interprètes de ses pièces. Il les prend jusque par la salle même du spectacle où les femmes viennent par vanité pour être, elles, le spectacle des spectateurs ! et les hommes pour être le public de ces femmes qui continuent pour eux les actrices du théâtre ! L'amour de l'art dramatique n'est pas seulement une passion ou un goût littéraire, c'est un goût partagé par les êtres les moins cultivés. C'est un goût très complexe et très corrompu, qui s'exaspère et prend les plus immenses proportions dans les sociétés vieillissantes.

« S'il était toujours littéraire, idéal, spirituel, grandiose, ce que tout art doit être pour mériter son nom, l'art dramatique n'aurait certainement pas la même puissance sur la bêtise humaine électrisée. Avec son public, qui a précédé le suffrage universel et qui en a donné peut-être l'idée, l'Art dramatique est la pile de Volta des imbéciles. Du temps de Racine, croyez-le bien ! l'amour du théâtre n'existait pas de la même façon effrénée qu'à présent. C'était l'amour du beau dans une poignée d'esprits d'une haute et pure chasteté intellectuelle. Mais des ruées de public ! mais des pièces à cent cinquante représentations et qui s'en gorgiasent ! Il n'y en avait pas. »

M. d'Aurevilly ne voyait donc dans le théâtre qu'un art inférieur, au-dessous de toutes les autres formes de la pensée.

Aussi tient-il en piètre estime, lui, l'admirateur de Shakespeare et de lord Byron, nos auteurs dramatiques contemporains, dont aucun peut-être ne trouve grâce à ses yeux, et qu'il juge avec une implacable sévérité.

Il serait long de suivre pas à pas M. d'Aurevilly dans sa critique des auteurs de ce siècle. Elle remonte haut. Mais comment résister à l'envie de donner ce délicieux parallèle entre Casimir Delavigne et Ponsard, les demi-dieux classiques, héritiers de Baour-Lormian et de Népomucène Lemercier :

« Casimir Delavigne et Ponsard ! cela se suit et cela se ressemble ! Ce sont les deux marches d'un escalier qui descend avant d'arriver finalement à la platitude. Seulement Casimir Delavigne est séparé de la platitude de toute l'épaisseur de Ponsard qui, comme on le sait, était gros. Ce sont, en effet, des gens, on ne peut pas dire : de même race, — ils n'en ont point, — mais de même famille intellectuelle, quoique Casimir Delavigne soit infiniment mieux né que Ponsard. Les noms sont des prédictions, a dit Sterne. Ponsard, c'est le *poncif* fait homme. Il a dans le talent la roture de son nom..., comme Arouet (Voltaire) avait la rage de l'esprit dans le sien ! Casimir Delavigne, qui s'apparente de Ponsard, *tient* sur lui le poète, comme on *tient le germain* sur quelqu'un...

« Ponsard était le pied plat du bon sens, et il en a fait l'école. Une école ! Casimir Delavigne avait aussi de ce bon sens, aimé des bourgeois, qui leur fait confondre la folie avec la sottise, mais, disons-le à sa gloire, il avait quelque chose de plus. Ce n'était pas grand'chose, mais c'était quelque chose !

« Le poète chez lui, — l'atome poétique si vous voulez, — l'arrachait au bourgeois, tandis que, chez Ponsard, c'est le bourgeois, épais, pédant et pataud, qui aurait, avec ses lourdes mandibules, dévoré le poète, s'il y avait eu jamais en lui quelque chose du poète à dévorer. »

Frédéric Soulié, pour M. d'Aurevilly, n'était pas plus un Corneille que M. Sardou ; il n'avait le style ni en prose ni en vers ; incorrect, lourd, surchargé, commun souvent, quoique énergique toujours. il était surtout un inventeur. Il était, d'ailleurs, de l'époque de Balzac, d'Hugo, de Musset, de Vigny, de Dumas, d'Eugène Sue, tous inventeurs d'un autre ordre. mais qu'il n'imitait pas, et qu'il eût dédaigné d'imiter. Pourtant, le romantique qui était en lui et qu'il ne se défendait pas d'être, sentait vivement les situations dramatiques de tout ce théâtre de 1830. La veille de sa mort encore, pour tromper la longueur d'une cruelle nuit d'insomnie, il racontait avec passion la grande scène de *Richard d'Arlington*. Soulié, dans l'ordre intellectuel, avait la force musculaire du peuple, dont il était sorti. Il inclinait au tragique, à l'effet sinistre, aux fatalités. « Ce fut une espèce de Shakespeare *bos*, de Shakespeare de portefaix et de portières, mais j'aime encore mieux cette façon d'être Shakespeare que d'être Corneille à la manière de M. Sardou.... Corneille seulement pour abattre, en littérature, des noisettes !... »

« J'aime la force, même vulgaire, » disait lord Byron. M. d'Aurevilly reconnait de la force à Théodore Barrière, qu'il personnifie en Desgenais, mais il le trouve commun, âcre et âpre, *faisant* l'artiste et n'étant que bourgeois, un esprit raisonneur et frondeur. C'est un de ces honnêtes gens qui veulent que la vertu rapporte, et qui n'est rien moins que bonhomme.

M. Dumas fils, — ah ! M. Dumas fils n'est point traité avec indulgence !.. Il s'en faut. On lui refuse, à lui, la force, la *vis comica*, la verve :

« C'est un esprit froid, brillant parfois comme un glaçon,

qui ne se réchauffe pas même aux mots qu'il allume, et qui doit souffler longtemps pour les allumer. C'est un esprit volontaire, mais sec, qui *travaille dans la passion*, et qui souvent y a trouvé un petit filon qu'il gratte et regratte sans le purifier; mais c'est là tout. Avec cela on peut faire un drame, mais on ne fait pas de comédie, et je prétends que l'auteur des *Idées de madame Aubray* n'en a jamais fait.

« M. Alexandre Dumas fils est un écrivain d'intelligence, assurément, et de distinction relative, qui a quelque chose de la morgue anglaise dans la tenue de son talent, ce qui le fait respecter par les déboutonnés et les lâchés de la littérature. En cela très différent de monsieur son père qui, lui, se rapprocherait de ces derniers. Il n'en a pas le tempérament de satyre intellectuel et les forces animales qui firent de cet homme bien longtemps une puissante nature, dépensée dans des excès de production ruineuse et vaine. M. Alexandre Dumas fils ne se ruinera jamais de cette manière. Il ne sera point un père prodigue. Il a des facultés continentes, justement le contraire de tout génie et de tout esprit, de cet esprit qu'on lui attribue. Il prend son temps pour en avoir, le fait venir de loin, l'arrange pour le mettre en valeur.

« Certes, ce n'est pas ainsi qu'on est jamais un Rivarol, un Beaumarchais, ou un Voltaire. Quant au rang qu'il occupera dans l'histoire du théâtre du xixe siècle, malgré son aptitude à faire mieux que les autres les constructions dramatiques assez compliquées qui ont remplacé la comédie, je crois bien qu'il ne sera que le second d'un temps qui, du reste, n'a pas de premier. »

Il y aurait à citer encore, car M. d'Aurevilly fit rarement grâce à l'auteur du *Fils Naturel*, même lorsque formant, avec Mme Olga de Janina et le R. P. Didon, un trio d'apôtres, il « lançait » le *Retour du Christ*.

Il n'aimait pas davantage M. Sardou. En sortant d'une « première » de ce triomphateur, il entendait célébrer ce succès, chiffrer le nombre des représentations et calculer les droits d'auteur. Impatienté, il s'écria : « Eh bien ! mettez-lui une couronne de pièces de cent sous, et n'en parlons plus ! »

« M. Sardou est un tisserand, disait-il — un remueur de navette dramatique. L'*arrangement*, l'arrangement, cette mystérieuse et presque hiératique puissance de l'arrangement, qui fait grotesquement trembler les hommes les plus littéraires, quand il s'agit de cette chose crue si difficile et qu'on appelle la *science des planches*, personne ne la conteste à M. Sardou, même parmi ceux qui nient le plus brutalement son talent dramatique...

« Talent que je ne veux pas nier, mais, après tout, talent mince, nerveux, saccadé, convulsif, qui se remue beaucoup, mais à la même place, et qui s'y trémousse en diable sans jamais s'élever, M. Victorien Sardou n'est, pour qui regarde dans le fond de son sac et veut être franc, qu'un mélodramaturge mêlé de vaudevilliste, qui panache le vaudeville avec le mélodrame et pomponne le mélodrame avec le vaudeville, le tout (admirable ou déplorable, à votre choix !) avec la plus merveilleuse facilité. Que s'il importait de savoir lequel est né le premier dans M. Sardou, du mélodramaturge ou du vaudevilliste, lequel est l'essence même de la double nature de ce Scaramouche à deux couleurs, je dirai que c'est le mélodramaturge. Quand il commença de songer au théâtre, il dut tout d'abord être tenté par le vaudeville. Il y a dans le flageolet du vaudeville quelque chose qui devait aller à cette grêle nature, laquelle trouvait là un instrument en proportion avec la vivacité de ses doigts maigres et le peu de longueur de son souffle. Mais le vaudevilliste est tenu impérieusement d'être spirituel, ce qui n'est pas toujours commode ; or, M. Sardou, ce ner-

veux pâle, a plus de sensibilité que d'esprit, et, d'ailleurs,
il dut deviner sans grand effort, car il a le flair du succès,
que pour les succès dramatiques, la sensibilité, serait-elle
faussée et morbide, est d'un emploi plus sûr que l'esprit.
Ce que l'homme, en effet, est le moins, c'est spirituel.

« Car, l'adresse, c'est là que je veux arriver, l'adresse est
la qualité la mieux reconnue et la mieux constatée de
toutes les qualités de M. Sardou. »

En somme, c'est ne reconnaitre à M. Sardou pour
tout talent que l'entente conventionnelle de la scène,
une supériorité des planches, dont la faculté drama-
matique consiste seulement en quelque chose qui
ressemble à une mosaïque faite de pièces de rapport
et plus ou moins subtilement agencées.

M. Edouard Pailleron ne trouve pas grâce devant
Aristarque. Gendre de M. Buloz, M. Pailleron est de
ceux dont on dit qu'ils sont *nés coiffés*. Il est riche, glorieux, académicien : il a fait l'*Etincelle* et le *Monde
où l'on s'ennuie*. C'est quelque chose. Ce n'était pas
assez, paraît-il, pour M. d'Aurevilly.

« Il n'a pas, en effet, M. Pailleron, dit-il, le sérieux et le
profond de M. Alexandre Dumas, qui fait de l'avenir
théâtral et social dans ses drames. Il n'est, comme
M. Dumas, ni un augure pour les gobe-mouches du Progrès, ni le moraliste impitoyable qui tient le cœur de
toutes les femmes dans sa puissante main ! Il n'a pas
cette gravité qui empêche de rire et qui passe à se faire
des mots mordants pour ses pièces le temps que les
dents, chez les enfants, mettent à venir ! M. Pailleron,
quand on y pense, est bien plutôt un Feuillet qu'un
Dumas... Un Feuillet d'un vélin peut-être moins satiné
que celui qui plaisait tant, littérairement, à l'impératrice
Eugénie, mais qui plaît toujours aux petites femmes du

monde qui se croient les impératrices du goût et de l'esprit français... C'est un Feuillet moins poétique, quoiqu'il fasse des vers, que le Feuillet de la *Revue des Deux-Mondes*, dont il est aussi, mais qu'il a dû blesser, en daubant dans sa comédie un de ses compagnons de chaîne à cette galère de *Revue*, comme si lui-même n'en était pas !

« Car cette pièce du *Monde où l'on s'ennuie*, et qui a si fort amusé le public, est une pièce d'allusions transparentes et de personnalités visibles et vivantes... On y nomme tout le monde par son nom véritable ! C'est une comédie qui, par ce temps de république athénienne, s'est permis d'être aristophanesque, mais à prix réduit, il est vrai, comme nous sommes athéniens, et dans des proportions qui convenaient également à l'auteur et aux personnages de cette impertinence en trois actes, dont le philosophe Caro a été le *Socratinet*, et l'*aristophanet*, M. Pailleron !

« Nous avons tous été les complices des malices dramatiques de M. Pailleron. Sans les ressemblances de physionomies assez bien attrapées, on serait certainement resté froid devant cette pièce toute faite de copies, — de la copie des *Femmes savantes*, — de la copie du *Mariage de Figaro*, — et de la copie des figures parisiennes prises sur le vif, — troisième copie qui a sauvé les deux autres et qui les a fait pardonner.....

« C'est surtout les *Femmes savantes* qui sont ici, et je n'en ferais certainement pas un crime à M. Pailleron si elles y étaient d'une autre manière, — si l'homme qui ne craint pas de lutter avec le génie et les types de Molière avait une puissance relative, qui aurait été son ivresse, et en même temps son excuse ; mais est-ce le cas pour M. Pailleron ?.....

« Et l'esprit de tout cela n'a pas été non plus l'esprit de Molière... Nulle plaisanterie franche, ni la gaieté terrible, comme la plaisanterie de Molière, ne vibre ici, mais de petits sous-entendus politiques qui ne vibrent pas, qui veulent être fins et qui ne sont que lâches.....

« Ils n'ont plus que l'esprit des petits journaux. Ils sont les échotiers des échotiers, et voilà pourquoi M. Pailleron a trouvé tant d'échos dans la salle du Théâtre-Français. Il avait l'esprit de tout le monde qui a plus d'esprit que Voltaire, disent tous ceux qui n'ont pas l'esprit de Voltaire ! Cependant il ne s'y fiait pas trop, et il a fait effort pour en avoir un peu pour son propre compte. »

On ne s'étonnera point que Dumas, Sardou, Pailleron n'ayant pas trouvé grâce devant M. d'Aurevilly, M. Georges Ohnet, qui lui plaisait pourtant comme homme ait, lui aussi, été rudement malmené. Il en parle peu, vite, et durement.

« M. Georges Ohnet me fait bien l'excellent effet (excellent pour lui) de n'être pas plus élevé que l'idéal dramatique de son temps... Il est de l'école moderne des Augier, des Sardou, des Dumas qui l'ont fait, à trois, comme une pièce... Critique de théâtre au *Constitutionnel*, il y préparait, par ses feuilletons, ses voies dramatiques... *Parate vias Domini !* Il y vantait outrageusement les trois hommes qui peuvent se disputer sa paternité et pour lesquels il professait un *mameloukisme* de sentiment et d'admiration qui le faisait se coucher, comme le Mamelouck de l'Empereur, à la porte de son cabinet, sur un tapis, à la porte de leurs œuvres, à eux, sur le paillasson de ses feuilletons. Il était assez modeste pour ne pas se comparer à ces messieurs et il avait tort, selon moi. Il est de la même famille d'esprits, qui n'a point de race, et peut-être aura-t-il comme eux son éclat et son petit moment historique. Picard, si oublié maintenant, a bien eu le sien !

« Oui, Picard a été comme eux, avant eux ! Il a été comme eux décoré, et comme eux, de l'Académie. Il a paru un fort auteur dramatique à nos pères. Ils ont raffolé pendant tout l'Empire de ses pièces de théâtre, qui sont nombreuses, et ils n'étaient pas plus bêtes que nous! Il avait comme eux le métier que l'on prenait pour le génie et qui vaut mieux, pour réussir, que le pauvre génie... M. Georges Ohnet a déjà le métier. Ce n'est pas son début que la pièce de *Serge Panine*, mais c'est son début dans le succès, et c'est par le métier qu'il l'a conquis.

. . . .

« Voilà, en quelques mots, la pièce de M. Georges Ohnet et l'explication de son succès, qui est très grand. Dans un monde qui ne comprend plus que ce qui est vulgaire, c'est un immense succès de vulgarité. »

La conclusion de M. d'Aurevilly est nette et précise :

« Il faut que nous ayons perdu jusqu'à la notion de comédie pour accepter, sous ce grand nom, non seulement les œuvres de M. Dumas fils, mais toutes celles de ce temps pleurard et à couteau tiré avec le comique ; de ce temps où le Lachaussée dont Voltaire se moquait, s'il revenait au monde, en s'attifant un peu dans les crinolines modernes, aurait encore de plus grand succès que M. Dumas fils et que M. Sardou.

« Soyons francs ! les œuvres dramatiques les plus distinguées de notre époque peuvent être plus ou moins ingénieuses dans leur donnée première ou leurs combinaisons, plus ou moins piquantes et fines dans leur observation ou leur dialogue, mais toutes, sans exception, elles manquent absolument de ces trois rayons qui, tordus ensemble, font la foudre joyeuse du comique : la gaîté bouillonnante et profonde comme une source, la bonhomie et la rondeur ! Nul de nos contemporains ne les a ni séparées, ni réunies. »

**

Comme M. Octave Mirbeau, mais avec moins d'éclat que lui, parce qu'il ne soulevait pas le tapage du bou-

levard, Barbey d'Aurevilly a fait leur procès aux
comédiens. Cette page, que je cite, complète la pensée
du maître sur le théâtre. Ceux qui voudront la mieux
approfondir liront le *Théâtre Contemporain* et les
Vieilles Actrices :

« Les peuples finissent toujours comme ils ont commencé.
Ils ont commencé par des fétiches et des histrions (l'éternel tombereau de Thespis) et ils finissent par des histrions et par des fétiches, et quelquefois leurs derniers
fétiches sont leurs derniers histrions. Ces vieillards de
peuples qu'il faut amuser comme des enfants, parce
qu'ils retournent à l'enfance, finissent par n'avoir plus
de passion que pour leurs amuseurs ! Décadents à force
d'être civilisés, saignés à blanc, et d'émotion épuisés par
le fait de toutes les révolutions qui ont passé sur eux, ils
ont la reconnaissance de leurs vieux nerfs pour ceux-là
qui leur ont donné leurs dernières sensations nerveuses...

« Et, jusque-là, tout est très bien et très naturellement se
conçoit ; mais ce qui se conçoit moins et ce qui, pourtant,
n'en prouve que plus la vieillesse des peuples, c'est la
médiocrité des fétiches de leur dernière heure ; c'est le
peu qu'il faut pour être adoré d'eux, quand ils sont imbécillisés par la vieillesse... Ce n'est pas l'admiration de
Cicéron pour Roscius qui étonne. Non, pas plus que celle
de Napoléon pour Talma ! Mais c'est le jour où tout s'en
vient bas dans Rome dégradée, c'est l'amour des histrions
quelconques. Ce n'est plus l'amour de l'artiste qui joue les
chefs-d'œuvre de Plaute et de Térence, ce n'est plus
même l'amour du joueur de flûte et du mime et du danseur, contre lesquels le hargneux puritain de Juvénal a
tant déclamé, car ils pouvaient, après tout, être de grands
artistes ; mais ce qui affolait la vieille tête de Rome, ce
n'était plus l'art, ni le talent, mais la fonction, mais le
métier ! Et quand Rome devint Constantinople, ce furent
des cochers, — les *verts* et les *bleus*, — qui lui firent tour-

ner sa vieille tête, comme la roue de leurs chars ! Elle devint la proie et la prostituée de ses cochers. Ils régnèrent sur elle. »

* * *

Dans ces appréciations sur le théâtre, sur les hommes et sur les choses du théâtre, il faut évidemment faire la part des opinions qui dictaient au critique ses jugements. Après son livre sur Diderot, Francisque Sarcey l'appelait un jour en plaisantant: « Parricide ! » ajoutant que Diderot était leur père à tous, à eux feuillonnistes du spectacle quotidien.

Mais d'Aurevilly repudiait cette paternité de l'un, cette filiation des autres, et s'il aimait le théâtre pour lui-même, il l'eût voulu moins accommodé ou raccommodé de reprises par les directeurs, et moins soumis aux fluctuations de la littérature prétendue « fin de siècle ».

X

LES BAS-BLEUS

Je ne sais pas si Molière est le premier qui ait fait, par les *Femmes savantes*, la guerre aux *Bas-Bleus*, — ces éternels ennemis de tous les hommes qui écrivent, car la guerre est déclarée entre l'un et l'autre sexe, dès qu'il s'agit de tremper ses doigts dans l'encre, et les plus « féminisés » de nos écrivains, ceux qui, à l'exemple de feu Legouvé, tombent aux pieds de ce sexe auquel ils doivent... leur gloire, ne se font pas faute, loin des oreilles indiscrètes, de se moquer des « *authoress* », voire des plus spirituelles.

Lord Byron haïssait les femmes qui écrivent, Joseph de Maistre les raillait : « Le goût et l'instruction, voilà le domaine des femmes, écrivait-il à sa fille Adèle. Elles ne doivent point chercher à s'élever jusqu'à la science, ni laisser croire qu'elles en ont la prétention. » Louis Veuillot partageait cette antipathie, mais en l'appliquant surtout aux émules de George Sand.

« Dans les livres de ces dames, qu'ils soient écrits pour le commun peuple ou pour les législateurs, l'amour est la loi première et même la loi unique, contre qui rien ne prévaut, ni l'autorité du père, ni le droit du mari, ni l'intérêt des enfants, ni la volonté de Dieu. Il y a deux individus qui s'aiment et qui doivent s'appartenir. Périssent tous les règlements, tous les codes, tout le fondement des sociétés humaines, et que Margoton, femme de Jean, puisse habiter en paix avec Pierrot, mari de Toinette ! Elles vous prouvent cela de toutes les manières, et vous ne trouverez pas une objection à leur faire que ces charmants avocats n'aient cent fois réfutée dans les cent plaidoyers qui remplissent leurs cent volumes. Et vous êtes des tyrans, vous êtes des lâches, vous êtes des athées et des brutes, si vous n'en passez pas par leur avis [1]. »

Comme on l'a dit ailleurs [2], Paul Féval ne laissait passer aucune occasion de cribler les *bas-bleus* d'impitoyables épigrammes. Il aimait à rappeler cette plaisanterie de Charles Dickens décrivant les seize cents demoiselles anglaises employées à la fabrication du roman-thé. Il se plaignait surtout de leur invasion dans la littérature catholique. Aussi la lettre que voici et qu'il écrivit à Barbey d'Aurevilly en 1878, à propos du livre les *Bas-Bleus*, sera-t-elle comprise :

« Cher et grand ami,

« Voilà déjà quinze jours que j'ai votre livre si beau, si étonnant et si profitable. Il a été pendant ces deux semaines le repos du vieux forçat. Votre mérite n'est pas d'être unique, votre mérite vaut bien mieux que cela, mais cette condition de suprême originalité est un charme qui va toujours, traversant vos œuvres de bout en bout et se renouvelant à mesure qu'il se prodigue, parce

---

[1] *Les Libres-Penseurs.*
[2] Paul Féval. *Souvenir d'un ami,* par Charles Buet.

que c'est vous-même et que la dépense ne vous en coûte rien. Cette condition de vous est non seulement votre fond, mais aussi votre style, séduisant comme une aventure d'épée, et si fier, et vainqueur des témérités, et tout éclatant de forte jeunesse.

« Ici, votre sujet était-il bien digne de vous? Vous l'avez haussé, il est vrai, à force d'audace et de virilité, mais votre talon a peine à sonner sur cette paille.

« En Bretagne, nos paysans font du fumier économique avec du chaume qu'ils mettent pourrir au beau milieu du chemin. On y enfonce jusqu'au genou. Ainsi la peste que vous avez attaquée pourrit sur la grande route littéraire, faisant de l'ordure, mais non pas même du bon fumier, car rien ne pousse par elle sinon l'ennui, la colique, le mensonge, la migraine, la perversité et la langueur. Personnellement, vous ne pouviez me faire un plus loyal plaisir qu'en piétinant cela. D'autant que vous avez un pied de fer, et terriblement emmanché d'un jarret qui écraserait des rochers, — mais justement, cette chose flasque ne vous résiste pas assez; vous y enfoncez d'autant plus *profond* que vous êtes plus puissant, et là-dessous il y a uniforme fétidité de femmasserie. Quel talent véritablement énorme il vous a fallu pour faire un livre non seulement beau, mais varié, mais empoignant d'infatigable verve avec CELA!

« Vous ne savez peut-être pas que j'avais inventé la pieuvre, non pas avant le bon Dieu, mais longtemps avant Hugo. Et pourtant, je ne la vois plus, cette bête de lettres qui a pour sang de l'encre, qu'à travers la description d'Hugo. Vous avez battu la pieuvre des écritoires avec la massue d'Hercule qui broie les géants, et comme vous connaissiez la nature visqueuse du monstre, vous avez garni la massue de pointes de diamant, et par surcroît vous l'avez trempée dans votre esprit mordant, fin, subtil, généreux. Il y avait là de quoi matagraboliser n'importe quoi de robuste, de féroce et même de félin, mais la pieuvre!!! Que faire contre cette infernale confiture? Un chef-d'œuvre? Vous l'avez fait et la pieuvre s'y collera de tous ses suçoirs pour uriner son encre. Mon cher et mon brillant, vous avez provoqué l'impossible et vous l'avez vaincu. Ce livre nous restera, et ce n'est pas le grand succès qui lui fera défaut, car il est bourré de toutes les forces qui prennent le succès à la gorge, même dans les époques de bouillie comme celle que nous traversons. Moi qui m'en prends aussi quelquefois à la bête de lettres, je m'appuierai sur vous à la prochaine occasion et vous pillerai et vous citerai, — mais *j'y irai* avec le plus de lâcheté que je pourrai, prenant pour armure une vieille serviette, pour arme une paire de pincettes. Ceux qui vous disent que vous avez sondé une plaie *illusoire* (j'ai vu cela imprimé), ne font pas erreur, ils font mensonge. La plaie est hideuse, ridicule et gangrenée, mais elle est pieuvrale; elle fuit, gélatine, mucilage ou fumée. Je vous crie bravo! du fond de mon admiration, et je compte, et je mesure les entailles que votre Durandal eût creusées si l'animal n'eût pas été de la morve. Ceci est un regret, je ne dis pas non, mais un regret de père de famille qui suppute l'admirable poudre brûlée contre un gibier punais, — et derrière cela, il y a ma conviction que vous avez daubé victorieusement sur la plus impure rosserie de ce temps de rosses, proprement, noblement, même galamment. Je demande que la prochaine fois vous tapiez un monstre musclé. Je ne vous admirerai pas plus et ce sera plus facile; mais tout homme est enfant, moi surtout, et j'aime à voir les paladins qui me sont chers, dans des lices royales, toucher des écus retentissants.

« Votre profondément ami,

« Paul Féval. »

Le farouche Schopenhauër, qui dut pourtant le commencement de sa réputation à une femme, ne les ménage guère :

« Plus une chose est noble et accomplie, dit-il, plus elle

se développe lentement et tardivement. La raison et l'intelligence de l'homme n'atteignent guère tout leur développement que vers la vingt-huitième année ; chez la femme, au contraire, la maturité de l'esprit arrive à la dix-huitième année. Aussi n'a-t-elle qu'une raison de dix-huit ans bien strictement mesurée. C'est pour cela que les femmes restent toute leur vie de vrais enfants. — Que peut-on attendre de la part des femmes, si l'on réfléchit que dans le monde entier ce sexe n'a pu produire un seul esprit véritablement grand, ni une œuvre complète et originale dans les beaux-arts, ni en quoi que ce soit un seul ouvrage de valeur durable. Cela est saisissant. Dans la peinture, elles sont pourtant aussi capables que nous d'en saisir le côté technique, et elles cultivent assidument cet art, sans pouvoir se faire gloire d'un seul chef-d'œuvre, parce qu'il leur manque justement cette objectivité de l'esprit qui est surtout nécessaire dans la peinture. Elles ne peuvent sortir d'elles-mêmes. Les femmes sont le *sexus sequior*, le sexe second à tous les égards, fait pour se tenir à l'écart et au second plan. Certes, il faut épargner leur faiblesse, mais il est ridicule de leur rendre hommage, et cela même nous dégrade à leurs yeux. »

Il faut tenir compte, cependant, que l'*Essai sur la femme* de Schopenhauër n'est qu'un libelle virulent où le parti pris évident gâte des observations d'une implacable perspicacité[1].

Si Barbey d'Aurevilly n'aimait pas les femmes qui écrivent, et le laissait voir avec une franchise aussi courageuse que peu galante, les traitant parfois avec un dédain par trop cavalier, il n'en était pas moins fort choyé de quelques-une d'entre elles, qui se met-

[1] Voir la curieuse étude de M. Jean Moréas, dans la *Revue Indépendante*.

taient volontiers en frais de coquetterie avec lui. Ainsi
Mᵐᵉ Mathilde Stevens, — qui fut l'Égérie de plusieurs
hommes d'État de la troisième République, qui écrivait de fort jolies chroniques signées Jeanne Thilda,
et que l'on a souvent comparée pour la vivacité de
l'esprit et la grâce du style à Mᵐᵉ Delphine de Girardin, écrivit un jour sur lui une bien jolie page :

« Voilà un homme à qui je dois beaucoup, disait-elle ; il
m'a ouvert l'âme et il m'a appris à penser : est-ce un grand
écrivain ? Je l'ignore. J'ai toujours eu pour lui une admiration troublée, un sentiment fait de nerfs et quelquefois
de larmes.

« On dit que ses romans sont faux ; c'est possible,
seulement ils entraînent dans des tourbillons d'émotions
si violentes, qu'on reste comme brûlée après les avoir
lus !

« Son récit enflé est grandiose et superbe, un aigle
qui, d'un vol lent, s'élève vers la lumière. Le mysticisme
chrétien dont son âme est un tabernacle sincère, donne
une saveur délicieuse à toutes ses héroïnes charmantes,
imbibées d'amour et marquées du fer rouge de la fatalité.
Cœurs de vierges ou cœurs de filles, ce sont les mêmes
désespérances, les mêmes flammes d'enfer. Qu'elles se
tordent aux pieds du Christ ou aux pieds du diable, elles
offrent leurs plaies saignantes, holocauste qui n'apitoie
pas le romancier, pressé de les pousser dans l'abîme
malgré le crucifix qu'il leur met sur les lèvres.

« Les femmes, les voilà ! elles passent avec leurs yeux
qui flambent ; elles ne pleurent pas, elles n'ont plus de
larmes ; la passion a tout desséché, tout tordu. »

Mᵐᵉ Stevens, qui avait fondé le dîner des *Bas-Bleus*,
qu'elle présidait sous son pseudonyme de Jeanne
Thilda, et qui réunissait un grand nombre de femmes

de lettres, eut la malicieuse idée d'inviter M. d'Aurevilly, par ce joli billlet :

« Mercredi.

« Cher grand maître,

« Vous n'aimez pas les bas-bleus et comme vous avez raison ! Et cependant je viens vous supplier à mains jointes d'être du dîner des *Bas-Bleus* dont je suis présidente. Quel bonheur, quelle gloire de vous avoir à ma droite ! Quel panache pour Thilda et quelle douce joie, quelle exquise sensation de vous connaître enfin !

« Si vous pouviez dire oui ! Cela s'est pourtant vu, ces choses-là ; il y a des gens qui gagnent le gros lot et je suis née sous une heureuse étoile. Vous trouveriez grand nombre de vos admirateurs, et Mendès, et Silvestre, et Fouquier, et *tutti quanti,* des femmes qui ont juste assez de bleu dans leurs bas pour rappeler qu'elles descendent du ciel, et votre servante qui désire passionnément vous dire sa passionnée admiration.

« Math. Stevens,
« (Jeanne Thilda.) »

M. d'Aurevilly répondit en ces termes :

« 4 juillet 1884.

« Madame,

« Vous êtes bien charmante, bien séduisante et bien tentante avec cette place que vous m'offrez auprès de vous, à votre dîner des Bas-Bleus, mais, madame la présidente et madame la sirène, je n'irai pas. C'est très difficile d'être saint Antoine, mais on peut toujours être Ulysse. Vous, — je vous crois bonne, malgré les bas-bleus que vous voulez bien porter, pour leur faire honneur, et vous ne vous moqueriez pas de moi, si j'allais à votre dîner. Mais les autres *Bleues ?...* Riraient-elles, derrière leurs éventails et leurs verres, de me voir là !

« Et ma foi ! Elles auraient raison ! Quand un homme manque de tact, les femmes en ont pour lui. C'est leur malice. *Ici*, ce serait leur revanche. Daignez donc m'excuser, madame, mais *vous seule*, qui avez pensé à moi pour le plus inacceptable des diners, malgré la grâce flatteuse que vous avez mise à me l'offrir.

« Agréez, madame, l'assurance de mes sentiments respectueux et même reconnaissants,

« Jules Barbey d'Aurevilly. »

Molière, qui avait deviné le bas-bleu, l'incarnant dans les filles du bonhomme Gorgibus, et le livrant à la risée de son public de marquis, n'avait pas deviné notre époque, où le bas-bleu règne et gouverne, en politique, en littérature, partout : époque de pédantisme et de pédagogie, où l'on voit des fillettes qu'on devrait renvoyer à leur poupée devenir avocats en jupons, médecins à lunettes, et la pastourelle se muer en maîtresse d'école. Il ne saurait étonner qu'un esprit vigoureux et viril comme Barbey d'Aurevilly fût sollicité par cette grande question de l'égalité des sexes. Il n'était nullement l'apôtre des femmes, ni même leur *ami*, dans le sens donné à ce mot par M. Alexandre Dumas fils, qui passa quelque temps pour leur « confesseur » attitré, mais ne voyait-il en elle que ce que le grave Tertullien appelle : *instrumentum voluptatis* ? ou pensait-il encore, avec Schopenhauër, que les femmes ont les cheveux trop longs et les idées trop courtes ?

*   *

Le volume des *Bas-Bleus* parut en 1878, à la librairie Palmé, qui ne s'était jamais vue à pareille fête, et presque au moment où Mme Augustus Craven, née la Ferronnays, auteur du fameux *Récit d'une sœur* et de *Fleurange*, venait d'obtenir de l'archevêché de Paris que *le Prêtre marié* fût retiré des vitrines de cet éditeur. Il renferme près de quarante études consacrées à Mmes de Staël, Lenormand, Sophie Gay, Émile de Girardin, George Sand, Daniel Stern, la comtesse de Gasparin, Edgar Quinet, Craven, Marie-Alexandre Dumas, la princesse de Belgiojoso, Swetchine, la marquise de Blocqueville, Louise Collet, la comtesse Guiccioli.

Il en est une qu'il aurait dû épargner, lui, enthousiaste de toutes les grandeurs : la marquise de Blocqueville, fille du maréchal Davout, « un nom tenu à la victoire », et qui « met une étoile au front », ainsi qu'il disait lui-même. Cette très noble femme, une des plus hautes intelligences de la société contemporaine, qui se délecte au culte des lettres, pour se reposer de l'ouvrage considérable, véritable monument élevé par elle à la gloire de son illustre père, méritait d'être mieux appréciée d'un homme qui avait le culte des vertus militaires, des traditions de race, des sentiments rares, de l'aristocratie dans le talent. Mais il eut le regret de parler d'elle sans l'avoir connue. Victor de Laprade m'écrivait à ce propos :

« Mme de Blocqueville est une personne d'un très grand cœur, digne en tout de son père l'héroïque Davout ; son dévouement, sa bonté, sa générosité sont inépuisables. Restée volontairement à Paris pendant le siège et la commune, malgré sa santé délicate, elle y a fait le bien avec un admirable courage. Son sang-froid, sa présence d'esprit, sa fierté en face des incendiaires qui envahissaient son hôtel, ont contribué à sauver le quartier de l'Institut. »

Comme Balzac, Barbey d'Aurevilly, quand il parle des femmes, est un grand *désillusionneur*, et combien qu'il ne soit point sceptique, les pages tracées de sa main léonine trahissent de bien amers désenchantements. Il n'était pas d'un esprit chagrin, et pourtant quelle tristesse en ses jugements, surtout dans ce volume des *Bas-Bleus*, où il est moqueur, pour s'éviter, semble-t-il, d'être méchant! Sa thèse est fort simple, d'ailleurs : c'est que, plus il y a de talent dans une femme, *quand par rareté il y en a*, moins il y a de *bas-bleuisme;* et quand il y a *bas-bleuisme*, il y a tache dans le talent, et cela, toujours. C'est, du reste, ce qu'il disait, en parlant d'Eugénie de Guérin, qu'il épargne, parce qu'elle n'avait ni la vanité ni l'éducation des femmes de lettres. Eugénie de Guérin n'eût peut-être jamais été connue du monde littéraire, sans l'amour touchant qu'elle portait à son frère, véritable passion qu'elle traduisit avec tant d'âme dans son journal de jeune fille. Peut-être même n'eût-elle jamais écrit une ligne, si elle avait supposé que ses intimes confidences, un jour, seraient publiées. Elle écrivait pour son frère et pour ceux que son frère aimait. Aussi, l'auteur des *Bas-Bleus* l'a-t-il mise dans son livre pour servir de repoussoir aux autres, « pour montrer que la vraie gloire du talent chez les femmes, c'est surtout de ne pas faire partie de cet abominable bataillon ».

Il en est une autre encore qu'il épargne, sœur Catherine Emmerich ; mais celle-là, ce n'est pas même une femme qui écrit : c'est une *voyante* qui proclame les visions de ses extases, sous une inspiration d'en haut, et qui rencontre du génie dans l'expression, en racontant le livre sublime et merveilleux écrit par Brentano sous sa dictée : *La douloureuse Passion de Notre-Seigneur Jésus-Christ.*

« Poète assurément celle-là, si jamais créature humaine le fut. Poète de sang et de larmes, d'espérance et de désespoir, de triomphe et d'accablement. Tout l'évangile d'un seul regard compréhensif, actuel, substantiel, illimité comme le regard même de Dieu, pour lequel il n'existe pas de durée ni de succession. Quelle magnifique et concluante opposition à la folle vanité des femmes de lettres. La sœur Emmerich démontre ici l'impossibilité absolue pour l'esprit féminin de s'élever au *sublime* sans l'intervention immédiate et surnaturelle de l'Esprit-Saint et comme, après tout, M. Barbey d'Aurevilly n'avait pas autre chose à dire, il manquerait évidemment quelque chose à son livre s'il n'aboutissait pas à cette écrasante conclusion [1]. »

Que M. d'Aurevilly ait épargné en Eugénie de Guérin, *la sainte du Cayla*, et en Catherine Emmerich, la voyante, cela se conçoit, mais que lui, si fervent dans sa foi, ait épargné encore Mme Ackermann, qui vient de mourir, c'est ce que rien ne ferait comprendre, sinon l'admiration qu'elle lui inspira comme poète. « Dieu, qui se moque cruellement de nous, dit-il, a voulu

---

[1] Article inédit de Léon Bloy, commandé par la *Revue du Monde Catholique*, et qui n'y parut jamais, sous prétexte qu'il était par trop hardi.

que ce fût une femme ! » Il la rencontra chez le poète Siméon Pécontal, bibliothécaire du Corps législatif, et voici quelle impression elle lui laissa :

« Elle me fit l'effet d'une matrone, simple et grave, mais nullement d'*une* poète, même quand elle dit ses vers... Je ne sais point par quelles spirales cette amie de Proud'hon est descendue au fond du dernier cercle de l'enfer de la philosophie, mais elle y est descendue, et c'est du fond de cet horrible trou que, comme la *Sachette* de Notre-Dame de Paris, elle élève une voix désespérée pour l'humanité et pour elle ; — car, après tout, si elle a la bravoure de l'athéisme, si elle fait de l'héroïsme contre le néant, elle n'est pas, pour cela, très heureuse d'être athée. Cette nécessité philosophique du néant exaspère son âme, qui a soif d'infini, puisqu'elle est poète, et si elle l'accepte, cette nécessité, comme philosophe, comme poète, — elle la maudit. »

En 1873, il apprit qu'elle venait de publier une plaquette, imprimée à Nice, et tirée à cent exemplaires seulement. Il fit alors un article sur elle: « C'est un monstre, et c'est un prodige », disait-il. Lorsque parurent plus tard les *Poésies philosophiques*, il reçut de Mme Ackermann le livre avec cette dédicace: « Un monstre reconnaissant ». Depuis lors, Barbey d'Aurevilly alla beaucoup chez elle, rue des Feuillantines ; elle l'accueillait avec joie, très fière de son amitié. Il l'appelait « ce brave homme de génie ».

La pitié pour l'humanité qui fait le fond de son inspiration l'avait surtout touché. Dans son superbe chapitre sur Jean Richepin, il dit encore d'elle : « La femme, qui se retrouve toujours quand elle veut le plus cesser d'être, se retrouvait dans les vers inouïs de Mme Ackermann *Les Larmes immortelles de la Pitié*, chez cette Révoltée généreuse des douleurs du monde, n'ont jamais séché sur son athéisme attendri... »

La moralité en elle était extrême aussi, et, par là encore, elle échappait aux doctrines que M. d'Aurevilly réprouvait. Elle se plaisait à entamer ce sujet, et racontait entre autres l'anecdote suivante : Un *Bas-Bleu* — un vrai, qui voulait entrer en relations avec elle, reçut une lettre où Mme Ackermann parlait morale avant tout, et lui répondit alors par ce simple billet : « Nous nous apprêtions à vous tresser des couronnes ; faites des bonnets ! »

Un jeune écrivain, que j'ai eu déjà l'occasion de citer, trace de cette femme de valeur un charmant portrait :

« ... Mme Ackermann avait, dans sa vieillesse, une tête d'une expressive beauté. Je connais d'après elle un crayon puissant de M. Léon Ostrowski... Je l'ai connue dans ses dernières années. Elle apparaissait emmitouflée de noir, ses cheveux blancs débordant d'une mantille autour de sa tête, belle encore. Remuant avec difficulté, car la vieillesse l'éprouvait, causant avec plaisir, elle jetait ses phrases avec une force bourrue, vous regardait de ses yeux pénétrants. Ce regard, ferme et clair comme ceux des êtres innocents, pesait sur les visages où il plongeait... »

« ... Cette Allemagne où elle avait passé ses années heureuses lui paraissait toujours un pays merveilleux, créé pour être le refuge des intellectuels. Mais c'était l'Allemagne avant le caporalisme.

« J'ai vu quelquefois Mme Ackermann aux prises avec quelqu'un qui n'aimait guère cette Allemagne (l'Allemagne de Hegel et de Schopenhauër), avec d'Aurevilly. Le vieux catholique et la négatrice discutaient. Barbey, qui n'était pas tendre aux adversaires de ses croyances, aimait les natures véhémentes. Les blasphémateurs lui plaisaient comme des passionnés, comme des âmes d'énergie. L'originalité âpre de cette femme criant anathème aux dieux séduisait le rude batailleur [1]. »

M. L.-L. Klotz [2] a résumé en quelques lignes la valeur littéraire de Mme Ackermann :

« Pourquoi parler de ses *Contes* et de ses *Premières Poésies*, qui ne révèlent pas ses qualités originales, qui donnent très imparfaitement la notion de son talent et de son esprit ? Sa forme, souvent virgilienne, semble s'inspirer des Vigny, des Lamartine et des Sénancour. Mais ce n'est pas là Mme Ackermann ; nous n'avons ici que des prémisses ; la conclusion existe seulement dans ses *Poèmes philosophiques*.

« *Ecce homo !* Le poète se révèle ; l'homme apparaît. On n'est plus en présence d'une femme au talent élégant et mièvre, fait tout de grâce et de charme ; il s'échappe, au contraire, de ces poèmes, des cris virils d'éloquence. Elle se montre, comme le grand italien Léopardi, l'interprète des douleurs de l'humanité. Quelle vigueur de conception ! Quelle optique des choses, de la vie et du néant ! Quelle grande pitié s'échappe de ses inspirations ! Quelle compassion pour la souffrance éternelle !

« Dans les *Malheureux*, œuvre dédiée à Mlle L. Read, le *Positivisme*, *Prométhée*, *Paroles d'un amant*, la *Nature à*

---

[1] *Revue indépendante*, août 1890. Émile Michelet.
[2] *Estafette* du 7 août.

l'Homme, *Pascal* et ·le *Cri*, on entrevoit son âme méditative et désespérée. Elle ne méprise pas les pauvres humains, elle les plaint.

« Sa métaphysique, née du transformisme, abonde dans celle des pessimistes, et plutôt dans celle de Schopenhauer ; elle aboutit pourtant à une théorie morale d'abdication et de renoncement personnels ; c'est « au nom de l'homme collectif qu'elle élève la voix » ; son *moi* s'annihile devant l'intérêt du plus grand nombre. »

A la fois poète et philosophe, elle passa une existence toute contemplative. Voyez son beau portrait par Ostrowski : sa physionomie si caractéristique d'abbesse émigrée dans la Flandre vous donnera l'aspect d'un Ribot, net et pur dans la ligne, réflétant la pensée intime et sévère par l'expression : elle appartient à la famille des Ribeira.

* *

C'est au temps de Pope, à Londres, que l'appellation de bas-bleu (*blue stocking*) fut donnée aux femmes qui, trop exclusivement préoccupée des choses de l'esprit, en venaient, par insouciance et laisser-aller, à ne plus s'occuper de leur toilette et portaient des bas de cuistre. Le mot fut repris en France, dès que les femmes se mirent, à la faveur du succès de Mme de Genlis, de Mme Cottin et de la duchesse de Duras, à faire de la littérature « un métier ». Déjà Balzac contait les aventures et les déboires de Dinah de la Baudraye et de Camille Maupin. Mais pour la première fois un écrivain consacrait un livre tout entier à fustiger « la femme qui fait métier et marchandise de littérature ».

« La femme qui se croit cerveau d'homme et demande sa part dans la publicité et dans la gloire. Or, cette espèce est très moderne en France et il a fallu les transformations successives par lesquelles nous sommes passés depuis la Révolution française, pour que des femmes qui n'étaient ni bossues, ni laides, ni bréhaignes eussent l'idée de se mettre en équation avec l'homme, et que les hommes devenus aussi femmes qu'elles, eussent la bassesse de le souffrir.

« Car ils l'ont souffert, — et ils ont fait pis : ils l'ont accepté. Ils ont cru légitime la prétention de la femme en matière d'égalité cérébrale avec l'homme. »

Ce livre souleva donc, on le comprend de reste, les plus violentes polémiques ; il eut des partisans fanatiques et des adversaires passionnés. On y vit un talent enragé, un esprit supérieur, des jugements d'une étrange éloquence, un accent de profonde sincérité, mais aussi une sévérité, une rigueur qui ne sont peut-être permises qu'aux « impeccables ». « Quoi que nous pensions qu'en fait de femmes, — disait l'*Introduction*, — le christianisme ait mieux compris que qui que ce soit leur destinée, en les internant dans le sentiment, ou en les déportant dans les vertus, nous voulons pour elles être moins cruel que saint Paul, qui disait : « *Contineant in silentio.* »

Et de leur refuser cependant et l'invention qui crée ou découvre, et la généralisation qui synthétise et la force sans convulsion ! Elles restent femmes quand elles se montrent le plus artistes ; aucune n'échappe à cette loi d'infériorité, et partout elles apportent avec elle l'*odor di femina*. Voilà la thèse. Qu'on juge du scandale ! « La France est un vieux pays galantin qui veut plaire aux femmes, qui se met à leurs pieds beaucoup plus souvent qu'au pied des autels. »

Il faut toutefois, crainte d'équivoque, répéter ici que toute femme qui écrit n'est pas nécessairement un bas-bleu. L'auteur féminin d'ouvrages d'éducation, de récits destinés à la jeunesse, d'études littéraires ou historiques, et même de romans, n'est pas un bas-bleu, s'il reste féminin, s'il pense comme une femme, et s'il se donne pour ce qu'il est. Le *bas-bleu*, c'est la femme qui veut faire acte viril, qui prétend s'égaler à l'homme, penser et écrire en homme, ne se point soumettre à la loi divine qui a réparti à chaque sexe une mission différente dans ce monde, échapper aux responsabilités en prenant toutes les initiatives, proclamer enfin des droits que la société même ne reconnaît pas, en s'abstenant des devoirs que la morale et l'honnêteté commandent.

On admettra dès lors que M. d'Aurevilly eût pu dire — s'il l'avait dit, et ce n'est pas vrai, — à un importun qui s'étonnait de le voir assis à sa table de travail, en robe rouge : « Oui, monsieur, vous me voyez en bourreau pour la femme Sand. » M. d'Aurevilly ne parlait pas sur ce ton-là, même de Mme Sand, qui incarnait en elle le bas-bleu tel qu'il l'exécrait, la femme émancipée du mariage, impie, étalant toutes ses passions dans ses romans, « qui ne furent que de simples plaidoyers en faveur des désordres d'une vie effrénée ».

« Cette romancière à la Rousseau qui aurait lavé les assiettes chez Jean-Jacques, s'il y avait eu des assiettes, n'a jamais troussé de romans comme les troussent d'ordinaire les femmes, — pour le plaisir de l'amourette, — mais pour endoctrinailler philosophiquement son monde, et Dieu la damne ! elle l'a pourri... Personne... dans ce temps d'infection sociale, — qu'elle en soit fière ou humiliée ! — n'a exercé d'influence plus funeste que Mme George Sand. C'est la mère Gigogne aux adultères ! En a-t-elle produit ! Toute femme mariée qui se sauvait ou se perdait avec un homme se réclamait d'elle. »

Si Paul de Saint-Victor appelait Mme Sand une vache hiératique des bords du Gange, Barbey d'Aurevilly disait, *à la normande* : « Elle est comme une vache au bout d'un pré, regardant par la brèche d'une haie une locomotive qui passe. » Mme de Girardin ajoutait qu'en Mme Sand « le style, c'est l'homme ». Elle subit tour à tour l'influence de Sandeau, du comédien Bocage, de Pierre Leroux, d'Henri Heine, d'Agricol Perdiguier, de Listz, d'Alfred de Musset, et « elle eut toujours besoin de quelqu'un pour être ou faire quelque chose ».

« Limayrac qui allait à Nohant, en sortant du ministère de l'intérieur, disait l'avoir vue se faisant toute la journée voiturer en brouette par un jeune gars de jardinier.

« Voilà le soir de ce beau jour ! »

M. d'Aurevilly n'est guère plus tendre pour Daniel Stern (la comtesse d'Agoult) « qui *arlequine* son style de petites phrases allemandes, comme sa pensée, de petites idées du même pays... » « Son procédé est l'imitation, et son mérite, la précision acquise. L'originalité n'y est pas.

« D'attitude, dans les livres, je ne connais personne de plus insolemment placide. Rien ne bat sous sa mamelle gauche, je le crois bien : elle n'en a pas ! Et elle n'a pas eu besoin de la couper, comme une amazone. La philosophie la lui a desséchée. On a dit assez spirituellement que les femmes naissent et vivent femmes, mais qu'elles meurent vieilles filles. Mme Stern est une de ces vieilles filles-là. C'est une brehaigne littéraire. Ses livres ne sont point sortis de ses entrailles, mais de ses prétentions. »

Et Mme Craven ? « Une rosière d'académie... Une tête à couronnes, comme on est une tête à perruques ». Elle a « l'innocence de la fadaise, et la sentimentalité de la fadeur... Assurément, c'est de la littérature honnête et même élevée, mais trop lacrymatoire, à l'usage des gens que l'ennui des choses honnêtes, ennuyeusement exprimées, ne dégoûte pas de l'honnêteté. C'est du Guizot, mêlé de Swetchine »..

M. d'Aurevilly voit en Mme Marie-Alexandre Dumas une *dauphine littéraire*.

Mme Swetchine, qui écrivait au crayon, *parce qu'écrire au crayon c'est parler bas*, a écrit des pages « légères, malgré leur sérieux, gracieuses comme le monde l'entend, et presque mystiques, comme l'Eglise l'approuve ». « Ce n'est pas très fort, mais c'est charmant, délicat, transparent... » Et il l'appelle une sainte devant Dieu, si elle n'a pas été *une* sainte devant les hommes, ajoutant : « Franchement, quand une femme, pendant vingt ans, a été cela, il n'importe guère de savoir si elle eût *réussi* peu ou prou dans la littérature : elle a réussi devant Dieu ! »

Quant à Mme Louise Colet, c'est une bien autre antienne :

« Ce n'est pas seulement *un* bas-bleu. C'est *le* bas-bleu même. Elle s'élève jusqu'à l'abstraction. D'autres qu'elles sont bas-bleus, avec l'aveuglante vanité du genre, les prétentions, l'orgueil déplacé, le ridicule et l'impuissance. Elle a tout cela aussi, Mme Louise Colet, — mais elle a de plus l'insolence et la provocation, — la provocation lâche et fanfaronne d'une femme qui sait bien qu'en cette terre de France, une jupe peut se permettre tout sans aucun danger. »

Louise Colet fut « une vanité monstrueuse qui ne décoléra jamais » ; « son pédantisme, à elle, était échevelé, enflammé, sybillin... C'était le bas-bleu à outrance, fastueusement impie et jacobin, insulteur, *vésuvien*... le bas-bleu rouge ! »

Qui mentionner encore ? Mme André Léo, « bas-bleu foncé, trop conglutiné dans son indigo, pour être jamais la créature enflammée et inspirée, qu'on appelle une grande artiste », et dont l'esprit a des côtés déplaisants, ambitieux, pédantesques, mais il était touché de son double nom : charmante idée, disait-il, que d'avoir ainsi pris ceux de ses deux fils et de s'être souvenue qu'elle était mère en écrivant. Puis enfin, — non dans le livre, mais je ne sais où — la pauvre Olympe Audouard, « la plus avancée des révolutionnaires féminines ; le Marat couleur de rose du parti, et que je ne tuerais pas dans sa baignoire ».

*
* *

La conclusion de ce chapitre, c'est à l'auteur des *Bas-Bleus* qu'il appartient de la formuler, et la voici :

« L'histoire ne fait pas toujours aux hommes l'honneur d'être sévère... Il est des décadences qui ne méritent que le rire de son mépris. Tomber n'est pas toujours tragique. Il y a pour les nations comme pour les hommes des chutes grotesques. Toutes n'ont pas la grandeur du vice, la poésie de la monstruosité. Il y a de petites décadences, disait Galiani. Mais je ne crois pas que dans l'histoire, il y en ait une plus petite que celle qui nous menace. Je ne crois pas qu'il y en ait de plus honteuse que celle d'un peuple qui fut mâle et qui va mourir en proie aux femelles de son espèce... Rome mourut en proie aux Gladiateurs; la Grèce, aux Sophistes; Byzance, aux Eunuques; mais les Eunuques sont encore des débris d'hommes. Il peut rester à ces mutilés une tête virile, comme celle de Narsès, tandis que nous, nous mourons en proie aux femmes, et émasculés par elles, pour être mieux en égalité avec elles... Beaucoup de peuples sont morts pourris par des courtisanes, mais les courtisanes sont dans la nature et les Bas-Bleus n'y sont pas ! Ils sont dans une civilisation dépravée, dégradée, qui meurt de l'être, et telle que, dans l'histoire, on n'en avait pas vu encore. Jusqu'ici, les sociétés les plus avancées comme les plus sauvages avaient accepté ou subi les hiérarchies sans lesquelles les sociétés ne sauraient vivre, et maintenant on n'en supporte plus... C'est la gloire du Progrès ! L'orgueil, ce vice des hommes, est descendu jusque dans le cœur de la femme, qui s'est mise debout pour montrer qu'elle nous atteignait et nous ne l'avons pas rassise à sa place, comme un enfant révolté qui mérite le fouet ! Alors, impunies, elles ont débordé... Ç'a été une invasion de pédantes au lieu d'une invasion de Barbares. Du moins les Barbares apportaient un sang neuf et pur au sang corrompu du vieux monde ; mais les pédantes qui, dans la décrépitude de ce monde, ont remplacé les Barbares, ne sont pas capables, ces bréhaignes ! de le féconder ! »

XI

LE ROMANCIER

Barbey d'Aurevilly eut durant plus de cinquante ans, la plume pour instrument de travail, et pendant ce demi-siècle il résolut à peu près le problème dont la solution paraissait impossible à Théodore de Banville : « Être poète lyrique et vivre de son état! » Que de journées, que de nuits de veilles représentent ces dix lustres d'un travail jamais interrompu, mal récompensé! Que d'efforts et que de peines!

Dur labeur, en effet, que celui de l'écrivain! Faire deux parts de son existence, l'une consacrée à la lutte pour la vie, aux prosaïques nécessités de chaque jour, aux difficultés sans cesse renaissantes, afin d'escalader degré par degré, l'escalier glissant qui mène rarement à la gloire, et plus rarement encore à la fortune. L'autre, réservée au rêve, c'est-à-dire à l'invisible travail qui se continue partout et dans tous les actes extérieurs de la vie, à l'inspiration qu'il faut saisir au vol, — comme l'occasion, — à l'étude, non pas calme et réfléchie, mais rapide et fiévreuse... Le savant, l'archéologue. l'historien même n'ont besoin que de paix, de patience et de temps. Ils élaborent lentement leurs recherches, leurs fouilles dans le passé, à l'aide des théories antécédentes et des matériaux accumulés par les âges. Ils refont ce qui a été fait, ils discutent, ils dissertent, ils analysent, ils résument, et leur œuvre, grande, majestueuse, pondérée, ne leur a coûté qu'une application consciencieuse et quelques efforts de sagacité. En eux brillent surtout la rectitude du jugement, la puissance de critique et l'esprit d'examen.

Mais le poète et le romancier n'ont d'autre guide que la folle du logis. L'un peut n'être qu'un évocateur, le plus souvent, ils sont tous les deux des créateurs. A créer de toutes pièces des personnages, des familles, une société entière, comme le fit Balzac, ils dépensent les mêmes forces que les autres hommes pour continuer l'œuvre divine.

A ce métier de peintre des fautes, des erreurs, des passions humaines, le romancier se transforme rapidement, et cesse bientôt d'être dans les conditions normales de l'humanité. Certes, les dons qu'il a plu à la divine Providence de lui départir sont rares et précieux, mais croyez qu'il expie le triste privilège d'une intelligence supérieure et d'un esprit créateur. La faculté d'observation le dépouille peu à peu de ses illusions, il est trop clairvoyant et il juge, malgré lui ; tous les voiles tombent ou se déchirent devant ses yeux : le désenchantement amer emplit son cœur, et le scepticisme dessèche son âme. Sa sensibilité, toujours en éveil, s'exaspère : il se féminise, il s'affine. Ses sens prennent de l'acuité ; les moindres sensations, les plus fugitives, les plus ténues, deviennent pour lui des secousses violentes. Il exagère tous les sentiments, le rire et les pleurs, les joies et les peines. S'il souffre, il souffre plus que les autres, parce qu'il est porté à analyser sa propre souffrance, et que tout ce qui l'entoure, les êtres les plus chers, les choses les plus indifférentes, deviennent pour lui matière à travail.

On ne peut plus demander à cet homme, si fatalement jeté hors des règles normales, ce parfait équilibre entre la raison et l'imagination, la rare qualité des hommes du monde qui, ne pouvant être des littérateurs, se contentent, — et combien on les envie ! — d'être des lettrés. De là ces élans confus de sensibilité qui choquent, dans ce monde où tout ressemble au jeu de surfaces polies qui s'affleurent sans se heurter ; de là, ces accès de farouche indépendance, nés de l'isolement, de l'action continue de la pensée ; de là ces airs de superbe, qui ne sont presque jamais l'expression d'un puéril orgueil, mais presque toujours l'effarement d'une timidité impossible à vaincre, et la susceptibilité d'une délicatesse trop en éveil.

Cette idiosyncrasie de l'homme de lettres, qui n'est pas toujours comprise, lui fait une place à part dans la société. Ou plutôt, il n'y a aucune place : la hiérarchie sociale ne l'a pas prévu. Occupé des plus hautes spéculations de l'intelligence, vivant dans le monde factice qu'il crée lui-même, il s'estime l'égal de tous, et ne peut reconnaître que l'aristocratie du talent. Or ses moyens ne sont point en rapport avec ses besoins. Si Louis XIV invitait Molière à sa table, au grand scandale des ducs, si maintenant les salons de Paris se sont ouverts aux véritables artistes, devenus une des forces de l'Etat, il est encore des maisons où l'on prononce trop volontiers le mot de bohème, où l'on repousse dans ce milieu de la Bohème qui n'existe que pour les paresseux et les impuissants, l'honnête écrivain qui vit de sa plume, comme le prêtre, de l'autel, et le soldat, de son épée.

*
* *

Chacun des livres publiés par Barbey d'Aurevilly fut un événement littéraire, tout au moins pour le petit nombre de ceux qui comprennent, car le génie ne séduit jamais les multitudes. La force, ou plutôt la violence de ce talent a soulevé des scandales ; et M. Paul de Saint-Victor, l'impeccable styliste, en donne la raison :

« L'Eglise militante n'a pas de champion plus fougueux que ce templier de la plume, dont la critique guerroyante est une croisade perpétuelle, dit-il; mais le polémiste intraitable est en même temps de l'originalité la plus fière..... Jamais, peut-être, la langue n'a été poussée à un plus fier paroxysme; c'est quelque chose de brutal et d'exquis, de violent et de délicat, d'amer et de raffiné. Cela ressemble à ces breuvages de la sorcellerie, où il entrait à la fois des fleurs et des serpents, du sang de tigre et du miel. »

C'est un jouteur et un lutteur. C'est un soldat de la plume, ayant flamberge au vent et feutre sur l'oreille. C'est une des intelligences des plus profondes, les plus complètes et les plus complexes de ce temps-ci, que cet homme qui aurait pu être à son gré un *condottiere* comme Carmagnola, un politique comme César Borgia, un rêveur à la Machiavel, un corsaire comme Lara, et qui s'est contenté d'être un solitaire, écrivant des histoires pour lui-même et pour ses amis, faisant bon marché de l'argent et de la gloire et, prodigue éperdu, semant à tous les vents assez de génie pour laisser croire qu'il en a le mépris.

Quel charmant portrait Théodore de Banville fait de lui dans ses *Camées Parisiens* :

« Ce visage de guerrier, de héros, au nez busqué en bec d'aigle, est couleur d'or fauve, et il semble que le poète l'ait brûlé et recuit dans le feu de sa propre pensée. Le port de tête est noble, fier, impérieux, et s'accorde bien au beau mouvement de la chevelure. Le front large est fuyant vers le sommet; les sourcils aux poils longs sont presque droits; les yeux à fleur de tête sont pénétrants et noirs; le regard assuré, vif, jeune, brillant, lance des fusées claires lorsqu'il plaisante, et enfonce des dards noirs lorsqu'il se fâche. Tous ces traits sont d'un chef, né pour jouer dans la vie les premiers rôles ,— ou rien !

« Fine, petite, rose, merveilleusement dessinée en forme d'arc tendu et exprimant une infinie bonté, la bouche est encadrée par une moustache qui, séparée au milieu par un sillon creusé hardiment, laisse les lèvres à découvert, et continue sur la joue, avec un accent farouche et singulier. Dans un portrait de Barbey d'Aurevilly peint aux premiers jours de sa jeunesse, le front paraît démesurément large, et le menton étroit et pointu. Le doigt patient de la vie a adouci tout cela et réprimé ces insurrections, en gardant à cette tête modelée et rassérénée par le génie son caractère d'élégante bravoure. En achevant cette image d'après le sincère historien du dandysme, n'est-il pas permis à l'artiste, dont le caprice est ici d'accord avec la réalité de laisser voir sous le fin menton un bout de cravate en étoffe d'or ou en satin pourpre, garnie d'une malines délicate ou d'un miraculeux point de Venise? »

M. d'Aurevilly avait une prédilection marquée pour Shakespeare, Byron, Burns, Walter Scott, et ce n'est pas sans raison que M. Léon Riotor le comparait à un écrivain anglais transplanté parmi nous avec son orgueil de caste et ses innombrables préjugés. Il suivit toujours une ligne de conduite qui devait le mener forcément en dehors de toute coterie et de tout genre frayé ; il a eu de tous temps sa personnalité, et s'il n'a pas encore fait école, c'est qu'il est impossible d'écrire comme lui.

« Barbey d'Aurevilly a donné au style éclectique français l'ombre majestueuse du style anglais, mais il lui serait impossible, et pour cause, d'infuser au style anglais l'éclectisme du français. Il ne tient pas seulement son originalité propre de son tempérament et de son éducation, c'est aussi le fruit d'une grande tension d'esprit dans ce sens, d'un travail constant pour y parvenir, c'est pour ainsi dire une recherche voulue — la tournure shakespearienne et l'abus de certaines locutions favorites le prouvent surabondamment. Ajoutez à cela un dédain absolu de descriptions qui ne feraient qu'entraver l'action, un emploi fréquent des incidences, pour arrêter plus longtemps l'esprit du lecteur dans les dédales du récit et en augmenter l'intérêt, le retour de membres de phrases qui ressemblent quelquefois aux rejets d'une ballade en prose, et vous aurez la synthèse d'un des styles les plus merveilleux de ce jour.

« Comme procédé, on doit présumer que le travail est souvent revu, ou du moins longtemps porté dans l'esprit, avant d'être transcrit par petits fragments, non pas à tort et à travers, comme dans le travail de certains maîtres littérateurs, mais parfaitement coordonnés au fur et à mesure de leur naissance. [1] »

« Il est devenu catholique, ajoute M. Paul Bourget, et du catholicisme le plus hautement proclamé, jusqu'à écrire l'apologie des procédés inquisitoriaux, à l'heure précise où la science contemporaine paraît se résoudre dans le positivisme le plus hostile à la tradition catholique. Absolutiste et nourri de la moelle de la doctrine de Joseph de Maistre, il a vu les monarchies s'écrouler, les théories issues de la Révolution foisonner et grandir, la France multiplier les essais de gouvernement parlementaire. Idéaliste dans son art comme il l'a été dans sa vie, admirateur de Byron et de Lamartine, il assiste aujourd'hui à l'avénement de la littérature documentaire. Rarement antithèse plus étrangement et plus complaisamment prolongée n'a isolé davantage un homme dans les partis pris de son orgueil et de sa chimère. Faut-il voir dans cet isolement l'inévitable effet de causes lointaines et faire intervenir ce mot si commode et qui rend compte de tant de mystères : l'atavisme? Faut-il attribuer à une destinée d'exception le développement dans un sens inattendu de facultés par elles-mêmes exceptionnelles? De longues années de jeunesse passées en province à tuer l'ennui à force de songes ; d'autres, plus douloureuses, passées à Paris aux aguets d'une occasion d'employer tout son mérite, qui n'est pas venue ; les injustices de la critique et les misères de la publicité, rendues plus dures par la hauteur d'âme, — voilà de quoi expliquer beaucoup de refroidissements, par suite beaucoup de résolutions de farouche indépendance. « Il a imaginé, comme les croyants prient, comme les amants se plaignent, par un impérieux besoin de *sfogarsi*, pour employer une tournure italienne chère à Beyle. Pareillement, si chaque phrase de ces tragiques récits est chargée jusqu'à la gueule, comme un tromblon de giaour, avec tous les mots énergiques du dictionnaire ;

---

[1] Léon Riotor : *le Bataillon sacré*.

si *l'expression* est ici portée à son extrême degré de
vigueur, ne croyez pas que ce soit là un artifice d'indus-
trieux ouvrier de prose. L'auteur n'a point fait besogne de
rhétorique. Cette furie de langage est, à sa manière, une
furie d'action. Pour cet écrivain comme pour tous ceux
qui ont un style, les mots existent d'une existence de
créatures. Ils vivent, ils palpitent, ils sont nobles, ils sont
roturiers. Il en est de sublimes, il en est d'infâmes. Ils ont
une physionomie, une physiologie et une psychologie.
Dans le raccourci de leurs syllabes, que ne tient-il pas
d'humanité ! En un certain sens, écrire est une incarnation, et l'esprit d'un grand prosateur habite ses phrases,
comme le Dieu de Spinoza habite le monde, à la fois
présent dans tout l'ensemble et présent dans chaque
parcelle. Quoi d'étonnant si le romancier d'*Une vieille
Maitresse* et des *Diaboliques* s'est fait une prose à la fois
violente et parée, aristocratique et militaire, comme il
aurait souhaité que fût sa propre vie ? »

* * *

Avant de juger en Barbey d'Aurevilly le romancier,
peut-être ne serait-il pas inutile de voir ce qu'il pensait lui-même du roman et des romanciers de son
temps :

« La condition essentielle de tout romancier est d'être,
avant tout, un observateur, dit-il dans la préface des
Romanciers, qu'il dédie à Théophile Silvestre. Jusque-là,
il n'est encore qu'un poète (dans le sens de créateur). Sa
fantaisie peut être charmante ou puissante, mais le roman,
dans lequel il peut entrer très bien de la fantaisie (voir le
Tristram Shandy de Sterne), doit toujours prendre sa
base dans la réalité, qu'il idéalise ou qu'il n'idéalise pas,
mais qu'il ne peut jamais fausser. Cela étant, on comprend
très bien que le roman ne peut pousser qu'assez tard sur
l'arbre des littératures...

« Non seulement le génie du romancier crée des types, des situations, des caractères, des dénouements, et à sa manière, *fait de la vie*, comme Dieu, — de la vie immortelle, — mais ces types, ces caractères, ces situations sont des découvertes dans l'ordre de l'imagination et de l'observation combinées ; ce sont des faits qui doivent rester acquis à l'inventaire humain, comme les faits de la science. Pour les égaler désormais, il sera nécessaire de les surpasser. »

Cette définition du critique a pour corollaire inévitable ce qu'il dit de Balzac, le plus grand romancier du xix° siècle, selon toute évidence :

« Balzac, en effet, avec ses défauts, avec ses vices de composition, s'il en a, et qu'il fallait nettement déterminer ; avec toutes les fautes qu'on serait en droit de lui reprocher, avec tous les desiderata que le bon sens pouvait formuler aux pieds de son génie, Balzac reste tellement colossal encore, que la Critique en est accablée, que l'Imagination en sourit, et que diminué, oui réellement diminué dans sa stature, il ne nous paraît pas moins grand ! L'effet qu'il produit n'a pas changé. On peut lui chercher des analogues, une parenté, une filiation intellectuelle, et, comme tous les génies qui ne tombent pas du ciel, il en a une, mais il transfigure sa race en lui. On s'imagine l'avoir abaissé quand on l'a fait sortir de Rétif de la Bretonne, mais c'est un Rétif de la Bretonne sublimisé et mêlé à un Dante, — à un Dante romanesque et moderne, le Dante d'un temps qui a estropié toute grandeur ! Ce qui a dominé, hyperdominé son talent, c'est le mécontentement de ce qui se faisait autour de lui et l'envie de le refaire pour montrer ce qu'on pouvait tirer de tous ces idéals manqués ! Dans le morcellement universel il cherchait son unité propre et butinait partout pour composer l'œuvre originale dont la conception ne le quitta jamais. Il écrivit des

livres comme on prend des notes de trois et quatre lignes
et dont on se propose de faire des ouvrages qui souvent ne
voient pas le jour. Combien de pages, de pensées, de
pierres d'attente hésitons-nous à sacrifier dans l'économie
de nos travaux, tandis que lui, Balzac, sacrifiait des livres
entiers comme on sacrifie des notes perdues! Malgré
cette surface d'orgueil que les petits amours-propres
blessés aperçoivent, il avait une humilité éternelle. Ses
ouvrages retouchés avec acharnement, ses pages inces-
samment remaniées, ses textes intercalés dans les textes,
et son style qu'on appelle surchargé, en témoignent. Un
jour, Chateaubriand, dans un commentaire de l'*Essai
sur les Révolutions*, se donna publiquement la discipline
avec une coquetterie de pénitence qui était de la vanité
à l'envers, mais Balzac fut souvent un pénitent plus profond et plus vrai. Il se rétractait par en haut. Il opérait
plus intimement sur son œuvre et sur sa pensée. Il
faisait mieux que de se corriger, il se purifiait. M. Poitou
ose lui opposer, pour le convaincre de scepticisme, je ne
sais quelle préface de 1832. C'est trop oublier que les
préfaces de Balzac, raturées d'ailleurs par la grande
préface de la *Comédie humaine*, qui ne fut pas le dernier mot que son génie prononça, n'étaient dans ses travaux et dans ses idées que des jalons, bientôt dépassés et
bientôt abattus. C'est en effet le caractère particulier de
l'esprit de cet homme plus étonnant que son œuvre, quoique son œuvre soit un monument, de toujours s'élever, de
toujours s'accroître, et par cela même d'avoir plus besoin
du temps que personne. Il avait compté sans la mort.
Disproportionné avec la nature humaine, avec les talents
les plus beaux de son époque et de toutes les époques
qui eurent des côtés plus parfaits, mais qui ne furent pas
plus puissants; à quarante ans majeur à peine, mort à
cinquante dans une plénitude de midi pour nous, qui
n'était pour lui qu'une aurore, il était de conception
infatigable. Là où il avait percé l'horizon, à ce qu'il
semblait, jusqu'à sa dernière limite, il en creusait un
autre encore qui s'ouvrait dans les profondeurs du pre-

mier. Alchimiste de littérature, comme l'avaient été de leur temps Shakespeare et Molière, Balzac était le Balthazar Claës de sa *Comédie*. Il ne devint pas fou, mais il mourut à la recherche de son roman philosophal dans une grandeur immense et nécessairement incomplète, car, pour cadre à l'œuvre qu'il avait rêvée, il lui eût fallu l'infini. »

Lorsqu'Eugène Sue mourut, sur les bords du beau lac d'Annecy, en Savoie, il dit à ses amis : « Prenez acte de ceci, que je meurs en libre-penseur, sans souci de Dieu, de l'âme et de sa destinée. » Il réalisait ainsi la terrible parole de Stendhal : « Il ne faut jamais se repentir. » Barbey d'Aurevilly ne reconnaît à Eugène Sue que des facultés, mais seulement des facultés dont le double caractère atteste la médiocrité foncière d'un esprit destiné à périr: elles manquent de sincérité, et elles ont produit des choses trop vite populaires.

« M. Eugène Sue a toujours répété le mot de quelqu'un. Doué d'un tempérament qui lui permettait l'excès du travail et l'excès en tout, l'auteur de romans si divers n'a pourtant jamais eu l'inspiration personnelle. Il n'a jamais été brutalisé par cette divine Violente, la Vocation, cette tyrannie des yeux profonds. Quand il eut mangé son dernier écu, il se passa la main sur le front et se demanda ce qu'il ferait désormais pour battre monnaie, et il s'arrangea pour écrire. Il n'avait pas grande foi en lui, et il avait raison; mais enfin il tenta l'aventure. Aventurier de lettres, il prit assez bien le vent qui soufflait; mais aventurier sans hardiesse, il tâta l'eau avant de s'y jeter.

« Ses inventions furent presque toutes des copies.

« ... Parti du pessimisme le plus enragé, il finit par tomber et rouler dans les niaiseries sociales, parce que là était le courant et qu'il y voyait les deux choses qu'il aimait, — l'argent et le bruit, — l'argent pour le luxe qu'il respirait avec une sensualité effrénée ; le bruit, nécessaire à sa vie flamboyante de vanité. »

Jules Sandeau est un esprit doux, d'un talent réel, mais dans des proportions étroites; il est tempérant, mais sa moralité n'a pas plus de caractère et de vigueur que son talent. « M. Jules Sandeau, avec ses qualités les meilleures, ne sera jamais que la femme littéraire de *monsieur* George Sand. »

M. Edmond About, lui, « se sert de la littérature pour lui comme l'abbé de Bernis se servait de la poésie, Ce n'est que le *bâton qui sert à sauter le fossé.* » « Il a ce don terrible de la facilité qui peut perdre les plus beaux génies, et ses succès ont été presque aussi faciles que ses œuvres. »

M. d'Aurevilly traitait avec dureté Ernest Feydeau, le poète de l'adultère, comparait *Fanny* à *Madame Bovary*, laissait néanmoins percer quelque tendresse pour ce médiocre conteur, aujourd'hui tout à fait oublié. En revanche, il ne traitait pas mieux Paul Féval, — le Féval d'avant la conversion, et qui devint, après, son ami. Il l'appelle simplement un amuseur :

« Il a diminué la notion du roman, de cette chose complexe et toute-puissante, égale au drame par l'action et par la passion, mais supérieure par la description et par l'analyse, car le romancier crée son décor et descend, pour l'éclairer, dans la conscience de ses personnages, ce que le poète dramatique ne fait pas et ne peut pas faire.»

Féval a une faculté première, une maîtresse faculté, l'ironie, qui aurait pu faire de lui, « s'il la développait dans des sujets de cœur, un romancier d'un comique amer, de la plus poignante originalité ».

Sans pousser trop loin l'examen de la critique du roman, comme l'entendait M. d'Aurevilly, peut-être n'est-il pas inutile d'avoir ses impressions sur quelques-uns de nos contemporains : M. Octave Feuillet, par exemple, « est un esprit prosaïque et bourgeois ; ses romans sont d'une conception très médiocre, d'une observation superficielle et d'une morale ambiguë, qui n'est ni catholique, ni stoïcienne, et qui tient ce lâche milieu dans lequel les esprits de ce temps coulent et fondent ».

« ... De tous les romanciers et les poètes de cette génération, qui peut s'appeler encore « la jeune génération ». M. Catulle Mendès est certainement un des plus forts, en imagination et en audace...... Esprit emphatique (dans le bon sens du mot), il tend, et c'est son mérite, au grandiose même quand il le manque ; et quand il le manque, ce n'est pas qu'il ait tiré trop bas, mais c'est qu'il a tiré trop haut !... Quoiqu'il ne soit pas littérairement tout ce qu'il pourrait être et tout ce que je voudrais qu'il fût, M. Catulle Mendès descend de plus haut que ses contemporains... Il a, dans un temps, où il n'y en a plus, du vieux sang romantique (*sangre azul*) dans les veines, et il le fait souvent couler largement dans ses œuvres. Il l'a, corrompu peut-être, mais rouge encore... Comme tous les Infatués de ce temps-ci qui s'aiment dans le siècle, il peut se tromper, et il se trompe sur la beauté de la *vie moderne* qui n'est, à mes yeux, que plate et laide ; mais il s'efforce toujours d'en faire bomber les platitudes et d'en pousser jusqu'à l'horrible les laideurs. Il a enfin, faux ou vrai, la *volonté d'un idéal*. Son livre d'aujourd'hui [1] l'atteste... Il détonne au milieu des livres actuels, si petitement bas, pour la plupart ; et malgré ses défauts qui sont nombreux, peut-être n'y a-t-il avec M. Catulle Mendès qu'un homme en France qui fût capable d'un livre pareil... Cet homme-là est au-dessus de M. Mendès, sans nul doute, et par un talent qu'il a eu le premier et par l'adoration d'une opinion qui le déifie — et — c'est bien gros ce que je m'en vais dire, mais je le dirai, cependant — cet homme-là, c'est Victor Hugo ! »

Si M. Catulle Mendès lui a fourni le prétexte d'affirmer ses prédilections pour le romantisme, M. Edmond de Goncourt, qu'il appréciait dans tant d'autres livres et pour lequel il conçut plus tard une grande estime littéraire, lui donne l'occasion de développer ses idées sur le naturalisme :

« ... La matérialité y étouffe tout, la pensée, l'émotion, la passion, le drame et la vie ! La description, cette maladie de peau des réalistes, s'y étend sur chaque page. La description qui se croit scientifique et qui n'est que puérile, la description des choses exclusivement physiques, — des choses que le premier sot peut voir et décrire ! — car pour les nuances et les transparences intellectuelles et morales, en d'autres termes, pour la moitié de la création, la description n'y est pas ! Voilà ce que l'écrivain des *Zemganno* appelle le Naturalisme et son analyse tout à la fois, le retranchement de la moitié de la création dans l'observation de l'artiste ! Moi, j'appelle cela du matérialisme, et du plus borné et du plus stupide, du matérialisme, vieux et incorrigible comme le monde, et qui, exilé des littératures fortes, ne manque jamais de reparaître dans les littératures décadentes, quand le

---

[1] *La Vie et la Mort d'un Clown.*

souffle divin de la spiritualité n'anime plus les peuples que les littératures expriment! Et n'est ce pas là que nous en sommes, dans ce moment? Les peintures sur peintures des objets physiques, les badigeonnages éternels, les enluminures acharnées et effrontées qui fatiguent d'abord et deviennent bientôt insupportables, ne sont pas la vie et ne peuvent pas la remplacer! On peut peindre de toutes les couleurs un cadavre, mais on ne parvient jamais qu'à faire une momie d'un cadavre peint.

« Et c'est l'histoire du livre que voici[1]. La vie n'y est point, — la vie de l'intelligence et du cœur, la vie de la réflexion, de la pensée, du pathétique, la vie supérieure enfin, et cela n'étonne pas chez un naturaliste! Mais l'autre vie non plus, la vie inférieure, la vie même des choses! Il ne s'y trouve que l'effet brut, l'effet à l'œil, de la couleur, sans illusion, et l'odieux, le fourmillant détail physique et technique et tout cru et que l'art — je ne dis pas l'art suprême, mais l'art le plus élémentaire — devrait cacher! Pour le naturalisme de M. Edmond de Goncourt, l'art, le croira-on? c'est de montrer, au contraire, le technique de tout ; c'est d'arracher le voile d'or que l'imagination doit jeter sur le squelette des choses, comme Dieu a jeté la beauté de la chair sur le squelette humain! La Science, qui est la prétention des vieux peuples, viole ici l'art, sous prétexte de vérité et elle prouve par la plume de ceux qui proclament le Naturalisme le dernier mot de la littérature (et il pourrait bien l'être, en effet!) qu'il n'est que la cuistrerie d'un vieux peuple fini qui se croit savant, parce qu'il n'a plus la force de rien inventer! »

Cette haine du naturalisme, M. d'Aurevilly l'incarnait plus encore peut-être en Gustave Flaubert qu'en M. Zola :

[1] *Les Frères Zemganno.*

« Gustave Flaubert a été le plus volontaire des écrivains, et il faut bien que la patience ne soit pas le génie pour qu'avec la sienne, il n'en soit pas devenu un... C'est une réponse à l'erreur célèbre de Buffon... et à l'autre axiome non moins faux qui dit en latin que le travail peut vaincre tout « *Labor omnia vincit* ». Gustave Flaubert a travaillé toute sa vie avec une vigueur d'application qui moralement l'honore, mais il n'a rien produit dans la mesure de son application, et, chose plus déplorable encore ! ce qu'il a produit est toujours allé, à chaque fois qu'il produisait, en s'affaiblissant. Il est parti de *Madame Bovary* pour descendre à *Salammbô*, de *Salammbô* pour descendre à l'*Éducation sentimentale*, — de l'*Éducation sentimentale* pour tomber à la *Tentation de saint Antoine*, — et de la *Tentation de saint Antoine*, pour rouler jusqu'à *Bouvard et Pécuchet*, brutalement interrompu par la mort ! Comme on le voit, d'ailleurs, ce n'est pas là un grand nombre d'œuvres, mais elles lui ont autant coûté de travail et de peines que si elles avaient été plus nombreuses. Gustave Flaubert est un ouvrier littéraire, qui a la probité de son métier, bien plutôt qu'un artiste inspiré. C'est le casseur de pierres ou le scieur de long de la littérature.

« Gustave Flaubert a des admirateurs passionnés et presque des fanatiques, qui lui ont fait une gloire aussi disproportionnée avec son talent que le mérite de ses œuvres avec l'effort de travail qu'elles lui ont coûté... Il a été tout de suite, lui aussi, un de ces heureux à qui on n'a pas marchandé la gloire, et quoiqu'il ait fait tout ce qu'il fallait pour la perdre, elle lui est restée fidèle, comme ces femmes qui restent fidèles aux maris indignes qui les trompent ! Instantanément célèbre par *Madame Bovary* et par l'absurde procès fait à ce livre, et qui en doubla la célébrité, Gustave Flaubert a toujours été, dans l'opinion, à la hauteur où son roman de *Madame Bovary* l'avait placé ; et quand, après le long temps qu'il mettait à tout, il écrivit *Salammbô* et fit de l'archaïsme carthaginois d'une science plus ou moins incertaine, personne, *à l'exception d'un seul que je ne nommerai pas*, ne vit, dans ce tour de force d'antiquaire et de lettré, l'épuisement d'un romancier tari au premier jaillissement de sa source...

« Phraséologue comme M. Victor Hugo, mais sans la puissance de l'énorme Verbe de ce grand et magnifique poète creux, Flaubert voué à toutes les superstitions de la phrase, brosseur et ratisseur de mots qui a peut-être entassé plus de ratures que de phrases pour parvenir à faire celles dont il avait l'ambition, Flaubert n'eut jamais, en dehors de la grammaire, de la rhétorique et de la description matérielle, rien d'humain, rien de vivant, rien de passionné, de *battant sous sa mamelle gauche*, sinon la haine et le mépris du bourgeois — du bourgeois, tel que l'a fait le monde moderne, ce joli monde sorti de la Révolution française ! Encore un mérite de Flaubert ! Il a eu la haine et le mépris du bourgeois autant que ceux qui les ont eus le plus, à cette époque de leur règne. Il les eut autant que Henri Monnier, par exemple, qui a créé contre le bourgeois son Joseph Prud'homme, immortel. Il les a eus autant que le grand Balzac, le créateur de Bixiou, de Mistigris et de Matifat, et de Camusot, et de Crevel et de tant d'autres bourgeois, sublimes à la renverse, dont la *Comédie humaine* foisonne et regorge. »

* *

Le premier roman que publia Barbey d'Aurevilly est *l'Amour impossible*, qu'un critique appela « une tragédie de boudoir », et qui est une étude psychologique assez superficielle. Ce livre, qui parut en 1841, après la *Lélia* de George Sand, fut considéré par quelques-uns comme un antidote au poison répandu par le célèbre androgyne. Les deux personnages du récit ne sont, l'auteur (qui fait bon marché de ce livre de début) le dit lui-même, que « deux monstres moraux ». Ce sont de froids et corrects dandys, selon l'esthétique de Brummel ; l'homme est sceptique, incapable de générosité, sans passion. La femme n'est qu'une splendide statue. Ames sans idéal et sans foi, ces êtres corrompus n'intéressent personne.

La Bague d'Annibal, sorte de poëme en prose, divisé par stances, est bien antérieure à *l'Amour impossible.*

Le seul intérêt de ces œuvres de jeunesse est de donner une idée de ce qu'étaient, pendant les dix dernières années du règne de Louis-Philippe, les mœurs des élégants oisifs de la société parisienne. On était alors byronien, on jouait à l'ange ou au démon, sans laisser aucune place à la charité ni à la religion. Les hommes posaient en blasés, ayant horreur de l'émotion.

Les lettrés d'aujourd'hui ne verront dans ce livre qu'une reconstitution archaïque, un marivaudage élégant qui n'est plus dans le goût de notre époque d'action. Ce sont là curiosités littéraires, et rien de plus.

. .

La Vieille Maîtresse parut en 1851. On a beaucoup reproché ce livre à M. d'Aurevilly. Les tableaux y sont vifs, il faut le reconnaître, et surtout en un temps où la littérature ne prenait pas les licences qu'on lui accorde aujourd'hui, ce roman dut étonner ceux qui connaissaient les opinions et les croyances de l'auteur. La magnificence du style, des pages superbes, l'éloquence d'une passion ardente, la hardiesse des situations, on ne voulut pas les pardonner au catholique intolérant qui frappait à coups redoublés sur les adversaires de ses croyances et on ne vit pas tout ce qu'il y a de suprêmement chaste, dans le personnage d'Hermengarde. Comme l'a dit Charles Baudelaire dans l'*Art romantique :*

« Ce culte de la vérité, exprimé avec une effroyable ardeur, ne pouvait que déplaire à la foule. D'Aurevilly, vrai catholique, évoquant la passion pour la vaincre, chantant, pleurant, et criant au milieu de l'orage, planté comme Ajax sur un rocher de désolation, et ayant toujours l'air de dire à son rival, — homme, foudre, dieu ou matière — « Enlève-moi ou je t'enlève !.. » ne pouvait pas non plus mordre sur une espèce assoupie dont les yeux sont fermés aux miracles de l'exception. »

La Vieille Maîtresse était dédiée au vicomte d'Izarn-Freyssinet, qui répondit à la dédicace par la lettre suivante :

« 10 mai 1851.

« Admirable, admirable, mon cher monsieur d'Aurevilly ! Je choisis dans tous les adjectifs de notre langue le plus flatteur pour vous l'appliquer. Votre roman est un chef-d'œuvre et un chef-d'œuvre original, ce qui est plus rare, cela me semble évident, à moins que l'honneur de votre dédicace ne m'ait rendu imbécile.

« Vellini, cette trilogie composée de femme, de démon et d'animal, est une création profondément neuve et cependant profondément vraie. Cette puissance sauvage, pénétrée d'incantation et de magie, explique et rend naturelle sa domination toujours reconquise sur Marigny, que vous avez eu le magnifique talent de faire toujours fort et toujours vaincu. Hermangarde est superbe et sa résignation hautaine souffle le drame dans les pores de cette composition, si artistement simple. Les caractère secondaires sont charmants. La grand'mère a cette philosophie de boudoir, pénétrée d'indulgence et de frivolité, qui est peut-être la meilleure de toutes ; plus frivole et moins supérieure, Mme d'Artelle est dessinée avec le crayon de Vatteau (sic). Enfin, tout vit, respire dans votre œuvre, le sang bout, la tête bout, le cœur bat, quoi de plus flatteur que de tirer de son crâne des êtres vivants !

« Votre style, comme toujours, est d'une force et d'une vigueur qui fait saillir, jaillir, et mettre en lumière toutes choses, et il a de plus une souplesse et une grâce que vous montrez moins souvent.

« Votre roman aura, je n'en doute pas, un grand succès ; si je me trompais, votre éditeur pourrait en souffrir, mais non pas vous. Un roman qu'on jette à la foule a une grande épreuve à subir lorsqu'il se présente avec un personnage profondément neuf ; il y a dans Vellini quelque chose, je dirai d'extra-humain, qui pourra peut-être n'être pas compris et pardonné.

« Je vous aurais écrit tout cela plus tôt, mais si j'ai lu constamment, je n'ai pas lu vite. Le vicomte de Prony mettait plus d'un quart d'heure à dîner au café Anglais.

« Ardentes félicitations et empressés compliments. »

.˙.

M. d'Aurevilly avait conçu le plan de toute une série de romans, dont les guerres de la Chouannerie seraient le théâtre. Il n'a publié que l'*Ensorcelée* et le *Chevalier des Touches*. Le *Gentilhomme de grand Chemin*, une *Tragédie à Vaubadon*, qui devaient suivre, n'ont jamais été écrits.

« L'histoire en effet manque aux chouans, dit-il dans la préface de l'*Ensorcelée*, parue en 1851. Elle leur manque comme la gloire et même comme la justice. Pendant que les Vendéens, ces hommes de la guerre de grande ligne, dorment tranquilles et immortels, sous le mot que Napoléon a dit d'eux, et peuvent attendre, couverts par une telle épitaphe, l'historien qu'ils n'ont pas encore, les chouans, ces soldats de buisson, n'ont rien, eux, qui les tire de l'obscurité et les préserve de l'insulte. Leur nom, pour les esprits ignorants et prévenus, est devenu une insulte. Nul historien d'autorité ne s'est levé pour raconter impartialement leurs faits et gestes. Le livre assez mal écrit, mais vivant, que Duchemin et Scépeaux ont consacré à la chouannerie du Maine, inspirera peut-être un jour le génie de quelque grand poète ; mais la chouannerie du Cotentin, la sœur de la chouannerie du Maine, a pour tout Xénophon un sabotier, dont les mémoires, publiés en 1815 et recherchés du curieux et de l'antiquaire, ne se trouvent déjà plus . »

L'*Ensorcelée* est donc un récit historique. En l'an VI de la République, le jour où le combat de la Force ruinait sans retour les espérances des Chouans, l'abbé Jehoël de la Croix-Jugan, ancien moine de l'abbaye de Blanchelande, qui se battait dans les rangs des royalistes, se tire un coup de fusil dans le visage. Il est défiguré, mais il ne meurt pas. Une vieille paysanne le recueille, le soigne, panse ses affreuses plaies.

Quand on rouvrit les églises, l'abbé de la Croix-Jugan, absolument défiguré, mais guéri, revint à Blanchelande ; il reprit sa stalle dans le chœur de l'église paroissiale. Il avait versé le sang, violé la loi de la charité, il était interdit. « Sous ce masque de cicatrices, il gardait une âme dans laquelle, comme dans cette face labourée, on ne pouvait marquer une blessure de plus. » Le jour où il vint à l'église, il excita la curiosité de tous les fidèles. Une femme, Jeanne Le Hardouey, issue de l'illustre maison de Feuardent et qui avait épousé un paysan parvenu, pour ne pas traîner aux portes sa misère, reçut une effroyable commotion à la vue de ce prêtre qui n'était désormais qu'un étranger dans la maison du Seigneur. Elle eut peur en voyant la terrible tête encadrée dans son capuchon noir, elle eut un frisson, un vertige, « un étonnement cruel qui lui fit mal comme la marque de l'acier. Elle eut enfin une sensation sans nom, produite par ce visage qui était aussi une chose sans nom ». Ce fut une possession instantanée, une *possession* dans le sens théologique, et dont son auteur n'eut pas conscience. Elle devint ensorcelée ; d'horribles perturbations physiques accompagnèrent le trouble et le désordre moral qui envahirent son âme : son visage s'empourpra, et les paysans qui la virent si subitement changée dirent qu'elle avait « le sang tourné ».

L'abbé de la Croix-Jugan n'aperçut rien, ne parla même pas à cette malheureuse et demeura impassible, morne, vivant dans la retraite la plus austère. Jeanne Le Hardouey se mourait, broyée par une passion insensée ; elle cherchait des philtres, elle oubliait Dieu, et un jour, folle, épuisée par la souffrance, elle se réfugie dans la mort, elle se noie dans une mare. Ce suicide n'émeut pas le prêtre, qui garde la sérénité de sa conscience, et qui, fort de ses aveux, fort de la grâce, n'a pas daigné abaisser les yeux sur cette créature fascinée.

Quelques années plus tard, l'abbé de la Croix-Jugan, relevé de l'interdit, se prépare à célébrer la messe, pour la première fois, depuis bien longtemps. « Avec sa grande taille, la blancheur flamboyante de sa chasuble lamée d'or, que le soleil, tombant par une fenêtre du chœur, semble tout à coup embraser, il ne paraissait pas un homme, mais la colonne de flammes qui marchait en avant d'Israël et qui le guidait au désert. » Au moment où il élevait l'Hostie sans tache, de ses deux mains tendues vers Dieu, un coup de feu retentit : l'abbé de la Croix-Jugan tomba mort sur l'autel. L'assassin était le mari de Jeanne, Thomas Le Hardouey.

Telle est, dépouillée de tous ses brillants accessoires, la fiction de ce livre : d'un côté, un prêtre chaste, austère, pénitent, repentant; de l'autre, une femme qui, mésalliée, n'aimant pas son mari, privée des joies de la maternité, pervertie par les pires influences, devient la proie d'une horrible maladie de l'âme.

Rien ne saurait rendre l'intensité dramatique du récit, l'épouvante qu'il produit, l'horreur qu'il inspire. Tous les personnages sont vivants, et tous sculptés dans le marbre, fouillés avec la patience du ciseleur, complets, absolus, logiques. On ne peut même analyser les diverses parties qui composent le récit, parler de chacune des scènes émouvantes et terribles qui se succèdent sans que le lecteur ait un instant de répit. Tout se tient, tout s'enchaîne avec une inexorable logique. On est séduit, invinciblement attiré, ensorcelé, — c'est le mot, — par ces pages ardentes, consacrées à des sentiments exceptionnels, à des situations anormales.

« Rien qu'au style de M. d'Aurevilly, — et abstraction faite des idées, — rien qu'au tour de sa phrase, à son emploi du mot, on le reconnaît tout de suite autoritaire : il prodigue les expressions hautaines, les comparaisons impitoyables ; — les substantifs, sous cette plume, prennent des airs souverains de commandement, et parfois de bravade. Quoique littéraire jusqu'au raffinement et ne versant jamais dans la banalité, il a l'emportement, le torrentiel de la parole oratoire. Il est vrai que le torrent se brise parfois contre des incidentes et des parenthèses qui le ralentissent mal à propos : cela vient de ce que l'auteur veut tout dire, fixer toutes les nuances. — Et à cela il est encouragé par la richesse d'analogies et de métaphores qui lui fournit son imagination abondante. Mais il reste quand même un écrivain hors de pair pour ceux qui préfèrent le fier style de Saint-Simon, malgré ses rugosités, ses heurts et ses soubresauts, à la correction élégante et toujours égale de Buffon [1] ».

« Un jour, dit un critique, je l'entendis évoquer une image qui s'était gravée en lui dans sa première jeunesse ; une image de jeune fille disparue dans sa fleur. Il le fit avec une telle vivacité d'impressions, avec tant de larmes dans la voix, je devrais même dire un magnétisme tel qu'on aurait juré voir en lui un amoureux de vingt ans pleurant un amour perdu de la veille. Tout un poème attristé de jeunesse resplendissait à ce moment dans les yeux de cet homme qui avait déjà l'âge où les vieillards, généralement, se retranchent dans l'oubli et semblent égoïstes. »

Dans l'*Ensorcelée*, l'impression de la terreur saisit de la première page à la dernière ; on sent que l'écrivain, convaincu, écrit sous l'inspiration d'une foi énergique. Un coupable ne lit pas ce livre sans tressaillir.

[1] ALCIDE DUSOLLIER, *Nos Gens de Lettres.*

Les orgies fastueuses et furieuses des Feuardent, des Haut-Mesnil, des Sang-d'Aiglon, ne sont pas pour plaider la cause de l'ancien régime ! Qu'importe au narrateur ! Ce n'est pas une thèse qu'il soutient.

Paysagiste incomparable, il donne une vie spéciale aux choses inanimées ; d'un simple désert de sable, il ferait un lieu splendide, Eden ou vallée de Josaphat. On a comparé ses portraits aux toiles de Ribera ; ou comparera ses paysages à ceux de Salvator Rosa. Il se complaît à mettre en deuil la nature. Qu'il nous conduise au Quesnay ou dans la lande de Lessay, il transforme des oasis paisibles en sites d'une sauvage grandeur et d'un lugubre aspect. Il ne sait pas faire chanter les petits oiseaux dans les bois, non plus qu'enguirlander de roses un jardin, ou garnir de pampres une vigne. Il groupe des masses gigantesques et fait si bien que la lande de Lessay nous apparaît comme le désert de Korosko, et le Quesnay, gentilhommière normande, aussi vaste que l'Escurial. Il grandit tout, il sait tout vivifier.

« Ce qui éclate dans ce style prodigieux, c'est une admiration insatiable et pleine de respect pour le sol natal, pour cette belle et imposante Normandie, d'une sérénité implacable et immuable. Le ciel profond et les lointains grisaillés, et la petite ville froide où ses souvenirs le ramènent toujours, avec ses maisons solennelles de la noblesse de province ; les couchers du soleil mélancoliques, qui remplissent l'âme de rêves à jamais inassouvis, et les longues files blanches de pommiers que défleure la brise : il faut que dans son cœur soient d'une façon bien ineffaçable gravés ces tableaux estompés pour qu'il se les rappelle et y revienne sans cesse.

« Ces paysages froids de la Manche ont la sévérité et la beauté des paysages d'Ecosse et de Norvège : la tonalité grise qui règne partout, même pendant les plus beaux jours de soleil, la brise qui chante ou qui hurle, et le ciel implacable dans sa voûte sombre, n'est-ce pas là cette peinture froide des Highlands, qui se reflète dans l'homme qui la contemple ! La littérature anglaise tient ses côtés mystiques et profonds de cette éternelle beauté de froideur majestueuse, si poétiquement étrange, que les fictions y naissent d'elles-mêmes.

« Le ciel natal a, dès le premier jour, jeté sur Barbey d'Aurevilly ce manteau de froideur étrange et de mysticisme bizarre qui devait s'amplifier avec l'âge et devenir l'orgueil spirituel le plus intense de ce siècle [1]. »

N'a-t-il pas dit lui-même dans un de ses *Mémoranda* :

« Romans, impressions écrites, souvenirs, travaux, tout doit être normand pour moi et se rattacher à la Normandie. Il y a longtemps que j'écrivais à Trébutien : « Quand ils disent de partout que les nationalités décampent, plantons-nous hardiment comme des termes sur la porte du pays d'où nous sommes, et n'en bougeons plus. »

..

Le *Chevalier des Touches* (paru en 1863) est une œuvre moins tourmentée peut-être, mais aussi vigoureuse que l'*Ensorcelée*. M. d'Aurevilly la dédiait à son père.

« Vous avez passé votre noble vie comme le *pater familias* antique, maître chez vous, dans un loisir plein de dignité, fidèle à des opinions qui ne triomphaient pas,

---

[1] Léon Riotor. — *Le Bataillon Sacré*, dans *la Minerve*.

le chien du fusil abattu sur le bassinet, parce que la guerre des chouans s'était éteinte dans la splendeur militaire de l'Empire et sous la gloire de Napoléon. Je n'ai pas eu cette calme et forte destinée. Au lieu de rester, ainsi que vous, planté et solide comme un chêne dans la terre natale, je m'en suis allé au loin, tête inquiète, courant follement après ce vent dont parle l'Écriture, et qui passe, hélas ! à travers les doigts de la main de l'homme, également partout ! »

Comme le dit un critique[1], le trait caractérisque et dominant de son esprit et de son style, c'est la force.

« Barbey d'Aurevilly avait le culte de la force et croyait fermement la force bonne à tout, en religion aussi bien qu'en littérature, dans le gouvernement des peuples aussi bien que dans les plus vulgaires incidents de la vie quotidienne. Ne cherchez pas dans ses romans « les amoureux dolents et contemplatifs à face de carême » dont se raille si joliment Rabelais, et que les romantiques de 1830 remirent à la mode. Que d'autres réhabilitent la phtisie, l'anémie ou la chlorose ! Les héros de Barbey d'Aurevilly sont de robustes gaillards, capables, comme Milon, d'assommer un bœuf d'un coup de poing, ou de tordre un fer de cheval, comme le maréchal de Saxe.

« La force morale est d'ailleurs chez eux à la hauteur de la force physique, et rien n'égale la fougue avec laquelle ils suivent leurs passions, si ce n'est l'énergie surhumaine avec laquelle, suivant l'occurrence, ils savent les dompter.

« Qui n'a pas lu le *Prêtre marié*, l'*Ensorcelée* et le *Chevalier des Touches*, ne peut soupçonner la vie puissante et débordante dont l'auteur anime ses personnages, les proportions épiques qu'il leur donne, les actions prodigieuses

---

[1] M. Pèdre Lafabrie, dans l'*Univers* (30 août 1889).

qu'il leur fait accomplir. Ces hommes ne discutent pas, ils agissent ; ils n'écoutent pas, ils frappent. Et l'écrivain frappe avec eux, se grise de son œuvre, s'abandonne au courant torrentiel qu'a déchaîné sa plume, et finalement arrive à une intensité d'effet étonnante, saisissante, inouïe.

Et après avoir cité le merveilleux épisode du combat des *Blattiers*, — le jounaliste ajoute :

« Que vous semble de ce morceau ? Connaissez-vous, par le temps qui court, beaucoup de plumes capables de l'écrire ? Pour moi, en le transcrivant, j'ai retrouvé mon bel enthousiasme d'il y a vingt ans, et je proclame que l'écrivain était réellement un maître. Et lorsqu'on fera une Anthologie du xixe siècle, comme le demandait Sainte-Beuve, la *Bataille des Blattiers* y tiendra dignement sa place, non loin du *Combat des Francs contre les Romains* de Chateaubriand, à côté du *Siège de Carthage*, de Gustave Flaubert.

« Charles Coligny avait raison de dire à Barbey d'Aurevilly :

Tu peins en Salvator Rosa.

« C'est bien, en effet, la fougue, le mouvement, l'éclat et la verve du maître que l'on retrouve dans l'écrivain français. »

*
* *

Sur un exemplaire des *Diaboliques* adressé à son ami, M. Ernest Chaze, bibliophile, Barbey d'Aurevilly avait inscrit cette dédicace :

Un jour, racontent les chroniques,
 Et ce trait m'a toujours semblé touchant et beau,
Sur deux amants hardis comme mes *Diaboliques*,
Et qui faisaient l'amour au fond des basiliques,
 Un saint Roi jeta son manteau !

> C'était le temps des Rois et non des Républiques!.
> Mais toi, tu n'es pas Leffemberg...
> Toi, tu te moques bien des morales publiques!
> Et tu vas me couvrir mes pauvres Sataniques
> D'un manteau des plus magnifiques...
> Chaze, tu m'es le Roi Robert!

« Jamais je n'ai lu,—et j'ai tout lu! — rien d'aussi effroyablement beau que cette œuvre, » écrivait Albéric Second à M. d'Aurevilly, lorsque parut ce livre qui eut un si grand retentissement, et excita tant de colères. Le procureur général Imgarde de Leffemberg prit l'initiative de le poursuivre.

Paris-Journal annonçait en ces termes la comparution de M. Barbey d'Aurevilly devant le juge d'instruction :

« M. Barbey d'Aurevilly a été appelé hier chez M. Rajon, juge d'instruction, au sujet des poursuites intentées par le ministère public contre son dernier ouvrage, *les Diaboliques*.

« Nous espérons que le livre de M. Barbey d'Aurevilly, d'une forme littéraire si élevée, et qui s'adresse plutôt à un certain nombre de raffinés en littérature qu'au public des romanciers vulgaires, échappera aux rigueurs du parquet. »

*
* *

Un Prêtre marié parut en 1864, et, chose curieuse, demeura presque inaperçu, bien que ce soit l'œuvre la plus discutée, la plus sombre et la plus difficile à comprendre et à bien juger de cet apologiste de l'autorité et de la force, qui va devenir le juge inflexible d'une conscience.

Un Prêtre marié est un de ces livres merveilleux que l'on déteste ou que l'on admire. Pour moi, je le considère comme un chef-d'œuvre. En voici l'analyse succincte :

Jean Gourgue *dit* Sombreval, fils d'un paysan normand qui eut l'ambition de faire de lui un *Monsieur*, fut élevé dans un séminaire, devint prêtre, et donna de grandes espérances : il devait servir l'Eglise plus par le cerveau que par le cœur, un docteur plutôt qu'un apôtre. En 1789 il partit pour Paris ; il n'en revint pas. Le gouffre de la corruption, de la science et de l'athéisme le dévora. Il s'affola de chimie ; la fille d'un chimiste l'épousa, ignorant qu'il fût prêtre et apostat. En apprenant le crime et la forfaiture de son fils, le père de Sombreval mourut de douleur. Mais il avait eu le temps de le maudire. Lorsque la jeune femme apprit que celui qu'elle croyait son mari appartenait à Dieu, elle mourut « n'osant plus regarder l'homme qui l'avait si scélératement trompée ; » elle mourut « dans une honte immense et le plus amer désespoir ; et ce crime s'ajouta aux autres crimes de cet être funeste, qui tuait avec ses crimes, comme d'autres tuent avec du poison et du fer. » Elle lui laissait une enfant, chétive et mal venue, qui fut baptisée en secret, Calixte. Cet enfant devait être l'expiation et le châtiment : sur son front s'était marquée une croix « la croix méprisée, trahie, renversée par le prêtre impie et qui, s'élevant nettement entre les deux sourcils de sa fille, tatouait sa face, innocemment vengeresse, de l'idée de Dieu ».

Calixte fut élevée avec soin par ce père, en qui

survivait un seul sentiment, l'amour paternel poussé au paroxysme. « Il eut pour sa fille, et dans son corps, et dans son âme, et dans son esprit, tous les genres de sollicitudes... hors une seule, hors un point fatal qu'il n'eut jamais le courage de dépasser. » Il ne lui parla point de Dieu. »

« Etait-ce impiété réfléchie? endurcissement de réprouvé ou impossibilité de traiter avec sa fille ce grand sujet de Dieu auquel il ne croyait plus. Voulait-il, en laissant dormir à jamais la fibre religieuse dans son enfant, la faire davantage à son image, cette prétention de tout amour qui agit avec ce qu'il aime comme Dieu agit avec sa créature? Craignait-il plutôt qu'en permettant à sa fille d'être chrétienne comme sa mère l'avait été, elle eût moins de tendresse pour un père qui n'eût pas partagé sa croyance? Fut-il jaloux de ce Dieu, qui est aussi jaloux de ceux qui l'aiment? »

Par une permission de la Providence, le fatal secret fut révélé tout à coup à Calixte. Ce fut une vraie Pentecôte pour cette jeune fille pure, poétique, à la nature d'inspirée, que les premiers rayons de la religion de sa mère tombant soudainement dans son cœur. Elle eut comme les apôtres, la divine ébriété de cette langue de feu qui descendit sur elle. Elle devint chrétienne avec emportement. Elle faisait sans cesse intervenir l'idée de Dieu entre elle et son père. « Elle avait des mots qui entraient dans l'âme de Sombreval comme des dards. Elle avait d'impitoyables tendresses. »

Le démon de la perversité, l'orgueil, poussent Sombreval à revenir dans le pays où on le connut ministre du Dieu qu'il a renié. Il achète, lui paysan enrichi, lui prêtre mercenaire, un château délabré où il passera désormais sa vie, qu'il occupe à chercher des remèdes dans les ressources de la chimie, pour guérir sa fille, atteinte d'un mal inexplicable, affreux, une affection nerveuse, l'état de langueur des mystiques. Calixte porte un bandeau rouge pour cacher la croix dont son front est stigmatisé ; elle a voué sa vie à racheter l'âme de son père, et suit la règle du Carmel dont elle a prononcé les vœux.

Un jeune gentilhomme du voisinage, Néel de Nehou, nature passionnée, fougueuse, intrépide jusqu'à la démence, voit Calixte et ne tarde pas à l'aimer éperdûment. Elle, qui n'est plus de ce monde, lui accorde une affection fraternelle. Le drame s'engage entre ces trois personnages : Sombreval sait que sa conversion peut sauver sa fille en lui rendant la paix du cœur ; Calixte est résolue au sacrifice absolu de son être ; Néel, âme de feu, se brise contre l'obstacle insurmontable. Puis un jour la fille est si gravement malade, que la science du père désespère du salut ; alors l'athée Sombreval, muré dans son athéisme, criminel jusqu'au bout et sans rémission, part pour Coutances où il va se soumettre à l'évêque ; il joue de parti pris, froidement, comme un histrion sur la scène, une comédie sacrilège : il feint de retourner à Dieu, conversion si ardemment désirée de la fille de son péché. Mais cet homme, aveuglé par l'endurcissement et l'impénitence, a révélé ses desseins à Néel, et Néel se tait, parce qu'il sait bien que si Calixte soupçonnait l'étrange tromperie dont son père est coupable, elle mourrait, foudroyée par la honte et la douleur. Un prêtre qui s'est cru l'agent de cette rédemption miraculeuse, l'abbé Méautis est choisi par la Providence pour empêcher une seconde profanation, une seconde et plus scélérate apostasie. Là, Barbey d'Aurevilly n'a pas craint de faire intervenir directement l'action surnaturelle. Calixte, prosternée devant son crucifix, en voit jaillir du sang :

« Seigneur Dieu ! fit-elle, c'est bien du sang ! du sang liquide, du vrai sang qui sort de vos plaies, ô mon Sauveur ! Oh ! la chose terrible ! Cela ne s'était pas vu depuis bien longtemps ; cela va donc se revoir, des crucifix qui saignent ? Autrefois... dans les temps anciens... quand ils saignaient, on disait toujours que c'était contre quelque grand coupable qui se cachait... et que le sang irrité du Seigneur jaillissait contre lui pour dénoncer aux hommes sa présence... Mais qui est le coupable, ici, ô Dieu que j'aime ! pour que votre sang jaillisse avec cette force contre moi ?... — O mon Dieu, mon Dieu, reprenait-elle, palpitant d'angoisse, de quoi suis-je donc coupable pour que votre sang furieux me repousse de votre croix, comme si chaque goutte était une main !... » L'abbé Méautis assistait à cette vision : il comprit tout ; il vit l'hostie trois fois sacrée descendant tous les jours dans la poitrine d'un athée, « devenu d'un apostat un Tartufe tranquille et monstrueux ».

Il ne put hésiter, mais il eut un long combat à soutenir contre lui-même. Un jour il révèle la terrible vérité à Calixte. L'enfant éperdue, aveuglée, embrasée, a la force suprême d'écrire à Sombreval de revenir, puis elle s'affaisse, entre en agonie, et meurt. Sombreval revient... Il arrive le jour même où Calixte a été enterrée... Il croit à une léthargie... il viole la tombe de sa fille, saisit ce cadavre, reconnait la mort, s'enfuit, fou de rage et de désespoir et se précipite dans l'étang du Quesnay, où jamais son corps ne fut retrouvé.

Telle est la faible analyse de ce roman extraordinaire, qui arrache des larmes au plus incrédule, et qui laisse un souvenir ineffaçable d'angoisse et d'épouvante. Sombreval meurt dans l'impénitence finale, dans l'athéisme, dans sa rage contre Dieu.

Il est conséquent avec son caractère. C'est une âme perdue : ce n'est ni un fanfaron ni un lâche. Toute la contrée le méprise, le hait et l'outrage ; il se rend compte de l'effet de son infamie, du dégoût qu'il inspire, et qu'il est venu volontairement acheter ; il est formidable par la science et par la volonté ; il a épuisé la vie et les idées, et il est devenu un de ces indifférents de la terre dont parle si fièrement Shakespeare ; il est l'orgueil incarné, l'orgueil jaloux et envieux ; mais il ressent toutes les douleurs de son apostasie. « Ce rocher du Golgotha qui pèse sur le monde, dit-il, et que je croyais avoir rejeté de ma vie comme un jonc brisé, y retombe, — et c'est la main de mon enfant qui le fait rouler sur mon cœur. » Cet homme est l'incarnation du mal : il est déicide, parricide, infanticide. Il tue, en chimiste, la monstrueuse mendiante Julie la Gamase, et ce meurtre passe, pour ainsi dire, inaperçu, tellement il est dépassé par l'horreur des autres crimes. Cette figure, farouche et sauvage, grandiose autant que celle d'un ange déchu, statue de bronze coulée tout d'une pièce, que l'on admire par cette raison qui fait que l'homme admire le tigre des jungles de l'Inde ou l'énorme pachyderme des forêts de l'Afrique centrale ; cette âme noire, cette intelligence vaste, ce bourbier où rien ne surnage si ce n'est le sentiment physique de l'amour paternel : l'amour de la lionne pour ses petits, ce composé étrange ne se dément pas un instant : si Sombreval avait existé, s'il eût vécu dans les circonstances et les milieux où l'a placé son créateur, je dirais qu'il est mort comme il devait mourir, après avoir vécu comme il devait vivre. L'histoire de cette chute, qui commence par la curiosité déréglée, par l'orgueil plat et vaniteux du parvenu, par la soif des faveurs divines — à la condition que les faveurs soient personnelles et que Dieu, s'il fait des miracles, les fasse pour Sombreval seul — ; qui continue par la colère, la haine contre ce Dieu qui n'a pas voulu de ce marché que lui proposait son prêtre en lui disant : « Prouve-moi que tu existes, Dieu, et je te servirai ! » : qui a pour couronnement le mariage, c'est-à-dire la consécration légale d'un concubinage, invoqué par un prêtre qui *sait* que cette consécration légale est un crime ajouté au crime de l'impudicité : qui a pour effet la mort du père Sombreval, tué par la honte, la mort de la victime de Sombreval, tuée par l'horreur ; la mort de Calixte Sombreval, tuée par la douleur, la mort de Néel de Nehou, tué par le désespoir ; la mort de Julie la Gamase, tuée par la calomnie ; la mort de Sombreval, suicidé, qui se noie comme Judas se pendit..... ; l'histoire de cette chute, logique dans toutes ses développements, effroyable dans toutes ses péripéties, est un terrible enseignement.

Calixte Sombreval est la victime du crime de son père : c'est presque une Voyante, c'est une Mystique. Sa beauté n'est pas de ce monde ; elle est illuminée par le reflet d'une lumière intérieure. « On aurait dit l'Ange de la souffrance marchant sur la terre du Seigneur, mais y marchant dans sa fulgurante et virginale beauté d'Ange, que les plus cruelles douleurs ressenties ne pouvaient profaner. »

Cette enfant est trop chrétienne pour admettre l'irresponsabilité des enfants dans le crime ou la faute des pères. Elle sait donc que l'apostasie de Sombreval a creusé entre elle et lui un abîme infranchissable ; elle sait qu'il sera damné éternellement, s'il ne vient à résipiscence ; or, elle a pour lui l'amour filial le plus profond ; elle n'ignore pas combien elle en est aimée. Du choc de ces affections sans espérance, qui ne se sanctifieront pas dans le ciel, naît une situation dont l'esprit humain peut à peine supporté la pensée. Calixte condamne son père, parce qu'elle adore son Dieu ; Sombreval abhorre Dieu, parce que Dieu lui prend de sa fille la plus large part d'amour ; mais la nature parle et la voix du sang a des accents irrésistibles, et Calixte, s'abandonnant à Dieu en holocauste, cède à cette voix. Quelle conception immense ! Un chrétien seul a pu l'avoir, un catholique seul a pu l'exprimer avec éloquence.

Le portrait de Calixte est peint avec l'étonnante vigueur des maîtres espagnols : la plume de M. Barbey d'Aurevilly est arrivée à produire des effets aussi surprenants que le pinceau des Ribeira et des Zurbaran. Ce n'est pas une mortelle que sa palette a revêtue de couleurs si brillantes ; c'est un être intermédiaire entre le genre humain et le monde surnaturel, plus qu'une femme et moins qu'un ange. C'est peut-être là l'unique défaut de ce portrait : le modèle n'a jamais existé et serait introuvable.

La mort de cette enfant si pure est un de ces tableaux merveilleux qu'un peintre payerait du prix de sa vie, qu'un poète ne contemple qu'à travers des larmes.

« A l'approche de l'hostie, dans laquelle peut-être elle apercevait, comme sainte Thérèse, Jésus-Christ sous la forme visible et saignante de sa passion, il n'y eut plus là de jeune fille expirante, mais un être humain que la sainteté divinisait. Le visage de Calixte devint positivement céleste. Ses yeux agrandis jetèrent une lumière inconnue. Ses cheveux rayonnèrent comme une auréole. La croix de son front étincela, et sa pâleur diaphane comme l'éther, et comme si son âme, de par dedans l'avait éclairée, transsuda un vague effluve d'or... Son corps fulgura tout entier... Vision prodigieuse! qui ne pouvait durer, et qui changea pour un instant les conditions ordinaires du corps, de la lumière et de l'espace! Calixte, attirée par l'aimant divin de l'Eucharistie, parut se soulever horizontalement de son lit, et, sous la traction de l'amour, s'en venir vers l'hostie... »

Les caractères de tous les personnages sont tracés avec la même vigueur ; le plus honnête, hors Calixte, est assurément Néel de Nehou : il est chevaleresque, mais d'une violence folle, d'une témérité inouïe. Je ne connais pas de figure plus repoussante que Julie la Gamase, immonde mendiante à langue de vipère, amas sordide de haillons, débris informe de la prostitution la plus vile. Puis c'est l'abbé Méautis, le curé de Néhou : âme héroïque et condamnée aux plus humbles vertus; c'est un poète, un mélancolique ; c'est le prêtre selon l'Évangile, doué d'une charité sans limites, mystique un peu tendre, esprit délicat : l'antithèse vivante de Sombreval : un saint. Mais la création prestigieuse de M. d'Aurevilly, c'est la grande Malgaigne, la sorcière convertie, hantée par des voix, et qui, ayant voulu violer le seuil du monde surnaturel, est entrée dans ce monde et n'a pu jamais plus en sortir.

Cette prophétesse inspirée, cette sybille normande, traverse le récit d'un bout à l'autre, en laissant partout la trace de son étrange personnalité. Comme l'exprime un critique, « on peut dire que tous les personnages et toutes les scènes du drame ne sont que des accidents dont elle est la *substance* ».

M. d'Aurevilly n'a pas hésité à introduire le surnaturel diabolique dans *Un Prêtre marié*. Il le fallait, pour que son récit devînt vraisemblable, car la chute de Sombreval et toutes les conséquences matérielles de cette chute, ne peuvent s'expliquer que par l'influence diabolique. Ce n'est pas à nous de juger si l'écrivain a outrepassé ses droits, mais on peut dire qu'il n'a pas cessé un instant d'être d'accord avec les doctrines de l'Église. Invinciblement attiré vers le mysticisme, il possédait les grands mystiques, les œuvres de sainte Thérèse, d'Anne-Marie Taïgi, de la bienheureuse Angèle de Foligno, du P. Faber, de Catherine Emerich, de saint Bonaventure et de saint Jean de la Croix. Mais il s'est inspiré beaucoup des traditions antiques, et l'élément surnaturel a exercé une forte pression sur son imagination. « J'ai toujours cru, d'instinct, autant que de réflexion, dit-il dans l'*Ensorcelée*, aux deux choses sur lesquelles repose en définitive la magie, je veux dire : à la tradition de certains *secrets* que des hommes initiés se passent mystérieusement de main en main, et de génération en génération, et à l'intervention des puissances occultes et mauvaises dans les luttes de l'humanité. J'ai pour moi dans cette opinion l'histoire de tous les temps et de tous les lieux, à tous les degrés de la civilisation chez les peuples, et ce que j'estime infiniment plus que toutes les histoires, l'irréfragable attestation de l'Église romaine, qui a condamné, en vingt endroits des actes de ses conciles, la magie, la sorcellerie, les charmes, non comme choses vaines et pernicieusement fausses, mais comme choses *réelles*, et que ses dogmes expliquaient très bien. Quant à l'intervention de puissances mauvaises dans les affaires de l'humanité, j'ai encore pour moi le témoignage de l'Église... »

Comment expliquer maintenant que l'édition d'*Un Prêtre marié*, publiée par la Société générale de librairie catholique[1], ait disparu de la circulation. C'est un petit secret qu'il n'est point interdit de révéler.

Les *Diaboliques* avaient excité la colère de quelques femmes du monde, plus ou moins compromises par d'anciennes aventures, qu'elles voulurent y reconnaître. Il y eut toute une conspiration féminine. On fit jouer des influences. On menaça quelques libraires

[1] Publiée en 1874.

des environs de sainte Clotilde de mettre leurs boutiques à l'index, s'ils exposaient encore dans leurs vitrines les œuvres du « Ravila, du *Plus bel amour de don Juan* ». Bref, à force d'intrigues, il y eut émoi en haut lieu. Les *Diaboliques* furent déférées à la justice, et M. Victor Palmé reçut l'injonction d'envoyer au pilon tous les exemplaires d'un *Prêtre marié* qui lui restaient. L'auteur, que cet outrage immérité blessa cruellement, donna alors à quelques amis, le volume de cette édition, avec cette dédicace à l'encre rouge : « A.... *ce livre écrit par amour et pour la gloire de N. S. Jésus-Christ, et condamné et proscrit des boutiques catholiques.* » On le poussait même, dans son entourage, à conter cette histoire dans une préface pour l'édition de Lemerre, mais il eut la sagesse de résister et le courage de s'abstenir.

Fit-il pas mieux que de se plaindre ?

C'est à M. Léon Bloy que j'emprunterai, sinon l'analyse, du moins la synthèse du roman *Ce qui ne meurt pas*, et qui lui a inspiré des pages superbes sous ce titre, *Le dixième cercle de l'Enfer*.

« Dante n'en a compté que neuf. Il appartenait à un romancier du XIXe siècle, — le plus infernal des siècles, — de nommer le dixième, c'est-à-dire la Pitié en amour. Il paraît que c'est là *le ver* QUI NE MEURT PAS, l'abominable fin fond de l'enfer des passions humaines, calque terrifiant de l'autre enfer que le Florentin entrevit, sans doute, dans les ténèbres de son propre cœur.

« J'ai là sous mes yeux ce livre cruel et désolant : *Ce qui ne meurt pas*, par M. Barbey d'Aurevilly. C'est un nom assez connu de par le monde. Il y soulève assez de lâches envies et de basses colères pour n'avoir pas à redouter d'être obscur si le fier artiste qui le porte pouvait être avide de cette clameur imbécile qu'on accepte pour de la gloire.

« *Ce qui ne meurt pas*, c'est la Pitié, la pitié au cœur de la femme, l'inaltérable moelle de cet *os surnuméraire*, selon l'expression de Bossuet : « Cette Pitié éternelle, colombe diaprée des couleurs du ciel d'où elle descend, mais qui a aussi un bec d'acier et des griffes d'aigle, car elle ne fait son nid dans les cœurs qu'à la condition de les déchirer. »

« Ce roman est le déshonneur *voulu* de la passion, cette usurière infernale qui nous fait payer de toute notre vie et de toutes nos facultés l'atome de volupté qu'elle nous prête pour un atome de temps. C'est bien là cette infâme montrée pour la première fois, à ce qu'il semble, par un moraliste chrétien, dans son attitude la plus humiliée, la plus douloureuse, au plus profond des puits de l'enfer, au-dessous des neuf cercles rêvés par le vieux Dante et qui paraissent, en comparaison, des lieux de rafraîchissement, de lumière et de paix, du triste aveu de leur misère. Catholique des plus hauts et des plus absolus dans un temps où personne ne veut plus du catholicisme, il pense que ce n'est pas l'affaire d'un laïque de prêcher une morale quelconque et d'avertir de ses devoirs le charbonnier le plus rudimentaire. Mais il faut que la vérité soit dite et c'est son art même qui lui a donné le secret de la dire sans violer le territoire des gardiens de la Parole.

« Sa poétique à lui, c'est que « les peintres puissants peuvent tout peindre et que leur peinture est toujours assez *morale* quand elle est *tragique* et qu'elle donne *l'horreur* des choses qu'elle retrace. Il n'y a d'immortel que les Impassibles et les Ricaneurs ».

« Et c'est ainsi qu'il a écrit la *Vieille Maîtresse*, les *Diaboliques*, l'*Histoire sans nom*, etc., sortes de fresques morales, de la plus obsédante horreur, qui ne veulent être rien de plus que l'histoire même du péché, pour me servir du mot chrétien, et qui le racontent si puissamment que

« le cœur s'en tord dans la poitrine et que le cerveau en
est frappé comme d'une décharge d'électricité foudroyante! »

« CE QUI NE MEURT PAS est dédié, en ces termes :

« *A mon très cher ami le docteur Selligmann,*
« *Je dédie cette dramatique nosographie de la Pitié.*
« *Je la lui dédie comme au médecin d'une bonté réfléchie, plus grande encore que sa science, et qui, si les sentiments étaient des maladies, refuserait noblement de guérir les hommes de celle-là.* »

.˙.

« Moraliste chrétien, dit un critique[1], Jules Barbey d'Aurevilly ne s'est point cru voué de ce chef aux fadeurs morales recherchées pour les bibliothèques de jeunes pensionnaires; il a supporté que le « *Béguculisme lui jette sa petite pierre* ». — Coudoyant sans cesse la vie bruyante et distinguée, l'observant avec prédilection, il fut frappé de voir combien *par ce temps d'ineffables et de délicieux progrès, le crime a conservé son effroyable poésie.*

« C'est cette poésie effroyable que Barbey a essayé de jeter, en artiste puissant, dans ses romans :
« Bien entendu, fait-il en commençant l'un d'eux,
« qu'avec leur titre, les *Diaboliques* n'ont pas la pré-
« tention d'être un livre de prière ou d'Imitation
« chrétienne... Elles ont pourtant été écrites par un

---

[1] JÉROME ALDA, dans l'*Étudiant*, de Louvain.

« moraliste chrétien, mais qui se pique d'observa-
« tion vraie, quoique très hardie, et qui croit, —
« c'est sa poétique, à lui que les peintres puissants
« peuvent tout peindre et que leur peinture est tou-
« jours assez *morale* quand elle est *tragique* et qu'elle
« donne *l'horreur des choses qu'elle retrace.* »

« A pareil souffle inspirateur l'œuvre s'enrichit d'une pleine hottée de détails terriblement risqués. L'auteur, *qui ne les raconte aux âmes pures que pour les en effrayer*, fait remarquer que la littérature devrait renoncer à se dire l'expression de la société, *si elle n'exprimait que la moitié des crimes que la société commet mystérieusement et impunément tous les jours, avec une fréquence et une facilité charmante.*

« Poétique endiablée ! Morale tragique ! tels sont les deux cris que Jules Barbey d'Aurevilly a lancés dans l'arène littéraire, comme un défi aux bonnes gens ; il a entrepris de donner des livres qui ne peuvent aller en toutes les mains, et qui n'en sont que plus puissamment moraux ; il a un peu ruiné la vieille théorie qui prend l'imagination de la toute candide jeune fille comme criterium et comme trébuchet d'un bon livre. — Ce qui est mieux, il a fait des chefs-d'œuvre pour étayer sa thèse ; si bien qu'aujourd'hui, on la salue volontiers de ce beau nom de maître. »

XII

LE CATHOLIQUE

Un jour que Lamartine parlait de Gœthe avec Henri Blaze de Bury, le traducteur de *Faust*, il s'interrompit, ouvrit la fenêtre, et montrant du doigt l'étendue : « Dites-moi, demanda-t-il d'un ton grave et recueilli, dites-moi, que pensait Gœthe de ce qui se passe de l'autre côté de l'horizon ? »

Question qui eût étonné, venant de tout autre que lui, car Blaze de Bury, en contant cette anecdote, fait observer que la poésie tenait lieu de tout aux hommes de cette génération ; elle était à la fois leur religion, leur philosophie et leur politique. On venait au romantisme de tous les côtés : Lamartine et Victor Hugo, en catholiques royalistes ; Sainte-Beuve, Stendhal, Mérimée, en libres-penseurs. Au surplus, peut-être faut-il voir comme le critique de la *Revue des Deux Mondes*, les catholiques littéraires de 1830 : « Respectueux des choses saintes, auxquelles le retour des esprits vers les sources du moyen âge prêtaient des couleurs séduisantes, ils pratiquaient une sorte de déisme artistique, et se contentaient de croire aux soleils suspendus comme des lampes d'or sous les pieds de l'Éternel. Le majestueux silence des cathédrales, la lueur voilée et prismatique des vitraux, le chant des orgues aux jours de fête, tout cela servait de cadre à des drames, à des romans, à des opéras. »

Barbey d'Aurevilly ne fut pas un catholique de cette espèce, on l'a vu déjà dans les pages consacrées à l'homme et à l'œuvre, au critique, au poète, à l'artiste, au romancier. Il le fut, comme l'Eglise veut qu'on le soit, avec sincérité, avec soumission.

Né catholique, en pays normand, au surlendemain de l'extraordinaire anarchie qui aboutit au despotisme du César moderne, il garda la foi de sa race, les croyances de son éducation, à la fois libérale et soumise aux traditions de l'ancien régime. Autoritaire par tempérament, inflexible dans ses idées, il ne pouvait être que catholique, et il le fut toute sa vie, avec une indépendance et une sérénité que ses pires détracteurs furent contraints d'admirer. Et précisément parce qu'il professait une doctrine tombée en défaveur sous le règne du juste milieu, parmi les Guizot, les Lamennais, les Béranger, tous les libérâtres du gouvernement de Juillet, précisément parce que, royaliste par ses souvenirs et napoléonien par l'esprit politique, il continua de soutenir la cause sacrée de l'Eglise, il fut toute sa vie en butte à une double persécution : la conspiration du silence et l'outrage. Il fallut son courage, sa persévérance pour vaincre les hostilités, avouées ou inavouables, qui l'écartaient du monde littéraire.

Les débuts de Barbey d'Aurevilly comme polémiste religieux datent de 1847, époque à laquelle il dirigeait avec MM. de Calonne et de Serres une *Revue du monde catholique*, qui disparut après la révolution de Février. L'année suivante, il connut Blanc de Saint-Bonnet qui publiait alors ses livres *De la Douleur* et *la Restauration française*, desquels il s'enthousiasme jusqu'à donner une large place à l'écrivain lyonnais dans ses *Prophètes du passé*. En 1850, il entra à l'*Opinion publique*, journal dirigé par Alfred Nettement ; M. de Pontmartin lui fut si hostile qu'il dut se retirer après avoir publié dans ce journal trois études sur de Maistre, Bonald et Chateaubriand. Les critiques se donnaient carrière sur la prétendue exagération de ses idées monarchiques et les hardiesses de son style. C'est alors que M. Louis Hervé, alors libraire rue de Tournon, — aujourd'hui directeur de la *Gazette des Campagnes*, — publia la rarissime plaquette des *Prophètes du passé*.

Aucun journal ne voulait de lui : on le trouvait compromettant ; il effrayait les plus courageux par son ardeur à défendre l'orthodoxie, par les colères qu'il soulevait. Que s'il se résignait à publier des livres, le silence des uns, la malveillance des autres en arrêtaient au passage l'expansion. Pendant ces années de lutte pour l'existence, Barbey d'Aurevilly eut le mérite d'encourager par son exemple et par sa parole étincelante d'esprit et de verve les jeunes gens qui entraient après lui dans cette ingrate carrière, aux prises comme lui avec ces obstacles et ces difficultés sans cesse renaissants qui découragent les uns et jettent les autres dans la mauvaise voie. Il exerçait une influence profonde sur cette jeunesse. Bien des germes féconds furent semés dans ces pauvres esprits égarés dans les courants malsains de la littérature légère et du scepticisme universitaire. Le brio inouï de d'Aurevilly, qui démolissait les idoles de cette jeunesse enthousiaste, a certainement préparé des retours précieux pour aujourd'hui et pour demain.

« Une gloire qui lui est due, écrivait Louis Hervé à l'auteur de ce livre, c'est d'avoir soutenu cette lutte douloureuse avec la fierté stoïque d'un chrétien inébranlable dans ses idées et animé d'une foi inébranlable dans la réparation à venir qu'il attendait de l'opinion. Il partageait cette foi sereine avec mon ami devenu le sien, Blanc de Saint-Bonnet. Celui-ci, heureusement, n'avait pas besoin de ses livres pour vivre. La lutte pour lui était moins douloureuse. — Quand je pense que, en 1854, Blanc de Saint-Bonnet publia un chef-d'œuvre intitulé : *l'Affaiblissement de la Raison* — et que deux ou trois voix seulement s'élevèrent dans le clergé pour rendre justice à cette œuvre de génie, je prends en pitié la situation des éditeurs catholiques, condamnés à demander la fortune à des livres médiocres, et à mourir de faim en se vouant à la publication de livres qui sont la gloire de l'apologétique chrétienne ! »

Il écrivit tour à tour dans le *Pays*, le *Réveil*, qu'il avait fondé avec Granier de Cassagnac, Louis Veuillot et Brucker; dans le *Nain Jaune*, où il attaquait furieusement l'Académie française ; dans les nombreux journaux que nous avons déjà cités. Mais il n'avait qu'une petite place dans ces diverses feuilles, et même on s'excusait de la lui donner : son originalité scandalisait l'abonné. Comment pardonner à l'homme qui regrettait qu'on n'eût pas brûlé Luther au lieu de brûler ses écrits? qui rapetissait le cardinal de Richelieu à la hauteur de son rôle? réhabilitait Philippe II, glorifiait la sœur Emmerick et disait au P. Lacordaire : « Votre sainte Madeleine vient de Béthanie sans doute, mais elle s'est arrêtée au passage chez une modiste de la Chaussée-d'Antin ! » Alors on plaisantait sur sa limousine doublée de velours, on le rangeait parmi les excentriques et tout était dit. Un homme d'esprit peut-il porter des gants brodés d'or et des cravates ornées de dentelles ? On souriait d'Alexandre Dumas déguisé en Arménien; mais ce diable d'homme avait emprunté tant d'argent à tout le monde qu'il avait autant d'amis que de créanciers !

Beaucoup avaient la faiblesse d'accepter ces jugements. Les librairies du faubourg Saint-Germain déploraient qu'il fût par trop hardi, les salons le boudaient à cause de ses impertinences à l'égard des bas-bleus, et la politique même s'en mêla le jour où il fit remarquer que de tous les Bourbons depuis Henri IV, M. le comte de Chambord était le seul qui n'eût pas tiré l'épée.

Il rencontrait des hostilités dans son propre camp. On l'y suspectait parce qu'il disait sans transiger, non seulement *la* vérité, mais *des* vérités. Certains catholiques désavouaient le romancier qui prétendait, éclairé par le flambeau de la foi, descendre dans les plus profonds abîmes, explorer les replis secrets du cœur humain, étudier enfin ce que le monde appelle fautes ou crimes, et qu'il appelait, lui, le Péché.

Quelques hautes intelligences purent le suivre dans cette voie, mais il ne pouvait qu'épouvanter les simples et les timides.

« Je l'ai souvent entretenu de ses romans. Il m'a livré la clef de son secret. Pourquoi a-t-il peint les passions d'une touche si vigoureusement voyante, et en a-t-il fait de si hauts reliefs ? Il a pu se tromper en l'efficacité de sa méthode éthopique, mais ses intentions étaient extrêmement morales. Il peint de manière à inspirer l'horreur. Il retourne le cœur humain comme on retourne la poche d'un fripon pour trouver là, dans la poche ouverte, le corps du délit qui, sans cette opération violente, faite sur les voleurs, aurait été invisible, ni montré, ni prouvé. Il a donc fait ce que fit Persée, quand il eut abattu la tête de Méduse : le héros la prit toute sanglante dans la main gauche et par les cheveux, et la montra ainsi grimaçante et horrible... Et cette horreur de Méduse passait, dans cette agonie, de son âme satanique sur ses traits bouleversés. Les penseurs comprendront l'idée magnifique du grand écrivain, magnifique mais trop haute pour la plèbe des esprits. Ce n'est pas là une excuse ni une justification : il n'en a pas besoin, *ce grand-là*[1] ! »

Cette lettre donne la mesure de la façon dont les catholiques jugeaient Barbey d'Aurevilly, car elle établit la distinction très explicite entre l'aristocratie et la plèbe des intelligences. N'est-il pas à remarquer

---

[1] Lettre adressée à l'auteur par Msgr Anger, chorévêque d'Antioche, en 1889.

— détail typique — que jamais Louis Veuillot ou l'*Univers* n'attaquèrent ni le romancier ni ses œuvres les plus hardies? Et même on l'eût accepté au journal si rigide et de si hautaine tenue, s'il avait consenti, « à se laisser mettre un tout petit mors en acier fin ». N'importe ! il échoua dans cette tentative de faire accepter des récits où l'orthodoxie la plus pure devait côtoyer des peintures trop colorées, des analyses trop subtiles. A certaines maladies de l'âme il faut le mystère du confessionnal disait-on, et le péché est contagieux. Ce n'est pas encore le moment de discuter cette appréciation.

« Lorsque tu verras la conseillère, écrivait Louis Veuillot à sa sœur, dis-lui que Barbey n'a point menti. Je l'ai rencontré l'autre jour dans la rue... Il m'a dit : « Comment vous portez-vous? » Je lui ai répondu : « Ça ne va pas mal, et vous ? » Et l'entretien a fini là. S'il m'a trouvé charmant, c'est que j'y ai mis le ton, et s'il a trouvé que la chose devait être dite, c'est que je suis bien parti. Enflons-nous. »

Cette phrase, et quelques autres du même style, sont tout ce qu'on trouve sur Barbey d'Aurevilly dans les six ou sept volumes publiés de la correspondance de Louis Veuillot.

« — Je viens de le rencontrer, rue de l'Université, disait-il un jour à son frère Eugène, en avril 1867 ; il était habillé en peau de serpent, et m'a offert de collaborer à *l'Univers.* »

Mais il ne fallait qu'un grand prêtre dans le sanctuaire... Barbey d'Aurevilly fut miséricordieux : il ne mit pas Veuillot, dans son volume des *Juges jugés*, et bien qu'il ait souvent, à son endroit, *parlé* un éloquent feuilleton, jamais, que je sache, il n'écrivit ce qu'il pensait du seul homme qu'il eût pu, à bon droit, considérer comme son rival.

Barbey d'Aurevilly, en butte à l'hostilité de quelques coreligionnaires, l'était également aux moqueries des boulevardiers. L'un d'eux ne le classait-il pas, avec quelques autres, parmi les écrivains sacrilèges, « qui ne sont pas sincères, mais qui font seulement profession de sincérité ». Un autre chroniqueur en faisait un « dillettante de la foi ». Et pourquoi ? Parce qu'il avait écrit, dans son introduction de l'*Ensorcelée*, cette page :

« Ni les fausses lumières de ce temps, ni les préoccupations incontestables chez les Normands des intérêts matériels auxquels ils plaident, comme l'immémorial proverbe le constate depuis qu'ils ne se combattent plus, n'ont pu affaiblir les croyance religieuses que leur ont transmises leurs ancêtres. En ce moment encore, après la Bretagne, la basse Normandie est une des terres où le catholicisme est le plus ferme et le plus identifié avec le sol. Cette observation n'était peut-être pas inutile quand il s'agit d'un roman dans lequel l'auteur a voulu montrer quelle perturbation épouvantable les passions ont jetée dans une âme naturellement élevée et pure

« Quant à la manière dont l'auteur de l'*Ensorcelée* a décrit les effets de la passion et en a quelquefois parlé le langage, il a usé de cette grande largeur catholique qui ne craint pas de toucher aux passions humaines, lorsqu'il s'agit de faire trembler sur leurs suites. Romancier, il a accompli sa tâche de romancier, qui est de peindre le cœur de l'homme aux prises avec le péché, et il l'a peint sans embarras et sans fausse honte. Les incrédules voudraient bien que les choses de l'imagination et du cœur, c'est-à-dire le roman et le drame, la moitié pour le moins de l'âme humaine, fussent interdits aux catholiques, sous le prétexte que le catholicisme est trop sévère pour s'occuper de ces sortes de sujets... A ce compte-là Shakespeare catholique ne serait pas possible, et Dante même aurait des passages qu'il faudrait supprimer... On serait heureux que le livre offert aujourd'hui au public prouvât qu'on peut être intéressant sans être immoral, et pathétique sans cesser d'être ce que la religion veut qu'un écrivain soit toujours. »

Aussi, quand le Walter Scott de la Normandie met en scène les personnages de son pays natal dont il connaissait la foi vivace qui survit, là, à tous les orages de la vie, on les reconnaît toujours à la couleur locale de cette foi persistante.

Au moment où il les peint, bien loin des bords de la Douve et des vieux manoirs normands, il a ses apparitions. La pointe du clocher gothique de la Délivrance se montre à lui par-dessus tant de montagnes, tant d'horizons et tant d'espaces. Il n'est plus que de corps à Paris. L'imagination qui, sur ses ailes de feu, emporte toute l'âme avec elle, le transporte au pays des souvenirs. Il voit et il entend dans les fermes, dans les châteaux, dans les vallées, sur les collines, dans les bois et dans les landes, dans les bruyères de Lessay au coup de minuit, comme au cap de Carteret, sous le brûlant soleil de midi, au bord de la mer, tous ces spectacles, tous ces langages, ce patois si pittoresque et si éloquent, si coloré, dont étincèlent les plus immortelles pages de ses drames romantiques. Il se surpasse quand la pensée de la Vierge traverse ces créations. Il nous montre dans tout son éclat la foi catholique de ses acteurs. Dans leurs angoisses, quand un plus fort les vexe, ils ne jettent plus l'impuissante clameur de haro ; ils font mieux : ils poussent leur cri de foi *vers la Délivrance de Rauville;* au milieu de leurs plus cruels embarras, ils lui adressent des vœux et des promesses ardentes. Nous les voyons souvent, en guise de témoins, jurer sur le nom de la Délivrance, comme on jurait sur les reliques des saints [1].

Plusieurs écrivains catholiques, pourtant, conservèrent très longtemps cette illusion de concilier avec la discipline de la foi les théories de M. d'Aurevilly, d'autant qu'il n'a pas toujours été refusé aux catholiques de parler des passions humaines. Louis Veuillot dans un de ses brûlants récits, fait une description enflammée de l'amour :

« L'amour se leva dans mon cœur comme ces aurores qui promettent des jours merveilleux. Il me remplissait d'une force, d'une joie et d'une admiration infinies. J'aimais tout, je possédais tout, j'appartenais à tout. Le seul objet qui était tout pour moi dans le monde, répandait sur l'universalité des choses mon amour et sa beauté. Je crus que la vie était ce doux vallon, baigné des lueurs du matin, où la jeunesse enchantée se promène entourée d'espérances. La fleur s'entr'ouvre, l'oiseau chante, chaque brin d'herbe a sa perle de rosée, chaque bonheur a ses larmes. Je me donnais et je m'abandonnais, je ne savais faire que des rêves heureux. »

Une autre thèse sur l'amour ne la trouvons-nous

---

[1] Lettre de Msr Anger à l'auteur.

pas dans un article du R. P. Delaporte, à propos d'un livre de Mme Adam ?

« Oui, vivre, c'est aimer; aimer, c'est tendre à l'union; et tendre à l'union, c'est aller vers l'objet aimé.

« Seulement, la Providence a établi l'ordre, la hiérarchie dans l'amour. Et l'amour étant le devoir, elle a mis l'amour sous la tutelle de la liberté.

« Etant libre, l'amour peut être commandé; il l'est, en effet, par le premier et le plus grand des commandements.

« Dans certaines conditions, ou sous certaines manifestations, il est prohibé; aux appétits qui égarent le cœur et renversent l'ordre divin, la liberté peut et doit mettre un frein.

« Aimer est un acte de l'âme.

« Depuis la catastrophe de l'Eden, à l'aspect de la beauté corporelle, d'aveugles appétits souvent s'éveillent, et grondent, rugissent et assiègent la volonté afin qu'elle les satisfasse. Il s'y mêle habituellement à plus ou moins forte dose des sentiments d'un ordre plus élevé, et le tout forme cet attrait que la langue païenne appelle « amour ».

« Peu de nos contemporains auraient le triste courage d'affirmer qu'à cet entraînement on peut céder toujours. Il est des attentats tellement révoltants qu'ils épouvantent même les scélérats.

« Mais il en est un trop grand nombre qu'effraye la formule chrétienne, interdisant jusqu'à la pensée d'une satisfaction quelconque accordée à ces appétits en dehors de l'union sacrée et indissoluble que forme le sacrement: « L'œuvre de chair ne désireras qu'en mariage seulement. »

« La chasteté est le plus beau triomphe de la liberté; c'est la victoire de l'âme sur le corps, la démonstration expérimentale et irréfragable de l'existence de l'âme. L'animal ne la connaît pas; aussi l'animal est-il d'une espèce différente de la nôtre.

« Nous disons « la chasteté » et non point seulement
« la virginité », car si l'âme grandit par le sacrifice absolu
de toute satisfaction permise, elle ne déchoit pas quand
elle les goûte en respectant les limites tracées par la loi
divine. Le mariage est un état saint, consacré par un
auguste sacrement. »

*
* *

Ceci nous ramène à l'éternelle question de la morale dans les lettres, qui a suscité bien des escarmouches, mais jamais une bataille rangée ! Elle n'est pas résolue. Pour la traiter bien, il faudrait une polémique analogue à celle qui s'éleva, il y a tantôt quarante ans, entre Louis Veuillot et l'évêque d'Orléans à propos des classiques religieux et des classiques profanes. M⁛ʳ Gaume avait déclaré qu'il fallait proscrire des écoles Virgile, Cicéron, Sophocle, Euripide, Horace, *tutti quanti*. Si la thèse de M. de Pontmartin était admise, qui donc pourrait lire Montaigne, Rabelais, Milton, Shakespeare, Molière, Le Sage, Arioste, le Tasse, je cite pêle-mêle, mais s'il fallait citer tous les noms, on n'en finirait pas ! M. Léon Gautier, l'un des écrivains les plus délicats parmi les catholiques, dont l'orthodoxie ne fut jamais suspectée, et qui est en même temps un penseur, un artiste et un savant, écrivait dans ses *Lettres d'un Catholique* une page qu'on me permettra de citer :

« Je ne vois point, quant à moi, dit-il, pourquoi les catholiques se refuseraient la joie d'être des peintres, eux aussi. Je ne vois pas pourquoi la peinture des mœurs et des caractères serait interdite à ceux qui, par leur

seul examen de conscience et par la seule pratique de la
confession, sont peut-être ceux de tous les hommes qui
connaissent le mieux les profondeurs de l'âme humaine.
Je ne vois pas enfin, puisqu'il nous est permis d'écrire des
livres contre les vices, je ne vois pas comment on pourrait
nous refuser la permission d'écrire quelqu'une de ces
œuvres plus animées et plus puissantes où les vices sont
personnifiés, où ils sont incarnés en autant de personnages haïssables et que nous faisons haïr.

« Vous le dirai-je, cher ami ? j'ai l'horreur des livres
bêtes, et je connais de nos amis qui ont imaginé des
petits romans niaisots dont la seule vue me met en rage.
Cette moralité sotte finit par devenir immorale, et
j'estime, pour tout dire, qu'il y a des âmes ici-bas qui ont
besoin d'autres livres que de cet honnête et excellent
volume du chanoine Schmidt, *le bon Fridolin et le
méchant Thierry*. Il nous faut quelque chose de plus
nerveux, de plus viril, et aussi de plus actuel. Le roman
est une arme avec laquelle nous pouvons combattre
toutes les passions, toutes les calomnies, tous les mensonges ; mais c'est une arme dont il convient de se servir
en soldat, et il y faut quelque rudesse de poigne avec
quelque vigueur de muscles. Le flasque et l'efféminé ont
fait leur temps, et nous avons aujourd'hui trop de rudes
batailles à livrer pour nous amuser à la petite guerre et
nous arrêter à des livres ou à des jeux d'enfant. N'écri-
vons donc plus (même pour nos enfants) de ces récits
fades où le vice et la vertu sont également diminués, atté-
nués, enjolivés et travestis ; où l'on vante tous les siècles
au détriment du nôtre ; où l'on nous peint un moyen
âge de fantaisie et digne des pendules d'il y a quarante
ans, où les honnêtes gens sont d'une vertu monotone et
qui ne connaît pas la lutte ; où les méchants n'ont jamais
de combat en eux-mêmes et sont automatiquement
méchants ; où toutes les femmes sont en sucre et tous les
hommes en bois ; où tout est vulgaire, médiocre et tri-
vial, et d'où le style, enfin, est scandaleusement absent.

N'ouvrons pas de tels livres, c'est facile; n'en lisons pas, c'est plus aisé. »

Un jeune critique belge, M. Francis Nautet, a parfaitement défini le romancier catholique, en ces termes, dans ses *Notes sur la Littérature moderne :*

« Ce qui distingue les romanciers catholiques des romanciers démocrates, c'est que les premiers conservent l'homme avec une dualité dans chaque partie, l'une idéale, l'autre animale, pouvant s'annihiler mutuellement par un effort de volonté. S'appuyant sur cette doctrine rigoureuse, ils exigeront de toute créature humaine qu'elle combatte les bas instincts au profit des instincts élevés, et il en résulte, à leur sens, que tout homme est responsable de ses actes.

« Les romanciers démocrates, au contraire, croient à l'irresponsabilité. Pour les littérateurs naturalistes, même pour les misanthropes, l'homme n'est que le jouet, non de sa destinée, mais de son milieu, de son éducation, de ses origines et des circonstances.

« Incontestablement, c'est là une des croyances les plus charitables de ce siècle, qui a tant émis d'idées faussement généreuses et avoisinant l'erreur. Car cette doctrine est à la fois erronée, juste et pernicieuse; erronée, parce qu'elle ne peut excuser que les natures instinctives et brutes, à qui l'éducation n'a pas donné la conscience; juste, parce que l'homme reçoit en naissant un tempérament qu'il ne lui a pas appartenu de choisir en vue de l'idéal qu'il se créera plus tard et que toute sa volonté ne maîtrisera pas complètement; pernicieuse, enfin, parce que l'irresponsabilité conduit au relâchement.

« Il n'y a que les natures basses pour se laisser choir dans les petites satisfactions lâches. Le fatalisme de nos pères est remplacé chez elles par un fatalisme plus redoutable, car toutes leurs fautes, elles se les justifient et se les expliquent. »

Cela n'empêche pas qu'au lendemain de la mort de M. Barbey d'Aurevilly, un rédacteur de l'*Univers* s'écriait :

« L'auteur du *Chevalier des Touches*, tout en se proclamant catholique avec une bravoure dont il convient de le féliciter, ne laissait pas de s'accorder certaines libertés qui jurent avec l'idée qu'on se fait généralement d'un écrivain catholique. Il le savait, on le lui avait dit, et néanmoins il persistait à introduire dans ses œuvres des peintures brûlantes et des scènes passionnées dont il eût mieux fait de s'abstenir. Mais il avait, sur ce point, des théories commodes :

« Il y a, » disait-il avec J.-J. Rousseau, « de viles décences. Le catholicisme ne les connait pas ».

Et sans songer que Rousseau, en pareille matière, est une assez mince caution, il développait bravement ce thème dans la préface de la *Vieille Maitresse:*

« Malheur, s'écriait-il, à celui qui se scandalise. Le catholisme n'a rien de prude, de bégueule, de pédant, d'inquiet. Le catholicisme aime les arts et accepte, sans trembler, leurs audaces........ L'artiste catholique reculera-t-il devant les séductions de vice ? Etouffera-il ces éloquences de la passion ? Devra-t-il s'abstenir de peindre l'une et l'autre parce qu'ils sont puissants tous deux ? Dieu qui les a permis à la liberté de l'homme ne permettra-t-il pas à l'artiste de les mettre dans son œuvre *à son tour*[1] ?

C'est un prêtre, c'est un prélat de l'Eglise catholique, Mgr Anger, dont le nom est revenu déjà plusieurs fois dans ces pages, qui répondra à ces attaques aussi injustes que violentes.

« Ce qui caractérise mon illustre ami, m'écrit Mgr Anger,

---

[1] M. Dèdre Lafaurie, dans *l'Univers*.

c'est l'inflexible amour, et aussi grand que possible, de l'Église catholique, du pape, du prêtre, de l'antique et vrai caractère français et de la monarchie catholique personnifiée, au total, dans saint Louis, et par quelques côtés dans nos plus grands et plus catholiques rois de France. Il échappe à toute dépendance qui exigerait le sacrifice de la liberté, et de la vérité totale. Il veut l'*entier* et le *total* en tout. Il méprise l'*argent* et les *hommes*. Le *Saint* est pour lui l'idéal de toute grandeur, de tout génie. Après le Saint, c'est le Prêtre catholique qui est l'objet de son admiration. Mais il veut que le *Prêtre* soit Prêtre, sans condescendances mondaines et intéressées, comme il veut que le *Roi Catholique* exerce son autorité entière et en serviteur de l'Église et des vertus chrétiennes. Cet inflexible attachement à la vérité totale dans tout ordre de choses explique pourquoi il ne se trompe pas dans ses jugements et dans ses étonnantes appréciations sur l'art, sur la politique, dans les matières philosophiques et celles mixtes qui touchent tout à la fois à la politique, à la société et aux questions ecclésiastiques. C'est cette aptitude à mettre dans un relief plein de couleur, de vérité et d'énergie, les solutions les plus difficiles, que Mgr Berlaud, un esprit total aussi celui-là, appelait dans d'Aurevilly une *théologie naturelle et certaine*. La lecture de cet homme est une des plus nécessaires à nos étudiants de tout genre. Avec lui, leur instruction et leur éducation arriveraient en très peu de temps à leur âge adulte, jeunes ils seront vieux, et dans un de ses livres, ils boiront et mangeront mieux que l'ambroisie et le nectar, mais cette inflexible expérience qui coûte si cher et qu'on possède tout entière si tard et trop tard. »

Dans une autre lettre, le même personnage m'écrit :

« Je suis surtout très heureux d'avoir pu vous faire plaisir à propos de notre illustre ami. Je ne sais pas trop dans quel état il se trouve : les nouvelles sont assez contradictoires. Mais il a été assez malade pour que l'émotion soit sortie du cercle qui l'entoure. J'avais écrit à Monseigneur l'archevêque de Paris, pour le prier de veiller. La réponse de son secrétaire, très obligeante, me donne les plus consolantes assurances sur l'accomplissement de tous les devoirs de l'illustre malade ; il a communié avec une foi et une émotion de saint. Monseigneur l'archevêque a envoyé son secrétaire et M. d'Aurevilly a été très touché de cette démarche.

Une autre lettre est encore plus explicite :

« ..... Dans ma dernière entrevue avec M. d'Aurevilly, à l'hôtel Grandval, la conversation tomba exprès de ma part, sur les pharisiens si poursuivis par les attaques de N.-S. J.-C. Je lui fis remarquer que N.-S. avait une colère et une aversion marquées pour ces gens de la synagogue, les scribes, et cette clique qui ne pouvait pas souffrir le Maître. Et, d'autre part, N.-S. n'avait jamais un mot de blâme pour les pauvres diables qui péchaient par faiblesse, par défaillance naturelle, comme la Samaritaine, comme la femme adultère, gens pour l'ordinaire qui n'ont pas mauvais cœur. Il y a donc deux sortes de pécheurs et de péchés :

« 1º Les péchés d'orgueil qui poussent à vingt autres péchés et aboutissent au crime, en pervertissant à fond le cœur. Ce fut le crime des Pharisiens et de tous ceux qui s'y rattachaient. Ces péchés-là sont presque impardonnables et s'attirent les plus grandes colères de Dieu ; et Jésus les attaque sans cesse et publiquement sans aucun ménagement ;

« 2º Au contraire, les péchés de défaillance naturelle, très compatibles avec toutes les amours d'un excellent cœur, sont couverts de toutes les pitiés de Dieu. N.-S. a des éloges pour la Samaritaine. Tout est pardonné à l'instant sans un mot de blâme. N.-S. ne prêchait pas contre la défaillance, mais contre la mauvaise foi judaïque. Mon ami fut enchanté, ravi de ces remarques, qui au fond intéressent beaucoup la pauvre et fragile humanité. »

Chaque fois que M. d'Aurevilly allait passer quelques jours d'automne dans le Cotentin, — et pendant une certaine période de son existence ce fut toutes les années, — son premier salut était pour la chapelle de la Délivrance, qui domine Saint-Sauveur-le-Vicomte, et le second pour l'aumônier de ce sanctuaire, Mgr Anger, dont on vient de lire les lettres si touchantes. L'habitation de cet aimable vieillard, pauvrement couverte de chaume, est construite à l'ombre du clocher ogival, toute encadrée de jasmins et de lilas blanc. C'étaient alors, pendant ces courtes vacances, de longues promenades à travers les sentiers qui sillonnent la longue lande, ou sur la vaste esplanade de la Délivrance où les officiers du Roi venaient, au siècle dernier, se délasser, ou à la *pierre branlante*, vieux monument druidique sur les confins de Rauville et de Sainte-Colombe.

Mgr Achille Anger, né au Havre en 1826, et fils d'un valeureux soldat du premier Empire, avait été élevé par sa grand'mère, femme pieuse, héroïque, qui sauva plus d'un proscrit aux jours sanglants de la Révolution. Après avoir reçu, dans le milieu aristocratique d'une petite ville normande, une éducation parfaite, il entra dans les ordres, et devint promptement directeur des études au séminaire de Vire. Il fut ensuite professeur dans une autre maison d'éducation religieuse, nourri des plus fortes études littéraires, et particulièrement des classiques grecs et latins. Il écrivit beaucoup, en ce temps-là : il mena une campagne, dans *la Terre Sainte*, qui avait pour écho plusieurs feuilles de Smyrne, en faveur des rites unis d'Orient, et publia notamment une longue étude historique et critique contre le monachisme grec schismatique retranché au mont Athos. Il rendit également de grands services aux œuvres de l'archevêque de Smyrne, primat d'Asie, qui le revêtit du camail de chanoine de sa métropole. Collaborateur de la *France Nouvelle*, il donna de nombreux morceaux d'hagiographie et de polémique religieuse. Orateur distingué, il jouit dans sa retraite d'une grande popularité et se consacre aux travaux apostoliques.

Tel est le prêtre, plein de foi et de zèle, qui fut l'ami de M. d'Aurevilly. Celui-ci lui envoyait tous ses livres, et lui écrivait souvent de charmantes lettres, entre autres celle-ci, qui date de l'époque où *Ce qui ne meurt pas* paraissait en feuilletons dans le *Gil Blas*.

« Abbé !

« Votre lettre me touche. — Je vais demain vous envoyer les *Memoranda*, — car ils sont *deux*, les monstres ! Homme de peu de foi, vous aurez votre *Curé d'Ars* et votre *Labre*. S'ils sont retardés, voici pourquoi. Je *n'ai plus* et il *n'y a plus* que ces deux numéros. Avant de les envoyer à votre Acharnement (c'est votre dignité, à mes yeux), il faut que je les fasse copier pour mes *Écrivains religieux* (11ᵉ volume de la 2ᵉ série des *Œuvres et des Hommes*). Quelqu'un s'est chargé de cette copie, et c'est un lambin, ou plutôt une *lambinette*, car c'est une femme, monsieur l'abbé. — Je vous les apporterai quand je viendrai à Valognes, mais quand ?

« Lorsque j'aurais fini mon roman au *Gil Blas*. — Je

crois bien que cela me mènera jusqu'à *la fin d'octobre.*
Pas moins.

« Ce diable de roman qui vous montrera le néant des passions humaines (sa seule manière d'être religieux !), a un succès étonnant, et des étonnés c'est moi qui le suis le plus.

« Votre ami rentrant dans son silence. »

Lorsqu'il envoya *Ce qui ne meurt pas* à son ami, M. d'Aurevilly écrivit sur la première page du volume cette dédicace : « *A mon ami, l'abbé.... Ce livre religieux à force de tristesse. Le néant des passions humaines prouve la nécessité de Dieu.* »

« Paris, le 29 avril 1888.

« Mon cher abbé, je ne suis pas encore à ma table à écrire, mais voici mon meilleur ami qui me prête sa main pour vous répondre. Ce que j'ai eu, mon cher abbé, depuis cette grippe qui vous prêtait à rire, c'est une crise de foie, maladie que je n'avais point eue depuis quatre ans. J'ai été soigné par deux médecins incomparables et par la personne qui vous écrit. Je vais bien maintenant, et on prétend que j'entre en convalescence.

« Les journaux qui ont parlé de moi ont dit les bêtises auxquelles ils sont accoutumés. Les uns ont parlé de congestion pulmonaire, les autres de je ne sais quoi, et c'était tout simplement une crise de foie [1].

« Je vous envoie le *Gil Blas* et le *Figaro* qui ont parlé du livre que vous et l'abbé Lefoulon aimez.

« Adieu, mes deux bons abbés, priez pour moi. »

L'autre ami, *ami d'âme*, de M. d'Aurevilly, qui ne

---

[1] On lui avait caché la maladie de cœur qui s'était déclarée le 17 avril.

prodiguait pas ce titre, était l'abbé Charles Lefoulon, ancien aumônier du collège d'Avranches, chapelain de l'abbaye de Saint-Sauveur-le-Vicomte. Son tempérament intellectuel, non moins que ses instincts élevés pour tout ce qui ennoblit l'ame et la guérit de ses vulgarités, rendaient ce prêtre digne de la grande amitié du célèbre écrivain. Par besoin d'âme, il cherchait l'un de ces forts dont le caractère bien trempé, l'exemple et les maximes pussent accélérer tous ses progrès et doubler ou tripler la valeur de sa vie. L'abbé Lefoulon méritait bien de faire cette précieuse rencontre. Très brillant élève du lycée de Coutances, il eut, au moment de choisir une carrière, à lutter contre des séductions mondaines que lui suscitaient des tentateurs pleins d'influence, au nom même de ses succès et de son talent. Mais sous l'influence d'une vocation décidée, il entra d'un pas libre dans l'âpre chemin de l'Église. Lors de sa première visite au grand écrivain, un jour d'octobre 1887, M. d'Aurevilly, frappé en quelques minutes d'entretien de l'élévation de pensées et de sentiments de son visiteur, le retint à dîner à l'hôtel Grandval, et de ce jour data une liaison que la mort seule devait briser. Il l'appelait son « troisième abbé », faisant allusion à son frère Léon, et à Mgr Anger. Il se proposait de lui dédier le troisième volume des *Philosophes et Écrivains* religieux, ayant dédié les deux premiers à son frère et au prélat.

On comprendra maintenant ces lettres écrites par Barbey d'Aurevilly à Trebutien, après les agitations de sa vie parisienne et sa séparation de sa famille.

Elles donnent la mesure de sa foi, de la sincérité de ses croyances religieuses :

« Léon m'a mis à une rude épreuve. Il m'a envoyé un modèle de lettre à mon père pour lui anoncer mon arrivée. Dans cette lettre, il me fait demander pardon, à moi qui n'ai pas de *torts* et qui pourrais montrer des blessures. J'avoue que le vieil homme s'est cabré. J'ai pendant deux jours refusé d'écrire ces humilités, mais enfin, je me suis mis au pied du crucifix, j'ai pensé qu'avec *nos idées*, c'était une grande *supériorité que celle d'être père*, que cela couvrait tout, abolissait les torts et changeait les rapports moraux comme nous les concevons avec les autres hommes, et j'ai bu le calice, — j'ai écrit la lettre sans y changer un seul mot. L'*abbé* a été content. Il m'a raconté qu'il avait dit : *Pour le coup, s'il écrit cette lettre, il est chrétien.* Oui, mon ami, je le suis et soyez-le aussi.

. . . .

« Je voudrais vous jalonner des distractions, jour par jour, — mais, mon ami, les distractions ne valent pas un bon chapelet dit avec foi. Or, ce n'est pas la foi qui nous manque, à nous. Nous l'avons, — elle est sortie pour nous des méditations de la pensée. Si nous avons la foi, soyons conséquents, prions. Pas de batelage ! Ne soyons pas des *chrétiens littéraires*. Ah ! je voudrais vous faire du bien, et je sais qu'au fin fond de la douleur, — et vous êtes au fin fond, — il n'y a que Dieu. Regardez-y, vous l'y trouverez, et si vous l'y trouvez, vous serez soulagé.

« Faites cela militairement et héroïquement, Trebutien. Comme vous iriez à la croisade, allez trouver ce vieux et cordial prêcheur, l'abbé *Combalot*. Approchez-vous du Saint Sépulcre. Vous n'avez pas besoin de Jérusalem pour cela. Le premier autel suffit. Vous vous en relèverez fort. Adieu et à Dieu ! Voilà ma dernière parole.

« Votre moitié dans l'affection et dans la foi. »

« . . . Pardonnez-moi de retomber dans mon vieux texte, mon cher ami, j'y retombe plus que je n'y reviens, tant j'y reviens malgré moi ! Je ne me croirais pas digne d'être votre ami si je ne vous parlais pas de notre Dieu, à nous catholiques, de notre Dieu, sur lequel nous ne discutons pas, quand vous avez au fond de l'âme le chagrin le plus cruel qui puisse déchirer un homme. Il y va de notre honneur à nous de prier, de s'approcher de ses sacrements. Soyons faibles, mais prions Dieu, et puisqu'il s'est donné à nous dans l'Eucharistie, ne l'y laissons pas sans l'y prendre. Autrement des catholiques comme nous sont au-dessous des philosophes et nous ne sommes plus, avec toute notre théologie, que des archéologues insignifiants.

. . . .

Voici une dernière lettre, adressée à la Trappe où Trebutien passait quelques jours dans la retraite :

« Votre lettre est vraiment très belle. Votre âme s'y mêle à l'impression des lieux inspirants, et vous rend poète. Si le mot de Bacon est vrai, vous êtes bien assez broyé pour donner tous vos parfums. Quelle douleur, mon Dieu, que votre douleur ! j'en suis véritablement effrayé et désespéré à mon tour. Est-ce que mon affection vous serait inutile et qu'éternellement dorénavant je manquerais avec vous du mot de la consolation ?...

« Autre chose, R*** a failli perdre sa fille unique d'une fièvre cérébrale. Ma semaine entière s'est donc passée à aller le voir deux fois par jour et à le soutenir comme je pouvais dans son anxiété paternelle ; l'enfant est sauvée, mais comme un malheur ne vient jamais seul, il a perdu sa belle-sœur (beaucoup plus jeune que sa femme), morte (enceinte) d'une maladie muqueuse épouvantable. Je la connaissais. Je l'avais vue jeune fille. C'était une âme ardente avec du feu physique sur la tête; car elle était rouge, mais d'un rouge superbe, estompé d'or, digne de la palette du Titien. La vie débordait en elle et la voilà terrassée maintenant et tranquille. Les R*** ont reçu le coup comme ils auraient reçu le coup terrible de la mort de leur fille, s'ils l'avaient perdue, sans se retourner du côté de la main qui frappe ces rudes coups. Ils vivent dans l'indifférence de Dieu, à un degré qui confond l'imagination. J'ai pu juger de cela dans ces dernières circonstances. La douleur les sillonne comme une foudre. Ils ne comprennent pas. Je ne connais rien de plus triste, mon cher Trebutien, que cette espèce de stupidité opposée à Dieu qui veut qu'on comprenne et qui avertit : car, songez-y, vous qui souffrez tant et qui avez la foi et l'intelligence de la vérité surnaturelle, la douleur, c'est la *visite de Dieu.* »

Après la mort de M. d'Aurevilly, on publia un article qu'il avait écrit en 1881 pour l'ancien *Triboulet*, et qui n'y parut pas à cause des relations personelles du journal avec M. de Mun. Il s'agissait d'un voyage politique que l'éminent orateur catholique venait de faire à R***, dont l'archevêque refusa de le recevoir au séminaire, ne voulant pas sembler associer par cette hospitalité les intérêts surnaturels de l'Église aux intérêts humains d'aucune politique.

. . . .

« Les évêques viennent de se souvenir de cette grande parole qui est tout à la fois la consigne de l'Église et son histoire ! *Patiente parce qu'elle est éternelle !*

« Et ce faisant, ces évêques se sont montrés de grands et majestueux évêques animés du vénérable et traditionnel esprit de l'Eglise, au-dessus de tous les partis. Ils ont victorieusement répondu à ces mêmes partis qui toujours, — et à cette heure encore, — reprochent opiniâtrément à l'Eglise d'intervenir dans la politique des États et de se mêler indûment aux passions et aux ambitions de l'humanité. Ils ont montré que la manière de les combattre est, pour l'Eglise — appuyée sur une foi et une espérance immortelles, — de laisser ces passions, en proie à elles-mêmes, et ils ont invité leurs clercs à faire leur devoir de Français — sans plus.

« Ah ! vous avez voulu vivre sans l'Eglise ! L'Eglise, à qui vous devez tout ce que vous êtes. Vous l'avez mise hors de l'Etat, elle qui est la force des Etats ! Vous avez demandé et glorifié la séparation de l'Eglise et de l'Etat, ç'a été le dogme de vos Evangiles, et vous vous êtes acharnés chaque jour davantage à rendre cette séparation plus profonde, parce que tout lien rompu avec l'Etat était, selon vous, la mort certaine de l'Eglise. Eh bien, aujourd'hui, elle s'éloigne de vous ! Vivez sans elle. Nous allons voir !

.*.

« Hélas, nous le voyons déjà. L'Histoire contemporaine qui, maintenant, ne ressemble à aucune autre histoire connue, nous dit assez clairement ce qu'un peuple peut devenir sans elle. Fille de l'Eglise, élevée par elle pendant des siècles au niveau de ce qu'il y a de plus grand dans l'idéal de l'humanité, la France tombe de plus haut pour se briser mieux, de cela qu'elle tombe des bras divins qui l'ont portée. L'Eglise, sa mère, discutée d'abord, puis niée, puis méprisée et bafouée, puis arrachée des institutions dont elle fut la pierre angulaire et de nos mœurs dont elle fut l'âme, l'Eglise sans pouvoir et sans influence, et qui ne tient plus guère à l'Etat que par le lien du traitement de ses prêtres, ne perd pas pour cela le sentiment de son immortalité, et dans sa sécurité sublime, elle attend placidement après sa passion, qui dure pour elle plus de trois jours, une résurrection aussi certaine que celle de N.-S. Jésus-Christ.

.*.

« Qui n'a pas perdu le sens de l'Eglise à cette heure et du genre d'action qu'elle doit exercer parmi les hommes ?...

Dans la houle des choses humaines et l'effroyable emmêlement de leurs désordres, l'Eglise doit toujours rester à la même place. C'est le seul pouvoir qui ne meure pas de ses chutes.... Quand la France fut sortie de ces évêques, qui l'ont faite, au dire du protestant philosophique Gibbon, elle eut une religion d'Etat, et c'est à cette religion d'Etat qu'elle dut sa longue et forte vie. Il ne s'agit pas, en effet, d'être catholique pour reconnaître que tout peuple sans religion d'Etat manque de la cohésion nécessaire à un peuple. Il ne s'agit, pour reconnaître cela, que d'avoir dans la tête un peu de politique et d'histoire, et d'avoir regardé les peuples forts qui tous en ont eu une, quelle qu'elle fût... Immense est l'erreur des politiques impies qui, dans ces temps *contre-historiques*, ne veulent plus de religion d'Etat, pas plus d'ailleurs qu'ils ne veulent de religion indépendante de l'Etat, hostiles qu'ils sont au principe même de toute religion dans l'âme de l'homme et dans les institutions humaines. Ils sont aussi fous que le Charles Moor des *Brigands* de Schiller, qui se lie un bras derrière le dos pour mieux combattre, mais ils verront comme ils s'en tireront avec un seul bras! L'Eglise le sait, elle, l'Eglise séparée de l'Etat déjà de tant de manières, l'Eglise persécutée aujourd'hui et peut-être martyre demain. Elle le sait et attend, et ce serait sa vengeance si elle avait besoin d'être vengée, quand elle n'a besoin que de faire miséricorde ! »

*
* *

Peut-on concevoir un cri de foi plus éloquent ?

S'il nous avait été permis de citer d'autres lettres qui seront publiées à leur heure, on aurait vu en M. d'Aurevilly mieux encore le catholique sincère qu'il fut jusqu'à son dernier jour. On lira dans sa correspondance également les détails intimes que nous n'avons pas cru devoir aborder.

XIII

LES DERNIERS JOURS

> « *Excepté nos livres, peut-être, rien n'est plus beau que ce qui va mourir.* »
> J. BARBEY D'AUREVILLY
> (Sur un livre DONNÉ à M. Emile Michelet.)

Barbey d'Aurevilly avait passé le siège à Paris. Son cousin Édelestand du Méril exigea qu'il partît dès les premiers jours de la Commune : « Tu serais trop en danger ici, » lui dit-il. Ce fut la dernière marque de tendresse de celui que M. d'Aurevilly ne devait plus revoir et qui lui en avait tant donné déjà. Édelestand du Méril mourut à Passy le 30 mai 1871. Il était malade quand son cousin le quitta, et celui-ci avait consenti à grand'peine à se séparer de lui. — Pendant les tristes jours du siège et du bombardement ils passaient presque toutes leurs soirées l'un avec l'autre. Les lugubres retours par les sombres quais solitaires étaient restés une des plus profondes impressions de Barbey d'Aurevilly.

Les séjours qu'il fit ensuite dans son pays furent longs. M. du Méril l'eût seul attiré dans le Paris d'alors.

D'ailleurs, la vente et l'abandon des biens de famille après la mort de son père le retenait à Saint-Sauveur-le-Vicomte.

Il avait loué une chambre vis-à-vis la maison paternelle, mais la vue d'étrangers sous ce toit [1] si plein de souvenirs lui était trop douloureuse. Il fixa sa demeure définitive à Valognes, ville chère à son enfance aussi. C'était là qu'habitait la sœur de sa mère, Mme du Méril. « Il y a quelque chose dans cette tête-là, » disait son oncle, M. du Méril, en lui mettant la main sur le front. A soixante-dix ans de distance, M. d'Aurevilly répétait encore ces paroles avec émotion : « Mon oncle m'aimait tant ! » ajoutait-il.

Après la guerre, tant de choses détruites, de relations dénouées, d'amis partis qui s'accoutumaient à la province et ne la devaient plus guère quitter. Notamment Mme de Maistre, la plus ancienne de ses amitiés de Paris, datant de 1834 ou même de plus loin. Il allait presque chaque jour achever ses soirées chez elle. De ses amis, en dehors de MM. Hervé, César Daly, de Calonne, Astruc, Cladel et quelques autres, il ne restait qu'Amédée Pommier, Hector de Saint-Maur et Théophile Sylvestre, et c'était pour peu d'années : Amédée Pommier survécut à peine à l'abbé Léon d'Aurevilly, et Hector de Saint-Maur mourut en 1879. Le 25 janvier, Barbey d'Aurevilly lui écrivait ces lignes saisissantes :

« Enfin ! Je reçois une lettre de vous ! Vous vous dites

---

[1] C'est dans une des dernières nuits qu'il y passa qu'il composa les belles strophes : *Le buste jaune*.

« ganache » pour vous excuser. Croyez-vous que cela vous excuse ?... Croyez-vous que j'accepte comme argent comptant le beau titre dont vous vous décorez ?... Ganache ! Quelle plus commode couverture pour l'indifférence et pour la paresse ! Seulement, prenez garde, Saint-Maur ! C'est d'une mauvaise hygiène intellectuelle que de s'appeler si facilement « ganache ». IL Y A DES ENTERREMENTS AVANT L'HEURE QUI FONT MOURIR. Il ne faut jamais s'enterrer soi-même. Les autres, qui nous doivent enterrer, en seraient trop contents !... »

Mme de Saint-Maur vécut huit ans encore après son mari, huit ans pendant lesquels Barbey d'Aurevilly n'oublia pas le chemin de la rue des Dames. Mais il ne s'assit jamais auprès d'elle à table sans que ses yeux se mouillassent de larmes... La petite-fille de ces amis disparus conserve comme un trésor cent vingt-sept lettres de M. d'Aurevilly pleines d'une tendresse et d'une verve inimitables. — C'est encore à M. de Saint-Maur qu'il écrivait après la publication du *Prêtre marié* : « Tant mieux que mon *Prêtre* vous
« plaise ! mais ce n'est rien que tout cela, vous en
« verrez bien d'autres. Ma devise est celle de Charles-
« Quint : « Pas encore ! »

Sylvestre, lui, mourut subitement, le temps de se faire ramener chez lui, ne voulant pas, dit-il, *mourir à la République française*, où il était venu voir Gambetta.

C'est à peu près à cette époque que vint s'installer à Paris, dans une maison qui lui était déjà bien chère, et à quelques pas de celle qu'il habitait, une famille de province, d'une petite ville peu connue, mais qui a donné naissance au fameux « Chien caillou[1] » et à Octave Mirbeau : *Rémalard*, ou plutôt *Regmalard*, comme M. d'Aurevilly aimait à le nommer, selon l'ancienne manière. Son goût inextinguible d'intimité, de visites journalières, — « habitudes de province », lui disait-on, et il aimait qu'on l'en plaisantât, — trouva chez ces nouveaux amis les plus douces satisfactions. Une des dernières pages qu'il ait écrites est une page de reconnaissante amitié (la dédicace des *Vieilles Actrices et du Musée des Antiques*, que l'éditeur Chacornac réimprimait).

En 1879, il rencontra l'amie dont les soins fidèles comblèrent les vides successifs qui rendent toute vieillesse si douloureuse, et pour lui entre tous, chez qui la puissance du souvenir était si intense et chaque émotion si violente.

Nous avons nommé déjà dans un de nos premiers chapitres une partie de ceux qui formaient le cercle intime de Barbey d'Aurevilly et à qui sa porte était ouverte. La jeunesse venait à lui avec enthousiasme. Nommons encore MM. Paul Haag, le docteur Cazalis, Albert Dethomas, Léo Trézenik, Hayem, Klotz, le comte du Hamel de Breuil, le docteur Letourneau, le jeune peintre Camille Bourget, Em. Salone, Tausserat, Victor Lalotte, de Gerando, de Justh, Georges Zissy, Francis Poictevin, Ém. Michelet, Quellien, Luigi Gualdo, Haraucourt, Dorchain, Chevé, Félix Jeantet, Claude Couturier, Pouvillon, Ledrain, Gustave Geffroy, Georges Salomon, Maurice de Fleury, etc.

---

[1] Le graveur Rodolphe Bresdin.

Gabriel Delas enfin, son jeune ami de Bordeaux qui venait passer à Paris des semaines pour le voir.

La fille d'Amédée Pommier lui restait pieusement fidèle aussi. Voisins depuis de longues années, ils se voyaient fréquemment, jusqu'au jour où sa mort foudroyante, en 1884, impressionna si vivement Barbey d'Aurevilly, le privant d'une de ces amitiés solides sur lesquelles ni le temps, ni aucun des mille intérêts humains n'a de prise.

Il était donc heureux et entouré dans cette retraite de la rue Rousselet, s'étonnant et se fâchant même quand quelque journaliste indiscret se permettait des détails et des appréciations sur la simplicité de sa demeure. Et, en effet, ceux qui n'ont fait que passer dans cette « pauvre chère chambre », ainsi que l'appelle M. Francis Poictevin, où trente années de sa vie s'écoulèrent et où il est mort, n'ont pu comprendre la poésie que cette extrême simplicité recélait.

Barbey d'Aurevilly y jouissait surtout d'une vue magnifique.

Le superbe jardin des *Frères Saint-Jean de Dieu*, où il regarda souvent Paul Féval, malade, se promener, au loin une chapelle presque cachée parmi les arbres et derrière laquelle le soleil se couchait, une vaste étendue de ciel, des jeux de lumière incessants auxquels il était si particulièrement sensible. Les mois d'automne y étaient beaux entre tous, et il quittait avec peine ses chères habitudes, remettant de jour en jour son départ annuel pour Valognes. Deux grandes fenêtres donnaient sur la vue que nous venons de décrire, mais M. d'Aurevilly ne permettait qu'on ouvrit les persiennes que de l'une d'elles, et encore une de ces deux persiennes seulement. Il aimait cette sorte de clair obscur.

Citons quelques lignes de son jeune ami Léon Ostrowski, qui nous conduiront rue Rousselet :

« Lundi, 22 octobre 1883.

« .....Pendant que M. d'Aurevilly corrigeait ses épreuves, j'ai beaucoup regardé l'éclairage de sa chambre. C'est là qu'il faudrait le faire ; il est très bien, dans ce milieu de livres, papiers, fleurs, etc., éclairé bizarrement. Ce serait un portrait intime, qui ne pourrait peut-être pas être exposé, mais les portraits faits pour être exposés sont souvent déplaisants, et quelle belle eau-forte ! La grande chemise blanche d'aujourd'hui serait peut-être trop *intime*... Ce n'est qu'une intention, et vous me direz franchement ce que vous en pensez. »

Comme tant de projets, celui-ci, qui sourit pourtant beaucoup à M. d'Aurevilly, ne fut pas exécuté, et cinq ans et demi après, en date de Phu-Lang-Thuong, le 1er mai 1889, le jeune peintre écrivait :

« J'ai lu hier dans un « journal officiel » publié à Haïphong et que reçoit le commandant de Phu-Lang-Thuong, la dépêche annonçant la mort de votre cher ami M. d'Aurevilly.

« Sachez combien je prends part à cette mort et combien je voudrais être à Paris près de vous pour vous consoler un peu ou du moins être près de vous enfin. Vous recevrez sans doute en même temps que cette lettre une autre vous disant, hélas ! que j'étais heureux de le voir se remettre peu à peu. Cette distance est bien cruelle, en effet !. . . . .

« Ce qui m'a fait surtout non pas plaisir, mais ce qui m'a le plus touché, c'est le livre de M. d'Aurevilly, sa belle dédicace. J'attends une lettre qui me parle de vous, de lui aussi ; vous devez être bien affligée.

« Tout cela me donne un nouveau regret, celui de n'avoir pas fait le portrait de votre ami... »

M. d'Aurevilly avait toujours témoigné beaucoup d'amitié à Léon Ostrowski, dont la nature fine et distinguée lui rappelait l'ami de sa jeunesse, Maurice de Guérin. Il aimait à le lui dire, à établir des rapprochements entre eux et leurs préoccupations artistiques.

Tout en se refusant à faire partie d'aucune coterie littéraire ou mondaine, Barbey d'Aurevilly allait beaucoup dans le monde. Il y noua des relations qui le suivirent jusqu'au dernier jour.

De plus en plus aussi sa réputation grandissait à l'étranger. On voulait le voir. Il s'y refusait le plus souvent, mais la connaissance une fois faite, il en jouissait.

M. Paul Haag, l'ingénieur si connu, professeur à l'École des Ponts et Chaussées, auteur aussi d'un volume de vers exquis et intimes, le conduisit chez les aimables amies qu'il appela les « trois sœurs ». C'était chose difficile de décider Barbey d'Aurevilly, et il y fallut la chaude insistance de M. Haag. Néanmoins, le jour de la première entrevue arrivé, M. d'Aurevilly s'y rendit furieux de s'être laissé persuader. Mais dès l'entrée dans le salon des « trois sœurs », la glace était rompue et M. Haag pardonné. — Le billet que voici suivit de peu de jours cette visite faite de si mauvais gré :

« Madame et Mesdames,

« Il m'est impossible de vous laisser partir sans dîner chez vous. J'ai donc arraché comme un clou le dîner que que j'avais promis aux personnes qui comptaient sur moi pour *demain*, et c'est *chez vous* que je dînerai!

« Vous serez mon dernier verre de champagne et de bonheur, car après vous, je ne verrai plus personne. La saison sera finie, et je redeviendrai l'ours dont vous avez retourné la peau!

« A vous, comme votre apprivoisé,
J.-B. D'AUREVILLY. »

C'est alors aussi qu'il rencontra dans le monde la la comtesse T...; de qui « l'impériale beauté » le frappa vivement.

En 1888, il se lia avec la comtesse Scharffenberg, belle-sœur du grand poète autrichien Anastasius Grün (le comte Auersperg). En elle il retrouvait toute la grâce de l'ancien régime, et cette langue française qu'il aimait tant, cette langue d'autrefois, restée pure de ce qui le choquait tant dans le langage d'aujourd'hui. Il se plaisait à reconnaître en elle aussi sa marquise de Flers. Même destinée : une fille chérie leur avait laissé à toutes deux une enfant au berceau.

La dernière lettre qu'il reçut lui venait d'une amie hongroise. A ce double titre nous la transcrivons ici. Elle l'avait ému par son accent de sincérité.

« Je suis profondément touchée de votre souvenir; merci de l'admirable volume et de votre attention. J'ai lu Ronsard, quel tourbillon de brillantes pensées, quel jet de flammes continu! Avec votre permission je l'ai traduit en hongrois et je prête les feuilles à ceux de nos jeunes gens qui ne savent pas le français. Dans votre éternelle et merveilleuse jeunesse, vous êtes fait pour enflammer des êtres à peine sortis de l'enfance, comme aussi ceux qui s'approchent de la barrière. Mille grâces et mille bénédictions sur votre ardu travail et sur votre carrière à venir.»

.˙.

Rentré à Paris l'année d'après la Commune, il écrivit dans différents journaux les articles qui forment en partie le volume des *Dernières Polémiques*. Au *Gaulois*, en 1872, on le chargea du *Salon*. Il reprit aussi au *Constitutionnel* ses articles de critique, et y publia son *Dandy d'avant les Dandys*, son *Goethe*, son *Diderot*.

En 1879, au *Paris-Journal*, il fit le feuilleton de théâtres. Un article très vif sur la Comédie Française, où il traitait M. Perrin de tapissier, l'obligea à se retirer. Mais peu après, à la fondation du *Triboulet* quotidien, il reprit sa critique théâtrale, et ceux qui l'ont connu alors savent avec quel entrain et quelle verve il assistait aux représentations et passait ensuite la nuit à écrire l'article du lundi, qu'il allait corriger au journal le dimanche soir, après l'avoir *parlé* dans le jour chez lui, avec ses familiers, puis à la table de François Coppée, au dîner hebdomadaire qui les réunissait.

Enfin il entra au *Gil Blas*, accueilli et traité d'une façon qui le toucha profondément. Il y fit ses dernières armes de polémiste et publia, entre autres, ses *Historiettes d'après souper* en 1882, et cette étrange *Page d'histoire*, illustrée depuis si poétiquement par

Léon Ostrowski et reproduite avec les dessins dans *l'Artiste*. C'est le *Gil Blas* qui publia ses deux derniers romans : *Une Histoire sans nom* (1882), dont le succès l'étonna si fort, et *Ce qui ne meurt pas* (1883), dont la publication l'émut vivement. Il ne se dissimulait pas le danger que ce roman présentait : celui de n'être pas compris... En effet, très peu d'âmes sentirent ce qu'il y fallait voir, et même la dédicace-préface qu'il mit en tête de l'édition de 1888 n'aura pas suffi à expliquer la grandeur de la pensée dominant l'œuvre. Il était ému à la pensée d'être lu, même par ses amis les plus sûrs. Aussi les pages de Léon Bloy citées plus haut lui furent-elles très sensibles, ainsi qu'une étude importante de M. Émile Chevé.

Mais le premier qui le rassura fut encore le comte Roselly de Lorgues. Lui avait bien lu, avait compris toute l'élévation de la pensée et sa moralité supérieure. Il était pris par le livre, il en parlait avec une ardeur communicative.

Quant aux volumes parus depuis 1870, ce furent, en 1873, les *Diaboliques*, que par ennui d'un procès l'auteur aima mieux laisser saisir, et qu'il avait terminées pendant ses derniers séjours à Valognes. En 1877, les *Bas-bleus*. En 1880, *Gœthe et Diderot*. En 1883, les *Ridicules du Temps* et les *Memoranda*, précédés de la préface remarquable de Paul Bourget. En 1884, les *Vieilles Actrices et le Musée des Antiques*. En 1885, la continuation des *Œuvres et des Hommes* commença par les *Juges jugés*, suivis en 1886, des *Sensations d'Art*, des *Sensations d'Histoire*. En 1887, l'élégante plaquette de la *Page d'histoire*, chez Lemerre, puis le premier volume du *Théâtre contemporain*, et, la même année, les *Philosophes et les Ecrivains religieux*.

La presse s'occupait de plus en plus de l'écrivain si longtemps négligé. MM. Oscar de Vallée, Charles Buet (Vindex), Charles Canivet, Paul Perret, Émile de Molènes, Octave Mirbeau, Gustave Geffroy, Gabriel Routurier, Frédéric Masson, Albert Delpit, Philippe Gille, Hyp. Fournier, Uzanne, Léo Trézenik, Henri Quet, Jean Lorrain, saluaient l'apparition de chacun de ces volumes qui se succédaient rapidement. M. Antonin Bunand enfin publiait dans le *Siècle*, le 15 avril 1889, sur le volume des *Poètes* et l'ensemble de l'œuvre, un article que M. d'Aurevilly estima fort et qui fut sa dernière lecture. Dans son pays, on le lisait, on faisait venir des numéros du journal, quand la nouvelle de sa mort arriva.

La *Revue bleue* elle-même, dont les critiques furent successivement plus injustes, à son égard, les uns que les autres, la *Revue bleue*, grâce à l'intelligente direction de M. Eugène Yung avec lequel M. d'Aurevilly s'était lié spontanément dans le salon hospitalier de Mme C. Coignet, donna le *Mozart* et le *Louis XI* des *Sensations d'Art et d'Histoire*.

* * *

M. d'Aurevilly fit son dernier voyage en Normandie en 1887. Il en revint le 6 décembre, après un séjour de deux mois. A Valognes il vivait surtout au foyer de son ami Armand Royer, le musicien délicat et consommé, dont l'archet le transportait. Il retrouvait là encore cette intimité tendre de tous les jours qui lui était si chère.

Dans son logis de l'hôtel Grandval-Caligny, — un appartement à hauts plafonds, à boiseries ornées, de plain-pied avec le jardin plein de verdure et de magnifiques arbres, — où le conduisait un monumental escalier de pierre au fond d'une de ces cours de maisons seigneuriales, il retrouvait sa fidèle Justine. En elle encore était incarné *l'autrefois*, nostalgie incessante et suprême de Barbey d'Aurevilly. La fidélité de cet humble dévouement, de cette âme simple et droite, le touchait aux larmes. C'était aussi la mise, le langage de son pays, ses expressions qui le ravissaient. La vieille Agathe de l'*Histoire sans nom* est sans cesse inspirée d'elle.

De Valognes, il allait à Saint-Sauveur-le-Vicomte, demander l'hospitalité à l'amie de son enfance, Mlle Elisabeth B., dans sa jolie petite maison à tourelle enclavée dans le vieux château-fort et bâtie sur ses souterrains, à quelques pas des fossés où le gazon pousse épais et robuste, dans cette terre arrosée du sang des Anglais et où repose son frère bien-aimé. Alors, c'étaient des conversations sans fin entre eux et la sœur aînée de Mlle B. Leurs parents, liés d'amitié et de voisinage, avaient chacun quatre enfants qui grandissaient ensemble. En été, c'était ensemble aussi que les deux familles allaient à la mer. Toute la partie d'*Une Vieille Maîtresse* qui se passe à Carteret et aux Rivières est un souvenir évoqué. M. d'Aurevilly avait connu le vieux pêcheur, il avait connu Charline et Bonine.

A ses retours de chaque année rue Rousselet, il reprenait avec satisfaction ses travaux. Cette année-là, le X^c volume des *Œuvres et des Hommes* : les *Historiens*, s'imprimait, dédié à M. Siméon Luce, dont il avait récemment fait la connaissance chez François Coppée, et de qui il lisait alors avec un vif intérêt les ouvrages sur Jeanne d'Arc et Duguesclin.

Les *Historiens* parurent le 15 avril 1888. Dans la nuit du 16 au 17, Barbey d'Aurevilly sentit la première atteinte du mal qui devait l'emporter un an après. Un « coup d'épée lui avait traversé la poitrine ». Ayant en vain appelé à son secours, il ne réussit que vers le matin à gagner seul son lit. C'est là que Mlle R. le trouva : « J'ai cru mourir sans vous revoir », lui dit-il. Elle alla chercher de l'aide chez les chers voisins de la rue Oudinot. Le docteur Robin appelé accourut aussitôt. Plein de sollicitude et de tendresse, il cacha au malade la nature du danger et le danger même. Le cœur était violemment atteint ; toute émotion eût été fatale. Il lui inspira confiance et le rassura. Il venait deux fois chaque jour.

Le docteur Seeligmann passait des heures à son chevet. La visite du docteur Cazalis lui fut très sensible aussi. Il se sentait aimé et entouré.

La convalescence commença vite. Profondément ému de la sympathie prodiguée de toutes parts, celle de son ami Santillane le toucha plus qu'aucune autre lorsque, ayant ouvert le *Gil Blas* un matin, il lut ces lignes :

« ... C'est le souvenir de ce chiffre (13) porte-malheur qui a mis si fort en émoi une très sympathique maîtresse de maison du Paris littéraire en apprenant que Barbey d'Aurevilly était dans l'état le plus inquiétant. Il y a quelques mois, le cher et illustre maître avait fait partie — sans qu'il s'en doutât d'ailleurs — d'un dîner de treize convives chez elle, par suite d'un malencontreux hasard, et elle accusait le chiffre fatidique de tenir ses terribles pronostics. Dieu merci ! la nouvelle était très exagérée, et c'est une simple bronchite qui retenait à la chambre l'auteur de *Ce qui ne meurt pas*.

« Comme pour démentir l'alarme en cours et montrer à ses amis qu'il était vivant et bien vivant, Barbey d'Aurevilly leur envoyait le dixième volume des *Œuvres et des Hommes* consacré aux *Historiens*. C'est là une carte de résurrection telle qu'on n'en pouvait souhaiter de meilleure. Le beau et fier livre, et quelle mine inépuisable il offre à la pensée ! Sous prétexte d'historiens, en effet, Barbey d'Aurevilly fait l'histoire à son tour, et je vous prie de croire qu'il s'entend à manier ce burin-là. Que de trouvailles lumineuses, que de traits vous révélant en quelques lignes un homme ou une situation, quel éclat et quelle puissance dans le jugement et l'analyse ! L'auteur des *Historiens* est un voyant en matière humaine et, d'un coup de plume, il vous pénètre un caractère, vous perce une âme, vous met à nu un état social. Il y aurait une moisson sans pareille à glaner à travers ces pages fécondes. Mais le moyen, avec l'espace qui me reste ?... Je me contenterai donc d'une seule citation à laquelle la déclaration du comte de Paris prête, en ce moment, une singulière actualité : « Aux yeux de ceux qui lisent atten-
« tivement et fréquemment l'Histoire, les hommes qu'on
« imagine si complexes sont, au contraire, plus simples
« qu'on ne croit. Le plus souvent, un seul sentiment, une
« seule idée moule leur vie, et ce qu'un homme est au
« fond de son âme, il se retrouve l'être identiquement
« dans toutes les circonstances de sa destinée, etc., etc.,
« etc. »

M. d'Aurevilly fut si touché, qu'il répondit immédiatement :

« Mon cher ami, je n'attends pas d'être assis à ma table de travail pour vous remercier de votre article de ce matin, excellent de toutes manières, et qui m'a fait le plaisir le plus vif. J'emprunte une main amie, mais je veux que vous entendiez ma voix aujourd'hui même. »

Il ne tarda pas à reprendre ses occupations interrompues : le second volume du *Théâtre contemporain*, une réimpression des *Médaillons de l'Académie*, différentes réimpressions chez Lemerre, la plaquette des *Pensées détachées* qu'on lui avait demandées pour les publier d'abord dans le *Figaro*.

Une de ses premières sorties avait été pour aller souscrire, personnellement, à la Société des gens de lettres, pour la statue de Balzac. Bien que peu partisan de ces érections de statues, il ne voulait pourtant pas qu'il s'en élevât une à Balzac sans y avoir sa part.

Il faisait chaque jour de longues promenades à pied au Bois de Boulogne, et surtout à l'ancienne avenue de l'Impératrice, qu'il avait prise en affection. Il la descendait et la remontait en causant gaiement avec les amis qui l'accompagnaient, le plus souvent Gaëtano Braga et Gabriel Delas, parfois les docteurs Seeligmann et Léon Bernard. Souvent, au retour, il s'arrêtait au passage Choiseul, chez son ami et éditeur Alphonse Lemerre.

On fut en droit de croire autour de lui, et lui tout

le premier, qu'il venait de faire un long bail de santé.

En septembre et octobre il travailla activement au volume des *Poètes*, mettant des notes, remaniant des chapitres, projetant de nouvelles publications, se reposant en lisant pour la millième fois peut-être les *Mémoires* de Byron et *Redgauntlet*.

De tristes désillusions ne lui furent malheureusement pas épargnées. Son entourage chercha à en adoucir les amertumes, mais il en devait souffrir plus qu'un autre.

Il sembla pourtant, vers la fin de l'hiver, prendre le dessus. Il relisait Lamartine, Balzac. M. Francis Poictevin, au commencement d'avril, le trouva lisant tout haut la préface d'un livre sur Frotté qu'il venait de recevoir.

Le dimanche des Rameaux, il reçut le comte de Lorgues, gai, causant comme il ne causait pas depuis longtemps. Son vieil ami venait le féliciter sur *Amaïdée* qui achevait de paraître dans le *Gil Blas*, et dont on avait lu la veille, chez lui, de longs fragments accueillis avec enthousiasme. Le lundi, Léon Bloy passa quelques heures rue Rousselet; M. d'Aurevilly s'anima, plaisanta, se préoccupa de copies que seul Léon Bloy pouvait lui faire. Le mardi, M. Braga, le docteur Letourneau le mercredi, le trouvèrent très bien. Le jeudi saint, attendant une prochaine visite de Paul Bourget, il dicta, afin de la lui remettre, une note pour *Amaïdée*, dont la morale, trop philosophique, ne le satisfaisait plus depuis longtemps. Le vendredi, il fut gai dans l'après-midi avec son ami Braga, le raillant tendrement; le soir, avec le docteur Seeligmann.

Rien ne pouvait faire pressentir l'hémorragie qui se déclara le samedi saint. Un instant on put encore espérer, tant il retrouva de forces après les deux terribles syncopes occasionnées par l'hémorragie. Il ne se sentait pas même affaibli et demandait à se lever.

« Moi qui croyais passer un si agréable jour de Pâques, » dit-il le dimanche au docteur Robin. Le chaud soleil entrait dans la chambre par la fenêtre ouverte; il faisait des projets de promenade. Le lundi matin il répétait des vers de Béranger, demandant à vérifier un passage dont il n'était pas sûr. Il causait encore à 7 heures du soir.

Le mal s'aggrava rapidement. Léon Bloy appela le Père Sylvestre, et le mardi 23 avril, à huit heures du matin, Barbey d'Aurevilly rendit doucement le dernier soupir.

*
* *

Le 24 avril, il y aura bientôt deux ans, trois personnes étaient réunies dans une modeste chambre d'une vieille maison de la rue Rousselet, au bout du faubourg Saint-Germain. Un jeune homme, le frère de Paul Bourget, esquissait à larges coups de brosse la figure d'un mort étendu sur un lit aux maigres rideaux de perse à fleurs roses; une femme désolée, un homme sur qui la vie pèse durement, contemplaient, avec des larmes silencieuses, ce mort, vêtu d'une blouse blanche, coiffé, comme le Dante et les papes du moyen âge, d'une clémentine rouge, et qui commençait à dormir le sommeil de la mort, encore exposé à la blafarde lueur d'un jour gris de printemps pluvieux.

Déjà Valadon avait fait pour Coppée un hâtif croquis à la plume, et Bertault, l'élève de Falguière, allait tantôt prendre le moule de ce visage inanimé.

Sur une table, à côté de la branche de buis bénit, un poignard de tcherkesse, rapporté de Tiflis par le poète Henri Cantel pour Baudelaire et donné à Barbey d'Aurevilly par l'étrange sensitif qui avait peur de tout, et ne s'était pas souvenu, pourtant, que donner un couteau coupe l'amitié.

Dans cette clarté livide et crue, le visage du vieillard, paisiblement endormi, semblait comme doré. On eût dit que ses yeux clos pour toujours allaient s'ouvrir, que ses lèvres allaient remuer, et que, de cette bouche éloquente, muette pour jamais, allait jaillir la parole, cette parole vibrante que nul n'a oubliée de ceux qui l'ont entendue.

La veille au matin, Jules Barbey d'Aurevilly avait exhalé son dernier souffle, sans une plainte, sans un regret, entre un moine franciscain et deux amis. Le R. P. Sylvestre, aumônier de Saint-Jean-de-Dieu, lui avait donné les derniers sacrements, et le cardinal archevêque de Paris lui avait envoyé sa bénédiction.

L'exil de son âme avait enfin un terme.

Après quatre-vingts ans d'une existence où les heures de bonheur se comptaient, plus rares que les journées de lutte, il disparaissait tout à coup, ayant auprès de lui pour recueillir le suprême soupir deux amis fidèles jusque par delà le tombeau, et l'amie la plus dévouée et la plus pure, ange gardien du soir de cette longue journée, consolatrice obstinée de cette vieillesse écoulée dans l'austère et majestueuse solitude. Il faut qu'on le sache, mademoiselle Louise Read, sœur d'un charmant poète mort à vingt ans, amie de François Coppée et de sa sœur, a montré pour M. d'Aurevilly le plus absolu, le plus désintéressé dévouement, veillant à ses moindres désirs, lui atténuant ses tristesses, faisant douce sa vie et douce sa mort. Tous ceux qui admirent en Barbey d'Aurevilly l'un des plus grands écrivains de notre siècle lui en garderont une respectueuse reconnaissance.

Lorsque le médecin des morts vint constater le décès de ce glorieux qui n'avait voulu rien être, et qu'il eut écrit ses noms, il demanda — si naïvement qu'il ne parut pas avoir conscience de son énorme sottise — quelle profession exerçait M. d'Aurevilly, — *quand vivait*, ratiocinent les protocoles! Cette ignorance et cet inconscient mépris du métier littéraire, ce déni de justice prononcé à l'insu même de qui le formulait, arrachèrent un cri d'indignation à l'un de nous, qui, les dents serrées et à voix basse, vociféra un terrible : « *Monsieur, il était marchand de gloire!* » Mais qui pouvait se douter, dans cette chambre sans objets d'art, sans tapis ni tentures, que le cadavre gisant sur le lit avait, durant trente années, tenu là, sous le charme de sa parole, l'élite des littérateurs contemporains, que là s'élaboraient des œuvres d'une si particulière puissance, d'une grandeur dont la postérité sera juge?

Au lendemain de sa mort, on fit de lui, dans les journaux, cent portraits à la plume, dont aucun n'était *absolument* exact, et qu'il n'aurait pas plus accepté vivant qu'il n'acceptait celui au bas duquel il écrivait : « Ressemblant pour qui ne m'aime pas, mais pour qui m'aime, non! »

On parlait de la générosité d'un poète qui aurait offert de faire les frais des funérailles, offre qu'il eut faite certainement, sans le dire et sans qu'on le sût jamais, s'il en eût été besoin ; — mais Barbey d'Aurevilly laissait de quoi se faire enterrer : il mourait pauvre, soit! mais sans devoir rien à personne, au contraire. On parla beaucoup, aussi, des particularités de son costume, des chapeaux de velours cramoisi, des jabots de dentelles qui n'ont existé que dans ces attristants articles où l'on se moquait d'innocentes manies, sans réfléchir qu'il serait facile de reprocher à trop de gens leurs diverses manières de couper la queue de leur chien, à l'instar d'Alcibiade et pour la réclame. Des œuvres de ce maître, de son esprit, de son caractère, on ne sonnait mot. Les journalistes n'aiment pas les lettrés. Le plus infime reporter ne gagne-t-il pas plus d'argent que Sainte-Beuve et Théophile Gautier ?

Quelques critiques se mirent au-dessus de ces dédains[1], et dans une page vigoureuse, la plus détaillée, la plus éloquente, l'un d'eux vengea de l'injurieuse commisération des uns, de l'extravagante exagération des autres, le maître qui l'avait, tout jeune et très inconnu, accueilli avec bienveillance, l'honorant jusqu'à ui dédier un de ses livres. La reconnaissance de M. Paul

---

[1] Entre autres, M. Luigi Gualdo, dans un journal de Milan.

Bourget console de certaines trahisons inavouables.
François Coppée écrivait aussi une page émue,
vibrante de douleur et de respect. Il disait :

« C'est une perte cruelle pour les lettres françaises, qui
lui doivent tant de chefs-d'œuvre, sur lesquels ont passé des
années et des années, sans que l'ongle du temps les ait
marqués d'une seule ride. C'est aussi un deuil profond
pour ses amis, pour ceux qui l'ont bien connu et qui
admiraient en lui les pures et hautaines vertus dont se
compose le caractère d'un gentilhomme, si l'on donne
à ce mot toute sa force et toute sa noblesse. . . . .

« Il semble que, du fond de son berceau, ses premiers regards aient vu, fixé par deux clous à la muraille, un vieux fusil des guerres de la Chouannerie, ayant fait « parler la poudre » dans les bandes de M. de Frotté et de Jambe-d'Argent. En effet, M. Barbey d'Aurevilly a été un chouan littéraire. La religion et la monarchie — une religion et une monarchie idéales, selon Bonald et Joseph de Maistre, — étaient fixées à sa fidélité comme le Sacré-Cœur de drap rouge à la limousine de Jean Cottereau. Polémiste intrépide et sans pitié, il a, toute sa vie, combattu pour ses croyances et pour ses convictions, et, pareil aux héroïques soldats d'embuscade du Bocage normand, il chargeait sa canardière avec les grains de son chapelet.

« Mais, chez d'Aurevilly, le romancier surtout est grand. Le romancier? disons mieux, le poète. Car il y a en lui du Balzac et du lord Byron ; car, sous sa plume, tout s'exalte et se magnifie ; car il possède au plus haut degré la faculté maîtresse et suprême, l'imagination dans le style.

« Désiré Nisard, qui était nourri de la moelle des grands classiques, ne s'y trompait pas. Combien de fois, lorsque nous sortions ensemble de l'Institut et que je sentais peser sur mon bras son bras de vieillard presque aveugle, combien de fois l'ai-je vu, au seul nom de Barbey d'Aure-

villy, soulever du doigt sa paupière paralysée dans laquelle s'allumait une flamme ! Et le vieux critique s'écriait alors :
« Attention ! Celui-là, c'est un grand écrivain. »

« La postérité sera de cet avis. La trombe des romans du jour, faits à coups de menus documents et de notules prises par des myopes, sera depuis longtemps oubliée quand triompheront encore, à la place qu'ils doivent occuper, c'est-à-dire à la première, les grandioses fictions, les épiques récits de Barbey d'Aurevilly.

« C'est à la critique d'accomplir jusqu'au bout une œuvre de justice et de réparation, en traitant avec tout l'honneur qui leur est dû ces livres pleins de force géniale, contre lesquels l'esprit de parti a longtemps organisé la conspiration du silence, mais que, fort heureusement, dans ces dernières années, l'enthousiasme de jeunes et généreux esprits avait remis en pleine lumière.

« Pour moi, j'ai un autre devoir à remplir. Je pleure un ami de plus de vingt ans. C'est à mon modeste foyer que Barbey d'Aurevilly, vieux, pauvre, solitaire, a trouvé l'atmosphère douce et chaude de l'amitié, l'illusion d'une famille. Dans la presse, de plus en plus envahie par l'abus de l'anecdote et l'indiscrétion du reportage, on parlera trop, j'en ai peur, des innocentes bizarreries de langage et de costume par lesquelles d'Aurevilly se consolait de la platitude et de la médiocrité du monde moderne. J'ai à dire, moi, que cet excentrique, ce paradoxal, ce causeur étincelant et parfois cruel, a été, avant tout, un homme de désintéressement, de travail et d'honneur ; j'ai à dire combien son cœur était resté naïf, simple et bon ; — et, dans ce moment même, j'entends encore le vieux maître, si longtemps méconnu, me confier toute sa vie, d'un mot fier et mélancolique :

« — J'ai traversé de bien mauvais jours, mon cher Coppée : mais je n'ai jamais quitté mon gant blanc. »

Ce fût un vendredi qu'eurent lieu, en l'église Saint-François-Xavier, les obsèques, sans apparat ni fas comme il l'avait expressément voulu. Au porche de l'église, une simple tenture noire, sans écusson ni bandes d'argent.

En mourant, il avait manifesté le désir de n'avoir personne à ses funérailles : aucune invitation n'avait été faite. Néanmoins, environ deux cents amis l'accompagnèrent à l'église, cent cinquante au cimetière Montparnasse où le corps fut inhumé dans un caveau provisoire.

Une vingtaine de dames suivirent jusqu'au bout le convoi. Parmi elles, la baronne de Poilly, la comtesse de Brigode, la comtesse Tyskiewiecz, Mme Monnier, Mlle Annette Coppée, Mme Albert Robin, la marquise de Chaponay, Mme Lardin de Musset, Mme Charles Hayem.

François Coppée, très ému, conduisait le deuil; le comte d'Hespel d'Harponville, arrière-cousin du défunt par sa femme, petite-nièce d'Édelestand du Meril; puis MM. Armand Royer de Valognes, le comte Roselly de Lorgues, Léon Bloy, Georges Landry, Armand d'Artois, Victor Palmé, Charles Buet, Paul Perret, Jean Richepin, J.-K. Huysmans, Léon Cladel, Gustave Geffroy, Octave et Joseph Uzanne, M. de Fleury, J.-F. Raffaëlli, Zacharie Astruc, Camille Bourget, l'éditeur Lemerre, le docteur Albert Robin, le docteur Seeligmann, Braga, Simon et Ch. Hayem, le comte et le vicomte de Tarade de Corbeilles, le marquis de Queux de Saint-Hilaire, E. et L. Klotz, Louis Hervé, Albert Savine, le comte Fabre de l'Aude, F. Kleine.

Au cimetière, selon la volonté formelle du défunt, aucun discours ne fût prononcé ; la cérémonie se passa religieusement et simplement comme il l'avait voulu.

.·.

Un jeune poète, un des maîtres de la littérature dans la Suisse Romande, M. Adolphe Ribaux, que l'auteur de ce livre eut, à plus d'une reprise, la joie de réunir au Maître à qui naguère il l'avait présenté, a trouvé des accents vraiment lyriques pour résumer en quelques pages la vie et le caractère de l'illustre écrivain catholique.

Et pour honorer à la fois des amitiés anciennes et d'impérissables souvenirs, nous voulons que ces pages deviennent la conclusion de cette étude :

« Contempteur des succès faciles, M. d'Aurevilly a suivi un chemin abrupt et douloureux. En ce temps de dévergondage littéraire, il a été constamment un modèle de probité intellectuelle, de respect de son art. C'est pourquoi ses œuvres dureront ; rien n'y a été sacrifié à la mode, au goût actuel si peu sûr de lui-même et qui ne pèse pas d'une once dans la balance de l'avenir. Dans la solitude, l'écrivain sculptait des marbres sans défaut, et la foule l'a ignoré, — mais la postérité mettra une figure immortelle sur son tombeau, c'est maintenant qu'il obtiendra justice. La revanche, — et quelle revanche ! va commencer pour lui.

« Cette gloire dont la couronne lui était due, à lui tout le premier, lui a-t-elle souri ?

« Il n'est pas un des fiers esprits de cette heure qui

ne se soit incliné devant lui et ne l'ait reconnu comme un flambeau. Pour les jeunes, un mot tombé de sa bouche équivalait à l'accolade du Roy, armant chevaliers ses fidèles soldats...

« Mais la grandeur du résultat n'a pas atteint à la grandeur du génie, et M. d'Aurevilly, isolé par sa propre supériorité, n'a pas vu se presser autour de lui les foules attentives.

« Qu'importe, cependant ! Pour tous ceux que l'Art tourmente, le nom de ce génie méconnu de son vivant restera à jamais auréolé de séduction et de lumière.

« Involontairement, par une juste associations d'idées chaque fois, que nous pensons à lui, nous pensons aussi à cette cathédrale de Notre-Dame, que tant de fois, dans les soirs augustes, nous contemplâmes, allumée du bas au faîte des merveilles du soleil couchant ! Comme elle, il est resté debout, inébranlable, au-dessus des compromissions, des misères, des hontes de la vie littéraire. Son œuvre est vraiment pareille à cette église, une et touffue, monstrueuse dans le détail des gargouilles, des êtres sans nom sculptés au cœur de la pierre, et dans son ensemble, belle, rayonnante de foi et d'espérance, avec, dans les sanctuaires, la lampe de l'idéal jamais éteinte, et, priant à ses autels, d'infinies miséricordes.

« Une autre image nous le représente encore. Celle du rocher dressé dans la mer ; les flots le battent sans cesse, y crachant leur écume, la tempête y acharne sa furie, la foudre frappe ses flancs à chaque nuit noire. Il laisse briller la foudre et hurler l'orage, — et demeure serein, dans sa majesté tranquille, sûr de lui-même, immuable...

« Dignité suprême, droiture inviolée, aristocratie d'âme et de sang, impérieux besoin de vérité et de justice, indignation superbe qui méprise la plainte et ne proteste que par un silence d'orgueil. M. d'Aurevilly a donné l'exemple de tout ceci... Ce sont là vertus où il est beau de draper sa vie, et qui valent bien une pourpre... Et s'il nous fallait comparer ce géant à quelque autre créature humaine, ce n'est point parmi les actuelles foules que nous trouverions le point de rapprochement. Où nous devrions l'aller chercher, c'est dans les ombres solennelles de quelque crypte funéraire, — là, sur les tombeaux, dorment les preux d'antan, immobiles dans leurs armures, aux pieds le lévrier fidèle, et sur la poitrine le lys héraldique... Réveillez un de ces héros de son long sommeil, rendez le souffle à ses lèvres, le regard à ses yeux, la vie à son cœur, — et mettez ces deux hommes face à face : ils pourront se tendre la main...

«... Mais c'est un volume qu'il faudrait pour analyser, même superficiellement, cet écrivain et son œuvre, écrivain unique dans la littérature contemporaine, œuvre qui ressemble, selon le mot de Saint-Victor : « à ces breuvages de la sorcellerie où il entrait à la « fois des fleurs et des serpents, du sang de tigre et « du miel. »

FIN

TABLE DES MATIÈRES

Dédicace I
Avant-Propos v
I. Années de Jeunesse. 1
II. Notes et Souvenirs 32
III. L'abbé Léon d'Aurevilly 79
IV. Lettres à G.-S. Trebutien. 96
V. Portraits d'amis 160
VI. Quelques ennemis 199
VII. Le Journaliste. 227
VIII. Le Poète et l'Artiste. 259
IX. Le Critique. 303
X. Les Bas-Bleus 351
XI. Le Romancier. 373
XII. Le Catholique. 417
XIII. Les derniers jours 443

ÉVREUX, IMPRIMERIE DE CHARLES HÉRISSEY

www.ingramcontent.com/pod-product-compliance
Lightning Source LLC
Chambersburg PA
CBHW051619230426
43669CB00013B/2113